权威·前沿·原创

皮书系列为
"十二五""十三五""十四五"时期国家重点出版物出版专项规划项目

BLUE BOOK

智 库 成 果 出 版 与 传 播 平 台

洛阳蓝皮书

BLUE BOOK OF LUOYANG

洛阳文化发展报告（2023）

ANNUAL REPORT ON DEVELOPMENT OF LUOYANG'S CULTURE (2023)

文化建设助推教育高质量发展

主　编／刘福兴　张亚飞

社会科学文献出版社

SOCIAL SCIENCES ACADEMIC PRESS (CHINA)

图书在版编目（CIP）数据

洛阳文化发展报告 . 2023：文化建设助推教育高质
量发展 / 刘福兴，张亚飞主编 . --北京：社会科学文
献出版社，2024.3
（洛阳蓝皮书）
ISBN 978-7-5228-3328-6

Ⅰ.①洛… Ⅱ.①刘… ②张… Ⅲ.①地方文化-文
化发展-研究报告-洛阳-2023 Ⅳ.①G127.613

中国国家版本馆 CIP 数据核字（2024）第 050657 号

洛阳蓝皮书
洛阳文化发展报告（2023）
——文化建设助推教育高质量发展

主　　编／刘福兴　张亚飞

出 版 人／冀祥德
责任编辑／仇　扬　张苏琴
责任印制／王京美

出　　版／社会科学文献出版社·马克思主义出版分社/当代世界出版分社（010）59367004
　　　　　地址：北京市北三环中路甲 29 号院华龙大厦　邮编：100029
　　　　　网址：www.ssap.com.cn
发　　行／社会科学文献出版社（010）59367028
印　　装／天津千鹤文化传播有限公司

规　　格／开　本：787mm×1092mm　1/16
　　　　　印　张：25.5　字　数：382 千字
版　　次／2024 年 3 月第 1 版　2024 年 3 月第 1 次印刷
书　　号／ISBN 978-7-5228-3328-6
定　　价／198.00 元

读者服务电话：4008918866

主编简介

刘福兴　中共洛阳市委党校一级调研员、教授，洛阳市优秀教师，洛阳市优秀专家，洛阳市社会科学界联合会副主席（兼），洛阳市河洛文化研究会党支部书记、副会长，洛阳市经济与社会发展研究专家技术委员会副主任，洛阳市非物质文化遗产保护工作专家委员会副主任委员，洛阳市公共文化服务体系建设专家委员会委员，"洛阳市创建'国家公共文化服务体系示范区'制度设计研究"课题组组长。主要研究方向为文化建设、河洛文化。主编《河洛文化系列丛书（12卷）》《洛阳文化发展报告》《干部应用写作》《三门峡史话》等20多部，参编《河洛文化论衡》《洛阳知识读本》《马克思主义中国化简明读本》等10余部，发表学术论文20多篇，主持参与省市级课题20多项。

张亚飞　中共洛阳市委党校党史党建部主任、副教授，河南师范大学马克思主义学院马克思主义理论博士后，中共中央党校博士，中共党史学会会员，入选洛阳市高等人才专家库、洛阳市文化智库人才专家库，洛阳市宣传部党史宣讲团宣讲专家。主要研究方向为洛阳文化、改革开放史和抗日战争史。参与国家级课题1项，主持省部级以下课题10余项，发表各种学术论文20多篇，出版和编著《河洛家风》《洛阳文化发展报告》等系列著作。

摘　要

党的二十大报告提出，要"坚持以人民为中心发展教育，加快建设高质量教育体系，发展素质教育，促进教育公平"。2022年对于洛阳文化教育事业来说是不平凡的一年。2月23日，2022年度洛阳市教育工作会议召开，全面总结了2021年全市教育工作，分析了教育改革发展面临的新形势、新任务，并对2022年全市教育工作进行安排部署。洛阳市委、市政府先后印发了《洛阳市关于加快推进基础教育高质量发展的意见》和《洛阳市"十四五"教育事业发展规划》，洛阳市委、市政府对教育事业重视程度之高、推动力度之大前所未有，抓教育、谋教育的氛围空前浓厚、举措务实创新，教育事业呈现强劲发展态势，取得显著成绩，走在了全省前列。党建引领进一步加强，教育综合改革稳步推进，全面落实立德树人根本任务；教育资源布局调整全面加速；基础教育发展质量稳步提升，统筹做好疫情防控与考试工作，持续构建新型教师培训体系，职业教育和高等教育发展取得新成效。洛阳文化教育事业虽然取得一系列成绩，但也存在一些问题和短板，城乡分布不均衡，"大校额""大班额"现象严重；高质量普惠性幼儿园数量较少，办园困难；地方立法层面缺乏专项的教育法规；教师队伍建设不够优化；政府对义务教育的投入存在一定程度的缺口；基础设施有待进一步完善；优质高等教育资源匮乏，职业教育结构不够合理。建议从加强党和国家教育工作相关政策和理论的学习；政府主导、多元参与，实现责任共担与成本分担；科学规划资源布局，着力解决发展不平衡不充分问题；加强各阶段教师队伍建设，全面提高教育质量；强化评估和反馈，保证教育可持续发展；以教育

信息化推进教育现代化；加大经费投入力度；扩大洛阳教育对外开放与合作八个方面持续推进洛阳文化教育事业建设，助推洛阳教育高质量发展。

2023年，洛阳市教育系统将深入贯彻落实党的二十大精神，利用洛阳市丰富的文化资源，在推进洛阳市文化建设的同时，锚定"进入全省一流行列"目标，以高质量建设国家基础教育综合改革实验区和全省职业教育创新高地为抓手，继续突出"优布局、抓改革、提质量、强作风"工作主线，持续推进市委关于优化教育资源布局调整、深化教育综合改革、建强高质量教师队伍和教师培训体系、深化教育督导体制机制改革，推动洛阳教育高质量发展。

目 录 ⬎

Ⅰ 总报告

Ⅱ 学前教育篇

Ⅲ 义务教育篇

皮书数据库阅读**使用指南**

总 报 告
General Report

B.1

2022~2023年洛阳文化教育事业发展报告：文化建设助推教育高质量发展

刘福兴　张亚飞　尚涛*

摘　要： 教育既是民生问题，更是发展问题，要始终把教育摆在优先发展的战略位置，为现代化洛阳建设提供有力支撑。洛阳拥有的丰富的传统文化资源和红色革命文化基因，成为洛阳教育发展得天独厚的条件。近年来，尤其是2022年，洛阳市委、市政府对教育事业重视程度之高、推动力度之大前所未有，抓教育、谋教育的氛围空前浓厚、举措务实创新，以文化建设为抓手，铸文化之魂、精神之基，涵养教育生态，助推教育工程，教育事业呈现强劲发展态势，取得了显著成绩，走在了全省前列。党建引领进一步加强，教育综合改革稳步推进，全面落实立德树人根本任务，

---

* 刘福兴，中共洛阳市委党校一级调研员、教授，主要研究方向为文化建设、河洛文化；张亚飞，中共洛阳市委党校党史党建教研部主任、副教授，博士，主要研究方向为洛阳文化、抗日战争史；尚涛，中共洛阳市委党校马克思主义基础理论教研部讲师，主要研究方向为马克思主义哲学。

教育资源布局调整全面加速，基础教育发展质量稳步提升，统筹做好疫情防控与考试工作，持续构建新型教师培训体系，职业教育和高等教育发展取得新成效。洛阳文化教育事业虽然取得了一系列成绩，但也存在一些问题和短板，城乡分布不均衡，"大校额""大班额"现象严重；高质量普惠性幼儿园数量较少，办园困难；地方立法层面缺乏专项的教育法规；教师队伍建设不够优化；政府对义务教育的投入存在一定程度的缺口；基础设施有待进一步完善；优质高等教育资源匮乏，职业教育结构不够合理。洛阳以文化建设助推教育高质量发展的基本方向为探源文明，突出洛阳文化建设奠基文化教育底蕴；时尚创新，以沉浸体验增强素质教育的吸引力；以文为媒、移动传播，增强文化教育的时效性和针对性。沿着这个方向，建议从加强党和国家教育工作相关政策和理论的学习；政府主导、多元参与，实现责任共担与成本分担；科学规划资源布局，着力解决不平衡不充分问题；加强各阶段教师队伍建设，全面提高教育质量；强化评估和反馈，保证教育可持续发展；以教育信息化推进教育现代化；加大经费投入力度；扩大洛阳教育对外开放与合作八个方面持续推进洛阳文化教育事业建设，助推洛阳教育高质量发展。

关键词： 教育高质量发展　基础教育　科学评价体系

党的二十大报告提出，要"坚持以人民为中心发展教育，加快建设高质量教育体系，发展素质教育，促进教育公平"。[①] 2022 年对于洛阳文化教育事业来说是不平凡的一年。2 月 23 日，2022 年度洛阳市教育工作会议召

---

① 习近平：《高举中国特色社会主义伟大旗帜　为全面建设社会主义现代化国家而团结奋斗——在中国共产党第二十次全国代表大会上的报告》，人民出版社，2022，第 34 页。

开，会议全面总结了 2021 年全市教育工作，分析了教育改革发展面临的新形势、新任务，并对 2022 年全市教育工作进行安排部署。洛阳市委、市政府先后发布了《洛阳市关于加快推进基础教育高质量发展的意见》《洛阳市"十四五"教育事业发展规划》等文件，洛阳的文化教育工作高质量快速发展，成绩突出，在政策制度体系、文旅深度融合、基础设施建设、教师队伍结构和素质等方面表现突出，但也存在一些不足和问题，仍需进一步努力和完善。

一 2022年洛阳教育的成绩

本报告中的洛阳教育包括纵横两个方向：纵向来说，以不同学龄阶段为划分标准，由学前教育、义务教育、高中教育和高等教育四个学段组成；横向来说，由教学单位数量和规模、教师队伍和教育对象等组成。2022 年，洛阳市的教育工作突出"优布局、抓改革、提质量、强作风"的工作主线，深入推动教育改革发展"1+6"工程，7 所现代化高中全面开工建设，城市区教育布局优化调整取得突破性进展；首轮"县管校聘"改革、首次校长职级制认定工作全部完成，教育综合改革迈出坚实步伐；局属事业单位重塑性改革顺利完成，市级教师发展中心挂牌成立，教师培养体系架构进一步清晰；成功入选国家基础教育综合改革实验区，争创全省职业教育发展高地，各级各类教育协调发展，教育发展质量稳步提升，教育高质量发展迈出坚实步伐。截至 2022 年底，洛阳市常住人口 707.9 万人。全市共有各级各类学校 2755 所，教职工 12.2 万人，在校生 167.7 万人。其中，幼儿园 1411 所（普惠性幼儿园 1166 所），在园幼儿 27.7 万人；小学 756 所，在校生 62.2 万人；普通初中 325 所，在校生 28.8 万人；普通高中 83 所，在校生 15.1 万人；中等职业学校 36 所，在校生 9.8 万人；特殊教育学校 14 所，在校生 2004 人；专门学校 1 所，在校生 98 人；高校 11 所，在校生 19.8 万人。民办义务教育学校 118 所，在校生 4.1 万人。全市

学前三年毛入园率98.3%，九年义务教育巩固率97%，高中阶段教育毛入学率95%，特殊教育义务教育阶段入学率93.87%，均高于河南全省平均水平。2022年新组建洛阳市智能制造职教集团，12个产教联盟进一步搭建起校企合作平台。全市职业院校与1000多家企业开展多种形式的合作，合作"订单班"56个，切实提升技术技能人才培养质量。2022年中职学校毕业生共29416人，毕业生就业率达98%以上，其中升入高职高专10913人，对口升入本科院校784人。① 2022年，洛阳市教育相关部门先后获得河南省义务教育学校标准化建设先进单位、第五届河南省中小学班主任基本功展示活动优秀组织奖、河南省中等职业学校班主任能力大赛组织奖、洛阳市双拥模范城创建工作先进集体、全市助残先进集体等荣誉称号，在洛阳市能力作风建设年活动中作为"保障和改善民生先进单位"被洛阳市委通报表扬。具体表现在以下方面。

（一）党建引领进一步加强

一是扛牢政治责任。洛阳市教育相关部门始终坚持党对教育的全面领导，深入学习贯彻党的二十大精神和习近平总书记关于教育的重要论述，严格落实党中央、国务院和省委、省政府决策部署，全面贯彻党的教育方针，始终牢牢把握社会主义办学方向，落实立德树人根本任务，坚持教育公益性原则，将培养德智体美劳全面发展的社会主义建设者和接班人作为教育发展的根本保障。

二是统筹工作部署。洛阳市教育相关部门坚持做实近5年、谋划15年、前瞻30年，在制度创新和结构优化中，谋划推出一系列改革新举措，起草了以洛阳市委、市政府名义印发的《洛阳市高质量建设基础教育综合改革实验区实施方案》，先后制定了《洛阳市推进义务教育优质均衡发展实施方案》《洛阳市进一步深化基础教育重点任务改革实施意见》《关于加快职业教育创新发展高地建设实施方案》等文件，全面开展教育资源布局调整、教育综合

---

① 洛阳市教育局：《洛阳市教育局2022年年度工作报告》。

改革、教师队伍建设工作。

三是压实各级责任。洛阳市教育相关部门建立健全县区党（工）委教育工作领导小组议事协调机构，构建党政齐抓共管、政府统筹规划、部门各负其责的教育工作机制，将教育改革事项和重大教育项目列入主官工程和一号工程；充分发挥中小学校党组织的政治核心和战斗堡垒作用，推动落实中小学校党组织领导的校长负责制，加强党对中小学校的全面领导；在洛阳市中小学校推行党建工作"双覆盖"，持续抓好"中小学校党建工作示范校"创建工作，示范引领全市中小学校党建工作整体提升。

（二）教育综合改革稳步推进

一是"县管校聘"改革持续深化。洛阳市教育相关部门组织召开全市"县管校聘"阶段性总结大会，交流推广改革经验，持续巩固改革成果；出台《市直学校专业技术岗位竞聘工作实施意见》，优化市直学校教师交流措施，完善教师评价体系，做好教师聘后管理工作；开展专项督导，对已经完成改革任务的县区改革成效"回头看"，广泛听取一线教师意见建议，有效改进现有工作机制和工作方法。截至2022年底，洛阳市1454所公办中小学校全部完成"县管校聘"改革，6万余名教师实现竞聘上岗，共调整教师编制3203个，各县区中小学编制调整、岗位设置、工资福利发放等重要事项均实现由教育行政部门自主审批管理。

二是校长职级制改革基本完成。洛阳市教育相关部门成立校长职级制改革领导小组，统筹全市校长职级制改革工作，先后出台《洛阳市中小学校长职级制改革实施意见》《洛阳市中小学校长职级资格评审认定办法》《洛阳市中小学校长职级薪酬管理办法（试行）》，对职级管理、聘任交流、考核评价、职级薪酬等做出详细规定，明确了校长职级制改革的方法路径；以去行政化和聘任制为核心，设定四级九档校长单独成长序列，基本建成了市级校长人才后备库；推行任期管理和目标考核制度，形成能上能下、能进能出的科学用人机制。截至2022年底，全市各中小学校全部完成首次校长职级认定工作，1063名校长取得校长职级认定。洛阳市推行校长职级制改革

先进做法，先后被新华社、《河南日报》、"学习强国"等主流媒体平台集中报道，受到省教育厅的充分肯定。

三是市属初中以下学校管理体制改革稳步实施。洛阳市教育相关部门贯彻落实义务教育以县为主管理体制改革要求，加快推动市属初中以下学校移交至各城市区管理；制定《洛阳市市属初中以下学校管理体制改革工作实施方案》，拟定"一校一案"移交工作方案和移交协议，明确各方责任及需移交的具体人员、资产、档案等相关事项，已完成5所学校（实验幼儿园、实验小学、实验中学、第五十五中学、洛阳外国语学校初中部）移交工作，移交后全市义务教育阶段学校全部由各县区管理，洛阳市各教育阶段管理体制更加高效、更加明晰。

四是开展城市区学校更名工作。根据市委、市政府工作部署，洛阳市教育相关部门出台城市区学校更名实施方案，按照市属公办高中体现序列、区属公办初中体现文化内涵、区属公办小学体现办学属地、个别学校体现办学特色的原则组织更名。市属公办高中于2022年9月1日启用新校名，区属公办义务教育学校于2023年9月1日启用新校名。

（三）全面落实立德树人根本任务

一是全面推动学校思政课建设。洛阳市教育相关部门持续推进习近平新时代中国特色社会主义思想进教材进课堂进头脑，发挥思政课铸魂育人主渠道作用，开展2022年度全市思想政治理论课教学技能"大练兵、大比武、大展示、大提升"活动，15个县区32所市直学校的思政课教师积极参与；承办河南省教育系统全民国家安全教育日启动仪式暨大中小学思政课集体备课展示活动，洛阳市大中小学思政教育贯通培养模式改革项目被列为全省2022年教育综合改革重点项目；在省委召开的河南省学校思想政治理论课建设工作座谈上，洛阳作为全省地市的唯一代表进行了发言，省教育厅对洛阳的思政课工作予以充分肯定。

二是探索构建"五育并举"的育人体系。洛阳市教育相关部门传承弘扬中华优秀传统文化，坚持以美育人、以文化人，提升学生审美和人文素养。2022 年洛阳市中小学生在省教育厅组织的中小学墨香书法展示活动中取得佳绩，连续 7 年一等奖获奖人数位列全省第一；义务教育阶段每周安排 1 课时的书法课，高中阶段在语文、美术等相应课程中设置与书法教育有关的选修课程；积极开展音乐教育，每周五组织全市音乐学科集中教研以及开展陶笛、吉他里里和河洛大鼓培训，小乐器进课堂活动已在各县区学校全面开展，覆盖率达 100%；坚持音乐送教下乡活动，2022 年音乐片段教学活动在栾川县实验小学进行，通过钉钉直播，在线教师数量再创新高，效果显著；暑假期间对音乐教师进行即兴伴奏培训，现场参与培训人数达 480 人次，线上参与培训人数有 1000 余人；2022 年 5 月组织河南省诗词大赛，洛阳市共有 2 万余人参加，人数居全省前列；在河南省汉字大赛总决赛中，洛阳市获得 5 个一等奖、8 个二等奖和 4 个三等奖，涧西区青岛路小学李建鸽老师获得教师组河南省亚军，洛阳市教育局连续 8 年被河南省教育厅授予"河南省汉字大赛优秀组织单位"，有 15 所学校获得"2021 年汉字大赛推广示范基地"荣誉称号。2022 年洛阳市 11 所学校荣获河南省第八批语言文字规范化示范校称号；在"典籍里的中国"经典诵读大赛活动中，老城区五十中《典籍里的中国》入选全国复赛，洛阳市教育局荣获河南省第四届中华经典诵写讲大赛优秀组织奖。

三是持续加强中小学生安全和心理健康教育；坚持"安全第一、预防为主、综合治理"的原则，认真落实"三管三必须"总要求，以平安校园创建为抓手，抓好各项学生安全教育工作，构建平安和谐校园，保障师生平安健康。① 2022 年洛阳市教育局获洛阳市 2021 年平安建设考评优秀单位、洛阳市 2021 年打击治理电信网络新型违法犯罪工作先进单位等荣誉称号，为洛阳市广大师生的生命财产安全和教育事业的健康发展提供了有力保障，为洛阳市的平安建设工作做出了积极贡献；积极做好学生心理健康筛查工作，及时造册建档，明确班主任、学校领导等责任人，制定暖心、舒心政策，做好心理疏导工作。建立健全防范机制，洛阳市所有学校都建有专门的

① 洛阳市教育局：《洛阳市教育局 2022 年年度工作报告》。

心理咨询室，配备 3 名以上专兼职心理咨询师，涧西区教体局和所有学校都开设了心理咨询热线，随时为家长和学生提供心理健康咨询服务。

（四）教育资源布局调整全面加速

一是高中外迁工作加快推进。洛阳市教育相关部门推动《洛阳市城市区高中学校优化布局工作方案》落实落细，建立"一部五组八专班"工作落实体系，定期召开工作调度会，及时解决项目建设中存在的问题；建立问题会商制度和进度通报机制，确保项目建设按照时间节点完成；8 月 22 日，第一批 7 所现代化高中学校已全面开工，年底前主体封顶，2023 年 9 月交付使用。

二是县域教育资源布局持续优化。洛阳市教育相关部门印发了《进一步推动教育资源布局优化调整的实施意见》，指导各县区以县域义务教育优质均衡创建工作为抓手，积极开展城乡中小学布局结构调整，合理撤并小规模学校，在中心镇和中心村科学布局一批寄宿制学校，实现学生入学由"就近就便"向"就优"的转变；新建、改扩建农村义务教育寄宿制学校41 所，40 所已竣工，1 所已完成年度建设任务；新建改扩建义务教育学校12 所，9 所已竣工，3 所已完成年度建设任务。

三是学前教育普及普惠稳步提升。洛阳市教育相关部门按照《洛阳市第四期学前教育行动计划（2021~2024）》，持续构建以公办幼儿园为主体的普惠性学前教育发展体系；对公办园、普惠性民办园和非普惠性民办园进行分类挂牌管理，对经认定的普惠性民办幼儿园，按照每生每年不低于 500元的标准设立奖补资金；以省、市级示范幼儿园为引领，组建了 77 个高质量发展共同体。持续加大资金投入，大力实施公办幼儿园建设，2022 年，计划新建改扩建公办幼儿园 36 所，已竣工 35 所，在建 1 所，"入园难""入园贵"问题进一步缓解。[①]

---

① 洛阳市教育局：《洛阳市教育局 2022 年年度工作报告》。

（五）基础教育发展质量稳步提升

一是做好校内增效。洛阳市教育相关部门印发《洛阳市进一步提高义务教育学校教育教学质量的实施方案》，在课堂教学、作业管理、招考制度、质量评价、教研支撑、课后服务六大重点领域进行改革，着力推进义务教育学校教育教学质量持续提升；深入推进高中课堂教学改革；通过"高中课改示范课现场展评""高三学生复盘活动""高中集体备课观摩"3个专项活动，为师生搭建展示个人素养与课改智慧的良好平台；提升课后育人功能，形成服务工作合力，启动实施中小学课后服务"扩面提质"行动，全面实施"5+2"，有条件的学校可扩展到双休日、寒暑假；构建"1+3+7+1"体系，鼓励和支持学校开展多样化课后育人活动，实现课后服务"上水平、强保障"，进一步增强吸引力。截至2022年12月，洛阳市应开展课后服务的952所学校已全部开展；70多万名中小学生参与学校课后服务，参与率达91%；4.5万名一线教师提供全方位"官方带娃"式托管，参与率达86%。洛阳市推动暑期托管典型案例被新华社等主流媒体广泛报道。

二是抓好校外减负。洛阳市教育相关部门发挥市级"双减"工作协调机制作用，联合市场监管、文广旅、科技、体育等部门持续开展校外培训机构治理，每月发布校外培训机构检查督查公告，持续营造校外培训机构治理高压态势。截至2022年12月，洛阳市证照齐全的学科类培训机构由484家压减至85家，压减率达82.4%，从业人员由4400人下降到717人，参加培训的学生由7.8万人下降到1.1万人，监管总金额为2660余万元，监管覆盖率达100%。

三是做好义务教育招生工作。洛阳市教育相关部门围绕青年友好型城市建设目标出台《2022年洛阳市义务教育阶段学校招生工作方案》，坚持免试相对就近入学原则，全面实行公办民办学校同步招生，保障适龄少年儿童按时入学；发放《致高层次人才的一封信》，制作高层次人才子女入学服务证514份，为高层次人才子女入学提供方便，吸引更多高层次人才落户洛阳。

四是规范治理民办义务教育。洛阳市教育相关部门全面落实中央、省、

市规范民办义务教育发展相关要求，立足本市民办教育工作实际，扎实推进民办学校党的建设，着力促进民办教育规范健康发展，认真督查指导，扎实推进落实，圆满完成了洛阳市规范民办义务教育发展目标任务，进一步优化了公办、民办学校结构，促进了全市义务教育优质均衡发展；2022年对办学条件不达标、存在安全隐患、社会反响差的5所民办义务教育学校予以停止办学或停止招生；剩余学校（11所）招生计划均予以核减10%，对存在较多问题的7所学校再追加核减10%的招生计划。2022年市级审批民办义务教育学校招生计划比往年减少1700余人，降幅达18.6%。①

（六）持续构建新型教师培训体系

一是创新重构新时代教师培训体系。洛阳市教育相关部门构建市县校三级联动、互联互通的教师专业发展支持体系，整合电教、教研、教师培训资源，挂牌成立洛阳市教师发展中心，积极推进县、校教师发展中心建设，积极筹备与洛阳师范学院共建基础教育研修院，引入北京师范大学等优质教师培训资源。完成首批洛阳市10所教师发展示范基地学校和20所教师发展基地学校的验收认定及文件公布工作，开展教师培训跟岗学习、听课磨课、示范培训和研训教师轮岗交流等培训实践工作。

二是积极开展课堂实训活动。洛阳市教育相关部门积极开展以实训为载体的教师培训活动，突出解决培训与实践脱节、教研与教学脱节的问题，进一步分期、分批实施各层级教师培育工作；组织洛阳市直学校5000余名教师参加2021~2022学年市直学校继续教育岗位培训，完成了2022年度校长国培示范性项目培训班报名，启动高中校长任职资格培训报名工作；组织"中原教研名家培育对象"和"2022年乡村优秀青年教师培养奖励计划"遴选工作，分别遴选上报4名中原教研名家培育对象和8名乡村优秀青年教师候选人；用好洛阳优质名师资源，促进教师梯队不断攀升，举办洛阳教育"河洛名师大讲堂"活动。

---

① 洛阳市教育局：《洛阳市教育局2022年年度工作报告》。

（七）职业教育和高等教育发展取得新成效

一是明确类型定位，加快职业教育创新发展。洛阳市教育相关部门出台《关于加快职业教育创新发展高地建设实施方案》《洛阳市"十四五"期间中等职业学校标准化建设工程实施方案》，以打造全国职业教育创新发展高地、争创河南省职业教育创新发展示范区为目标，进一步明确职业教育类型定位，扎实推进育人模式、办学模式、管理机制、保障机制等改革研究和探索，激发职业教育办学活力。

二是深入推动"人人持证、技能洛阳"建设。洛阳市教育相关部门贯彻落实《洛阳市高质量推进"人人持证、技能洛阳"建设工作实施方案》要求，深入挖掘资源潜力，精准对接企业需求，积极承担"1+X"证书制度试点工作。2022年洛阳市18所中职学校成立23个备案机构，已累计培训近5万人，完成取证3.1万余人；积极开展"1+X"证书制度试点工作，共申报职业技能等级证书75项，完成取证近500人。开展教育系统"万人助万企"工作，开展员工培训、引企入校、合作"订单班"、组建职教集团等活动，目前洛阳市18所中职学校已联系市内外企业671家，合作企业328余家，其中洛阳市企业298家，合作"订单班"56个。①

三是实施中等职业学校标准化建设工程，全面改善办学条件，提升办学质量。洛阳市教育相关部门在每个县基本均已建成1所设施完善、功能齐全、符合当地经济社会发展和技术技能人才培养需要的标准化中等职业学校，鼓励有条件的县区统筹规划、集中建设校园与产业园区；2022年，4所市属中职学校进行重塑性改革，成立洛阳市职业高中和洛阳市中等职业学校，将河南科技大学周山校区交由洛阳市中等职业学校办学使用，推进洛阳市中等职业学校周山校区改造提升；新增设3所中职学校（洛阳智能制造中等职业学校、洛阳华洋职业学校、嵩县致远中等专业学校）。

---

① 洛阳市"人人持证、技能洛阳"建设工作领导小组办公室：《洛阳市高质量推进"人人持证、技能洛阳"建设工作实施方案》（洛技领〔2022〕1号），2022年4月24日。

四是紧密对接"风口"产业布局，推进专业改造提升。洛阳市教育相关部门围绕产业振兴"136"工作举措，进一步完善专业动态调整机制。2022年，洛阳市中等职业学校新增专业25个，撤销专业7个，逐步形成紧密对接产业链、创新链的专业体系；积极与洛阳企业建立中职学生实习实训基地，洛阳市工业信息中专和九创产业园区联合建立了实习就业基地，格力电器（洛阳）公司人才培养基地在洛阳市中等职业学校洛龙校区顺利挂牌，实现工学结合，加快人才培养，将职业教育的课堂开到企业中，将企业的优质资源引入校园内。

五是积极推进驻洛高校高水平发展。洛阳市政府投入2亿元资金支持河南科技大学"双一流"建设，持续支持洛阳师范学院省特色骨干学科建设、洛阳理工学院高水平应用型大学建设；拟定洛阳开放大学转型发展方案；推动洛阳职业技术学院新校区二期工程建设；统筹做好洛阳文化旅游职业学院整合搬迁工作，洛阳幼儿师范学校和洛阳市体育运动学校并入洛阳文化旅游职业学院，并完成新校区选址和搬迁。

二 2022年洛阳文化教育事业发展存在的问题

回顾2022年，洛阳文化教育事业发展面临产业发展总体不足、城市功能总体薄弱、农村发展总体滞后等众多制约因素，虽总体取得了明显的进展，但仍存在一些问题。

（一）城乡分布不均衡，"大校额""大班额"现象严重

区域、校际教育发展还不均衡，与优质均衡发展还有一定差距。"城镇挤""农村弱"等问题还不同程度存在，城市区教育发展水平不一，优质资源集中在部分城市区，优质学校虹吸效应突出。以义务教育城乡差别为例，根据洛阳市教育局提供的数据，洛阳市义务教育巩固率达到96.82%，其中，小学巩固率达97.43%，初中巩固率达96.17%，而乡村小学和乡村初中的巩固率分别仅有56.76%和74.68%。同时，相对于城镇化发展需求，

教育资源和发展水平并不充分。洛阳区域之间以及同级别学校之间教育资源和义务教育发展也不够均衡，例如西工区、新安县、栾川县被河南省评为义务教育优质均衡先行创建区（县），而洛阳市其他个别区（县）义务教育发展则有较大提升空间。另外，大量进城务工人员子女随迁入学，根据教育部"以流入地政府为主、以公办学校为主，同时将常住人口纳入区域教育发展规划、将随迁子女教育纳入财政保障范围"的政策，洛阳市政府也出台了相应的保障措施，虽然对城市中小学进行了大量资金拨付和扩建改建新建，但还存在一定缺口，导致城市中小学人满为患、资源紧缺，"大校额""大班额"现象日益严重。按照幼儿园不超过 360 人，小学、初中不超过 2000 人，普通高中不超过 3000 人的人数标准，洛阳市各县涉及"大校额"学校 122 所，占比为 6.4%。其中，幼儿园 68 所，占比为 5.7%；小学 28 所，占比为 5.88%；初中 15 所，占比为 7.35%；高中 11 所，占比为 29.73%，高中"大校额"现象比较突出。[①]

（二）高质量普惠性幼儿园数量较少，办园困难

普惠性幼儿园一般说来包含三种类型：第一种是政府公办幼儿园，第二种是单位或者集体办的公办性幼儿园，第三种就是民办普惠性幼儿园。洛阳市公办园在园幼儿占比仅为 32.28%，低于全省 33.5% 的平均水平，洛阳市只有 331 所公办园，数量比较少。与此同时，从扶持力度上来看，政府对民办普惠性幼儿园的扶持力度相对较小，直接导致民办普惠性幼儿园在发展过程中缺乏有力支撑。民办幼儿园的编制和经费等各方面短板仍然突出。几乎所有的幼儿园都存在大量临聘教师和保育员，幼儿园保教队伍的流动性较大，稳定性受到影响，最终导致幼儿接受的学前教育专业性大打折扣。

（三）地方立法层面缺乏专项的教育法规

以学前教育为例，从全国范围看，有很多省份已经针对学前教育进行了

---

① 洛阳市教育局：《洛阳市教育局关于印发 2022 年洛阳市教育事业发展统计公报的通知》（洛教发规〔2023〕71），2023 年 5 月 25 日。

立法，比如北京早在 2001 年 9 月 1 日就开始正式实施《北京市学前教育条例》；江苏省自 2012 年 3 月 1 日起施行《江苏省学前教育条例》；浙江省 2017 年颁布了学前教育领域第一部地方性法规《浙江省学前教育条例》，并于当年 9 月 1 日起正式施行；山东省于 2020 年 1 月 1 日实施了《山东省学前教育条例》。目前，河南省还没有专门的学前教育法规。市级层面的立法也越来越多，比如合肥市自 2010 年 2 月 1 日起施行《合肥市学前教育管理条例》；杭州市自 2012 年 2 月 1 日施行《杭州市学前教育促进条例》；宁波市自 2012 年 7 月 1 日起实施《宁波市学前教育促进条例》；青岛市自 2013 年 6 月 2 日起实施《青岛市学前教育条例》；深圳市自 2022 年 9 月 1 日起施行《深圳经济特区学前教育条例》。针对学前教育，洛阳市在 2020 年出台了《洛阳市学前教育深化改革规范发展的实施方案》，属于规范性文件，还没有上升到法规的层面。

（四）教师队伍建设不够优化

根据洛阳市教育局提供的数据，截至 2022 年底，全市幼儿园教职工 32246 人，其中，公办园教职工 10704 人。经各县区统计汇总，全市已取得公办园机构编制的幼儿园共 242 所，事业在编幼儿教师共 1319 人，无事业编制幼儿教师为 3886 人。全市义务教育阶段男教职工和女教职工比例为 0.36∶1，镇区小学男女教职工比例甚至仅为 0.29∶1。从结构上来看，还存在教师编制缺口较大和教师待遇难以落实的困境。城市学校实行"末位淘汰制"，使不合格的教师流向农村，把农村业绩突出、经验丰富的优秀中青年教师纳入城市学校[①]，使教学质量本就不高的乡村学校更加困难。在教师待遇方面，有过半的教师反映当地中小学教师待遇"低于公务员"。

（五）政府对义务教育的投入存在一定程度的不足

教育投入一般由政府教育投入、社会教育投入和家庭教育投入 3 部分组

---

① 董新良、张一晨：《优质均衡背景下义务教育阶段教育资源配置研究——以山西省为例》，《教育理论与实践》2020 年第 19 期。

成。政府教育投入是指一般公共预算教育经费（包括教育事业费、基建经费和教育费附加）。洛阳市大多数区（县）财政压力较大，教育经费拨付不及时、不到位问题不同程度存在，阻碍着义务教育优质资源均衡配置的落实。部分区（县）初中生均一般公共预算教育支出不仅未落实"法定增长"要求，还出现了负增长。2022年，洛龙区初中生均一般公共预算教育支出增长-0.95%，涧西区为-88.27%，西工区为-39.09%。特殊教育经费拨付不到位，2022年洛宁县特殊教育经费投入比上年减少21.07%，汝阳县比上年减少22.48%，宜阳县比上年减少13.72%。另外，区（县）教师继续教育经费拨付不足、结余过大现象也大量存在，影响学校教师继续教育工作的正常开展。

（六）基础设施有待进一步完善

基础设施是校园环境的重要组成部分，是校园文化和师生教学的重要载体，是教育教学质量的重要保障。按国家义务教育优质均衡要求，小学生均教学仪器设备值应达到2000元。洛阳市仅有老城区小学（生均2170元）达到国家标准，其余区（县）中小学均达不到要求。生均教学及教辅用房面积，对照国家规定中学达到5.8平方米以上的标准，洛阳市仅有瀍河回族区中学（7.64平方米）和老城区中学（6.78平方米）达标。生均体育运动场馆面积，国家规定小学达到7.5平方米以上、中学达到10.2平方米以上，洛阳市多数中小学未达标。[①] 其中伊川县、新安县、栾川县、汝阳县、西工区、老城区、涧西区和洛龙区的中小学双双不达标，西工区、老城区中小学和瀍河回族区小学差距还很大。

（七）优质高等教育资源匮乏，职业教育结构不够合理

近几年洛阳高等教育事业发展成果凸显，但是相对经济发展水平而言，驻洛高校数量非常少，规模不大，优质高校严重匮乏，还需要进一步加大优

---

① 洛阳市教育局：《洛阳市教育局关于印发2022年洛阳市教育事业发展统计公报的通知》（洛教发规〔2023〕71），2023年5月25日。

质高等教育资源的引进力度。高等教育方面，基础还比较薄弱，发展水平有待提高。高校总量较少，优质资源匮乏，没有一所"双一流"建设高校。河南本科院校共56所，驻洛本科院校仅有3所，占比5.36%；河南高职院校共83所，驻洛高职院校仅有4所，占比4.82%。中等职业教育整体办学条件薄弱，中职学校办学条件差，学位不足。全市高职院校数量偏少，本科职业大学还是空白。产教融合、校企合作不够深入，合作企业缺少动力，不能深度融入教育教学、人才培养等全过程。产教融合配套政策与评价体系不足，产教供需的双向对接困难。国家、省支持职业教育发展的保障政策难以落实、财政投入不足。

三 洛阳以文化建设助推教育高质量发展的基本方向

（一）探源文明，突出洛阳文化建设奠基文化教育底蕴

教育需要文化支撑，厚重的历史文化是洛阳发展教育事业的最深内功、最大优势、最强底气。一是推动文旅转型。提出"颠覆性创意、沉浸式体验、年轻化消费、移动端传播"的思路，出台一揽子政策，推动全市文旅产业融合创新、转型升级，确立建设全国沉浸式目的地的发展目标助推洛阳开展文化教育研学目的地的长期目标。二是重塑古都风貌。把十三朝古都作为洛阳文化旅游发展的核心资源，坚持项目为王、传承保护、活化创新，充分挖掘历史文化的时代价值，创造具有洛阳特色的教育模式。三是突出市场化运营。把市场化运营作为激发文教融合活力的关键举措，大力引进和培育具有文化特色的民办教育主体。

（二）时尚创新，以沉浸体验增强素质教育的吸引力

文化产业发展正在从"文化展览"向"沉浸体验"转变，抢抓文化产业新风口，打造文化产业与教育融合新模式，让广大受教育者既学得进去有

收获，更沉浸其中、乐学爱学。一是"全城实景"培育剧本教育。聚焦打造中国剧本之都，推出全城实景剧本娱乐文化教育活动，联合支付宝开发了《神都舆图》小程序。二是"汉服体验"掀起历史文化体验式教育高潮。"汉服+造型+拍摄+写真"全链条产业形成，吸引了万千游客体验，持续 6 个月"霸榜"抖音最受欢迎的汉服打卡地，使很多年轻人在旅游娱乐中深受传统文化的熏陶。

（三）以文为媒、移动传播，增强文化教育的时效性和针对性

充分利用移动端、交互式等新传播方式，创新传统文化现代表达，加强城市文化品牌宣传，推动"流量"变"留量"、"网红"变"长红"，让洛阳市文化建设的热度营造教育事业发展的舆论氛围。一是重大平台发声造势。利用牡丹文化节、河洛文化旅游节等重要平台，抢抓"五一""十一"等重要节点，大力开展城市营销策划，创新文化建设助推教育高质量的平台机制和活动载体。二是品牌重塑破题积势。开创了国内城市 IP 和内容平台合作的"洛阳模式"，挖掘经典文化符号，创造一批富有历史底蕴的文化节目、文旅产品，树立文化建设助推教育高质量发展的文化坐标。

四　2023年进一步推进洛阳文化教育事业发展的对策思考

虽然洛阳的教育工作取得了一定的成绩，但也存在一定的问题，尤其是与洛阳城市发展和文化资源的丰富程度不相匹配，因此立足于洛阳文化建设的大环境，从民族之魂和精神信仰之基的角度出发，从提高思想重视程度和体制机制改革入手，在协调发展、教师队伍构建、评价体制和信息化、经费投入和对外开放交流方面继续努力。

（一）推进"两个结合"，加强对习近平文化思想和教育理论的学习

习近平总书记等党和国家领导人始终把教育放在优先发展的位置，长期

关注并在调研过程中发表了许多重要讲话。他提出马克思主义中国化的重要路径就是"两个结合"，就是把理论与中国的实际和优秀传统文化结合起来。洛阳教育的发展也必须依靠丰富的优秀传统文化资源的支撑，这是实现文化建设助推教育发展的前提条件。把实现教育优质均衡发展作为推进教育现代化、建设教育强国、办好人民满意教育的必由之路，要求各级各部门落实"教育是国之大计、党之大计"的战略定位，提高政治意识，牢牢把握立德树人这个根本任务和推进教育现代化、建设教育强国这个根本目标，认真贯彻落实《中华人民共和国义务教育法》《国务院关于深入推进义务教育均衡发展的意见》《国务院关于统筹推进县域内城乡义务教育一体化改革发展的若干意见》等政策法规。这些都为洛阳教育工作的发展提供了根本遵循和制度保障，也要求洛阳教育相关部门仍然把加强顶层设计、地区立法、制度建设和政策规划落实等作为推进教育工作的前提和基础，必须以主题教育为依托，营造党和国家教育政策学习、领会的浓厚氛围。

（二）政府主导、多元参与，文化事业和文化产业同步建设，实现责任共担与成本分担

从宏观上看，当前洛阳的教育也面临从以关注短缺、普及为主转向解决结构性失衡和高质量发展的新阶段，洛阳教育发展的关键在于办好人民满意的、中国式现代化、高质量的学前教育。[①] 新阶段、新定位提出了新任务、新要求，要因时制宜、因地制宜探索适合洛阳市情、满足人民需要的共建共治共享模式，政府承担主导责任，市场、家庭及社会组织等多元主体共同参与。落实政府的主体责任，一方面继续加大财政投入力度，提高教育投资比例；另一方面要推进顶层设计、制度完善，加强监督和管理，严格按照《关于实施新时代基础教育扩优提质行动计划的意见》及《河南省"十四五"学前教育发展提升行动计划实施方案》的有关要求，发挥政府的主导

---

① 施桂红、冯江英、王婷：《从学前教育普惠性到普惠性学前教育——2010~2022年我国普惠性学前教育发展研究热点与前沿分析》，《教育理论与实践》2023年第17期。

作用。政府承担主体责任而非全部责任，市场、家庭、社会组织作为重要补充，有必要也有责任参与，进行责任合力共担与成本合力分担。要打破传统的"政府包揽一切"的路径依赖，充分发挥多元主体在教育中的积极作用。目前，政府在购买服务、推动市场主体参与普惠性学前教育方面已经取得了诸多成功经验。各地政府探索通过政府购买服务、财政奖补等方式降低托育机构运营成本，通过支持社会组织参与民生基本服务项目运营，逐步形成市场化、规范化、专业化的民生服务保障体系，让人民群众的获得感、幸福感、安全感得到提升已经取得明显成效。洛阳要积极学习借鉴国内外的成熟经验和先进做法，科学引导、鼓励支持社会力量和民间资本投入教育领域。

（三）科学规划资源布局，着力解决不平衡不充分问题

科学规划资源布局方面，需要在政府投资、校区布局等方面解决不平衡不充分问题。农村地区学校基础设施的建设，离不开政府和上级部门资金的大力支持，拥有足够的资金才能够采购相应的教学设备和搭建相应的教学场所。目前洛阳农村学校与城市学校相比，教学设施更加短缺，政府要关注农村教学设施建设存在的不足，加大对农村地区教学设施资金的拨付力度。政府以政策引导、释放学位等方式，将收回的小区配套学校全部办成公办教育机构，增加公办学位和教育资源，将具备独立办学条件的各级学校及公办幼教点纳入教育事业统计系统，充分利用腾退搬迁的空置厂房、城乡公共服务设施、农村中小学闲置校舍等，以租赁、租借、划转等形式鼓励支持街道、有实力的国有企事业单位经营教育机构，满足居民"上好学"和"就近上好学"的需求。生源少、教学设备短缺的农村学校，也可以承接其他学校流转教学设备，以满足教学需要。通过互联网加快乡村学校教育信息化发展，在电脑和教学多媒体配备不断完善情况下，搭建起本市教育资源共享平台，让一些优质的教学视频、巧妙的教学方法传播到农村学校，让农村的学生也能得到相应的优质教育。洛阳市首先要科学规划学校布局，为全市中小学撤销、合并、新建提供科学依据，避免出现学生较多、规模较大的学校，同时也要把生源少、教师不足的学校合并到标准化学校内，处理好新校无编

和合校无生有编的问题；针对城市化过程中出现的农村地区学校学生规模越来越小、城区学校学生人数激增等现实情况，洛阳市各地区教育部门需要调查研究，核定本地区适龄儿童情况，根据区域适龄儿童数量和分布状况，依据国家有关规定，制定和调整学校规划设置。推进新建小区设置学校。洛阳市城区建设不断加快，尤其是新改制建设的伊滨区、偃师区、孟津区，在各区（县）发展过程中，要充分考虑城市发展规划和居民生活需求，科学规划设置，保障教育用地，与小区建设同步规划同步实施，实现适龄儿童能就近上学。同时，各个学校在建设发展过程中，除了依托政府经费支持，也可以通过校企合作、社会捐献等渠道获取相应的教育发展资源。

（四）加强各阶段教师队伍建设，全面提高教育质量

加强教师队伍建设，校长是带头人、是关键，教师队伍是主体、是教学活动的具体实施者，提高素质是核心，提高待遇是保障，必须长期化常态化开展教师队伍建设。推动教师"县管校聘"制度改革，面向全国遴选优秀教师和优秀校长，完善普通高中校长、教师交流轮岗机制，激发办学活力。扩大优质资源共享，完善教师补充机制，通过政府购买服务等多种途径配齐紧缺学科、新增课程所需专任教师。建设一支专兼结合的学生发展指导教师队伍，加强对学生选课、生涯规划的指导。

实施普通高中校长及后备干部队伍培养工程，重点提升校长办学治校、课改教改、人才培养的理论水平和实践能力。推进校长职级制改革，形成校长"职级能上能下、待遇能高能低"的机制。建立高中骨干教师资源库，从中选拔优秀教师组建走教小组。实行骨干教师定期轮流走教制，充分发挥名师的引领、辐射、示范作用，从而指导、带动更多教师（特别是普通、薄弱学校的教师）更快成长。深化教师绩效考评。充分考虑课时、岗位工作量、岗位职责和专业素养等因素，将工作绩效、能力水平、师德师风等纳入考核指标。强化绩效工资激励和导向作用，严格落实奖励性绩效工资由学校在考核的基础上自主分配，向教育教学实绩突出的一线教师和班主任倾斜，向提高办学质量成效显著的学校倾斜。以洛阳师范学院、洛阳幼儿师范

学校等为载体，办好师范院校，推动教育专业学历层次跃升，增强教育事业内生培养孵化人才的能力。

健全阶梯式师资培训体系，通过集中培训、跟岗研修、工作坊、头脑风暴等多元化研训策略，对新教师、骨干教师、领域带头人、园长等分层分类培养，切实转变教师观念和行为，形成可复制、可推广经验。全面从严治理教师队伍，对出现虐待、体罚及变相体罚等严重师德失范行为的教师和学校降级降类，对违反职业行为规范、影响恶劣的教师实行"一票否决"，终身不得从教，并依法追究法律责任。以赛促学，举办各种形式教学比赛，让教师在教学"大比武"中，不断优化、不断提升自身专业素养、理论水平、实践能力，也激发其专业潜力，发挥以赛促学、以学促教的作用。保障教师基本生活条件，深化人才公寓政策，出台教师购房优惠政策，积极解决教师住房问题，改善教师的住宿条件，不断落实教师平均工资收入水平不低于当地公务员平均工资水平要求，工资水平和补贴奖励向偏远地区学校教师倾斜。

（五）强化评估和反馈，保证教育可持续发展

完善过程评估与反馈制度，以学前教育为例，要严格按照教育部的相关规定，将普惠性民办园认定标准、扶持政策和退出机制纳入督导范围，落实政府和各有关部门的监督管理责任，督促落实普惠性幼儿园扶持政策。

一是要把好质量关，将全市各类幼儿园全部纳入质量评估范围，完善幼儿园信息备案及公示制度，对于质量不达标的幼儿园责令限期整改，整改之后还不过关的，取缔或关闭。

二是要把好收费关，特别是针对民办幼儿园收费贵、收费标准不统一、乱收费等问题，科学合理设定收费标准和收费区间，真正做到普惠公益，帮助家庭缓解育儿压力。一方面，在经费使用上，任何单位或者个人不得利用财政性经费、国有资产、集体资产或者捐赠资产举办或者支持举办营利性民办幼儿园；另一方面，在资本运作上，社会资本不得通过兼并收购、协议控制等方式控制公办幼儿园、非营利性民办幼儿园。保证公益普惠导向，抑制

学前教育的商业化、市场化倾向。

三是要把好服务关，既要重视当下、着眼未来，又要兼顾过去。一方面，要巩固前期发展成果，对于过去一些成熟的经验和做法进行更大范围的试点和推广，进一步推动普惠性学前教育"量"的扩大和"质"的提升；另一方面，要重点关注并解决好历史遗留问题，加强幼儿园督导评估及后续服务，重点对存在安全隐患及管理制度、收费标准、专业资质不符合国家和地方规定等不规范办园行为的幼儿园进行备案和动态督查，针对部分幼儿园办园质量不稳定等问题，要常态化开展普惠性幼儿园评估"回头看"，防止出现"反弹"。

（六）以教育信息化推进教育现代化

大力推进各个学校信息化的发展，既可以便捷获取高质量的教育资源，也可以不断优化教育质量。一方面，充分利用学校已有信息化资源，使学生和教师能够享受到优质的教育资源，加强对相应教师的培训，使其有效掌握本校信息化设备，推进教育信息化的发展。另一方面，丰富教育信息化资源。

一是完善设施设备，适应高考综合改革需求，优化普通高中学校办学条件，重点加快实验室、通用技术教室、图书馆（室）、信息技术教室等功能室信息化升级改造，更新音体美、心理健康、卫生保健等教学器材，满足学生人文素养、科学精神、创新实践、社会参与等发展需求。

二是建设智慧校园，建立学生电子身份及统一认证系统，实现排课、选课、评课、成绩采集等流程智能化管理，加强优质教育资源共享，开展"同步课堂""名师课堂""名校网络课堂"三个课堂建设，实现优质教育资源全覆盖。

三是加强信息技术应用，基于大数据和云计算，完善"全程、全科、全员"的教学质量评价诊断和反馈机制，开发基于大数据的题库系统，搭建区域、学校、教师三级精准作业平台，构建线上线下教育常态化融合机制，积极探索信息技术环境下的跨学科学习和创新拔尖人才培养。

（七）规范经费使用和管理

一是要保障经费投入总量。严格执行义务教育经费保障政策，落实义务教育增长比例应当高于财政经常性收入增长比例规定，按照规定要求及时足额拨付义务教育经费，保障义务教育的健康有序发展；完善经费配给制度，改善当前以"学生数"为指标的经费配给制度，将"学生数+班级数"相结合，破除学生"大班额"情况，保证教育质量，实现教育资源的合理使用；支持乡村教育发展，调整财政支出结构，向农村地区、薄弱学校、特殊教育学校、寄宿制学校、小规模学校和留守儿童较多学校倾斜，解决制约农村义务教育优质均衡发展的瓶颈问题，保障农村义务教育学校生均公用经费投入。

二是要拓宽经费来源。要积极向国家和省内相关部门争取教育经费，形成特色办学，推进义务教育优质资源均衡配置发展；要充分利用社会团体资源，借助社会团体的力量，不断完善教学条件、提升教学质量；要不断争取校友企业、爱心个人对教育事业的支持，推动义务教育快速发展。

三是要合理使用经费。要保障专款专用避免随意调配专款资金；要不断加强教育经费使用制度建设，科学合理使用教育经费，实现"好钢用在刀刃上"；要科学划分乡村教育经费，改善乡村办学条件，促进洛阳义务教育优质资源均衡配置。

（八）扩大洛阳教育对外开放与合作

一是要实施教育对外开放质量提升工程。加大与"一带一路"共建国家教育合作力度，推动中外合作办学提质增效，提升洛阳高等教育国内国际影响力；优化教育对外开放工作区域布局，创新与"一带一路"共建国家教育合作方式，充分利用国家与东盟、中东欧、非洲、拉美、阿拉伯地区等区域及次区域教育交流机制，推动"一带一路"各类教育联盟特色发展；鼓励与"一带一路"共建国家开展"小语种+专业"合作办学；支持特色学校、社会力量参与探索多种形式境外办学；实施国际化特色高校建设工程，支持若干

高校率先成为"一带一路"建设的领跑者和教育对外开放的示范者。

二是要实施中外合作办学提质增效工程，加强顶层设计和整体规划，多种形式引进国外优质教育资源，推动中外合作办学高质量发展；重点支持高校与教育科技发达国家高校围绕智能制造、人工智能、生物医药、现代农业、大数据、新能源和先进材料等产业，在理工农医和急需、薄弱、空白学科领域以及新兴、前沿、交叉学科领域开展合作办学；严格控制国外高校"连锁店"式办学。

三是要加强"高精尖"和紧缺人才境外培养，完善高等院校、职业院校公派留学选派机制，积极拓宽派出渠道，优化留学目的地布局；继续实施国家留学基金委国家公派、地方合作项目，实施教育系统高层次创新人才境外培养工程，建设具有国际视野的高素质专业化创新型教师队伍；鼓励高校支持学生赴国际组织实习，培养具有国际视野、中国情怀并通晓国际规则、可参与国际竞争的青年人才。

四是要打造"留学洛阳"品牌，拓宽来洛留学生招生渠道，实施洛阳高等教育海外推介计划，完善留学生奖学金体系，提升培养质量；提高管理水平，推进中外学生趋同化管理，培养来豫留学青年杰出人才；拓展中外人文交流渠道，拓宽交流合作领域，助力国际人文交流中心建设；支持驻洛高校参与高级别中外人文交流活动，开展国际双边或多边交流，参加国际性联盟或组织；鼓励高校参与国际科技交流合作，推动中外科技人文交流，讲好洛阳故事、黄河故事，提升河南形象、中原文化、河洛文化的国际影响力和对外传播能力。

2023年，洛阳市教育系统继续深入贯彻落实党的二十大精神，锚定"进入全省一流行列"目标，以高质量建设国家基础教育综合改革实验区和全省职业教育创新高地为抓手，利用洛阳市丰富的文化资源，推进洛阳市文化建设，沿着文旅融合发展的方向，继续突出"优布局、抓改革、提质量、强作风"工作主线，持续推进市委关于优化教育资源布局调整、深化教育综合改革、建强高质量教师队伍和教师培训体系、深化教育督导体制机制改革，推动洛阳教育高质量发展。

学前教育篇

Reports on Preschool Education

B.2

洛阳学前教育规范化发展研究报告

杜雨芳　张亚飞*

摘　要： 学前教育是人生的第一个教育阶段，也是国民教育体系的一
个重要方面，因此也越来越受到社会的关注。本报告深入分
析了当前洛阳市学前教育规范化发展的现状及存在的问题，
从高质量普惠性学前教育资源不足、政策保障体系不完善、
幼儿教师教学行为不规范三个角度分析，得出学前教育仍处
在洛阳市教育体系最薄弱的位置，需要引起足够重视，进而
采取相应措施来解决这些难题，更好保障洛阳学前教育规范
化发展的结论。

关键词： 学前教育　幼儿园　规范化发展

---

* 杜雨芳，中共洛阳市委党校管理教研部讲师，主要研究方向为经济管理；张亚飞，中共洛阳
市委党校党史党建教研部主任、副教授，博士，主要研究方向为洛阳文化、抗日战争史。

人生的第一个教育阶段就是学前教育，作为终身教育的起点，它关系到广大儿童能否健康成长，是影响社会和谐稳定的重要因素，也是国民教育体系的一个相当重要的方面。党的二十大报告提出，要"加快义务教育优质均衡发展和城乡一体化，优化区域教育资源配置，强化学前教育、特殊教育普惠发展"①，为学前教育的发展指明了方向。洛阳市委、市政府长期以来高度重视学前教育工作，推出了一系列政策和举措，在取得丰硕成果和经验的同时，也有一些潜力亟待挖掘和开发。如何办好学前教育，提升洛阳市幼儿教育水平是一个亟待解决的问题。

一 洛阳市学前教育规范化发展的背景

自1978年以来，一大批促进学前教育发展的政策和文件相继印发，为各地推进学前教育高质量快速发展提供了有力的政策支撑。1989年《幼儿园工作规程（试行）》和《幼儿园管理条例》的颁布，有助于幼儿园的内部管理和教育，标志着学前教育相对完整的政策体系的确立。1999年第三次全国教育工作会议提出"素质教育应该从幼儿教育抓起"。2010年颁布的《国家中长期教育改革和发展规划纲要（2010—2020年）》指出，"作为重大民生工程，将大力发展学前教育"。新时代以来，党和国家高度重视学前教育，为了规范和鼓励学前教育的高质量发展，先后出台了《关于开展幼儿园"小学化"专项治理工作的通知》《关于学前教育深化改革规范发展的若干意见》《深化新时代教育评价改革总体方案》《"十四五"学前教育发展提升行动计划》《中华人民共和国学前教育法（草案）》等一系列政策法规，使我国学前教育进入了快速发展的黄金期。

洛阳市紧紧围绕中央和河南省关于学前教育相关指示精神，以洛阳市的发展现状和《关于学前教育深化改革规范发展的若干意见》《深化新时代教育评价改革总体方案》《"十四五"学前教育发展提升行动计划》《县域学

---

① 《中国共产党第二十次代表大会文件汇编》，人民出版社，2022，第28页。

前教育普及普惠督导评估办法》《关于学前教育深化改革规范发展的实施意见》等文件为依据，制定了《洛阳市学前教育深化改革规范发展的实施方案》（以下简称《实施方案》），明确了洛阳市在促进学前教育深化改革规范发展方面的主要目标、重点任务、保障措施。《实施方案》要求"到2025年底，全面普及学前三年教育，基本建成与中原城市群副中心城市战略定位相匹配的学前教育公共服务体系。到2035年底，实现覆盖城乡、布局合理、公益普惠、优质安全的学前教育公共服务体系"。《实施方案》把重点任务的落实体现在以下七个方面：扩充学前教育资源总量，优化幼儿园办园结构，健全经费投入长效机制，加强幼儿园教师队伍建设，规范民办园协调发展，提高幼儿园保教质量，完善监管体系。此外，洛阳市还推出了《洛阳市基础教育改革发展三年行动计划（2021—2023年）》《洛阳市儿童发展规划（2021—2030年）》《洛阳市加快推进基础教育高质量发展的意见》等政策文件。

2023年2月，洛阳市出台了《洛阳市推进学前教育规范普惠发展实施方案》，进一步明确了学前教育规范管理、普及普惠、保障机制等目标任务，为洛阳市学前教育的发展指明了方向，有力地保障了洛阳市学前教育健康、规范、高质量的发展。对公办园、普惠性民办园和非普惠性民办园进行分类挂牌管理，公布各县区举报电话，接受社会各界监督。大力发展规范化普惠性幼儿园。完善规范化普惠性幼儿园认定办法，具备规范化普惠性条件的幼儿园经县级教育、发改、财政等部门评估后，可以被认定为普惠性民办幼儿园，给予资金补贴（见表1）。

表1 经费及补助落实情况

单位：万元

年份	公办园经费	普惠性民办园补助
2021	1349.990	50.925
2022	955.755	23.700

资料来源：《2021年市教育事业发展统计公报》与《洛阳市学前教育工作情况汇报》。

截至 2022 年底，教育事业统计中，全市共有幼儿园 1391 所，在园幼儿 26.77 万人，其中公办园 331 所，公办园在园幼儿占比 37.4%；民办园 1060 所，其中普惠性民办园 822 所，普惠性幼儿园（含公办和普惠性民办）在园幼儿占比 84.88%。①

二 洛阳市学前教育规范化发展现状

（一）学前教育规模和在园幼儿数量总体平稳，但稳中有降

1.幼儿园规模保持稳定，学前教育公办比例进一步提升

与上年相比，2022 年洛阳市幼儿园总量、公办园数量和在园儿童数量保持稳定。总量方面，2022 年洛阳市共有具备独立法人资质的幼儿园 1391 所，比上年减少了 20 所（见表 2）。公办幼儿园数量和私立幼儿园数量的变化趋势正好相反，2022 年公办幼儿园共有 331 所，比 2021 年增加了 40 所，保持稳中有增，2021~2022 年民办幼儿园数量有所减少，说明政府对公办幼儿园的建设和投资力度明显加大。

表 2 洛阳市幼儿园主要规模指标

年份	园数（所）	普惠园（所）	教职工总数（人）	专任教师（人）
2021	1411	1166（291 公办）	31736	17374
2022	1391	1153（331 公办）	32246	10704（公办）

资料来源：根据《洛阳晚报》《洛阳市学前教育工作情况汇报》《2021 年市教育事业发展统计公报》《洛阳市 2018 年国民经济和社会发展统计公报》等整理而成。

在园幼儿数量方面，洛阳市连续 5 年保持在 26 万人以上，2020 年曾经达到 30.5 万人的峰值。2021 年在园幼儿 27.7 万人，比 2020 年减少了 2.8 万人；2022 年在园幼儿 26.8 万人，比 2021 年减少 0.9 万人，延续下降趋势，但下降幅度有所减小（见表 3）。总体上来看，洛阳市人口近年来维持

---

① 数据来自《2021 年市教育事业发展统计公报》与《洛阳市学前教育工作情况汇报》。

了连续增长的趋势，这与幼儿园在园幼儿数量的发展趋势存在一定的矛盾，符合人口老龄化趋势明显加快的人口结构变化规律。

表3　洛阳市近年在园幼儿数量

单位：万人

年份	人口总量	幼儿园在园幼儿
2018	694.6	26.3
2019	701.6	26.5
2020	705.6	30.5
2021	706.9	27.7
2022	707.9	26.8

资料来源：根据《洛阳晚报》《洛阳市学前教育工作情况汇报》《2021年市教育事业发展统计公报》《洛阳市2018年国民经济和社会发展统计公报》等整理而成。

2. 学前教育普惠率达到82.9%，为完成普惠目标奠定坚实的基础

普惠作为经济学上的一个概念，原意指的是普遍的、非歧视性的及非互惠的一种关税优惠制度。而这里普惠是普遍优惠的意思，就是让社会上大多数人通过正式开通的渠道，享受到国家相关政策的支持。近年来普惠在我国逐渐被引入学前教育领域，更多类型的幼儿园得到了政府各项政策的支持。

学前教育直接影响后续的小学教育、中学教育甚至高等教育能否取得累累硕果，因此我们必须高度重视学前教育的公益性与普惠性。普惠性幼儿园一般说来包含三种类型的幼儿园：第一种是政府公办幼儿园，第二种是单位或者集体办的公办性幼儿园，第三种是普惠性民办幼儿园。而现实情况是，我国普惠性学前教育资源普遍不足，有些地区甚至严重不足，洛阳市也不例外。根据洛阳市教育局统计数据，经洛阳市各级教育部门认定的普惠性民办幼儿园有822所[①]，普惠性幼儿园（包括公办及普惠性民办幼儿园）覆盖率达到了82.9%，初步形成了以政府为主导、公办与民办共同发展的格局，

----

① 数据来自《洛阳市学前教育工作情况汇报》。

"入园难"和"入园贵"的问题得到了很大程度的缓解。

根据《河南省国民经济和社会发展第十四个五年规划和二〇三五年远景目标纲要》《河南教育现代化2035》《河南省"十四五"教育事业发展规划》《洛阳市国民经济和社会发展第十四个五年规划和二〇三五年远景目标纲要》《洛阳市"十四五"教育发展规划》的要求，到2025年，普惠性幼儿园占比要达到90%，对照这个要求，洛阳市学前教育普惠率还有待进一步提高。

（二）幼儿园教职工配备不断优化，教师专业水平整体向好

截至2022年，洛阳市幼儿园教职工总数为32246人，较2021年增长1.61%；其中，专任教师17473人，较2021年增长0.57%（见表4）。教职工和专任教师的数量增长带来的是更优的师生比，虽然改善幅度不大，但已经使洛阳市幼儿园专任教师的平均师生比趋近教育部于2013年颁布的《幼儿园教职工配备标准（暂行）》中规定的1∶15的标准，而且该师生比的变化从侧面反映了在园儿童数量的增长与专任教师总量增长之间保持着相对协调和适应的态势。

表4 幼儿园教师、师生比年度对比

年份	在园幼儿数	专任教师	教职工数	师生比（专任教师）	师生比（教职工）
2021	276702	17374	31736	1∶15.93	1∶8.7
2022	267700	17473	32246	1∶15.32	1∶8.0

资料来源：《洛阳市学前教育工作情况汇报》。

近年来，洛阳市幼儿园师资学历水平逐步提升，但仍需优化。目前洛阳市事业在编幼儿教师共1319人，缺少事业编制幼儿教师3886人[①]，在编教师占比较低，政府购买服务、劳务派遣、自聘合同制教师成为幼儿教师队伍主

---

① 数据来自《洛阳市学前教育工作情况汇报》。

体，导致队伍流动性大、人员不稳定，对幼儿保育教育质量影响较大。

虽然学前教育越来越受到重视，但学前教育在洛阳市的教育体系中仍然处在最薄弱的位置，是整个教育体系的一块短板，水平亟待提高，其中最为突出的问题就是发展不平衡不充分，具体体现在高质量普惠性学前教育资源不足、政策保障体系不完善、幼儿教师教学行为不规范等方面。

三　洛阳市学前教育规范化发展中存在的问题

（一）高质量普惠性学前教育资源不足

1.高质量普惠性幼儿园数量较少

洛阳市公办园只有331所，数量比较少，且公办幼儿园在园幼儿数占比较低，仅有37.4%。与此同时，从扶持力度上看，政府对普惠性民办幼儿园的扶持力度相对较低，直接导致普惠性民办幼儿园在发展过程中缺乏有力支撑。

普惠性幼儿园作为普惠性学前资源的核心内容，应当具备就近入园、价格便宜和质量较高这三个条件。洛阳市普惠性幼儿园虽然覆盖率达到了82.9%，但公办幼儿园占比不高，整体数量不足，且分布不均匀，因此能同时符合这三个条件的公办园少之又少。当前，人民群众满意的高质量普惠性学前教育资源稀缺，人民群众对于高质量普惠性学前教育资源的需求日益增加，供求极不平衡，洛阳市目前的"入园难"也更多地体现为入公办幼儿园比较困难，洛阳市要办好普惠性幼儿园还有很长的路要走。

2.普惠性民办幼儿园发展困难

民办幼儿园就是那些政府机构以外的社会组织、个人或者社会团体投资兴办的利用非政府财政经费的面向社会招生的幼儿园。这个定义包含了两层含义：一是明确了办学主体是社会组织、个人或者社会团体而非政府机构；二是经费来自非政府财政经费。这就意味着，与公办幼儿园相比，民办幼儿园体现的是社会力量，由市场调节，目标是追求利润。而普惠性民办幼儿园

就是介于公办幼儿园和民办幼儿园之间的一种组织形式，从字面意思上看，我们可以理解为能够满足普惠性要求的民办幼儿园，由政府认定挂牌，收费标准由政府定价或者接受政府指导价，保教质量有保障，政府能给予一定经费资助并进行监督的幼儿园。

为了更好地满足广大人民群众对"幼有所育"的美好期盼，更大力度地推进学前教育普及、普惠和高质量发展，洛阳市先后出台了《洛阳市普惠性民办幼儿园认定及管理工作的指导意见》《洛阳市学前教育深化改革规范发展的实施方案》等相关政策文件，积极引导并支持民办幼儿园提供普惠性服务，不断优化洛阳市学前教育资源配置。经过不懈努力，基本上实现了幼儿"有园上"，这为洛阳开启新时代高质量优质均衡的学前教育奠定了坚实的基础。但我们也要看到，目前洛阳普惠性学前教育所取得的成绩与新时代高质量优质均衡的学前教育发展要求还存在一定差距，当前普惠性民办幼儿园在发展中仍面临不少困难和短板，比如编制和经费问题。

第一，编制问题。高标准的幼儿园教师和保育员队伍建设是保障学前教育高质量发展的关键所在，按照现行标准和相关要求，幼儿园每个班级应配备"两教一保"，即两名专业教师和一名保育员。虽然目前洛阳幼儿园建设和发展的速度较快，普惠性幼儿园已经占到80%以上，但"两教一保"队伍建设并不理想，这也成为影响洛阳学前教育发展的最大短板。在编制严格受限的情况下，几乎所有的幼儿园都存在大量临聘教师和保育员，临聘的性质决定了幼儿园保教队伍的流动性较大，稳定性受到影响，最终导致幼儿接受的学前教育专业性大打折扣。

第二，经费问题。普惠性民办幼儿园虽然也能得到一定的政府经费投入，但与公办幼儿园还存在一定差距，普惠性民办幼儿园教师与公办幼儿园有编制的教师的薪资收入水平也有较大的差距。收费标准的降低使普惠性民办幼儿园的人员工资和办园经费都受到影响，更加难以挤出一定经费用于幼儿园教师及保育员的专业培训和提升，尤其是保育员，一方面是由于保育员人才培养缺乏专业渠道，当前大部分保育员的文化程度偏低；另一方面是由于保育员的专业培训及相关能力提升主要由各级卫生健康委员会负责，与教育部门主管的各级教师培训相比，频次较低，而且即使有培训名额，普惠性民办幼儿园也很难有富余师资外出培训，这些导致了保育员队伍的素质与新时代学前教育的高质量发展要求不相匹配。

学前教育不仅是教育问题，也是一个民生问题，政府需要从政策、财力、物力上给予多方面支持，虽然各级政府已经在扶持普惠性民办幼儿园的发展上做出了诸多努力，但整体上看，很多普惠性民办幼儿园仍然存在经费不足、师资力量薄弱且流动性较大的情况。这使很多普惠性幼儿园的保教质量得不到充分保障。

（二）政策保障体系不完善

1. 学前教育财政投入机制不完善

普惠性学前教育的健康快速发展离不开充足、有效的财政投入，因此建立健全学前教育财政投入机制是亟待解决的一个问题。

其一，财政投入力度不能满足学前教育规范化发展需要。财政投入充足是一个地方学前教育规范化发展的物质基础，也是必要保障。如何科学衡量财政投入是否充足、有效？一是要制定科学合理的财政投入标准来保障学前教育的健康发展，可以把公办园数量占本地幼儿园总数的 50% 以上、在编幼儿园教师占本地幼儿园教师总数的 50% 以上、财政性学前教育经费占本地学前教育总经费的 50% 以上这三个具体指标作为政府财政投入充足的衡量标准。[①] 我们以公办园数量占本地幼儿园总数为例，2022 年底，洛阳市共有公办幼儿园 331 所、全部幼儿园 1391 所，公办园数量仅占本地幼儿园总数的 23.8%，与 50% 的差距较大，仍需继续加大财政投入。二是要根据政府的财政能力，合理划分市、县（区）两级政府学前教育财政投入的责任，以保证充分满足学前教育规范化发展的需要。

其二，财政经费分配比例不协调影响普惠性学前教育的质量提升。洛阳

---

① 《完善财政投入机制　强化学前教育普惠发展》，https：//baijiahao.baidu.com/s？id＝1758963845381105497&wfr＝spider&for＝pc。

普惠性学前教育经过多年的发展，在硬件方面已经基本达到要求，而在师资、课程和游戏等软件方面的提升空间还比较大。在师资方面应尽可能推动公办幼儿园教师和普惠性民办幼儿园教师、在编教师和非在编教师在社保、职称、培训等方面逐步享受同等待遇，统筹工资收入政策、经费支出渠道。针对经济较为落后的县（区）幼儿园师资流失严重的问题，应该适时出台一些专项奖补政策，提高这些地区对人才的吸引力。此外，在学前教育阶段，游戏是幼儿学习的主要方式，如何将教育很好地融入游戏，使幼儿在游戏中获取知识、得到全面发展是学前教育的重点。因此，将一部分财政经费用于支持、引导、示范和管理学前教育课程和游戏的开发，有利于推动普惠性学前教育朝着更高质量的方向发展。

其三，财政监管不规范不利于普惠性学前教育的健康运转。要解决提高洛阳学前教育财政投入的效率问题，就必须建立起合理高效的推进机制，显然洛阳当前的财政投入管理、监督与评估体系不能够满足普惠性学前教育健康运转的需求。因此一是要通过构建学前教育经费投入和使用的全过程动态跟踪和评价机制，把市、县（区）两级政府的学前教育经费具体投入与落实情况纳入督导评估与目标考核体系中，通过动态跟踪、督导与评估，保障学前教育经费的分配和使用能够更加科学化和民主化；二是要评估学前教育经费投入的总效益问题，并且在改进下一年度或者下一环节预算管理与经费安排时把效益评估结果作为重要参考因素。

2. 学前教育法律法规不健全

当前，学前教育发展受到法律法规不健全、不完善的影响，现实中存在教育矛盾和冲突时有发生的问题。

第一，国家层面缺乏专项的学前教育法律。目前我国学前教育的相关规定多以部门规章或者规范性文件的形式出现。学前教育部门规章主要有《幼儿园保育教育质量评估指南》《3~6岁儿童学习与发展指南》《幼儿园管理条例》《幼儿园工作规程》《中小学幼儿园安全管理办法》《托儿所幼儿园卫生保健管理办法》，分别从幼儿园的管理、工作规程、安全、卫生保健四个方面做出了明确规定。学前教育的规范性文件主要包括《国务院关于当前发展学前教育的若干意见》，这是我国 2010 年第一次以国务院的名义发布的针对学前教育发展的规范性文件；《关于学前教育深化改革规范发展的若干意见》，这是 2018 年 11 月中共中央和国务院出台的文件，不仅指明了新时代学前教育改革的发展方向，而且保障了学前教育高质量规范化发展。除此之外，2020 年 10 月，国家卫健委出台了《托育机构保育指导大纲（试行）》；2021 年 3 月，教育部印发了《关于大力推进幼儿园与小学科学衔接的指导意见》；2021 年 12 月，教育部等九个部门印发了《"十四五"学前教育发展提升行动计划》；2022 年 2 月，教育部印发了《幼儿园保育教育质量评估指南》，这些规范性文件都为学前教育的健康良性发展提供了一定依据。

我国《宪法》和《中华人民共和国教育法》规定，我国的教育体制包含学前教育。义务教育、高等教育、职业教育、民办教育都有专门的法律来保障，而学前教育缺乏专项法律，仅有《宪法》和《中华人民共和国教育法》这两部宏观上的法律不足以保障学前教育的规范化发展，更多涉及学前教育管理和安全上存在漏洞和薄弱环节、幼儿教育观念需要进一步转变等细节性的问题需要通过专项法律来明确。因此早在 2018 年，教育部工作要点就明确提出，要推进学前教育立法，通过立法的方式进一步厘清各级政府与相关部门在学前教育发展中的责任，对一些办园过程中存在的违法、违规行为予以严惩，从而让学前教育的健康可持续发展有法可依。直到 2023 年 6 月 2 日，国务院常务会议讨论并原则通过《中华人民共和国学前教育法（草案）》，以此为标志，我国学前教育将加速进入"有法可依"的新时代，从法律上保障适龄儿童接受学前教育的权利，对于学前教育的普及、普惠、安全、优质以及规范化发展具有重大而深远的意义。

第二，地方立法层面缺乏专项的学前教育法规。从全国范围看，有很多省份已经针对学前教育进行了立法，比如北京市早在 2001 年 9 月 1 日就开始正式实施《北京市学前教育条例》；江苏省自 2012 年 3 月 1 日起施行《江苏省学前教育条例》；学前教育领域的第一部地方性法规是浙江省在 2017 年颁布的《浙江省学前教育条例》，于当年 9 月 1 日起正式施行；山东

省于 2020 年 1 月 1 日起实施《山东省学前教育条例》。目前河南省还没有专门的学前教育法规，仅出台了《河南省幼儿园管理暂行办法（试行）》（豫政办〔2012〕63 号）、《河南省普惠性民办幼儿园认定及管理工作的指导意见》（豫教基二〔2017〕1093 号）、《河南省"十四五"学前教育发展提升行动计划实施方案》、《河南省政府关于大力发展学前教育的意见》、《幼儿园收费管理暂行办法》等相关法规和规章。

市级层面立法也越来越多，比如合肥市自 2010 年 2 月 1 日起施行《合肥市学前教育管理条例》；杭州市自 2012 年 2 月 1 日起施行《杭州市学前教育促进条例》；宁波市自 2012 年 7 月 1 日起实施《宁波市学前教育促进条例》；青岛市自 2013 年 6 月 2 日起实施《青岛市学前教育条例》；深圳市自 2022 年 9 月 1 日起施行《深圳经济特区学前教育条例》。针对学前教育，洛阳市在 2020 年出台了《洛阳市学前教育深化改革规范发展的实施方案》，属于规范性文件，还没有上升到法规的层面。因此，洛阳市学前教育的规范化发展亟须通过建立健全学前教育的法律法规来予以保障。

（三）幼儿教师教学行为不规范

幼儿教师的教学行为综合反映了教师的工作态度、教学能力和教学基本功，包含了教师在课前备课、上课过程中和课后评价反馈等教学工作环节的全部内容。但是洛阳有一些民办幼儿园的教师教学行为不够规范，缺乏标准化。为了吸引生源，部分民办幼儿园一味迎合家长的需求，游戏和活动时间减少，拼音、识字、算术等本应在小学阶段学习的内容增多，学前教育"小学化"倾向越来越严重，严重影响了幼儿的身心健康发展，正常的保育教育工作受到严重干扰。

1. 幼儿教师备课的规范化问题

教学活动的顺利开展和教学目标的达成离不开教师课前高质量的备课，但现实中教学内容较为单一，以识字、算术等内容为主，对艺术方面和社会方面课程的重视程度不够；教学目标设置不合理，忽视了对幼儿情感方面的体验或者情趣爱好的培养；教学方法不够灵活多样，没有针对幼儿的身心发育特点选择合适的教学方法促进幼儿的成长；教学过程中的师幼互动性不强，幼儿多数时间是在被动学习，属于灌输式教育，启发引导相对不足，不利于幼儿的成长和发展等问题客观存在。

教育部在 2022 年 2 月发布的《幼儿园保育教育质量评估指南》指出，要"尊重幼儿年龄特点和成长规律，注重幼儿发展的整体性和连续性，坚持保教结合，以游戏为基本活动，有效促进幼儿身心健康发展"，要"注重过程评估"。[①] 这就要求我们必须提高幼儿教师的备课质量，保证备课的规范化。

一是教学内容的合理安排。学前教育阶段的幼儿处于身心全方位高速发展期，因此幼儿教师在安排教学内容时就应该充分考虑此阶段幼儿的发展特点，有针对性地提前制订好计划，根据时间长短可以划分为每学年、每月、每周甚至每堂课的计划。根据《幼儿园保育教育质量评估指南》的要求，在选择和安排教学内容上，不仅要保证每周教学活动都要涵盖五大领域，同时还要使各领域下不同类型的活动平衡地分布在教学活动中，例如艺术领域的活动主要有唱歌、美术与跳舞等，美术活动又可以细分为涂色、绘画、手工与欣赏等；语言领域的活动主要有听说、讲述、谈话、文学与阅读等，这样才能使教学内容全面与均衡。

二是教学目标的有效制定。所有教学活动都是围绕教学目标开展的，一堂课成功与否，教学目标至关重要。《3~6 岁儿童学习与发展指南》中明确指出了幼儿各个年龄段的学习与发展目标、典型表现有哪些，幼儿教师根据要求，同时结合所在班级幼儿的具体情况，比如现有的知识基础和生活经验等，有针对性地制定较为全面、适宜且具体的教学目标。全面，就是教学目标一定不能是单一的，而是将知识、能力、情感这三者有机结合在一起，全方位进行考察；适宜，就是制定的教学目标一定要与所在班级幼儿的身心发展特点相匹配，难度适中；具体，指的是教学目标不仅能体现教学活动的特

---

① 《幼儿园保育教育质量评估指南》，http：//www.moe.gov.cn/srcsite/A06/s3327/202202/t20220214_ 599198.html。

点，而且具有很强的可操作性。另外，在表述目标时要注意把幼儿作为行为的主体，并把幼儿在教学活动中应该展示的具体学习行为和行为产生的结果使用恰当的词汇描述出来，同时还要附上产生行为的具体条件。在实际操作过程中，很多幼儿教师并没有严格按照要求制定有针对性的教学目标，敷衍应付。

三是教学材料的认真准备。学前教育阶段教学任务的完成需要充足且形式多样的教具与学具，幼儿教师需要根据教学内容的要求、所在班级幼儿的年龄特点，充分准备形式内容多样、数量充足且对于幼儿来说必须安全卫生的教学材料，来源可以是购买，也可以是幼儿教师和幼儿家长制作，但一定是幼儿可以操作、充满趣味性和探索性、有一定层次感的教学材料。但现实是一些民办幼儿园往往为了降低成本，对教学材料准备不够充分。

四是教学方法的恰当选择。无论采用哪种教学方法，都是为了更好地保障教学活动的顺利开展，活泼好动、强烈的好奇心、注意力集中时间短等特点几乎是所有处在学前教育阶段幼儿的共性特点，因此该阶段的教学活动应该具有灵活性、自由性和游戏性的特点，教学方法多以活动法、游戏法、演示法和操作法为主。很多幼儿教师为了减少自身工作量，更倾向选择简单而非合适的教学方法。

五是教学过程的精心设计。这是设计教学活动的关键和核心，主要体现在两个方面：一是要注意清楚明了地设计所有教学步骤，包括每个步骤的时间安排；二是教学步骤在难度上要遵循从易到难，在特点上要注意动静结合，每个步骤之间要衔接合理。在最初的导入阶段就要能吸引幼儿的注意力，激发幼儿对知识的渴望和学习的情趣；中间的主体部分要能够突出重难点，通过游戏和活动让幼儿有充分的机会进行思考、交流和实际操作，活动中幼儿教师要用简练清晰的语言对幼儿进行紧扣教学目标的有效提问，通过合理的游戏和活动设计，保证幼儿在轻松自在的愉悦氛围中学习，寓教于乐，让幼儿通过参加游戏和活动，逐步形成认真专注、勇于探索、积极主动和团结合作的良好学习习惯；在结束环节幼儿教师还需要用简单明了的语言对教学活动进行升华或对知识进行自然延伸。洛阳学前教育教师队伍整体素质还很难满足高质量教学活动的要求，直接导致教学过程简单，很多教学活动缺乏精心设计的升华环节。

2. 幼儿教师上课的规范化问题

一堂好课的呈现，除了需要幼儿教师在课前花费精力备好课，更为关键的是要上好课，理想的课堂教学效果的实现需要幼儿教师在上课过程中时刻注意教学语言，即口头语言和肢体语言的规范化。

一是口头语言的规范化表述。在学前教育阶段，语言表达是整个教学活动的核心，其重要性不言而喻。与此形成鲜明对比的是，一些民办幼儿园的幼儿教师在日常教学中用语不规范的现象时有发生，最常见的就是普通话不标准和随意使用一些口头禅，这不仅不利于达成既定教学目标，也影响了幼儿的身心健康发展，因为这一阶段的幼儿正处在语言发展的关键期和敏感期，更重要的是语言的发展几乎都是从模仿开始的，幼儿教师就是幼儿模仿的重要对象之一，特别是幼儿教师在集体活动中的语言，更是很多幼儿争相模仿的焦点，长期进行这种有意识或无意识的模仿，幼儿就会将教师语言逐步内化为自己的语言体系。因此，幼儿教师教学语言的规范化有助于幼儿形成良好的语言习惯，当然这种规范化不仅要求语言的科学性，更应该体现趣味性及艺术性的特点，只有这样才能让幼儿在表达自身情感或想法时使用正确的词汇、语调及语法。

二是肢体语言的适当使用。教师的肢体语言也被称为教态，包括教师在教学过程中的一些表情和动作，都是帮助其表达自己的观点的辅助方法。幼儿更容易被自然得体的肢体语言所吸引，参与教学活动的积极性自然更高，也更能轻松领会教学内容。反过来说，一旦幼儿教师的肢体语言使用得不好，没有表情动作或者表情动作不明显，教态生硬，可能会使幼儿产生紧张情绪或者注意力不够集中，更有甚者可能会使其对幼儿教师产生恐惧心理，这种情况下学习效果必然大打折扣，也会使其丧失学习兴趣。因而，幼儿教师要做到着装大方得体，注意色彩的协调性，不要有过于夸张的配饰；注意面部表情，给幼儿一种和蔼可亲的感觉；使用舒缓、适度的肢体动作配合口

头语言；通过亲切的目光多与班级幼儿进行眼神接触。

3. 幼儿教师评价的规范化问题

教学活动的最后一个环节就是教学评价，这也是必不可少的一个环节。评价既是对幼儿对教学目标完成程度的考察，更是幼儿教师反思和修订完善现有教学设计的依据，可以说评价理念决定了教学过程的设计。《幼儿园保育教育质量评估指南》中指出要"重视幼儿的学习品质""忽视幼儿学习品质培养，单纯追求知识技能学习的做法是短视而有害的"。[①] 因此，教学评价是一种综合评价，包括定性评价和定量评价、过程性评价和总结性评价，不能单纯使用其中一种，这样才能保证评价的客观性。要综合幼儿在教学活动中的参与度、交流情况、思维与情感状态来评价，比如幼儿在幼儿教师讲课过程中是否专注、能否认真倾听同学的发言、能否勇于表达自己、是否愿意主动和同学沟通交流、能否独立思考、融入团队状态如何、学习过程中是否有焦虑情绪等。

综上所述，幼儿教师教学行为的规范化程度对幼儿的健康发展以及学前教育的高质量发展都有十分重要的影响。当前，洛阳学前教育中存在部分民办幼儿园教师教学行为不够规范的现象，这种现象不符合新时代学前教育发展的需要，更违背了当前学前教育改革的相关要求。

除了上述存在的高质量普惠性学前教育资源不足、政策保障体系不完善以及幼儿教师教学行为不规范的问题，监管体制机制不健全也是影响洛阳市学前教育规范化发展的一个重要问题。进入21世纪以来，从国家到地方都逐渐加大对学前教育的规范化管理力度，尤其对民办学前教育也加大了监管力度，但从整体上看，各地政府在实际管理过程中，仍存在重建设、轻监管的思想，这种管理思想不利于学前教育整体质量的提升，同时对民办学前教育的市场稳定性有一定程度的负面影响。洛阳市在规范幼儿园办园行为上已经做出一定努力，出台了一些规范性文件，比如《洛阳市幼儿园规范管理

---

① 《幼儿园保育教育质量评估指南》，http：//www.moe.gov.cn/srcsite/A06/s3327/202202/t20220214_599198.html。

办法》《关于幼儿园实施挂牌管理的通知》《关于开展无证园专项治理工作的通知》等，对公办园、普惠性民办园和非普惠性民办园进行分类挂牌管理，接受社会各界监督。民办学前教育在准入阶段虽然已有依据，但政府对于民办学前教育日常办学行为的监管力度还有待加大。为此，我们可以通过选派公办园教师到普惠性幼儿园指导教学教研、加强对普惠性幼儿园教师的培训等方式，提升普惠性民办幼儿园的办学质量。同时，也要加强对民办幼儿园的质量监管，可以依据普惠性学位数量的多少与办园质量的高低，对民办幼儿园进行适当奖励与支持，对一些质量无法达标的幼儿园要责令限期整改。当然，对于学前教育的监管不能完全依赖政府，而是要形成教育督导与行业管理并重的监管机制。洛阳市虽然在 2014 年就已经成立了学前教育协会，但其发挥的作用还不够充分，要充分借鉴先进的学前教育管理经验，让行业协会在学前教育监管方面发挥更多、更大的作用。

B.3
洛阳普惠性学前教育发展路径
与方向分析

余 洁*

摘 要： 普惠性是中国特色学前教育的重要属性，教育对象的普遍性、教
育程序的均等化、教育质量的标准化是普惠性学前教育区别于一
般学前教育的显著特征和独特优势。普惠性学前教育包括公办幼
儿园和普惠性民办幼儿园提供的学前教育。办好普惠性学前教育
是关系广大人民群众幸福感获得感的重大民生工程，推动洛阳普
惠性学前教育高质量发展是新的历史起点上重振洛阳辉煌的重要
任务。当前，洛阳普惠性学前教育事业呈现总体向好的发展态
势，但入公办园难、入优质民办园贵，普惠性学前教育发展不平
衡不充分，学前教育的普惠性与普及性难以兼顾，保教质量参差
不齐等问题依旧制约着洛阳高质量普惠性学前教育目标的实现。
政府主导、多元参与，科学规划普惠性资源布局，加强幼儿师资
队伍建设，强化评估和反馈是洛阳普惠性学前教育高质量发展的
现实路径和努力方向。

关键词： 学前教育 普惠性 洛阳

一 洛阳发展普惠性学前教育的重要意义

"人生百年，立于幼学"，建设教育强国，起点和基点都在学前教育。

---

* 余洁，中共洛阳市委党校工业创业创新教研部讲师，主要研究方向为洛阳市情、区域经济。

学前教育关乎亿万儿童健康成长，关系党和国家事业未来。普惠性学前教育是中国特色教育体系的重要组成部分。扎实推进洛阳学前教育普惠优质发展，办好人民满意的学前教育体系，真正实现幼有所育、幼有善育、幼有优育，具有重要的理论和现实意义。

（一）普惠性学前教育是对中国式现代化道路的生动诠释

学前教育是党之大计、国之大计。改革开放以来，党和国家从顶层政策设计、制度构建、实践指引等多方面推动学前教育事业高质量发展。普惠性学前教育作为学前教育普及化、普惠化的全新尝试，最早是在 2010 年国务院颁布的《国家中长期教育改革和发展规划纲要（2010—2020 年）》中提出的。《国家中长期教育改革和发展规划纲要（2010—2020 年）》提出，要"坚持教育的公益性和普惠性"，自此，普惠性成为党和国家对学前教育事业一以贯之的政策方向。2018 年，《关于学前教育深化改革规范发展的若干意见》发布，这是新中国成立以来中共中央、国务院出台的第一个面向学前教育的重要文件，凸显了中国特色学前教育事业在党和国家发展全局中的重要地位。同时，文件进一步明确了学前教育公益普惠的基本方向。2023 年 8 月 28 日，《中华人民共和国学前教育法（草案）》提请十四届全国人大常委会第五次会议初次审议，这对填补我国在学前教育法律领域的空白具有重要意义，标志着学前教育将加速迈进"有法可依"的新阶段。[1] 普惠性学前教育是中国共产党以人民为中心的执政理念在学前教育领域的具体体现，是对中国式现代化道路的生动诠释，彰显了党中央对学前儿童的关怀关爱和对办好学前教育的信心决心。

（二）普惠性学前教育是实现教育公平的起始环节

普惠性学前教育是重要的公平性、基础性、兜底性民生工程，也是教育

---

[1] 《以法呵护"幼有所育"美好愿景》，中国人大网，http://www.npc.gov.cn/c2/c30834/202309/t20230918_431742.html。

现代化和教育公平的重要内容。2017 年，党的十九大报告首次提出"幼有所育"，并将其置于七大民生工程之首。党的二十大报告进一步指出，要"建立生育支持政策体系，降低生育、养育、教育成本"。从"二孩"到"三孩"，随着国家人口政策的新调整和家庭育儿理念的新变化，人民群众对优质学前教育资源的需求量越来越大，期待也越来越高。新时代十年，国家多措并举确保学前教育公益普惠的基本方向，我国成功迈入全球普及三年学前教育的先进行列，真正实现了学前教育的基本普及和普惠发展。"普惠性学前教育"以普惠性幼儿园为载体，以向广大适龄儿童提供广覆盖、保基本、有质量的学前教育公共服务为目标，为义务教育阶段的公平化、公正化、平等化打下坚实基础。学前教育的普惠性是保障教育公平、满足人民群众对教育公平美好愿景的题中应有之义。

（三）普惠性学前教育是现代化洛阳建设的重要课题

学前教育是人生最重要、最基础的教育，也是国民教育体系的重要组成部分，关乎洛阳教育事业的高质量发展。普惠性学前教育是重要的社会公益事业，是中国特色社会主义事业的重要组成部分，是新时代现代化洛阳建设的重要板块。党的十八大以来，洛阳市委、市政府认真贯彻落实习近平总书记关于教育的重要论述，坚持把教育摆在优先发展的战略地位，持续加大学前教育投入力度，提高学前教育服务水平，推动学前教育布局更加合理、教育资源更加优质、教育机会更加公平。进入新发展阶段，针对学前教育事业呈现的新特点、面临的新情况、出现的新难题，如何结合洛阳实际，因地制宜、因时制宜地探索实现幼有所育、幼有善育、幼有优育，建设普及普惠、安全优质的学前教育公共服务体系，是现代化洛阳建设必须解决好的一项重要课题。

（四）普惠性学前教育是洛阳建设青年友好型城市的题中之义

青年因城市而聚，城市因青年而兴。2021 年以来，洛阳市委、市政府聚焦现代化洛阳建设的目标任务提出建设青年友好型城市，出台《洛阳市建设青年友好型城市行动方案》，聚力洛阳成为一座吸引青年、留住青年、成就青年的青春活力之城。孩子是家庭的中心，学前教育是事关青年扎根创业、兴家立业、安居乐业的重要实事项目。普惠性学前教育关乎洛阳提升城市功能品质与青年群体的契合度，它一头连着在洛青年普遍关注的幼儿保育保教问题，一头连着洛阳加快建设青年友好型城市的美好愿景。聚力打造普惠性学前教育高质量发展的洛阳样板，解决青年群体的后顾之忧，才能吸引更多青年来洛参与城市建设和城市发展，形成带动城市发展的活力和内生动力，推动洛阳成为青年满意的教育服务新高地和创新创业人才的富集地。

二 洛阳普惠性学前教育的前期探索与成就

（一）洛阳普惠性学前教育的前期探索

近年来，洛阳全面落实教育优先发展战略，将学前教育作为教育工作的重中之重，对学前教育工作实践中存在的问题和瓶颈，持续加大投入力度、不断优化支出结构、日趋完善政策体系，为洛阳普惠性学前教育事业发展提供了良好的环境，也指明了方向和路径。

1.完善政策支持体系，引导普惠性幼儿园规范化发展

洛阳市委、市政府高度重视学前教育事业的发展，聚焦重大教育工程和人民群众普遍关注的学前教育难点和痛点问题，以普惠性幼儿园建设为抓手，动态实施并优化调整政策，不断完善相关法律法规政策体系。2018年，洛阳市教育局联合市发改委、财政局印发了《洛阳市普惠性民办幼儿园认定及管理工作的指导意见》，对普惠性民办幼儿园的认定条件、认定程序、管理与监督等方面进行了明确和规范。2020年，洛阳出台了《洛阳市学前教育深化改革规范发展的实施方案》，明确指出围绕"优化幼儿园办园结构，扩大普惠性资源供给"，对公办园、普惠性民办园、非普惠性民办园进行分类挂牌管理。2022年，洛阳市进一步出台了《关于推进学前教育规范

普惠发展的实施方案》，促进学前教育规范普惠发展。2023年1月，洛阳市印发《洛阳市儿童发展规划（2021—2030年）》，提出要大力发展公办幼儿园，保持公办幼儿园在园幼儿占比50%以上，鼓励支持社会力量办园，不断扩大普惠性学前教育资源。近年来，洛阳市还出台了财政支持、规划建设、普惠收费、人才培养、助企纾困等多个配套支持文件，为学前教育规范发展营造了良好环境。政府主导出台的一系列政策，有力地保障了洛阳市学前教育健康、规范、高质量发展。

2. 完善普惠性幼儿园认定原则程序，凸显"公益""普惠"

一是明确普惠性幼儿园认定原则。按照洛阳市教育局《关于印发洛阳市普惠性民办幼儿园认定及管理工作的指导意见的通知》，普惠性民办幼儿园是指取得合法办园许可，经县级以上教育行政部门认定，接受政府多种形式扶持，面向大众、质量合格、收费较低的民办幼儿园。认定普惠性民办幼儿园应符合"合理布局""严格资质""规范办园""核定收费""保障质量"等基本原则。二是完善普惠性幼儿园认定程序。具备条件的幼儿园按照属地管理原则，需要经过幼儿园申请、县级认定、公示公告、上报备案并纳入当年教育事业统计等严格的认定程序，规范普惠性民办园的园舍条件、设备设施、教师资质等办园质量因素。三是落实扶持奖励。具备规范化普惠性条件的幼儿园经县级教育、发改、财政等部门评估后，被认定为普惠性民办幼儿园，给予资金补贴。2021年公办园生均经费发放总金额1349.99万元，普惠性民办园生均补助发放总金额50.925万元；2022年公办园生均经费发放总金额955.755万元，普惠性民办园生均补助发放总金额23.7万元；2023年公办园生均经费发放总金额298.5211万元。①

3. 加强教育资源统筹，优化资源配置格局和效率

在推动学前教育资源均衡发展方面，洛阳市委、市政府始终坚持把促进教育公平融入教育改革发展的各方面各环节，坚持问题导向，努力缩小学前教育的城乡、区域、校际和群体差距。围绕"一老一小一青壮"，深入推进

---

① 根据洛阳市教育局汇总的统计数据和洛阳市学前教育工作情况汇报整理得出。

实施第三期、第四期学前教育行动计划。一方面，积极践行"全面普惠"的兜底理念，聚力解决好人民群众最关心、最直接的"有没有"的问题，将发展普惠性学前教育作为重点任务，着力构建以普惠性资源为主体的幼儿园办园格局。2021年，洛阳对全市幼儿园按照办园性质实行分类挂牌管理，落实普惠性民办园生均每年500元补助政策。2021年，全市各级政府完成财政补贴共计2077万元，群众学前教育的负担持续减轻。另一方面，深入践行"精准普惠"理念，充分利用5G、大数据、区块链等数字技术，把握新发展阶段人口的流动和迁移规律，加大对农村、新建社区、城乡接合部及城市新移民集中居住地等地区的普惠性学前教育资源供给，科学规划布局公办幼儿园和民办幼儿园，落实区域配套建设园区规定，合理有序扩大学位供给，解决幼儿园"大班额"问题，推动实现教育资源从"有没有"向"好不好"转变。

4. 开展督导评估，不断提升普惠办园质量

开展全国学前教育普及普惠督导评估，完善幼儿园规范监管机制，提高保教质量，是落实党中央、国务院决策部署的具体举措，是检验各地学前教育普及普惠水平的重要标尺。以孟津区为例。作为洛阳市学前教育普及普惠发展首批创建县区，2022年，孟津区人民政府办公室印发了《洛阳市孟津区学前教育普及普惠发展总体规划》，就孟津区学前教育的发展进行了科学的总体规划，对存在的问题和短板进行了责任分工，建立整改台账，成立领导小组，加强工作指导和协调。同时，孟津区督导委办公室将学前教育普及普惠的专项督导评估作为年度三大重要督导工作之一，并根据孟津区学前教育状况制定了《洛阳市孟津区学前教育普及普惠幼儿园督导评估细则》。通过开展督导评估，国家教育政策和政府保障情况在幼儿园得到贯彻落实和监督，推动普惠性幼儿园依法办园、规范管理和特色化发展。

（二）洛阳普惠性学前教育的成就

目前，洛阳已经初步实现学前教育普惠的目标，广覆盖、保基本、有质量的学前教育公共服务体系基本建成，学前教育管理体制、办园体制和政策

保障体系基本完善。

1. 幼有所育，普惠性学前教育的覆盖率和普及水平稳步提升

洛阳幼儿园总量、在园幼儿数量及普惠性覆盖率稳步提升，根据洛阳市教育局公布的《2022年洛阳市教育事业发展统计公报》①，2022年，洛阳市共有幼儿园1391所，其中普惠性幼儿园1153所，占总园数的82.89%，离园（班）幼儿85392人，入园（班）幼儿66698人，在园（班）幼儿267720人，其中普惠性幼儿园在园幼儿227229人，普惠性幼儿园覆盖率达84.88%。在幼儿师资队伍建设上，全市幼儿园教职工32246人，其中，园长1744人，专任教师17005人，接受过专业教育的占总数的89.02%。幼儿园专任教师17482人，专任教师学历合格率为99.86%，其中，大专及以上学历专任教师数占总数的78.86%；生师比为15.31∶1。② 在基础设施建设上，幼儿园占地面积368.98万平方米，校舍建筑面积228.41万平方米，图书184.8万册，固定资产中的玩教具资产值47393.47万元。在缩小城乡差距、区域差距方面，近年来洛阳通过大力实施学前教育行动计划，不断扩展普惠性学前教育覆盖范围。截至2020年底，已经消除了公办幼儿园的"零空白"乡镇。普惠性学前教育资源总量的扩大，大大缓解了在洛幼儿"入学难""入学贵"等难题，很好地回应并满足了人民群众对于公益普惠性学前教育的需求。

2. 幼有善育，托育服务能力持续提高

政府托底，为普惠性幼儿园扩容提质提供了政策空间和发展支持，普惠公平的底色更加鲜明，托育服务能力持续提高。2022年，全市新增托位数3800个，超额完成年度新增托位民生目标任务（2000个）。依托市妇幼保健院开展婴幼儿家庭科学养育网络培训，提高家庭科学育儿能力，累计1.8万人次在线观看学习；开展全市托育服务专业知识技能网络培训，培训了

---

① 《洛阳市教育局关于印发2022年洛阳市教育事业发展统计公报的通知》，http：// lyjyj. ly. gov. cn/GovInfoDetails. aspx？ID＝830。

② 数据来源于《2022年洛阳市教育事业发展统计公报》，"专任教师"和"幼儿园专任教师"在概念范畴上有差异。

1200 人;举办洛阳市 0~3 岁婴幼儿师资力量培训班,培养专业骨干 270 人。同时,积极开展市级示范性托育机构创建及托育服务机构备案活动,截至 2022 年,全市已有 6 家市级示范性托育机构挂牌,34 家托育服务机构备案,较好地促进了全市 3 岁以下婴幼儿照护服务专业化、规范化发展。2022 年全市争取中央预算内投资 230 万元,获批托育服务建设项目 2 个,目前正在建设中,新增普惠托位 230 个。

3. 学前教育"内涵式"发展,综合服务能力显著增强

普惠和优质并不矛盾,二者是普惠性学前教育体系的一体两面。洛阳在保证公平普惠底色的同时,不断提升服务水平,致力于实现学前教育的"内涵式"发展。近年来,洛阳以创建示范园活动为抓手,持续提升办园水平和保教水平,2022 年新认定省级示范园 2 所,市级示范园 11 所,市级融合试点园 11 所。在示范园区和特色项目打造上,作为河南省食育试点幼儿园,洛阳市实验幼儿园致力于探索幼儿食育课程体系的构建与实践,在幼儿食育方面取得了阶段性成果,形成了一系列可推广、可复制的成功经验。学前教育的"内涵式"发展,折射出洛阳市委、市政府对于学前教育事业的重视程度和投入力度,也彰显着洛阳作为副中心城市在辐射带动全省学前教育事业发展中的使命担当和突出贡献。

三 洛阳普惠性学前教育存在的问题与制约因素分析

虽然洛阳普惠性学前教育事业呈现总体向好的发展态势,摸索了一些成功经验,也取得了一些成绩,但当前洛阳学前教育事业发展水平与党和国家对于学前教育普及普惠的相关要求以及与国内其他先行城市、与新时代人民对教育高质量发展的现实需要、与当前洛阳副中心城市地位和城市建设水平还存在较大差距。

(一)洛阳普惠性学前教育存在的问题

针对普惠性学前教育的评价标准,有学者提出"5 个 A"的衡量指标:

"Affordability——付得起、Accessibility——达得到、Assorting——配得齐、All——顾得广、Appropriateness——适得度"。[①] 按照这个标准，当前洛阳普惠性学前教育还存在制约因素，与高质量的参考体系和人民群众的期待还有一定差距。主要表现在以下几个方面。

1. "入公办园难、入优质民办园贵"等问题

一方面，在政府"限价"策略下，部分民办幼儿园虽然收费标准有所降低，却存在低成本运营的倾向，部分县（区）幼儿园班级人数超标、超大规模的幼儿园依然存在，儿童活动空间不足、有卫生和安全隐患的班级尚未完全消除。另一方面，小班制、限额、配套齐全的民办幼儿园收费高，家庭在幼儿学前教育上的支出增加，受家庭收入等多种因素影响，部分家庭倾向于舍弃所在社区（村）配套的民办幼儿园，扎堆选择公办幼儿园，而公办园往往名额有限且距离较远，增大了家庭的入园压力，导致"入公办园难、入优质民办园贵"等问题普遍存在。

2. 普惠性学前教育发展的不平衡不充分问题

当前，城乡、区域、不同群体、不同园区间享有的普惠性学前教育资源在数量、质量上的差距仍然比较显著，不平衡不充分问题是洛阳学前教育体系的突出问题。一是城乡间、各县（区）财政水平和支持力度、办学质量、服务水平参差不齐，公办园占比和普惠性幼儿园覆盖率存在差异，难以满足人民群众的需求。根据洛阳市教育局2023年4月的统计数据，全市15个县（区）公办园在园幼儿占比在50%以上的只有4个县（区），分别是栾川县（57.18%）、宜阳县（51.13%）、洛龙区（51.10%）、瀍河回族区（50.70%）；而排名最后两位的伊川县、汝阳县，分别只有16.99%、19.83%，均不足20%，县区间公办园占比差距较大。二是幼儿享受高质量教育资源的机会不均等，高质量幼儿园占比较低，尤其是农村地区教育资源、教学环境、师资力量等相对较差，生源流失现象较为严重。三是公办幼儿园和普惠性民办幼

---

① 姜勇、郑楚楚、赵颖等：《中国特色普惠性学前教育公共服务体系构建的若干思考》，《苏州大学学报》（教育科学版）2019年第2期。

儿园的保教质量有着巨大差距。公办幼儿园因为有稳定的政府资金投入，在软硬件方面都有明显提升，保教质量持续提高，同时收费低、家长成本分担占比较低；政府面向普惠性民办幼儿园的投入较少也不稳定，尽管限价，普惠性民办幼儿园的收费依然高于公办幼儿园，这说明人民群众对优质普惠的学前教育需求与优质学前教育资源发展不平衡不充分成为学前教育发展的主要矛盾。[①]

3. 学前教育的普惠性与普及性难以兼顾，普惠性托育资源供需矛盾突出

学前教育的受众主体是幼儿，与青少年不同，幼儿群体的身心健康发展仅仅依靠幼儿园教育远远不够，需要家长在时间和精力上投入更多更精细的照顾和服务。中国青年报社会调查中心的调查数据显示，中国 90% 的家长在接送孩子上存在下班时间与放学时间不匹配、路程耗时长、工作压力大等问题。[②] 据统计，我国城市中超过 1/3 的家庭有托育需求，尤其是双职工家庭工作时间长、工作压力大，普惠性的托育服务能帮助其解决后顾之忧。根据调研走访，洛阳普惠性托育资源供需矛盾突出表现为：在需求侧，育儿家庭对于托育需求普遍较大，且呈上升趋势；但是在供给侧，托育资源的有效供给明显不足，特别是目前政府主导的普惠性托育机构很多仍处于试点阶段，普惠性资源的覆盖面有限，普惠性服务特别是优质的普惠性托育服务供不应求。而完全市场化的托育服务要么收费较高，要么存在一定的非正规化运行情况，导致家庭育儿支出增加、双职工家庭育儿压力大。这些都是制约学前教育普惠发展的重大挑战。

4. 保教质量参差不齐的现象仍然不同程度存在

普惠性学前教育提供的公共服务不是低水平的，要兼顾"普惠"和"质量"。在普惠性学前教育资源的供给和分配中，政府解决的是学前教育的"兜底"问题，而家长和社会群体在此基础上需要个性化、多元化的高质量教育辅助服务。在调研中发现，普惠性幼儿园在管理水平和保教质量上

---

① 庞丽娟：《多元快速有效扩充我国学前教师队伍》，《教育研究》2019 年第 3 期。

② 孙山：《九成受访家长在接送孩子上存在困扰》，http：//zqb. cyol. com/html/2021 - 04/22/ nw. D110000zgqnb_ 20210422_ 5-10. htm。

存在参差不齐的现象，突出表现为普惠性幼儿园重保育轻教育和提前教授小学教育内容这两个问题。一是部分幼儿园仍停留在传统的教学方式和模式中，缺乏创新。面向儿童的教育和公共服务应该是全周期、全方位的，覆盖不同成长阶段的儿童，涵盖儿童发展的方方面面。既要注重儿童的安全卫生和保健工作，为儿童的生活和学习提供良好的环境和条件；又要加强幼儿园课程建设和幼儿心理健康，坚持以游戏为基本活动，充分发挥儿童活动的自主性和创造性。目前，部分公办幼儿园更多重视儿童的安全卫生和保健工作，在游戏开发和儿童创造性方面重视程度不够。二是保教质量不高，小学化倾向在部分幼儿园仍比较明显，部分幼儿园违背幼儿正常的成长周期和规律，提前教授小学的课程和内容。

（二）洛阳普惠性学前教育的制约因素分析

与国内外发达城市相比，洛阳普惠性学前教育事业从宏观层面的顶层设计到操作层面的细枝末节，有诸多制约因素，也有很大的上升空间。

1. 普惠性资源总量不足、结构不优

当前，全市幼儿入园难问题得到重视和缓解，但与群众普遍享受优质学前教育资源的目标还存在一定的差距。一方面，普惠性学前教育资源总量不足，还存在很大上升空间，尤其是新建城镇、新建社区、城乡接合部等人口流入地和聚集地，尚未完全配套建设幼儿园。另一方面，公办园存在结构不优的问题。公办幼儿园是普惠性幼儿园的主体，根据洛阳市教育局的统计数据，截至2022年底，全市共有公办园331所，公办园在园幼儿占比37.4%，与50%的目标差距还很大。在普惠性覆盖率上，全市15个县（区）普惠性幼儿园覆盖率低于全市平均水平（84.88%）的就有8个，分别是栾川县（73.24%）、偃师区（74.74%）、新安县（74.95%）、城乡一体化示范区（78.09%）、汝阳县（82.41%）、西工区（82.85%）、洛龙区（83.16%）、涧西区（84.3%）。这既是洛阳普惠性学前教育资源"达不到""配不齐"的一个缩影，也暴露出洛阳普惠性学前教育结构不优、社会效益理想水平和现实水平之间还有很大差异的问题。

2. 学前教育投入不足

近年来，洛阳市各县（区）已经基本建立了有效支持学前教育普惠发展的政策体系，政府逐步加大了学前教育的财政投入，各项支持政策也得到了有效落实。但各地经济基础、财政收支等存在差异，对普惠性学前教育的支持力度和经费保障存在不同程度的差距，导致辖区内部分幼儿园运行困难、家庭分担比例过大等问题依然存在。根据洛阳市教育局提供的洛阳市公办园生均经费落实情况汇总数据，2022 年生均经费发放总金额排名靠前的伊川县为 336.55 万元、老城区为 230 万元，而横向对比，涧西区（含高新区）只有 16 万元。[①] 政府的财政投入是实现学前教育普及普惠、安全优质发展的重要保障。政府投入分担责任不明晰、投入占比低，必然会导致公办园运转困难、民办园缺乏提供普惠服务的主动性，最终也会影响地方学前教育事业的进一步发展。

3. 规划滞后，学前教育发展空间受限

与义务教育阶段不同，学前教育需要在无边界、"柔性定制"的环境和场景中充分释放幼儿天性。对于幼儿园建设来说，除了正常的封闭式教学空间和游戏场所之外，还要为幼儿自由活动、园区应急处突留出足够的空间。这就对学前教育的空间用地和规划建设提出了更高要求。部分普惠性幼儿园之所以在后期运转不良、失去活力，多源于在前期的规划建设过程中缺乏实地调研，导致园区选址不合理、服务半径过大；或者园区内部空间布局过于紧凑，建设品质较低、缺乏人文关怀，并不能很好地满足周边居民对于"就近入园""就近入好园"的需求。对于农村地区而言，盲目撤并村办园会导致部分生源入园距离过远，而就近办园又面临生源不足的问题，如何在合理的空间尺度和服务半径内规划建园是个挑战。而对于城区而言，在满足居民正常生产生活需求的前提下增量空间有限。规划滞后、学前教育用地紧张、发展空间不足严重制约城区学前教育可持续发展。

4. 幼儿教师缺口大，专业化的师资力量薄弱

专业化的教师队伍是提高幼儿园保教质量的基础和关键因素，要打造优

---

① 洛阳市教育局：《洛阳市公办园、普惠园生均经费落实情况汇总表》，2023 年 4 月。

质的普惠性幼儿园，必须打造一批综合素质优良、师资结构稳定的幼儿教师队伍。当前幼儿教师缺口大，且师资队伍不稳定，专业水平也欠佳。究其原因，一是公办幼儿园编制严重不足。据统计，2022 年，全市已取得公办园机构编制的幼儿园共 242 所，事业在编幼儿教师共 1319 人，缺少事业编制的幼儿教师数量为 3886 人。公办幼儿园在编教师数量少、占比低，并且多数在城区的公办幼儿园，乡镇中心公办园的在编人员均为借用的小学在编教师，教师队伍流动性较强。二是幼儿教师待遇较低，缺乏福利保障。同时，师资待遇还存在较明显的城乡差距，根据洛阳市教育局的数据，城市事业在编教师人均月收入为 4522 元，农村为 3534 元，编制内城乡幼儿教师收入差距较大。幼儿教师收入低严重制约了高素质幼儿教师的进入和农村幼儿教师队伍的稳定，影响了幼儿园的可持续发展。三是教师的专业化水平有限。幼儿教师队伍中学前教育专业的占比较低，与公办幼儿园不同，部分民办幼儿园教师没有幼儿教师资格证，部分教师甚至"身兼多职"。在一些低成本运营的民办幼儿园和农村幼儿园，幼儿教师多由转岗教师或离退休教师代替，所教授的内容并不贴合幼儿成长需要，幼儿园教师的综合素质与人民群众的需求不匹配。

四 洛阳普惠性学前教育发展路径与方向

从宏观上看，当前我国学前教育从以关注短缺、普及为主转向解决结构性失衡和高质量发展的新阶段，从这个角度看，洛阳普惠性学前教育发展方向的关键在于办好人民满意的中国式现代化、高质量的学前教育。[1] 实现学前教育的公益普惠是一项系统工程，需要从多个层面协调发力。洛阳市在学前教育的普惠发展方面存在不少问题，同时，我国学前教育的新阶段、新定位对洛阳学前教育事业的发展也提出了新任务、新要求，要因时制宜、因地制宜探索适合洛阳市情、满足人民需要的普惠性学前教育工作模式。

---

[1] 施桂红、冯江英、王婷：《从学前教育普惠性到普惠性学前教育——2010-2022 年我国普惠性学前教育发展研究热点与前沿分析》，《教育理论与实践》2023 年第 17 期。

（一）政府主导、多元参与，实现责任共担与成本分担

普惠性学前教育体系的构建是一个共建共治共享的过程，政府承担主导责任，市场、家庭及社会组织等多元主体共同参与，才能起到责任共担与成本分担的效果。

1. 落实政府的主体责任

一是要加大政府财政投入力度。在学前教育的资金投入方面，要提高学前教育财政支持水平，落实省定公办园生均财政综合拨款基准定额和普惠性民办园奖补政策，并逐步提高标准，优化经费投入结构。新增教育经费要优先向学前教育倾斜，重点支持扩充优质普惠资源、改善办园条件、提升保育保教质量等方面。二是要健全学前教育资助制度，为家庭经济困难儿童、孤儿和残疾儿童接受普惠性学前教育提供长期稳定的资金支持平台。三是要健全收费管理机制和成本分担机制。根据《关于实施新时代基础教育扩优提质行动计划的意见》及《河南省"十四五"学前教育发展提升行动计划实施方案》的有关要求，各地公办园生均公用经费标准原则上应于2024年达到每人每年600元，要综合考虑经济发展水平、群众承受能力和办园成本等因素，加强幼儿园收费监管，根据本地实际及时合理调整公办幼儿园收费标准，确保普惠性公办幼儿园和民办幼儿园正常运行。

2. 支持引导多种力量参与普惠性学前教育建设

在普惠性学前教育发展中，政府承担主体责任而非全部责任，市场、家庭、社会组织作为重要补充，有必要也有责任参与，进行责任共担与成本分担。要打破传统的"政府包揽一切"的路径依赖，减轻政府办园的压力，充分发挥多元主体在普惠性学前教育中的积极作用。目前，政府购买服务，推动市场主体参与普惠性学前教育已经取得了诸多成功经验。以学前普惠性托育为例，合肥市通过政府购买服务、财政奖补等方式降低托育机构运营成本。《合肥市托育机构市级财政补助资金管理暂行办法》规定，对经卫生健康部门备案的托育机构，正常运营满一年后，每个托位按地区给予1500~3000元的补助；同时，根据收费标准，对托育机构分类实施每孩每月200~

600元的收托运营补助；对市级一等、二等、三等示范点，分别给予每年12万元、10万元、8万元的奖补。合肥等地通过支持社会组织参与民生基本服务项目运营，逐步形成市场化、规范化、专业化的民生服务保障体系，让人民群众的获得感、幸福感、安全感得到提升。对于洛阳来说，要积极学习借鉴国内外发达地区的成熟经验和先进做法，科学引导、鼓励支持社会力量和民间资本投入普惠性学前教育领域。

（二）科学规划普惠性资源布局，着力解决不平衡不充分问题

1. 挖掘区域存量资源，做大增量，解决资源不充分问题

一是通过政策引导、释放学位等方式，督促公办幼儿园占比未达标的县区，一方面将收回的小区配套幼儿园全部办成公办幼儿园，增加公办学位和普惠性学前教育资源；另一方面将具备独立办园条件的小学附属幼儿园及公办幼教点纳入教育事业统计系统，提高公办幼儿园占比，以解决普惠性学前教育资源"顾不广""质量低"等问题。二是规划先行，在幼儿园建设过程中，政府主导进行前期调研，优化资源的布局和配置。同时，充分利用现有的闲置资源和公共资源，比如腾退搬迁的空置厂房、城乡公共服务设施、农村中小学闲置校舍等，以租赁、租借、划转等形式举办公办园，鼓励支持街道、有实力的国有企事业单位举办公办园，积极扩大普惠性学前教育资源，不断满足居民"上好园"和"就近上好园"的需求。

2. 以推进普惠性幼儿园建设为重点，加快缩小区域差距

一是要根据不同地区、城乡、幼儿园等级的迫切需求和发展定位，形成"一园一策"的扶持政策和运营方案，切实保障幼儿园利益，逐步实现公办和民办普惠性幼儿园"统一质量标准、统一价格标准、统一补助标准、统一教师待遇"。二是要着力改善薄弱园办园条件。加大薄弱园改造提升力度，改善园舍设施设备，配备丰富适宜的玩教具、游戏材料和幼儿图画书，规范卫生保健工作，提高办园水平。同时，在体制机制上，建立薄弱园对口帮扶机制，通过城乡幼儿园"结对"、优质园带动薄弱园、公办园辐射周边园等方式，加快缩小办园差距。

3. 以推进城乡学前教育一体化为重点，加快缩小城乡差距

要按照"农村以公办幼儿园为主体，城镇新增幼儿园以公办为主"的原则，让普惠性学前教育资源真正普及普惠每一个需要帮扶的人和群体。一是要加强村级幼儿园建设，引导财政资金、优惠政策向农村落后地区倾斜。完善农村地区学前教育资源布局和公共服务基础设施建设，鼓励农村闲置校舍改建为公办园，切实保障农村适龄幼儿就近入园。二是充分发挥乡镇中心幼儿园的辐射指导作用，实施乡（镇）、村幼儿园一体化管理，整体提升农村学前教育水平。积极探索乡镇村级幼儿园一体化管理模式，通过镇村联动、以镇带村、镇村融合、联动发展，引领带动镇内公办、民办幼儿园共同发展，健全以乡镇中心幼儿园为示范的农村学前教育网络。

4. 以推进教育关爱制度化为重点，加快缩小群体差距

党的二十大报告指出，要强化学前教育、特殊教育普惠发展。实现区域内幼儿园的均衡发展，不断提升幼儿园办园质量，要关爱和照顾特殊群体、弱势群体。通过专项政策和"特惠"工程，有针对性地保障留守儿童、孤儿、事实无人抚养儿童、残疾儿童、农业转移人口随迁子女、困境儿童等群体受教育权利，大力推动教育红利无差异化地惠及每一个家庭和幼儿，保证所有适龄儿童享有同等的机会进入质量相当的幼儿园。

（三）加强幼儿师资队伍建设，全面提高幼儿园保教质量

强教必先强师，要坚持把加强教师队伍建设作为学前教育事业高质量发展的基础工作。既要强化幼儿教师专业化能力，培养高素质教师队伍，也要切实关注幼儿园教师的地位和待遇，增强其职业的荣誉感和吸引力，提高其工作的积极性和主动性。

1. 做好专业驱动，提升师资队伍综合素质

一是要以洛阳师范学院、洛阳幼儿师范学校等为载体，办好师范院校学前教育专业，努力造就一支数量充足、结构合理、充满活力的高水平幼师队伍。以洛阳幼儿师范学校为主体筹办的洛阳文化旅游职业学院，就是推动学前教育专业从中专层次提升到大专层次、为本地学前教育事

业培养孵化本土人才的尝试。二是要研究建立幼儿园园长、教师资格制度，严格上岗、聘任等环节的资格准入监管，提高学前教育治理水平。对出现虐童、体罚及变相体罚等严重师德失范行为的幼儿园降级降类，对违反职业行为规范、影响恶劣的教师实行"一票否决"，终身不得从教，并依法追究法律责任。三是健全阶梯式师资培训体系，通过集中培训、跟岗研修、工作坊、头脑风暴等多元化研训策略，对新教师、骨干教师、领域带头人、园长等分层分类培养，切实转变教师观念和行为，形成可复制、可推广经验。

2. 保障教师队伍福利待遇，培养幼儿教师职业情怀

首先，在经费上，要建立普惠性幼儿园教育财政支持体系，落实幼儿教师工资待遇保障政策，统筹工资收入政策、经费支出渠道，确保教师工资及时足额发放，逐步做到同工同酬，真正提高补助标准，增强幼儿教师的获得感。其次，要重视教师的人文关怀和心理辅导，依法依规切实保障幼儿教职工尊严和合法权益，保证其安心从教。再次，在编制问题上，要逐步解决非编公办幼儿教师的身份和工资待遇问题，保障他们的合法权益；不断完善乡村幼儿教师编制制度，鼓励中小学教师转岗幼儿园教师，提高幼儿教师的社会地位和职业认可度。最后，要完善考评制度和激励机制，注重通过表彰奖励、薪酬待遇、职称评定、岗位晋升、专业支持等多种方式帮助幼儿教师实现自我价值，培养教师的岗位荣誉感和职业情怀。

3. 深化课程改革，树立幼儿保育和保教并重理念

儿童的成长发展是一个动态过程，在幼儿课程建设中，既要重视幼儿卫生习惯、基本运动技能、自我保护意识的养成，又要重视幼儿不同成长周期的不同特点，尊重幼儿身心发展规律，关注幼儿的心理活动，杜绝"拔苗助长"的超前学习误区，切实做到保育和保教并重。在幼儿教育方面，游戏是幼儿认识世界、了解世界、建构世界特有的学习方式。在课程设计上，要深入贯彻落实《3~6岁儿童学习与发展指南》，以游戏为基本活动，引导并鼓励和支持幼儿自主游戏、快乐游戏，培养儿童的社会意识。同时，要坚持以幼儿为本，根据园所特点和在园幼儿特点，模拟真实生活场景，探索幼儿可接受、能操作的幼儿园课程，充分挖掘幼儿的潜力，保证幼儿健康快乐成长，科学推进幼儿园和小学的有效衔接。

（四）强化评估和反馈，保证普惠性学前教育可持续发展

1. 完善过程评估与反馈制度

2020 年，教育部印发了《县域学前教育普及普惠督导评估办法》，将普惠性民办园认定标准、扶持政策和退出机制纳入督导范围，要严格按照教育部的相关规定，落实县级政府和各有关部门的监督管理责任，督促各地落实普惠性幼儿园扶持政策。一是要把好质量关，将全市各类幼儿园全部纳入质量评估范围，完善幼儿园信息备案及公示制度，对于质量不达标的幼儿园，责令限期整改，整改之后还不过关的，取缔或关闭。二是要把好收费关，特别是针对民办幼儿园收费贵、收费标准不统一、乱收费等问题，科学合理设定收费标准和收费区间，真正做到普惠公益，帮助家庭缓解育儿压力。

2. 保证公益普惠导向，抑制学前教育的商业化、市场化倾向

《国务院关于当前发展学前教育的若干意见》《关于学前教育深化改革规范发展的若干意见》等文件强调，学前教育要牢牢把握公益普惠的基本方向。近年来，由于国家政策支持，越来越多的市场主体参与幼儿园的运营管理，市场主体在弥补政府公共服务不足，为居民提供多元化、有个性的学前教育服务选择的同时，也滋生出一些诸如"天价幼儿园""贵族幼儿园"的现象，这与国家对于普惠性学前教育"低成本""保基本""全覆盖"的初衷背道而驰。普惠性学前教育首先必须是一项普惠性公益性的事业，因此，政府在学前经费使用以及积极引导社会力量参与建设普惠性幼儿园和民办幼儿园转制成普惠性幼儿园的过程中，要加强监管，保障幼儿尽量"低成本"享受国家学前教育的政策红利和权益，遏制过度逐利。一方面，在经费使用上，要坚持一条"红线"，即任何单位或者个人不得利用财政性经费、国有资产、集体资产或者捐赠资产举办或者支持举办营利性民办幼儿园；另一方面，在资本运作上，要坚持底线，即社会资本不得通过兼并收购、协议控制等方式控制公办幼儿园、非营利性民办幼儿园。

3. 做好跟踪服务，巩固学前教育治理效果

当前，洛阳的学前教育普及率和普及水平都有大幅提升，其中也积累了丰富的学前教育治理经验。推动普惠性学前教育进一步发展是一个长期的历史过程，不可能一蹴而就，既要重视当下、着眼未来，又要兼顾过去。一是要巩固前期发展成果，对于过去一些成熟的经验和做法进行更大范围的试点和推广，进一步推动普惠性学前教育"量"的扩大和"质"的提升。二是要重点关注并解决好历史遗留问题，加强幼儿园督导评估及后续服务。一方面，重点对存在安全隐患及管理制度、收费标准、专业资质不符合国家和地方规定等不规范办园行为的幼儿园进行备案和动态督查；另一方面，针对部分幼儿园办园质量不稳定等问题，要常态化开展普惠性幼儿园评估"回头看"，防止出现"反弹"。

义务教育篇

Reports on Compulsory Education

B.4
洛阳义务教育发展现状调查研究[*]

魏　琪　尹晓娜[**]

摘　要： 本文运用对接联系相关部门、查阅资料、问卷调查等方法，对洛阳义务教育发展情况进行调查研究，发现近几年洛阳义务教育发展取得显著成效：一是持续增加城镇义务教育入学学位供给；二是不断深化"县管校聘"改革；三是全面推进德、智、体、美、劳课程体系建设，在全省率先推进大中小学思政课一体化建设，依托洛阳独特的地域文化特色，不断完善劳动教育、体育、美育课程体系；四是补齐乡村教育短板，优化中小学布局，建设农村义务教育寄宿制学校，为农村学校补充特岗教师，建设农村教师周转宿舍；五是顺应民意做好品质教育，全面推进课后服务工作，持续推进"双减"落地见效。此外，西工区、新安县、栾川县被河南省评为义务教育优质均衡先行创建县市、区。但是洛

---

* 本文相关数据除调查问卷结果外均来自洛阳市教育局。

** 魏琪，中共洛阳市委党校中国特色社会主义理论教研部助教，主要研究方向为中国特色社会主义；尹晓娜，中共洛阳市委党校科研咨询部馆员，主要研究方向为档案管理。

阳当前义务教育发展不平衡不充分的问题仍然存在：一是教育资源布局与城市发展存在差距，城镇义务教育入学学位存在缺口、农村义务教育寄宿制学校尚不能完全满足群众需求、小规模学校和教学点无法保证教学质量；二是教师队伍建设不够优化，教师编制较为短缺，教师待遇须进一步落实；三是政府对义务教育的投入尚有空间；四是基础设施有待进一步完善。

关键词： 洛阳　义务教育　优质均衡

义务教育是国家统一实施的所有适龄儿童、少年必须接受的教育，是国家必须予以保障的公益性事业，义务教育质量事关亿万少年儿童健康成长、事关国家发展、事关民族未来。洛阳整体高质量的发展离不开义务教育的高质量发展，调查研究洛阳义务教育发展现状、考察洛阳近几年义务教育发展效果、总结经验教训对确立下一步洛阳义务教育发展战略具有重要意义。

为深入了解洛阳义务教育发展的现实情况，本文运用对接联系相关部门、查阅资料、问卷调查等方法开展调查研究。对接联系相关部门和查阅资料是从教育输出的角度进行调查，而问卷调查则是从民众对教育输出接受度的层面进行调查，这有助于更全面更实际地了解当前洛阳义务教育发展的效果，义务教育发展好不好要看群众的实际感受，要由群众来评判。问卷调查面向全市范围，以线上调查为主，从2023年2月21日开始发放问卷，至2023年3月3日共收到1421份有效问卷数据。调查问卷共设置了23个问题，有单选、多选和填空三类题型，且在设计问题时采用民众较为容易理解、对于本研究有针对性的问题和提法。第1~21题每个选择题均设置3个以上表示不同程度的选项供答卷人选择，例如"非常满意""基本满意""不太满意""不满意"等。其中第1、2题是个人信息统计，如身份（教师、家长、学生、其他）和所在地（县区、镇、村），为尽可能地获取真实的情况，问卷采用不记名形式；第3~10题是关于义务教育整体情况的调

查，例如，第 3 题是"您对当地义务教育发展的整体满意度如何"，第 4 题
是"当地九年义务教育普及度如何"；第 11~14 题是关于中小学校布局和建
设等问题的调查，例如，第 11 题是"当地中小学校规划布局是否合理"，
第 12 题是"当地寄宿制学校数量、规模能否满足群众需求"；第 15~17 题
是关于中小学教师情况的调查，例如，第 17 题是"当地中小学校是否存在
缺少教师的情况"；第 18~21 题是关于中小学教学、课程和学习等方面的调
查，例如，第 18 题是"当地中小学基础设施状况如何"，第 21 题是"您对
当地中小学校学习氛围的满意度如何"；第 22 题是列举洛阳义务教育有可
能存在的亟待解决的 10 个问题供答卷人选择，最多可选 4 个选项，并设置
"其他"选项供答卷人补充；第 23 题是填空题，供答卷人对洛阳或当地义
务教育发展提出意见和建议。

通过对接联系洛阳市教育局，掌握了洛阳义务教育发展基本概况的各项
相关数据；通过收集查阅资料、开展问卷调查，以及对所获数据的分析，总
结出洛阳义务教育发展取得的成效和存在的问题。

一 洛阳义务教育发展基本概况

2022 年洛阳义务教育发展基本概况如下。

第一，学校数量。全市共有义务教育阶段学校 1091 所，教学点 785 个。
具体而言，城区小学 174 所，镇区小学 299 所，乡村小学 295 所；城区初中
85 所，镇区初中 180 所，乡村初中 58 所。其中九年一贯制学校有 93 所。

第二，毕业生人数。全市共有义务教育阶段毕业生 195175 人，其中城
区小学毕业生 32096 人，镇区小学毕业生 50671 人，乡村小学毕业生 18909
人；城区初中毕业生 29285 人，镇区初中毕业生 56089 人，乡村初中毕业生
8125 人。

第三，招生人数。全市义务教育阶段招生 201454 人，其中城区小学招
生 37852 人，镇区小学招生 46487 人，乡村小学招生 15505 人；城区初中招
生 32415 人，镇区初中招生 60833 人，乡村初中招生 8362 人。

第四，在校生人数。全市义务教育阶段在校生 913787 人，其中城区小学在校生 216827 人，镇区小学在校生 299360 人，乡村小学在校生 103109 人；城区初中在校生 93540 人，镇区初中在校生 176329 人，乡村初中在校生 24622 人。

第五，班级数量。全市义务教育阶段共有班数 23123 个，其中小学共有班数 16854 个，56~65 人的大班 181 个，占小学总班数的 1.07%，66 人及以上的超大班数 21 个；初中共有班数 6269 个，56~65 人的大班 174 个，占初中总班数的 2.78%，没有 66 人及以上的超大班。

第六，教职工情况。全市义务教育阶段教职工有 59755 人，男教职工 15917 人，女教职工 43838 人，性别比为 0.36：1，专任教师① 56300 人。小学教职工 32647 人，其中专任教师 31102 人，教授小学的专任教师 35910 人，专任教师学历合格率 100%，专科及以上学历专任教师数占总数的 98.77%；生师比为 17.25：1。另有小学校外教师 306 人。城区小学教职工 10406 人，男教职工 1519 人，女教职工 8887 人，性别比为 0.17：1，专任教师 9935 人；教授小学的专任教师 11978 人，专任教师学历合格率 100%，专科及以上学历专任教师数占总数的 99.6%；生师比为 18.1：1。镇区小学教职工 14248 人，男教职工 3202 人，女教职工 11046 人，性别比为 0.29：1，专任教师 13595 人；教授小学的专任教师 16062 人，专任教师学历合格率 100%，专科及以上学历专任教师数占总数的 99%；生师比为 18.64：1。乡村小学教职工 7993 人，男教职工 2994 人，女教职工 4999 人，性别比为 0.6：1，专任教师 7572 人；教授小学的专任教师 7870 人，专任教师学历合格率 100%，专科及以上学历专任教师数占总数的 97.03%；生师比为 13.1：1。初中教职工 27108 人，其中专任教师 25198 人；教授初中的专任教师 22341 人，专任教师学历合格率 99.84%，本科及以上学历专任教师数占总数的

---

① 专任教师按照教育层次进行归类，小学阶段教育专任教师是指在普通小学、小学教学点、九年一贯制学校小学段、十二年一贯制学校小学段和其他学校附设小学班中承担小学教育的专任教师，不包括上述学校附设其他层级教育教学班的专任教师；初中阶段教育专任教师是指在初级中学、职业初中、九年一贯制学校初中段、十二年一贯制学校初中段、完全中学初中段和其他学校附设初中班中承担初中教育的专任教师，不包括上述学校附设其他层级教育教学班的专任教师。

89.82%；生师比为 13.18：1。另有普通中学校外教师 69 人。城区初中教职工 9041 人，男教职工 3952 人，女教职工 5089 人，性别比为 0.78：1，专任教师 8467 人；教授初中的专任教师 7344 人，专任教师学历合格率 99.97%，本科及以上学历专任教师数占总数的 94.01%；生师比为 12.73：1。镇区初中教职工 15508 人，男教职工 5046 人，女教职工 10462 人，性别比为 0.48：1，专任教师 14291 人；教授初中的专任教师 12938 人，专任教师学历合格率 99.85%，本科及以上学历专任教师数占总数的 88.31%；生师比为 13.63：1。乡村初中教职工 2559 人，男教职工 865 人，女教职工 1694 人，性别比为 0.51：1，专任教师 2440 人；教授初中的专任教师 2059 人，专任教师学历合格率 99.32%，本科及以上学历专任教师数占总数的 84.41%；生师比为 11.96：1。

第七，学校面积。小学占地面积 1187.68 万平方米，校舍建筑面积 485.11 万平方米，其中城区小学占地面积 254.43 万平方米，校舍建筑面积 124.55 万平方米；镇区小学占地面积 421.63 万平方米，校舍建筑面积 189.45 万平方米；乡村小学占地面积 511.62 万平方米，校舍建筑面积 171.11 万平方米。初中占地面积 931.53 万平方米，校舍建筑面积 452.72 万平方米，其中城区初中占地面积 268.99 万平方米，校舍建筑面积 142.15 万平方米；镇区初中占地面积 541.41 万平方米，校舍建筑面积 263.62 万平方米；乡村初中占地面积 121.13 万平方米，校舍建筑面积 46.96 万平方米。

第八，图书数量。小学图书 1304.75 万册，其中城区小学图书 431.53 万册，镇区小学图书 565.32 万册，乡村小学图书 307.90 万册；初中图书 994.14 万册，其中城区初中图书 316.96 万册，镇区初中图书 574.36 万册，乡村初中图书 102.82 万册。

第九，教学仪器设备情况。小学教学仪器设备资产值 66927.82 万元，其中城区小学教学仪器设备资产值 26116.55 万元，镇区小学教学仪器设备资产值 24114.86 万元，乡村小学教学仪器设备资产值 16696.41 万元；初中教学仪器设备资产值 54860.13 万元，其中城区初中教学仪器设备资产值 20597.65 万元，镇区初中教学仪器设备资产值 27131.4 万元，乡村初中教

学仪器设备资产值7131.08万元。

第十，寄宿生人数。全市义务教育阶段学校寄宿生309653人，占义务教育阶段在校生总数的33.89%。其中小学寄宿生117447人，占小学在校生总数的18.96%，城区小学寄宿生18487人，镇区小学寄宿生67323人，乡村小学寄宿生31637人；初中寄宿生192206人，占初中在校生总数的65.27%，城区初中寄宿生41589人，镇区初中寄宿生130449人，乡村初中寄宿生20168人。

第十一，寄宿制学校情况。全市义务教育阶段寄宿制学校651所，其中小学寄宿制学校371所，城区小学寄宿制学校19所，镇区小学寄宿制学校163所，乡村小学寄宿制学校189所；初中寄宿制学校280所，城区初中寄宿制学校68所，镇区初中寄宿制学校160所，乡村初中寄宿制学校52所。

第十二，随迁子女人数。义务教育阶段随迁子女[①]在校生71999人，占义务教育阶段在校生总数的7.88%，其中小学53071人，初中18928人。进城务工人员随迁子女[②]49023人，占随迁子女总数的68.09%，其中小学36141人，初中12882人。

第十三，农村留守儿童[③]人数。义务教育阶段农村留守儿童在校生39137人，占义务教育阶段在校生总数的4.28%，其中小学28782人，初中10355人。

第十四，民办学校情况。全市民办小学44所，在校生70120人；初中59所，在校生39346人。

第十五，入学率。小学入学率96.34%，其中城区小学入学率97.14%，镇区小学入学率96.12%，乡村小学入学率95.3%；初中入学率90.54%，其中城区初中入学率90.91%，镇区初中入学率90.48%，乡村初中入学率89.54%。

---

① 随迁子女是指户籍登记在外省（区、市）、本省外县（区），随父母到输入地（同住）并在校接受教育的适龄儿童少年。

② 进城务工人员随迁子女是指户籍登记在外省（区、市）、本省外县（区）的乡村，随务工父母到输入地的城区、镇区（同住）并在校接受义务教育的适龄儿童少年。

③ 农村留守儿童是指父母双方外出务工连续半年以上，或一方外出务工而另一方无监护能力，将其留在家乡户籍所在地，由父母委托有监护能力的亲属或其他成年人代为监护的接受义务教育的不满16周岁的未成年人。

第十六，巩固率。义务教育巩固率 96.82%，小学巩固率 97.43%，其中城区小学巩固率 118.27%，镇区小学巩固率 115.4%，乡村小学巩固率 56.76%；初中巩固率 96.17%，其中城区初中巩固率 113.6%，镇区初中巩固率 92.61%，乡村初中巩固率 74.68%。

二 洛阳义务教育发展取得的成效

近年来，洛阳市委市政府对教育事业的重视程度之高、推动力度之大是前所未有的，市委市政府将教育摆在优先发展的战略地位，将改革作为破解教育发展难题的关键一招，紧紧围绕《洛阳市基础教育改革发展三年行动计划（2021~2023 年）》制定的目标任务，突出"抓改革、优布局、提质量、强作风"工作主线，坚持目标导向、问题导向、结果导向，围绕重点环节和关键任务以超常规举措推动义务教育高质量发展，抓教育谋教育的氛围空前浓厚，举措务实创新，洛阳义务教育进入了良性循环发展的快车道，义务教育事业呈现强劲发展态势，取得显著成绩，走在了全省前列。调查问卷结果显示，超过 80% 的人对当地义务教育发展整体满意（见图 1），认为当地九年义务教育全面普及的高达 87.23%（见图 2），认为当地政府重视义务教育发展的高达 92.54%（见图 3）。

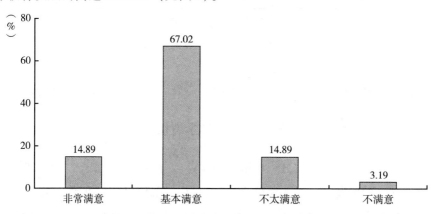

图 1 "您对义务教育发展整体满意度如何"

资料来源：笔者根据问卷调查所得自制。以下均为此，不再标注。

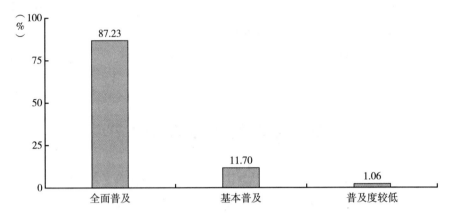

图2 "当地九年义务教育普及度如何"

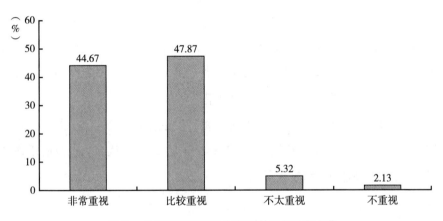

图3 "当地政府对义务教育的重视度如何"

整体来看，洛阳义务教育发展取得的成效主要体现在以下几个方面。

（一）持续增加城镇义务教育入学学位供给

为了积极应对城镇化过程中带来的义务教育入学学位紧张状况，进一步解决上学难的问题，满足人民群众在家门口"就近就便""就优就好"入学需求，洛阳市委市政府新建、改扩建了一批义务教育学校，持续增加城镇义务教育入学学位供给，促进义务教育优质均衡发展。2022年，新建、改扩建义务教育学校 12 所，增加义务教育入学学位 7000 个，缓解城镇义务教育入学压力。除此之外，进一步完善优化外来务工人员随迁子女入学政策，全力保障外来务工人员随迁子女入学需求，7.2 万名随迁子女实现就近入学。

（二）不断深化"县管校聘"改革

在 2021 年县管校聘改革的基础上，组织召开全市县管校聘阶段性总结大会，交流推广改革经验，持续巩固改革成果。全市 1454 所公办中小学校全部完成"县管校聘"改革，6 万余名教师实现竞聘上岗，共调整教师编制 3203 个，各县（区）的中小学编制调整、岗位设置、工资福利发放等重要事项均实现由教育行政部门自主审批管理，洛阳市在全省率先整体推进的"县管校聘"做法入选省委改革红榜典型案例。成立校长职级制改革领导小组，统筹全市校长职级制改革工作，以去行政化和聘任制为核心，设定四级九档校长单独成长序列，基本建成了市级校长人才后备库。推行任期管理和目标考核制度，形成"能上能下、能进能出"的科学用人机制。

（三）全面推进德、智、体、美、劳课程体系建设

1. 在全省率先推进大中小学思政课一体化建设

全市各中小学校全部开设思政课，思政课覆盖率和开课率均达到 100%，各级各类学校打破学段差异，结合地域特色和文化基因，创新"沉浸式""体验式"学习课堂，建设不同学段"协同作战"的思政课教育体系。组织开展思想政治理论课教学技能"大练兵、大比武、大展示、大提升"活动，不断提升思政教师队伍专业建设水平。

2. 依托洛阳独特的地域文化特色，不断完善劳动教育、体育、美育课程体系

以特色校园足球建设为引领，持续推动青少年文化学习和体育锻炼协调发展，建成 236 所全国校园足球特色学校、1 个全国校园足球"满天星"训练营，承办了 2022 年度"省长杯"校园足球比赛。以书法教育为载体，持续弘扬中华优秀传统文化，城市区小学 3~6 年级书法课开课率达到 95% 以

上，总体开课率达到80%以上，在河南省教育厅举办的中小学墨香书法展示活动中洛阳学校连续6年位列第一。出版发行《悦读洛阳》丛书，持续开展"诵读洛阳经典、传承河洛文明"的经典诵读活动。举办了"牡丹之歌"海峡两岸中国洛阳首届牡丹诗词大会，辐射141个城市，参与选手有26万人，受众达1600万余人次，在全省乃至全国引起了较大的社会反响。

根据问卷调查结果，认为当地中小学课程安排合理的答卷人占81.92%（见图4）。

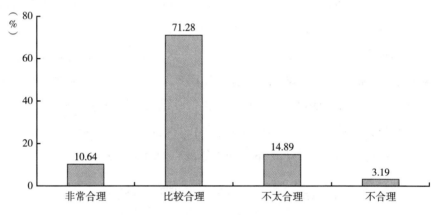

图4 "当地中小学课程安排是否合理"

（四）补齐乡村教育短板

1.优化中小学布局，建设农村义务教育寄宿制学校

在洛阳市人大审议通过《洛阳市中小学布局专项规划》的基础上，为适应县域经济发展和人口迁移新变化，妥善处理农村学生就近入学与接受良好义务教育的关系，将新农村建设和农村学校建设相结合，统筹研究县域人口、地理特征、交通资源、学龄人口和流动趋势，指导各县（区）科学编制了农村义务教育学校布局和寄宿制学校建设专项规划，实现了全市县域中小学校布局规划全覆盖。出台《洛阳市城乡教育资源布局优化调整实施方案》，指导各县（区）以县域义务教育优质均衡创建工作为抓手，对城乡中

小学布局结构进行调整。市政府印发《洛阳市加快推进乡村小规模学校和乡镇寄宿制学校建设工作方案》的文件，从规划建设、教师队伍、学生健康、合理膳食、资金保障等方面对寄宿制学校建设管理工作进行了细化，保证了规划的可行性。合理撤并小规模学校，在中心镇和中心村科学布局一批寄宿制学校，实现学生入学由"就近就便"向"就优"的转变。10 年来洛阳累计投入 30 多亿元，新建、改扩建 455 所农村寄宿制学校，改善 665 所农村小规模学校办学条件，基本实现了每个乡镇至少新建、改扩建 1~3 所标准化寄宿制小学和每 3 万人设 1 所寄宿制初中的目标，在建设数量、规划面积、投入资金、辐射人口、取得成效等方面处于全省前列。2022 年，全市完成农村义务教育寄宿制学校建设 41 所，新增入学学位 1.7 万个，争取上级奖补资金约 9200 万元，农村教育资源配置得到持续改善。

2. 为农村学校补充特岗教师，建设农村教师周转宿舍

2022 年，洛阳市教育局会同市委编办、市人社局、市财政局，积极争取招聘岗位，克服诸多困难，加大宣传力度，鼓励支持高校毕业生从事农村义务教育工作。截至 2022 年底，513 名特岗教师已全部到岗，这些特岗教师是农村学校紧缺的主课和体音美等紧缺学科教师，有助于解决农村师资总量不足和结构不合理等问题。为了让广大农村教师能够安心、安居、安教，并吸引更多优秀人才扎根农村教育，洛阳市持续开展农村教师周转宿舍建设工作，着力提升农村教师的工作和生活待遇。2022 年，建成农村教师周转宿舍 353 套，争取上级奖补资金约 2800 万元，并配备齐全生活用品，极大地方便了农村教师的工作和生活。

（五）顺应民意做好品质教育

1. 全面推进课后服务工作

成立洛阳市课后服务领导小组，建立完善经费保障制度，推动"三个全覆盖"，即课后服务对象全覆盖、课后服务时间全覆盖、课后服务课程全覆盖，鼓励引导有条件的学校从"5+2"扩展到双休日、寒暑假，构建专业化、规范化、高质量的课后服务体系。洛阳市推动暑期托管的典型案例曾被

新华社等主流媒体广泛报道。

2.持续推进"双减"落地见效

在坚持作业设计"压总量、控时间"的基础上，注重作业设计"调结构、提质量"，制定学科作业设计与实施指南，开展作业设计展评活动，提高广大教师作业设计专业水平。成立由市政府分管领导任组长的"双减"工作专门协调小组，构建专班推进、部门协同、上下联动的工作机制，突出"三个强化"，即强化全域治理、强化监督检查和强化资金监管，扎实推进对校外培训机构的治理。目前，全市证照齐全学科类培训机构由484家压减至85家，压减率达到82.4%，从业人员由4400人下降到717人，参加培训的学生由7.8万人下降到1.1万人，监管总金额2660余万元，监管覆盖率100%。

3.评优推进义务教育

在洛阳市各县市区中，西工区、新安县、栾川县被河南省评为义务教育优质均衡先行创建县市、区，在教育部公布的义务教育优质均衡先行创建县市、区、旗名单中，河南省6地入选，其中，西工区是洛阳唯一入选该名单的。

其一，西工区按照洛阳市委、市政府部署要求，扎实推进义务教育优质均衡发展。5年来，西工区先后投入5亿元，完成23所学校新建和改扩建，新增校舍1.3万平方米，新增入学学位3200余个，26所中小学校园文化提档升级。涧东路中学等学校即将建成投用，将进一步缩小城乡差距、校际差距。区域教育教学改革、家校合作共育、"零择校"、集团化办学、城乡一体化发展等工作均走在全市乃至全省前列。一是在区域教育教学改革方面，创新人事制度改革，全面实施中小学校长、书记"一肩挑"、"副校级校聘区评"和机关二级机构下沉基层，进一步激发教育管理活力，聚焦"双减"，优化课后服务模式，推进"官方带娃"，营养师进校园、进家庭，建立课后服务"4+1"模式，减轻学生课业负担。着力推进课堂教学改革，遵循"一切认知源于感觉"的教学原则，采用项目式、问题式教学方法，打造沉浸式教学环境，构建师生成长共同体。推进思政课一体化改革，实施综合素质评价和非笔试评估，相继研发 25 个特色学科课程和 6 类特色非学科课程。西工区教学改革成果连续两届荣获河南省基础教育教学成果一等奖，在国家义务教育质量监测中多项指标名列前茅，超过全省、全国平均水平。二是在家校合作共育方面，提升教育融合度，全面构建学校、家庭、社会"三位一体"的育人体系。实施家校共育，注重发挥家长作用，开展家长培训、家长读书俱乐部、亲子共读、书香家庭建设等活动，率先实现区域家长培训全覆盖。建立健全教师家访、家长委员会等制度，明确家长在家庭教育中的本位职责，把家长从"教育看客"变成"编外教师"。三是在"零择校"方面，坚持教育公平，稳步推进划片招生、就近入学政策，义务教育优质均衡发展社会认可度超过 98%。四是在集团化办学方面，成立六大教育集团，以"名校+弱校""名校+新校"等管理模式助力学校均衡发展。五是在城乡一体化发展方面，构建"组团发展"模式，打造 7 个城乡"学校发展共同体"，实现学校管理、教师发展、教育资源、考核评价四个"一体化"。除此之外，西工区在加强教师培训、发展"智慧教育"、创新"五育并举"课程体系等方面也采取了一系列措施，先后荣获"国家义务教育优质均衡先行创建区""国家义务教育质量监测县级优秀组织单位""河南省家庭教育工作先进区"等 120 余项荣誉称号，全国近 4 万名教育工作者先后到西工区交流学习，一流教育品牌已初步彰显。

其二，2019 年以来，新安县先后投入资金 5.63 亿元，实施新建、改扩建中小学校舍项目 30 个，城关一中、磁涧镇老井小学、铁门镇育新小学、五头镇中心小学、西苑学校、西关小学教学楼相继投入使用，新增入学学位 1.4 万余个，购置课桌凳 2 万余套、图书 49 万册、仪器 44 万余件。一是加强教师队伍建设，统筹抓好教师引进、培养、交流、激励等各个环节。坚持对教师编制实施"动态管理"，做到"有编即补、定期交流、以训提质"。通过直招、考招、特岗、全科教师和引进高层次人才等多种方式补充教师。5 年来，共招聘中小学教师 883 名。组织开展教育管理干部、学科教师、班主任、骨干教师、特岗教师能力提升等形式多样的培训活动，年培训教师 8000 余人次，专职教师每人每年参加专业培训达到 72 学时以上。截至 2022

年底，初中教师学历提高率达到 91.7%，小学教师学历提高率达到 98%。2021 年，全面启动了中小学教师"县管校聘"管理改革，2022 年在全市率先完成校长职级制改革，借助教育改革实施班主任名师工作室建设和名师名校长工程、"领雁"工程等，有力地推动了全县骨干教师队伍建设。教师轮岗交流制度的落实实现了城乡教师资源的优化配置，"订单式教研""菜单式教研"培养了一大批学科骨干教师、新安名师、名校长，教师队伍整体素质明显提高，奠定了教育高质量发展的良好基础。二是保障家庭困难学生受教育的权利。近 3 年累计资助学生 134539 人次，发放资金 1.013 亿元，生源地信用助学贷款 10327 人次、资金 1.692 亿元，实现了家庭困难学生应助尽助，不漏一人。截至 2022 年，新安县小学适龄儿童入学率、巩固率均达到 100%；初中适龄人口入学率、巩固率分别达到 100% 和 98.9%。坚持把关爱进城务工人员子女、留守儿童和残疾儿童作为推进教育公平的重要内容。教育、民政、妇联、团县委等多部门协作，研究制定了《新安县中小学学生纾困关爱行动工作方案》。通过结对帮扶、心理疏导、交流谈心、定期家访等多种措施广泛开展纾困关爱行动，缓解学生焦虑情绪，排解学生心理压力，确保学生不失学、不辍学，阻断贫困代际传播，助力乡村振兴。三是积极建立健全立德树人机制。构建全员、全过程、全方位育人格局。充分发挥"新安县中小幼思政课一体化建设联盟"引领作用，建立思政课教师集体备课、研课、公开课制度，将学生理想信念教育、国家安全教育、心理健康教育、社会实践教育和团建、队建活动纳入思政教育内容体系，从根本上改变"长于智、疏于德、弱于体美、缺于劳"的德育内容窄化、泛化、功利化状况。

其三，栾川县通过一系列措施，实现区域义务教育水平整体提升。一是凝聚各方力量，优化教育环境。栾川县委成立教育工作领导小组，四大班子领导联系分包学校，县委县政府主要领导定期主动听取和研究教育工作，指导、落实教育重大事项。相关单位合力支持义务教育工作，教育工作领导小组由县编办、人社等 18 个单位组成，定期汇报、落实各类事项，形成了各个单位分工协作支持教育工作的局面。二是提高教师待遇，激发教师的教学热情。足额划拨教育经费，推进师资配置及薪酬制度改革。乡镇、村、教学点分别按照每月 200 元、500 元、800 元的标准给予生活补助，并按照不低于生活补助 40% 的标准进行额外补贴，持续提升乡村教师待遇。生均公用经费支出实现逐年增长，教师工资、补贴全部按时足额发放，中小学教师平均工资水平高于本县公务员平均工资收入水平。成立"栾川教育发展基金会"，动员社会力量捐资 1000 余万元，奖励教育功臣、资助困难学生。三是创新教研形式，提高教学质量。建立城乡教科研协作机制，全县初中、小学各组建 4 个教研协作区，以强带弱，提升教研水平。实行 5 年一周期的教科研全员培训制度，分层分类开展骨干教师、优秀班主任、学科教师培训，组织观摩赛讲等活动，提升教师专业能力和教学水平。依托延时服务，整合校内外资源，开设书法、剪纸、戏曲等 50 余项素质教育课程，提升学生综合素养。以栾川县先贤、生态、红色等文化资源为依托，广泛开展寻访研学、社会实践、志愿服务等实践教育，丰富学生实践体验。2022 年 1 月，栾川县特殊教育学校开展冰雪运动、注重特色办学的先进事迹，被央视、《人民日报》等全国 100 多家媒体宣传报道。

三　当前洛阳义务教育发展存在的主要问题

目前，洛阳全市各地和义务教育学校正在按照国家和省级、市级党委和政府的要求逐步推进义务教育优质均衡发展，义务教育发展取得了显著成效，但受经济社会发展与教育自身发展等主客观因素的影响，发展不平衡不充分的问题仍然存在，全市义务教育优质均衡发展推进工作整体上仍有待进一步加强，具体体现在以下几个方面。

（一）教育资源布局与城市发展存在差距

教育资源布局是指在教育活动中，根据教育目标和教育需求合理安排教育资源，以满足教育活动的需要。教育资源布局是教育活动的重要组成部分，它不仅涉及教育资源的分配，还涉及教育资源的有效利用。在新型城镇化建设阶段，基础教育资源空间布局是关乎民生与社会公正的重要议题，也是义务教育能否实现高质量发展的重要体现，教育资源布局不够均衡在一定程度上制约着教育的高质量发展。洛阳城区相比乡镇和农村，洛阳乡镇相比农村，教育资源都有显著优势，从本身需求和经济发展程度来讲，有差距是正常的，但是根据人口比例和乡村振兴要求，目前的差距还较大，教育资源布局明显不够均衡。例如，根据洛阳市教育局提供的数据，全市义务教育巩固率达到96.82%，其中小学巩固率为97.43%，初中巩固率为96.17%，而乡村小学和初中的巩固率分别仅有56.76%和74.68%。而且洛阳区域之间，以及同级别学校之间教育资源和义务教育发展也不够均衡，例如西工区、新安县、栾川县被河南省评为义务教育优质均衡先行创建县（区），而洛阳其他个别县（区）义务教育发展尚有较大提升空间。根据调查问卷结果，有48.94%的人认为当地城乡之间、区域之间或学校之间义务教育差距较大，只有7.45%的人认为没有差距（见图5）。因此，洛阳市区、乡镇、农村都不同程度地存在义务教育发展不充分问题，而城乡之间、区域之间或学校之间义务教育发展则存在不均衡问题。

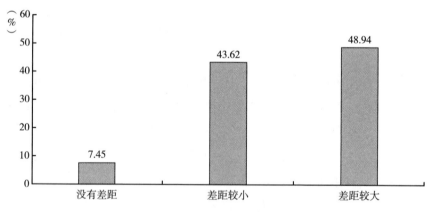

图5　"当地中小学校规划布局是否合理"

1. 城镇义务教育入学学位存在缺口

随着城镇化的发展，大量农村劳动人口向城镇聚集，城镇外来务工人员随迁子女入学需求增多，这使城镇地区义务教育阶段人数不断增加，义务教育入学学位相对紧张，进而造成义务教育质量不高、局部区域不平衡、优质资源不充分等问题。根据洛阳市教育局提供的数据，2022年洛阳全市义务教育阶段随迁子女在校生71999人，进城务工人员随迁子女49023人，占随迁子女总数的68.09%。城区义务教育阶段学校规模有限，新建学校速度跟不上城镇化速度，导致城镇学校办学资源不足、城镇义务教育入学学位存在缺口。根据洛阳市教育局提供的数据，全市义务教育阶段学校66人及以上的超大班数仍有21个。调查问卷结果显示，有45.75%的人认为当地义务教育阶段存在上学难问题（见图6）。需要进一步补足补齐城市区义务教育学位缺口，保障农业转移人口随迁子女平等享有基本公共教育服务、妥善解决好进城务工人员随迁子女的入学问题是实现教育公平的重要体现。

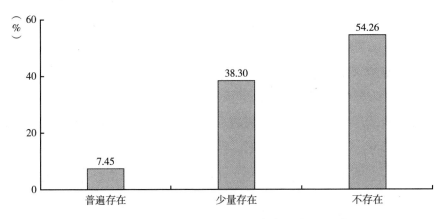

图6　"当地义务教育阶段是否存在上学难问题"

2.农村义务教育寄宿制学校尚不能满足群众需求

寄宿制学校能够为学生提供餐饮、住宿，对于偏远地区和农村学龄儿童正常入学并完成义务教育是非常必要的。寄宿制学校在相当程度上缓解了学生家庭对于学生生活和上学交通的忧虑，保障了学生的身心健康和安全，减少了辍学、厌学现象。在农村，外出务工的年轻人多，留守儿童也相应增多，群众对寄宿制学校的需求很大，而目前洛阳农村义务教育寄宿制学校还不能满足所需。调查问卷结果显示，有36.17%的人认为当地寄宿制学校数

量、规模不能满足群众需求（见图7）。有答卷人在给洛阳义务教育发展意见建议的填空题中提出希望能在洛宁县长水镇建一所标准化的寄宿制小学。

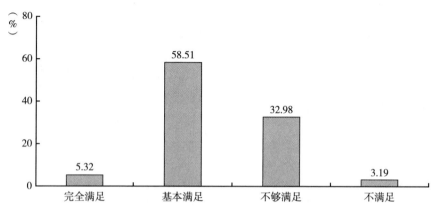

图7　"当地寄宿制学校数量、规模能否满足群众需求"

3.小规模学校和教学点无法保证教学质量

洛阳现有小规模学校和教学点775个，其中80%的教学点只有不到50名师生，有的教学点只有两三个教师、五六个学生，这种小规模学校严重浪费了师资与学校建设用地。孩子们长期生活在封闭的环境中，教学质量也无法得到保证，不利于孩子健康成长。针对这个问题，有答卷人在最后一题中建议"撤点并校，优化教育资源布局"。

（二）教师队伍建设不够优化

在教育过程中，教师起主导作用，教师队伍整体状况对于义务教育的发展起着至关重要的作用，直接影响教学质量和学生成长，建设一支数量充足、学科配套、结构合理、素质较高、配置均衡的教师队伍，是实现义务教育高质量发展的关键。而目前洛阳市义务教育阶段教师数量不足，同时教师在年龄结构、学科结构、性别结构以及学历层次等方面尚不太合理。在调查问卷中，"您认为当地义务教育最亟待解决的问题有哪些？"这一多选题的占比最高选项是"教师的数量、观念、年龄结构和教学水平有待加强和提高"，在11

个选项中选择人数占比 63.83%，尤其是从教师性别看，近 3 年来新补充的女教师占比仍然较高，小学教师男女性别失衡。根据市教育局提供的数据，截至 2022 年，全市义务教育阶段男教职工和女教职工性别比为 0.36∶1。

1. 教师编制较为短缺

编制是指机关事业单位为了完成未来或过去的任务而确定的人员数量配置，其对人员的实际配置工作产生指导和约束作用。从学校层面讲，教师编制对于完成学校整体任务、指导和约束教师工作有着重要作用；从教师个人层面讲，教师编制代表着岗位的稳定。设置适当的教师编制能够在一定程度上保证教师队伍的数量和质量，能够吸引更多的优秀人才加入教师队伍，从而保证教育教学质量形成一个良性循环。教师编制较为短缺也可以理解为在编教师较为短缺，缺乏优秀教师势必会影响教育教学的效果。当前，洛阳义务教育学校的教师编制尚未能完全满足教育教学的需求。根据问卷调查结果，认为当地中小学校缺少教师的占比高达 81.91%，有 17.02% 的人认为缺少教师的情况严重（见图 8）。

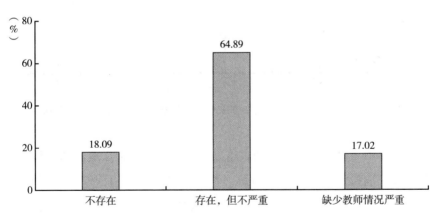

图 8　"当地中小学校是否存在缺少教师的情况"

2. 教师待遇须进一步落实

教师待遇是对教师教育教学工作的肯定和保障，教师应有待遇落实到位对于激发教师教育教学热情、保障教育教学质量、保证教师社会地位、在全社会形成尊师重教的氛围具有非常重要的作用。2022 年 1 月，国务院教育

督导委员会办公室发出提醒函，要求各地将义务教育教师工资列为政府必保支出，确保义务教育教师待遇保障长效机制和工资收入随当地公务员待遇调整的联动机制落到实处，落实义务教育教师平均工资收入水平不低于当地公务员政策。在发放2021年年终奖励性补贴及安排2022年度财政预算时，应确保该政策持续落实落地。洛阳各地尽力保证教师工资发放到位，然而根据问卷调查结果，仍然有过半的人选择当地中小学教师待遇"低于公务员"这一选项（见图9）。无论这是因为群众对事实尚不够了解，还是个别地区的确未将教师待遇落实到位，总之义务教育教师平均工资收入水平不低于当地公务员的政策仍需要长期坚持并落到实处。

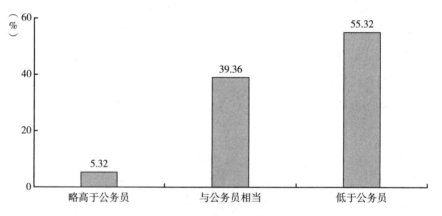

图9　"当地中小学校教师平均工资水平是否高于当地公务员平均工资水平"

在回答最后一题时有17%的人给出的建议都与加强师资队伍建设相关。此外，建议还包括其他问题，例如"尊重教师辛苦付出，增加教师职称晋级指标，改善一线教师晋级难问题""减少教师教学以外的不必要工作""教师应在教学方面费更多的心思""提高老师们的责任感""重视教师发展""对师德师风不好的教师要清退"，等等。

（三）政府对义务教育的投入尚有空间

教育投入一般由政府教育投入、社会教育投入和家庭教育投入三个二级指标表示，反映了政府和群众对教育的重视程度，政府教育投入是指一般公共预算教育经费（包括教育事业费、基建经费和教育附加费）。由于义务教育实行以县（区）为主的管理和投入体制，洛阳市大多数县（市、区）财政压力较大，虽然根据调查问卷结果，认为当地政府重视义务教育发展的高达92.54%，可以看出洛阳市委市政府对义务教育发展高度重视，并受到群众认可，但是在"您认为当地义务教育最亟待解决的问题有哪些?"这一多选题中选择"政府应重视义务教育并加大资金投入"这一选项的人数占比为58.51%，在选项中排列第二。在最后一题中，有11%的人给出的意见是强调政府要加大对义务教育关注和投入力度。这种情况并不矛盾，说明在民众看来，一是政府教育投入还有进步空间；二是政府教育投入需要长期发力，持续的教育投入是教育事业发展的重要基础。义务教育发展是一个循序渐进的过程，不是立竿见影之事，政府需要保持定力和耐心，持续重视义务教育发展。

（四）基础设施有待进一步完善

基础设施是校园环境的重要组成部分、是校园文化和师生教学的重要载体、是教育教学质量的重要保障。调查问卷结果显示，有37.24%的人认为当地中小学基础设施不足（见图10）。在"您认为当地义务教育最亟待解决

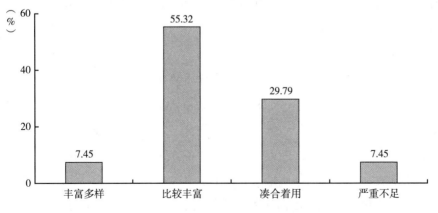

图10　"当地中小学基础设施状况如何"

的问题有哪些"这一多选题中，选择"教室、教具等教学硬件和基础设施有待改进和完善"这一选项的人数占比52.13%。在最后一题中也有答卷人建议"更换学生课桌，最好能利于午休"等。

除上述相对较为突出的问题，在最后一题中还有17%的人建议优化课程设置，更加注重培养学生的综合素质。例如"建议各中小学加强对学生进行爱国主义教育，全面引导学生树立正确的人生观、价值观及世界观""加强引导学生多方位学习，爱国教育党史学习过少""德智体美劳要全面发展，不能只重视文化课""建议经典学习进校园，重视传统文化的传播，设置经典学习的专门课程"，等等。

结　语

根据调查结果和分析，当前洛阳义务教育发展已经取得显著成效，但还存在不少问题，还有不少工作要去做。2017年4月教育部印发《县域义务教育优质均衡发展督导评估办法》，力图巩固义务教育基本均衡发展成果，引导各地将义务教育均衡发展向更高水平推进，全面提高义务教育质量，建立县域义务教育优质均衡发展督导评估制度，开展义务教育优质均衡发展县（市、区）督导评估认定工作。2021年11月教育部办公厅印发《关于开展县域义务教育优质均衡创建工作的通知》，要求"加快缩小县域内义务教育校际差距，推动义务教育从基本均衡向优质均衡迈进，保障适龄儿童享有公平而优质的义务教育"。义务教育优质均衡发展是我国推进义务教育高质量发展的必然要求，也是满足人民群众对优质教育需求的有效方式。随着国家"优质均衡"教育政策的不断推进，相应的体制机制会不断完善，措施会不断跟进，问题也会逐步得到解决。义务教育工作要以义务教育优质均衡发展为目标，因地制宜，精准施策，充分发挥各方的主观能动性，推动洛阳义务教育实现更加优质均衡高质量发展。由于本次调查的范围不是很广，调查对象的样本容量也不大，因而所发现的问题更多还在"点"的层面上。尽管如此，仍希望此调查研究能为之后洛阳义务教育工作提供有益的参考。

参考文献

［1］邓亮、王荣欢：《江西省义务教育优质均衡发展的现状调查与分析》，《南昌师范学院学报》2019 年第 6 期。

［2］高瑞阔：《"优质均衡"视角下 A 省农村义务教育现状调查研究》，《淮南师范学院学报》2021 年第 2 期。

［3］吴婉婷、黎昌友、冯立平：《凉山彝族自治州基础教育发展的现状调查》，《现代交际》2021 年第 18 期。

［4］黄路阳：《陕南地区县域义务教育优质均衡发展现状调查》，《安康学院学报》2022 年第 5 期。

［5］赵婉莉：《基于教育强省核心指标的陕西乡村义务教育发展现状调查研究》，《咸阳师范学院学报》2022 年第 6 期。

B.5
"双减"政策背景下的洛阳
义务教育管理调查研究

徐志萍*

摘　要： 教育是一个国家实现振兴和经济腾飞的源泉，是社会经济发展的推动器。然而，近年来义务教育阶段学生普遍存在课业负担过于繁重的问题，违背了循序渐进的教育规律，严重影响了学生的身心健康成长。为贯彻落实"双减"政策，洛阳市多方位多举措大力推进教育改革，成效突出。但是一些深层次的问题仍然没有得到根本解决，诸如仍存在优质教育资源不充分不均衡、重点领域改革成效不明显、校外培训机构治理难度大、协同治理成效不高等问题，需要重点打好课堂教学提质、优质师资供给、综合评价引领、学校考试管理、课后延时服务、教培机构监管、招考制度改革"七张牌"，下大力气高质量推进"双减"工作。

关键词： "双减"政策　义务教育管理　"七张牌"

一　实施"双减"政策的背景和重要意义

教育的重要性不言而喻，无论对国家和民族还是对家庭和个人都至关重要。习近平总书记明确指出："教育是国之大计、党之大计。"① 在教育发展

---

*　徐志萍，中共洛阳市委党校管理教研部主任、副教授，主要研究方向为行政管理学。
①　《习近平谈治国理政》第4卷，外文出版社，2022，第339页。

的过程中，义务教育是最重要、最基础的组成部分，是国家发展的基石，直接影响着每个国民的素质和成长。当前，我国义务教育阶段存在的问题不容忽视，主要表现在：一方面是学生面对繁重的课业负担，另一方面是越来越突出的校外培训和超前超标培训问题，且随着大量资本的涌入，校外培训费用不断增加，"退费难""捐钱跑路"等违法违规行为时有发生，进一步加重了学生的学业负担和家庭经济负担，在社会上引起强烈反响。

为有效减轻义务教育阶段学生过重的作业和培训负担，中共中央办公厅、国务院办公厅于2021年7月24日专门印发了《关于进一步减轻义务教育阶段学生作业负担和校外培训负担的意见》（以下简称《意见》），从中央层面对"双减"工作进行全方位部署，各级政府严格落实党的教育方针，围绕立德树人根本任务，持续规范校外培训管理，不断促进学生健康成长，实现学生的全面发展。

（一）"双减"政策出台的背景

减轻中小学生课业负担是多年来社会关注、家长关切的重要问题，也是教育综合改革的关键任务。1998年5月，《国家教育委员会关于减轻小学生课业负担过重问题的若干规定》开启了为中小学生减负的工作。2013年教育部又颁布了《小学生减负十条规定》，各级教育行政主管部门也为治理中小学生课业负担过重的问题开出了一系列良方良策，但随着教育短视化、功利化问题越来越突出，以及教育培训机构的推波助澜，为中小学生减负的治理工作不仅停留在治标不治本的状态，而且陷入了越减越重的怪圈，学校减负与家长增负之间的矛盾愈加凸显，"鸡娃""虎妈""狼爸"也成为当下的流行热词，导致社会各界对"减负"的呼声愈加强烈。

习近平总书记在2021年全国"两会"期间看望参加会议的医药卫生界、教育界委员时明确强调，要对那些打着教育旗号侵害群众利益的行为，尤其是群众反映强烈的突出问题紧盯不放，坚决改到位、改彻底。同一年，在中央全面深化改革委员会第十九次会议上，习近平总书记指出："义务教育是国民教育的重中之重，要全面贯彻党的教育方针，承担立德树人根本任

务，充分发挥学校教书育人主体功能，强化线上线下校外培训机构规范管理。"①《意见》的正式发布再次在全国范围内拉开了"双减"工作的大幕，力度之大、行动之迅猛、改革之彻底前所未有。

"1年内有效减轻，3年内成效显著，人民群众教育满意度明显提升。"这是党中央对人民的庄严承诺，也是党和国家坚决治理教育乱象决心和信心的彰显。习近平总书记的讲话为"双减"工作指明了方向，也让全社会达成了共识，要想真正减轻学生负担，根本之策还在于充分发挥学校教育的主阵地作用，全面提高义务教育阶段的教学质量。

（二）"双减"政策的重要意义

"双减"政策的出台和落地是全面贯彻落实党的教育方针、落实立德树人根本任务的需要，是重塑全民教育价值观，让学生回归正规学校教育的过程，是贯彻落实教育自身发展规律，回应和破解当前中小学教育存在的"唯分数、唯升学"问题的有效举措。

1."双减"政策事关立德树人根本任务

教育的根本任务是立德树人，深化教育改革必须始终坚守这一时代使命。马克思、恩格斯首次创立了人的全面发展学说，认为教育对"造就全面发展的人"具有重要作用，我们党继承、丰富、发展了这一科学理论，强调通过德育、智育、体育、美育、劳动教育"五育并举"的方针全方位提高人的素质，开发人的潜能。过重的学业负担让学生苦不堪言，不仅影响学生德智体美劳的全面发展，而且严重影响学生的身心健康。在洞悉过重的校内课业负担、校外培训负担对学生成长成才造成不利影响后，中央正式出台"双减"政策，并在全国范围内强力推行。这是国家对教育的根本问题即为谁培养人、培养什么人、怎样培养人问题的积极回应，通过大力破除阻碍学生全面发展的片面行为，重塑正确的教育理念，这是站位中华民族伟大复兴战略全局所做的重大决策。

---

① 习近平：《论党的青年工作》，中央文献出版社，2022，第234页。

"双减"政策主要针对义务教育阶段学生普遍存在的作业负担和校外培训负担过重的问题，通过校内校外双向发力，积极推动育人方式和育人理念改革，不断推进基础教育高质量发展。减轻过重的作业负担和校外培训负担，目的是彻底释放学生的主体活力和积极性，让学生有意愿、有时间、有空间进行自主发展，使学生的知识、才能、身体、精神、个性得到全面而丰富的发展，真正成为德智体美劳全面发展的社会主义建设者和接班人，担负起实现中华民族伟大复兴的历史重任。

2. "双减"政策事关教育公平价值取向

教育公平是社会公平的重要基础。习近平总书记强调："教育公平是社会公平的重要基础，要不断促进教育发展成果更多更公平惠及全体人民，以教育公平促进社会公平正义。"[①] 要加快发展伴随每个人一生的教育、平等面向每个人的教育、适合每个人的教育、更加开放灵活的教育。党的十八大以来，我国的基础教育取得重大突破性进展，教育面貌发生了格局性变化，向着更高水准的公平迈出坚实步伐，区域、城乡、校际差距逐步缩小，为越来越多的少年儿童创造了更多更公平的拥有人生出彩的机会。然而培训行业的野蛮生长严重冲击了学校教育体系和教育公平，无数家庭被动卷入校外培训活动，不仅加大了家庭经济负担，而且扰乱了学校正常教育教学秩序，严重降低了少年儿童的教育获得感、幸福感、安全感。"双减"政策通过规范日益功利化的培训市场来减少群众的教育投入，通过大力促进义务教育优质均衡发展让更多家庭能够以理性的态度、平和的心态对待孩子的教育问题。"双减"不仅在"减"上用力，更在"增"上创新，旨在积极推进教育公平，不断提升人民群众的教育满意度。

"双减"政策推行之后，各地为提升学校办学水平和质量，一方面积极推进集团化办学、学区化治理和城乡学校共同体建设，城乡、区域、学校之间的教育水平差距在不断缩小，大大推进了教育均衡化发展；另一方面把学生参加课后服务、校外培训及培训费用支出减少等作为重要评价内容，同时

---

① 《习近平谈治国理政》第2卷，外文出版社，2017，第365~366页。

将"双减"工作成效纳入县域和学校义务教育质量评价，效果明显。

3."双减"政策事关教育理念深刻变革

"双减"政策的实施不仅是对我国教育格局的重大调整，更是对教育理念的一场深刻变革。多年来受到应试教育的严重干扰，我国中小学教育中普遍存在教育观念扭曲的现象，实施"双减"政策，在某种意义上是对一系列教育观念的纠偏，这就对学校、教师、家长提出了新的更高的要求。

首先，学校是学生接受教育的主阵地，必须树立正确的育人理念，尽快走出"短视化、功利化"的教育困境，守住保障学生身心健康和人格健全的底线，不断优化课程体系设置，鼓励教学方式和教学手段的创新，加强教学管理，不断提高学生在学校学习的效率和效果。其次，教师作为学校教育工作的主要实施者，在"双减"政策执行中应主动靠前、勇于担当、积极作为，不断提高师德师风和人格操守，真正做到对学生负责、对学校负责、对社会负责、对国家负责。教师必须坚持守正创新，改变传统的教学思维理念，把握课堂教学规律，探索灵活多样的教学方式方法，作业布置要科学合理、适度适当，努力提高课堂效率，努力成为学生健康成长的引路人。最后，家长作为孩子的第一任教师也发挥着至关重要的作用。广大家长要树立正确的育儿观念，应致力于培养德智体美劳全面发展的社会主义建设者和接班人，不能只追求培养读死书、得高分、邻居艳羡的孩子。"双减"政策实施后，家长要更加重视与孩子的沟通交流，注重培养孩子的健康人格和健康心态，正确对待和处理孩子成长过程中出现的各类问题，有效做好孩子从学校到家庭的衔接工作，尽力为孩子创造一个温馨的成长环境和良好的教育环境。

二 洛阳市贯彻落实"双减"政策的具体做法及成效

让教育回归良好生态是人民群众的热切期盼，更是国家和社会发展的必然要求。洛阳市把"双减"工作作为贯彻党的教育方针，落实中央、省委决策部署的重要政治任务，深入贯彻习近平总书记关于"双减"工作的重要指示精神，坚持"校内提质、校外治理、综合保障"的工作思路，全面落实立德树人根本任务，持续推进"双减"工作落地见效。

（一）贯彻落实"双减"政策的具体做法

2022 年洛阳市被确定为教育部基础教育综合改革实验区，这是河南省唯一的实验区。2023 年 2 月，洛阳市委召开教育工作会议，出台《洛阳市加快推进基础教育高质量发展的意见》，提出建设教育强市"135"工作举措，统筹规划未来 4 年基础教育改革发展重点任务，将落实义务教育"双减"工作作为推动义务教育高质量发展的重要举措，从加强组织领导、强化宣传引导、校内减负提质、校外培训综合治理等方面重点发力，着力构建良好的教育生态，促进学生全面发展、健康成长。

1. 加强组织领导，建立健全工作机制

洛阳市高度重视"双减"工作，注重加强顶层设计，严格落实领导责任。一是建立"双减"协调机制。2021 年 9 月，洛阳市召开"双减"工作推进会暨协调机制第一次全体会议，全面安排部署落实"双减"的有关工作。2021 年 10 月，建立"双减"工作专门协调机制，成立市教育局"双减"工作领导小组，组建市县（区）两级"双减"工作专班，在市教育局设立"双减"工作办公室，形成了专班推进、部门协同、上下联动的工作机制。二是建立联合执法机制。先后 11 次召开由市纪委监委、市委政法委等 23 个协调机制成员单位参加的洛阳市"双减"工作协调机制会议，形成了教育、体育、科技、文广旅、市场监管、公安、城管、民政等多部门协同，乡镇办事处、社区居委会联动的综合治理体系，多次召开县区教育系统"双减"工作推进会，安排检查督查暗访工作。三是建立督查督办机制。印发了《关于进一步推进减轻义务教育阶段学生作业负担和校外培训负担工作的实施方案》《关于成立洛阳市"双减"工作专门协调机制的通知》《基础教育校外培训机构专项治理工作方案》等文件，指导县区开展"双减"工作。建立了"双减"工作日报、培训机构破产倒闭情况周报、"双减"工作专项督导半月报、"双减"工作台账半月报、劳动用工月报告等七项报送

制度和校外培训机构治理进展情况日通报制度。[①]

2. 强化宣传引导，营造浓厚氛围

"双减"是一项系统工程，需要凝聚家庭、学校、社会多方共识和力量。在工作中，洛阳市教育局将政策解读、宣传作为推动"双减"工作走深、走实的先手棋。在家长家庭层面，通过家长会、家委会、家长课堂等与家长面对面进行沟通，对"双减"政策进行解读；同时，充分利用线上方式，通过告家长的一封信、微信公众号推送、家校沟通群、家长微课堂等及时向家长推送"双减"背景下的家庭教育、家校合育等信息，引领家长转变理念，即从盲目攀比、跟风朝关注孩子自身发展转变。[②] 在教育层面，围绕"双减"背景下的作业设计、课堂教学、学校管理、学生管理、课后服务等开展系列培训交流，引导学校、教师更新理念，让学生更好地回归校园。在校外机构层面，多次召开校外培训机构负责人见面会，宣讲"双减"政策，规范培训行为，引导培训机构合理转型。

3. 多措并举，积极做好校内减负提质

（1）不断强化学生作业管理

建立全市作业管理等规范办学行为监测机制，要求县级教育行政部门指导学校完善作业管理细则，学校切实履行作业管理主体责任，严格执行作业管理规定，严控作业总量。确保小学一、二年级不布置家庭书面作业，小学三至六年级书面作业平均完成时间不超过 60 分钟，初中书面作业平均完成时间不超过 90 分钟。周末、寒暑假、法定节假日也要控制书面作业总量。

让学校的责任回归学校，让家庭的责任回归家庭，共同引导孩子自主完成作业。加强对作业设计的指导，切实提高作业质量，强化作业监督，真正把作业负担减下来。全市建立作业公示制度，作业时间控制达标的学校达1088 所，在规定时间内完成书面作业的学生占比由 2021 年底的 46% 提高到90% 以上。新安县教体局构建的"畅通作业管理机制，构建有效作业管理体

---

① 洛阳市教育局内部资料。

② 涧西区教体局内部资料。

系"被省教育厅评为县区级"双减"典型案例,新安县新城实验学校、新安县城关镇北关小学的相关实践被评为学校"双减"典型案例。①

（2）构建优质课后服务体系

建立完善经费保障制度,出台了《洛阳市关于深化提升课后服务质量的指导意见》,推动课后服务"三个覆盖",构建专业化、规范化、高质量的课后服务体系。一是服务对象全覆盖。目前全市应开展课后服务的952所学校已全部开展课后服务,70多万名中小学生参与了学校课后服务,参与率达91%,4.5万名一线教师提供全方位的"官方带娃"式托管,参与率达86%,实现义务教育学校和有需求学生课后服务全覆盖。二是服务时间全覆盖。持续扩大课后服务范围,鼓励有条件的学校从原来的"5+2"（学校每周5天都要开展课后服务,每天至少开展2小时,结束时间要与当地正常下班时间相衔接）扩展到寒暑假。服务时间可自由定制,全市学校下午放学后的课后服务分为两个时段开展,学生可以自由选择下午时段的课后服务时长。三是服务课程全覆盖。坚持一校一案,建构课后服务体系化课程,实现服务流程再优化,服务课程更多元。全市课后服务的内容主要以辅导学生完成家庭作业为主,并组织自主阅读、科普活动、艺术学习以及其他拓展活动。建立完善非学科类教育培训机构参与课后服务机制,组织遴选非学科类教育培训机构,动态形成"白名单"供学校选择使用。积极吸纳退休教师、退役运动员、非物质文化传承人、学生家长等社会人员共同参与课后服务,建立课后服务专业化师资队伍。涧西区、洛龙区被河南省教育厅评为义务教育阶段课后服务示范区,洛阳市老城区第一小学被评为河南省义务教育阶段课后服务示范校。洛阳市课后服务实践被新华社等主流媒体广泛报道,洛龙区关心关爱教师行动获评教育部落实"双减"典型案例。②

（3）大力推进课堂教学改革

2022年2月,为了强化教学主阵地、推进课堂教学改革、提升教育教

---

① 新安县教体局内部资料。
② 洛阳市教育局内部资料。

学质量，洛阳市教育局印发了《洛阳市进一步提高义务教育学校教育教学质量的实施方案》。课堂教学全面升级，组建中小学课堂教学联盟，实施研究型、项目化、合作式学习，精准分析学情，重视差异化教学和个别化指导，提高课堂教学效率；充分发挥学科育人功能，开展基于语文、数学、英语、音乐、美术、科学等多学科的融合课程，强化学科间的相互关联，全市90%以上的学校推行了课堂教学改革。涧西区、西工区被评为河南省义务教育教学改革示范区，洛阳魏书生中学等8所学校被评为河南省义务教育教学改革示范校。

（4）持续推动教育评价改革

加大对评价方式、评价内容、评价标准及评价工具的改革力度，定期组织专项督查，开展"双减"线上监测，随机查看学校落实作业公示、规范作业时长、严格考试管理等情况，持续发挥教育评价的杠杆和导向作用。在汝阳县、偃师区开展教育评价改革试点，洛阳市是全省率先将体育考试成绩记入中招成绩的三个地市之一。比如瀍河区研究制定了《瀍河回族区关于"双减"政策下的课堂教学评价标准》（下称《标准》），实施"一限二学三得"的核心评价目标。"一限"，就是要求教师控制讲授时间，实现精讲精练，发挥主导作用，突破重点、难点；"二学"，就是重视学生的主体身份，突出课堂"学的活动"的设计、指导、调控，使学生"学得有趣、学的有效"，互动充分，张弛有度，从学生的"六种状态"（注意、参与、交往、思维、情绪、生成）看课堂教学成效；"三得"，就是要落实"学有所得"，让学生得到方法提炼、思维发展、素养提升三方面的切实收获。《标准》的实施促进教师积极优化教学方式，引导学生主动思考、积极提问、自主探究，在保障学生学好学足的同时，有效地减少了学生被动参与的"校外培训"。

（5）加快义务教育优质均衡发展

实施义务教育质量提升工程，通过加大投入、优化布局、科学划分学区、深化招生制度改革等措施，推进区域教育优质均衡发展。制定《洛阳市推进义务教育优质均衡发展实施方案》，组织召开全市义务教育优质均衡发展观摩会和推进会。实施义务教育学校管理能力提升工程，推进全市义务教育向更高水平发展。2022年，洛阳市认定的义务教育标准化管理示范校16个、特色校32个；获评河南省义务教育标准化管理示范校10个、特色校27个。深化集团化办学改革，采取"名校+薄弱校""名校+乡村校""名校+新建校"等多种形式，扩大优质教育资源供给，推动教师流向均衡。目前洛阳7县8区已全部推行集团化办学实施方案，在2023年底前市区义务教育学校集团化办学覆盖率将不低于60%。

4. 规范校外培训综合治理，切实减轻学生家长负担

校外培训治理是"双减"工作取得实效的关键环节。为扎实做好"双减"工作，洛阳多措并举，明晰思路，传导压力，夯实责任，并对各县区及培训机构进行了大量调研，通过摸排、走访、座谈、开会、发文等形式，总结出"营转非""131""三步走"工作思路，制定了一系列具体的措施和办法。

（1）严格审批登记

根据国家"双减"政策要求，从2021年9月起，洛阳各县区不得再审批新的面向义务教育阶段学生的学科类培训机构；对现有学科类培训机构进行重新审核登记，并统一登记为非营利性机构；对保留的学科类培训机构逐步压减，目前洛阳只保留了84家学科类培训机构。分别由市文广旅局、科技局、体育局对文化艺术、科技等非学科类培训机构制定标准、严格审批。持续开展无证机构治理工作，始终保持高压态势，对无证机构"零容忍"，实施动态清零。

（2）多措并举，夯实责任

一是建立"网格化"分包制。洛阳市教育局党组成员分包各县区，县区教体局机关班子成员包片区，股室包乡镇，中心校包机构，开展"拉网式"全面排查治理工作。二是建立"三级巡查"制。即市级巡查暗访，县区级日常巡查，乡镇（街道）网格化综合治理体系经常性区域巡查，不间断进行交叉检查，坚决防止违规、变异、变相开展中小学生学科类培训。三是分类建立"三本账"。"双减"工作协调机制各成员单位要分门别类摸清楚每一家培训机构的具体情况，建好"三本账"（为每一家培训机构建一本账、为

每一类培训机构建一本账、为每一个县区构建一本账),切实做到底数清、情况明。将工作具体化、精细化、明确化。

(3)严格风险管控

一是认真贯彻落实"双减"工作要求,全面排查校外培训机构中涉及的欠薪、欠费、欠租、退费等问题,成立洛阳市校外培训机构涉稳风险应急工作专班,制定了《洛阳市校外培训机构涉稳风险应急工作方案》。要求各县区结合本地区实际,研究制定工作方案,明确工作职责和工作措施,平稳有序推进"双减"工作。二是分类建立台账,做到底数清,账本明,全面掌握每一家机构欠薪、欠费、裁员、欠租等情况和存在的困难,及时掌握倾向性、苗头性隐患,扎实做好防止各种"冒烟""爆雷"风险的工作,现场指导教育培训机构认真履行合同法等法律法规,依法承担用人单位主体责任,积极宣传普及国家相关法律法规,指导培训机构妥善处理各种问题。采取预收费资金监管等办法,有效预防校外培训机构"卷钱跑路""退费难"等问题发生。同时,密切关注校外培训机构关停注销带来的用工失业风险,积极化解机构裁员风险。三是加强部门联动,畅通投诉渠道。全力做好防范和化解风险联动工作。畅通信息共享和推送渠道,密切注意各种动态,对存在重大办学风险的校外培训机构第一时间向相关公安、市场监管、网信等部门和问题所在县区政府提供线索和工作提示。

(4)加强宣传,减轻培训负担

一是通过发布《洛阳市教育局关于校外培训机构的风险提示》,公布洛阳地区有破产倒闭风险的培训机构名单,供学生和家长了解校外培训机构办学状况,提醒广大学生家长在为孩子选择校外培训机构、缴纳培训费用时需要注意的事项。二是通过学生、家长签订承诺书的方式,提醒学生家长保护自身的切身利益,不听信校外培训机构的口头承诺,不在不规范的校外培训机构参与培训,不在破产倒闭机构缴费续费,不在无证无照培训机构上课,不超长超期预付费用,不接受不合法收费凭证等。三是通过"五个一",即"一条宣传标语,一次主题班会,一封告学生家长通知书,一封家长承诺书,一次家长会或教育论坛"等方式加强舆论宣传,引导学生和家长树立正确的教育观念，理性看待参加校外培训的作用，不盲目攀比，不轻易听信校外培训机构的宣传，要按照办学规律办事，按照学生身心发展规律办事，帮助学生健康成长，切实减轻学生校外培训负担。四是设立校外培训机构违规培训行为监督举报电话，通过微信公众号等进行推送，让各类培训机构及教室接受社会各界的监督。

（二）洛阳市贯彻落实"双减"政策取得的成效

洛阳市通过集中开展"双减"工作专项治理行动，目前工作取得了初步成效。

校外培训治理工作取得了明显进展，学科类培训大幅减少，培训市场虚火大幅降温，资本大幅撤离，"野蛮生长"现象得到有效遏制，家长、学生支持和认可"双减"改革的良好氛围逐步形成。全市审核从业人员资质1553人次，发现不具备相应资质的教学教研人员仅1人，占比0.06%；审核所有学科学段教材1036种，其中不合格教材涉及7个机构19种，对涉及超纲超标超前的教学状况全部进行了整改。累计5430人参与培训机构治理检查，检查机构5064家，200家违规机构被查处，还排查核实各类线索1155条，涉及机构150家、学生2328人，协调机构为家长退费448.5万元。积极开展"双减"一周年系列宣传活动，市教育局和15个县区全部在党报党刊和电视、网络等媒体上进行了"双减"成效深度报道，营造全社会支持"双减"政策的浓厚氛围，加大政策宣传力度，共上报"双减"新闻信息205期，印发培训机构治理进展情况通报10期，通过微信公众号、《洛阳晚报》等媒体公开曝光违规培训机构25批次，107家严重违规机构被公开曝光。

目前，全市学科类证照齐全的培训机构已由484家压减至84家，压减率为82.6%；培训机构从业人员从4400人下降到717人；参加学科类校外培训的学生从7.8万人下降到1.1万人。84家学科类校外培训机构所交风险保证金总额达2400余万元，监管覆盖率为100%。根据市统计局2022年8月对全市181名家长的调查，81.2%的家长表示支持国家"双减"政策，

18.7%的家长表示比较支持，两者占比达到100%，90%的受访家长表示自己的教育焦虑有所缓解。

"双减"政策实施以来，洛阳市多项主要指标均排名全省前列，省教育厅对洛阳市"双减"工作给予充分肯定，根据河南省人民政府教育督导委员会办公室每季度通报，洛阳在推动培训机构资金监管信息核验，培训机构课程上架，开通线上支付，实现售课、消课、退费全流程监管，问题线索核查处置和新闻信息宣传等方面均名列全省前茅，其中，洛阳报送的"双减"新闻宣传信息被河南省"双减"改革每日快报采用推广201次，被采用率高达98%；被全国"双减"改革每日快报采用推广23次，有12个县区的"双减"新闻信息被全国"双减"改革每日快报采用推广。在参加全省优秀案例评选中，洛阳市有5个案例获奖，其中全省共评出7个一等奖案例，洛阳市就获得了2个。①

三 "双减"背景下洛阳义务教育管理存在的问题

"双减"政策贯彻落实至今成效明显，学生的作业负担和校外培训负担整体上得到了缓解，但是一些深层次的问题仍然没有得到根本解决，目前义务教育管理仍然面临诸多问题。

（一）优质教育资源短缺且分布不均

洛阳义务教育阶段优质教育资源短缺且分布不均的问题仍然存在，"双减"后学生的升学压力并没有减少，随着培训班的取缔关停和数量减少，个别家长甚至觉得压力更大了。

1. 办学条件仍有短板

15个县区（含伊滨区）中，除老城区、瀍河区，中小学生均教学仪器设备值、生均教学及教辅用房面积等指标尚未达到国家义务教育优质均衡要

---

① 资料来源：洛阳市教育局报送人大内部资料。

求。城乡、区域、学校之间在办学条件方面存在差距，特别是农村地区学校和小规模学校办学条件更为落后。农村地区许多中小学校因教师和设备设施短缺尚未开设音乐、美术、科学等课程。全市30%的义务教育学校和90%的高中在平时教学中实验课未进入实验室。城乡部分寄宿制学校食堂、宿舍面积狭小，多数学校浴室配备不齐全，洗浴难问题尚未得到解决。

2. 义务教育入学学位结构性短缺

洛阳市义务教育入学学位供给总量虽略有结余，但区域间还不够平衡，人口密集的城镇入学学位缺口较大。截至2021年底，全市义务教育大班额占比17.9%，超过全省10.97%的平均比例，排名全省第四。目前，县域义务教育入学学位缺口约5000个，按照"十四五"县域人口增加情况测算，到2025年，需要新增入学学位约3.3万个；市区义务教育入学学位缺口1765个。同时，教育水平相对薄弱区域的学生向教育水平较高区域的流动也加剧了入学学位结构性短缺。比如，老城区、瀍河区近3年初一新生流失较为严重，主要流向涧西、西工等区，造成这两个区的入学学位更加紧张。

3. 校长和教师队伍建设仍须提升

作为教育的主体，校长和教师队伍建设面临诸多矛盾和问题。一是师资力量不足。教师队伍总量不足、结构不优。尤其义务教育阶段教师补充不及时，空编1285个，小学教师缺口2170人；初中生师比为13.05∶1，低于全省平均水平；高学历教师占比较低，义务教育阶段教师中研究生不足1%。二是骨干力量短缺。全市名师、名校长少，目前仅有中原名师7人，占全省的4.24%；市级名师350人，占全市专任教师的0.41%；名师工作室仅评选1届（2017~2019年），以课题研究为主，与教学联系不紧密，带动培育学科教师作用十分有限。三是激励保障机制不健全。教师职称评聘中尚存在论资排辈现象，影响了年轻教师自我提升的积极性。部分学校绩效工资发放存在"吃大锅饭"现象，未发挥应有的激励作用。教师减负工作落实力度不够大、教师获得感不够强，各级各类督导检查、网上学习、会议等非教学任务依然较重，占据了教师大量的时间和精力。在服务保障方面，部分县区存

在教师周转宿舍、保障性住房建设不到位，奖励性工资补助发放不及时等问题，影响教师安居乐业。

（二）重点领域改革成效不够明显

1."县管校聘"改革不够深入

首轮改革于2022年8月底全部完成，但改革成效尚未充分显现。改革中每个学校交流人员不超过3%，虽有利于保证教师队伍稳定，但削弱了改革的力度与成效。全市共6万余人参与交流，交流585人、跨校竞聘2005人、组织调剂257人，交流人数占人员总数的4.7%，与省改革试点许昌市襄城县（7.4%）和宝丰市（5.6%）相比还有差距。部分县区未能实现编办和人社局管总、教育行政部门在总量范围内进行具体编制分配和岗位设定的改革目标；个别县区在教师交流后，人事关系调整未全部实现备案管理。

2.校长职级制改革尚未全面推开

首轮市直学校改革于2022年4月底结束，县区于9月底全部完成，虽然出台了中小学校长职级资格评审认定办法等文件进行规范指导，但是校长职级制改革总体上刚刚起步，实现教育家办学的改革目标仍任重道远。

3.课堂教学改革须持续推进

由于对新课程标准和目标的理解还有偏差、推动改革实践力度不足等，课堂教学仍存在重知识传授轻能力培养、重灌输轻探究、重改革形式轻实际教学效果等突出问题，深化课堂教学改革任务依然繁重。

4.教育综合评价体系不完善

洛阳市推行新时代教育评价改革不到1年，对学校、教师和学生的评价体系尚不完善，评价标准、评价方式还不够科学规范。对学校的评价中，升学率特别是名校升学率仍占据主导地位；对教师教育教学成绩的评价，还是以学生文化课成绩、优质课比赛成绩等为主，对学生的综合素质评价体系尚未建立。

（三）校外培训机构治理难度与风险仍然很大

1. 线上培训（直播课）难治理

通过调查发现，有超过 90% 参加线下学科类培训的学生在寒暑假参加了培训机构组织的线上直播培训，导致出现"线下减负、线上增负"的新问题。线上直播培训突出的特点就是传播灵活，很难有效实施监控。而且线上培训对授课场地要求不高，有网络、有教师就可以进行，不少授课教师选择在自己家里或者宿舍上课，隐蔽性强，监管难度加大。

2. 隐形变异违规培训难查处

为躲避行政监管，有的校外培训机构或个人直接将办学地点设在了居民住宅楼或商务办公楼内，有的地方条件十分简陋，存在较大安全隐患。2021年 9 月，教育部办公厅印发《关于坚决查处变相违规开展学科类校外培训问题的通知》，要求依法依规查处在居民楼、酒店、咖啡厅等场所化整为零在登记场所之外开展"一对一""一对多"等的学科类培训，但这些隐形变异的违规培训往往需要靠群众举报才能露出"地面"，加之，一些家长现实存在主动为孩子寻求课外辅导的外在驱动和内在愿望，家长与违规办学者易结成同盟，甚至为这些机构打掩护。可以说，这类"变异形态"的培训具有很强的隐蔽性，有的机构负责人甚至采取"游击战"的方式与执法人员周旋，目前对这类机构还缺乏有效的治理路径。

3. 机构"爆雷"风险仍然存在

随着培训机构治理工作的深入推进，资金链断裂造成培训机构"退费难""卷钱跑路"等问题时有发生，须加大核查线索的力度，积极协调公安、网信等"双减"工作协调机制成员单位，强化风险分析研判，压紧压实县区责任，进一步抓紧抓实管控措施，紧盯重点机构，管住关键人员，持续跟进，将各类风险化解在苗头状态。

4. 校外培训监管执法力量薄弱

由于培训机构数量庞大，据统计，全市各类校外培训机构有 4000 多家，且绝大多数机构为无证照机构，从业人员多，在培生数量大，教育部门虽然

成立了专门机构，但是大多数县区只有一个领导职数，工作人员严重不足，执法队伍力量更是捉襟见肘。[①]

（四）社会齐抓共管的"双减"治理格局还有待提升

"双减"工作开展以来，洛阳市认真贯彻落实党中央、国务院决策部署，不断深化校外培训机构治理并取得阶段性成效，但学科类隐形培训不断变异，预防、发现和查处工作机制还不健全，协同治理合力不够，治理工作仍存在盲区死角，这在一定程度上对冲了"双减"改革成效，"双减"治理格局还有待提升。

政策意识虽得到强化，但细节落实还有欠缺。家长的重视程度虽高，但缺乏正确的引导和干预方法，认识程度仅停留在表象上，未对"双减"政策的实施有深层次的理解，仅仅将"双减"政策停留在学校层面，认为"双减"就是减轻家长的负担，孩子放学回家后，家长不用再操心孩子的作业和学习了。

四　"双减"背景下洛阳加强义务教育管理的对策

要发展人民满意的教育，洛阳市必须始终紧紧围绕全面提高学校教学质量，充分发挥学校教学主阵地作用，强化师资培养，精准施策全面发力，着力落实"双减"政策。

（一）打好课堂教学"提质牌"，发挥学校教学主阵地作用

课堂是实施教育教学的主渠道，是学校教育链条上最重要的一环，因此，高效课堂就成为减轻学生学业负担、提高教学整体质量的关键。随着"双减"政策落地，洛阳市以全面提高教学质量为目的，以转变课堂教学模式引导学生主动参与课堂教学活动为导向，积极推进构建教师"教"和学

---

① 资料来源：洛阳市教育局报送人大内部资料。

生"学"紧密结合的高效课堂；精心设计课堂内容，构建以培养学生自主学习能力、合作探究本领为目的的高效课堂；充分利用课堂上的每分钟，发挥最大时间效益，让每名学生都能在课堂上高效学习，使学习成为课堂活动的核心。

一是要不断优化教学环节。教师在授课前必须进行充分的备课工作，在深研的基础上吃透教材，根据学生特点巧妙地进行课堂设计。上课时紧紧围绕课堂目标稳步有序地推进教学内容，要充分调动学生的兴趣和积极性，引导学生主动参与教学互动。课后精选作业，作业选择要具有代表性和灵活性，依据学生情况分层布置课后作业，尽可能满足学生的个性化需求或超额性需求。二是要持续改进教学方式方法，多采用启发式互动式的教学，调动引导学生多动手、多动脑、多动嘴。关注学生的兴趣与特点，注重培养学生的创新意识，提升学生的创新能力，以任务驱动、目标驱动激发学生的各种潜能，注重培养学生的个性，让学生有良好的认知和学习体验，提高其学习的主动性。总之，要切实把核心素养的培养落实到课堂教学中，面向全体学生，引导他们主动发展、全面提高。

（二）打好优质师资"供给牌"，加强教师队伍建设

"双减"政策的推行效果如何，关键在于能否培养师德师风高尚、教学能力突出的高质量教师队伍，所以必须大力加强学校师资队伍建设，充分发挥教师的中坚力量。一是要高度重视师德师风和教师职业道德建设。我国著名教育家陶行知先生曾说："德高为师，身正为范。"为人师者，首先要注重自身品德修养，才能给学生做好示范。义务教育阶段师德师风更是至关重要。教师只有具备了高尚的道德品质和良好的道德修养，才能通过言传身教，给学生树立正确的价值观和人生观，才能真正承担起培养下一代的艰巨任务。教师只有树立强烈的责任感和使命感，始终秉持公平公正的原则，不偏袒不歧视任何学生，以学生的全面发展为目标，才能为国家为社会培养出德才兼备的栋梁之材。二是要着重培养一批教学名师、教学能手、学科带头人等骨干教师，通过组织开展教学竞赛、课题研讨、优质课

观摩、进修培训等活动，不断提高教师的教学水平和管理能力，进而提升教师的专业素养，为学校教育改革提供优质的师资保障。

（三）打好综合评价"引领牌"，树立正确的育人导向

把深化教育评价改革作为"龙头之战""最硬的一仗"，围绕"五破""五立"，以立德树人为主线，以破"五唯"为导向，以五类主体为抓手，坚决改变只以考分排名评老师、以考试成绩评学生、以升学率评学校的导向和做法，建立健全立德树人落实机制，引导各级各类学校落实立德树人根本任务，引导广大教师认真履行育人职责，确立德智体美劳全面发展的育人目标。同时，充分利用洛阳特色资源，结合学校实际、学生特点、节日纪念日等，组织开展主题德育教育活动，促进学生核心素养提升和全面发展。确保每个学生每年至少参加1次校级体育竞赛活动，做到人人有项目、班班有活动、校校有特色。依托洛阳戏曲、书画、剪纸、三彩、石刻等非遗资源，设立符合学生年龄特征的美育课程。开齐开足开好劳动教育课程，在其他学科课程中有机融入劳动教育的内容，形成各学段衔接贯通的劳动教育课程体系。

（四）打好学校考试"管理牌"，切实减轻学生压力

为切实减轻学生压力、树立正确导向，洛阳市教育局要求义务教育阶段的各学校要积极落实教育部和省教育厅关于义务教育学校考试管理的有关要求。严格压减考试次数，小学一、二年级不进行纸笔考试，其他年级由学校每学期组织一次期末考试；初中年级从不同学科的实际出发，可适当安排一次期中考试。各县区必须规范考试管理，合理控制考试难度，不得超越国家课程标准和学校教学进度。同时切实提高命题质量，注重考查基础知识、基本技能和教学目标达成情况，注重提高综合性、开放性、应用型、探究性试题比例，考试要体现素质教育导向，不出偏题怪题，减少机械记忆性试题，防止试题难度过大。尤其对于考试结果要注意科学运用，考试成绩呈现应实行等级制，严禁公布学生的成绩和排名，不得按考试结果给学生调整分班、

排座位、"贴标签"。教师要运用考试结果精准分析学情教情，有针对性地对学生进行帮扶辅导，科学研判教学工作的重点难点，切实改进课堂教学，不断提高课堂教学效果。

（五）打好课后延时"服务牌"，满足学生成长多样化需求

把课后服务工作作为中小学"双减"工作的有益补充，落实好《关于做好中小学生课后服务工作的指导意见》，严控课后服务的收费、服务时长、教师报酬，做好专业师资的引进和培养工作，在满足家长差异化需求方面发力施策，变"推"为"引"，进一步破解"放学早、接送难"的问题。推广涧西区打造的"乐成长"课后服务品牌，鼓励各县区结合实际，大力支持学校开展各种课后育人活动，满足学生的多样化需求。引导学生组织开展丰富多彩的校园社团、体育、艺术活动，发展学生个人特长，锻炼学生交际能力，培养学生高雅情趣。把课后服务打造成学生社团活动的主场、小型体育比赛的竞技场、弘扬和传承中华传统文化的主阵地。

（六）打好教培机构"监管牌"，形成良好的教育增补机制

深化教培机构专项治理，建立健全登记注册、行政审批、行业主管、集中处罚相互衔接机制，增强监管合力，提升监管效能，推动依法依规进行整治工作。建立群众监督机制，开通"洛阳民办教育在线"微信小程序，实时公布"白名单"，曝光违规机构，接受群众的监督和举报。建立培训机构督导机制，把培训机构的管理工作纳入对县级政府履行教育职责年度评价。切实使校外培训机构成为学校教育的有益补充，形成校内外协同育人的良好局面。

（七）打好招考制度"改革牌"，健全质量评价体系

习近平总书记明确要求，以考试招生改革引领教育综合改革。落实"双减"政策，需要全面深化改革和不断完善招生制度，这样才能真正减轻学生负担。传统的招生制度已经不能适应社会快速发展的需求，其也是造成

现阶段学生繁重课业负担、欠缺体育锻炼的根源，因此实施招生制度改革也是改变传统教育观念、促进学生健康成长的关键。一是要认真落实义务教育学校免试就近入学全覆盖，严格坚持"公民同招"，严肃招生工作纪律，规范学校招生行为，坚决遏制"择校热""掐尖招生"等问题。二是要积极完善高中阶段学校招生录取模式，规范招生录取考试科目和分值设置，采取基于初中学业水平考试成绩、结合综合素质评价的招生录取模式，在注重考查学生学业成绩的同时，将学生思想品德、体质健康、艺术修养和劳动实践等纳入综合素质评价中。逐步提高优质普通高中招生指标分配到区域内初中的比例，规范普通高中招生秩序，杜绝违规招生、恶性竞争，引导义务教育学校深入实施素质教育，促进学生全面发展、健康成长。

继续推进"双减"工作任重而道远，不仅需要行政的干预、家长的支持，更需要政府、社会、学校、家庭协同发力，共同营造一个良好的社会环境，才能达到负负得正的"双减"效果。深化教育教学改革、全面提高义务教育质量是事关全局、极为复杂、影响深远、涉及各方面的深刻教育变革，在党中央的坚强领导下，各地应认真贯彻积极落实，加大宣传力度，在全社会营造支持义务教育改革的良好氛围，大力推动我国义务教育持续健康协调发展。

参考文献

［1］张鹤、徐小琳：《"双减"视域下义务教育学校供给侧改革的价值与路径选择》，《教学与管理》2022年第31期。

［2］杨程：《校外培训机构治理的现实困境及实施对策》，《中小学管理》2022年第1期。

［3］《教育部办公厅关于加强义务教育学校考试管理的通知》（教基厅函〔2021〕34号）。

［4］陈岩、韦洁：《"双减"政策视域下教师减负的应然逻辑、现实表征与路径选择》，《当代教研论丛》2023年第10期。

B.6
新时代洛阳劳动教育在义务教育中的实施路径研究

涂洪樱子*

摘　要： 劳动教育是中国特色社会主义教育制度的重要组成部分，是新时代党对教育的新要求，是法律的明确规定，是"五育"的重要组成部分，其作用十分重要。洛阳立足于落实党中央和教育部要求的精神，结合自身情况，不断探索劳动教育在义务教育中的实施路径，现仍存在劳动教育时间和空间不足、师资力量较为薄弱的问题，因而洛阳应从五个方面创新新时代劳动教育在义务教育中的实施路径。

关键词： 洛阳　劳动教育　义务教育

劳动是推动人类社会进步的根本力量，是实现人健康成长的重要基础。党的十八大以来，习近平总书记立足新时代历史方位，对劳动和劳动教育做出重要论述。党的二十大报告指出："全面贯彻党的教育方针，落实立德树人根本任务，培养德智体美劳全面发展的社会主义建设者和接班人。"[①] 在2018年全国教育大会上，习近平总书记要求把劳动教育纳入培养社会主义建设者和接班人的总体要求之中，明确提出要构建德智体美劳全面培养的教育体系。2021年，习近平总书记在全国教育大会上提出："要在学生中弘扬

＊ 涂洪樱子，中共洛阳市委党校统战理论教研部讲师，主要研究方向为经济管理。
[①] 《习近平著作选读》第1卷，人民出版社，2023，第28页。

劳动精神，教育引导学生崇尚劳动、尊重劳动，懂得劳动最光荣、劳动最崇高、劳动最伟大、劳动最美丽的道理，长大后能够辛勤劳动、诚实劳动、创造性劳动。"①

学生的全面发展是德育、智育、体育、美育、劳动教育之间的共同发力，劳动教育是"五育"的重要组成部分之一，作用举足轻重。

一 充分认识新时代劳动教育在义务教育中的重要意义

为深入贯彻习近平总书记关于教育的重要论述，全面贯彻党的教育方针，2020 年 3 月 20 日，中共中央、国务院印发了《关于全面加强新时代大中小学劳动教育的意见》（以下简称《意见》）。《意见》丰富了新时代劳动教育的内涵，提出了充分认识加强劳动教育对新时代培养社会主义建设者和接班人的重要性，全面构建体现时代特征的劳动教育体系。《意见》聚焦劳动教育的教学改革、条件保障、评价改革，提出全党全社会必须高度重视劳动教育，构建大中小学劳动教育体系，为学校的劳动教育工作明确了目标、方向和抓手，标志着我国劳动教育进入新的发展阶段。

为落实中共中央、国务院《关于全面加强新时代大中小学劳动教育的意见》，加快构建德智体美劳全面培养的教育体系，教育部印发了《大中小学劳动教育指导纲要（试行）》（以下简称《指导纲要》），针对劳动教育是什么、应该教什么和怎么教等问题加强专业指导。《义务教育课程方案和课程标准（2022 年版）》中也增设了义务教育劳动课程标准。这是中华人民共和国成立以来，国家最高层面首次对大中小学劳动教育进行顶层设计和系统部署，由此可见国家对劳动课的重视，也说明了劳动教育的价值和重大意义。

（一）新时代劳动教育的内涵

加强劳动教育是构建新时代"五育"教育体系的重要环节之一。劳动

① 《习近平著作选读》第 2 卷，人民出版社，2023，第 202 页。

教育作为全面发展教育的重要组成部分，一方面与德育、智育、体育、美育密不可分，学生在劳动中培养道德情感，增长见识，开阔眼界，锻炼身体，提高审美；另一方面，劳动教育强调手脑并用、知行结合，在实践中获得劳动技能，培养劳动素养，有着独特的育人功能。

1. 基本内涵

马克思指出："未来教育对所有已满一定年龄的儿童来说，就是生产劳动同智育和体育相结合，它不仅是提高社会生产的一种方法，而且是造就全面发展的人的唯一方法。"①

近年来，关于学校劳动教育在义务教育中的政策体系不断完善，劳动教育在整个学校教育体系中的基础性地位得到了进一步巩固，劳动教育的基本内涵也随着时代的发展而不断变化。《意见》明确指出，劳动教育是具有综合性、实践性、开放性、针对性的劳动教育课程体系，赋予新时代劳动教育丰富的内涵。

一是从内容上看，《意见》指出："劳动教育是国民教育体系的重要内容，是学生成长的必要途径，具有树德、增智、强体、育美的综合育人价值。实施劳动教育重点是在系统的文化知识学习之外，有目的、有计划地组织学生参加日常生活劳动、生产劳动和服务性劳动，让学生动手实践、出力流汗，接受锻炼、磨炼意志，培养学生正确劳动价值观和良好劳动品质。"劳动教育的重点是组织学生参加日常生活劳动、生产劳动和服务性劳动，让学生在参加三类劳动的过程中培养正确的劳动观念，弘扬积极劳动的精神，掌握基本劳动技能，形成良好劳动品质。

二是从实施方式上看，《意见》进一步指出："结合产业新业态、劳动新形态，注重选择新型服务性劳动的内容。义务教育阶段，小学低年级要注重围绕劳动意识的启蒙，让学生学习日常生活自理，感知劳动乐趣，知道人人都要劳动。小学中高年级要注重围绕卫生、劳动习惯养成，让学生做好个人清洁卫生，主动分担家务，适当参加校内外公益劳动，学会与他人合作劳

---

① 《马克思恩格斯选集》第 2 卷，人民出版社，2012，第 230 页。

动，体会到劳动光荣。初中要注重围绕增加劳动知识、技能，加强家政学习，开展社区服务，适当参加生产劳动，使学生初步养成认真负责、吃苦耐劳的品质和职业意识。"由此可见，劳动教育尤其强调让学生"动"起来，在出力流汗中成长，这与智育有着较大的差异。这就意味着，开展劳动教育不能简单说教，不能仅仅是在教室里"讲"劳动、在讲台黑板上"写"劳动，而是应该为学生安排充分的劳动活动，让学生在日常生活、劳动课程和实践岗位上体验劳动的过程，感受劳动过程的艰辛，思考人是如何通过劳动推动社会进步和发展的。

综上所述，可以从两个方面把握新时代劳动教育的内涵。一是把握新时代的育人导向，发挥劳动教育的综合育人价值。新时代的教育者们应该以习近平新时代中国特色社会主义思想为指导，在义务教育阶段就培养学生艰苦奋斗、奉献敬业的劳动观念，养成崇尚劳动、尊重劳动的劳动精神。二是把握新时代劳动教育是培养学科学、崇尚创新的新时代劳动者。劳动教育应与科学精神与创新意识的培养相结合，深化产教整合，丰富新时代劳动教育的内容与方式，以满足新的要求。

2.劳动教育的总体目标

劳动教育是有目的、有计划地组织学生开展各种实践教育活动的教学形式，不仅包括培育学生的劳动观念、劳动态度、劳动习惯、劳动情感、劳动技能、劳动思维等，而且具有很强的包容性，它能与德育、智育、体育、美育结合起来，培养学生多方面素质和能力。

劳动教育总体目标是通过劳动教育使学生能够理解和形成马克思主义劳动观，牢固树立劳动最光荣、劳动最崇高、劳动最伟大、劳动最美丽的观念；体会劳动创造美好生活的感受，体认劳动不分贵贱的思想，养成热爱劳动、尊重普通劳动者和勤俭奋斗、创新奉献的劳动精神，同时具备满足生存发展需要的基本劳动能力，形成良好的劳动习惯。

3.劳动教育的基本特征

劳动是一个涵盖从生产、分配、交换到消费的完整链条，劳动教育可以从以上任何一个劳动环节来切入，通过多种途径完成有质量、有深度的劳动教育。

义务教育中劳动教育的基本特征主要表现在以下几个方面。一是突出的传承性。中华民族始终将勤勉劳作视为社稷之基和生活之本，崇尚"天道酬勤""民生在勤，勤则不匮"等理念。二是鲜明的思想性。强调一切劳动和劳动者都应该得到鼓励和尊重，反对一切不劳而获、崇尚暴富、贪图享乐的错误思想。三是突出的社会性。要引导学生走向社会，认识社会，强化责任担当意识。四是显著的实践性。以动手实践为主要方式，引导学生在认识世界的基础上，学会建设世界，塑造自己。五是突出的时代性。积极与物联网、云计算、大数据、人工智能等新技术相衔接，不断创新劳动教育形式，开展创造性劳动。

（二）重大意义

学校劳动教育有利于完善新时代学校育人体系，进一步回应"培养什么人、怎样培养人、为谁培养人"的根本问题。《意见》指出："劳动教育是中国特色社会主义教育制度的重要内容，直接决定社会主义建设者和接班人的劳动精神面貌、劳动价值取向和劳动技能水平。"由此可见，在义务教育阶段，劳动教育对于促进学生全面发展具有不可替代的作用。

1.劳动教育是适应社会发展的必然要求

劳动教育对学生的全面发展起着显著的助推作用，落实好劳动教育能够达到树德、增智、强体、育美的目的。从社会发展的宏观层面来看，社会发展的重要基础是依靠劳动实现的，人类依靠劳动创造了美好的世界，接受劳动教育的过程就是创造美好生活、参与社会实践的过程。从国家发展的中观层面来看，我国当前正处在深化教育改革的关键期，只有扭转"重智轻劳""唯分数、唯成绩论"的传统教育观念，才能培养出适应国家发展所需的复合型人才。从个人发展需求的微观层面的来看，当前不少家庭忽视对孩子进行家庭劳动教育，造成很多孩子缺少独立生活能力，劳动意识淡薄。因此，为了使个人更好地适应社会全面发展，抓住义务教育阶段的关键成长期，引导学生树立热爱劳动的正确理念，培养学生良好的劳动习惯和劳动技能，是义务教育阶段劳动教育改革的必然要求。

2. 劳动教育是义务教育阶段学生成长的重要途径

劳动教育既是学生全面发展教育体系的重要内容，也是学生成长的重要途径。通过切实的劳动教育，让学生体会劳动创造美好生活的深刻含义，认同劳动不分高低贵贱和热爱劳动、尊重劳动的价值理念，树立勤俭、踏实、创造与奉献的劳动精神，具备终生发展需要的基本劳动素养。

3. 劳动教育是义务教育阶段落实立德树人根本任务的必然条件

劳动教育对新时代立德树人有着重要意义。劳动教育在学生个性全面发展过程中具有德育、智育、体育、美育不可替代的独特育人价值，同时具有树德、增智、强体、育美的综合育人价值。有效实施劳动教育，就是在学生系统学习科学文化知识之时，有目的、有计划、有组织地让学生在学校、家庭与社会中积极主动参加日常生活劳动、生产劳动和服务性劳动，让学生躬行实践、接受锻炼、磨炼意志，培养正确的劳动价值观和良好的劳动素养。劳动教育成效的好坏直接决定社会主义建设者和接班人的劳动精神面貌、劳动价值取向和劳动技能水平。

二 全面加强新时代义务教育阶段劳动教育典型案例

（一）浙江省杭州市富阳区富春第七小学

浙江省杭州市富阳区富春第七小学确立了"四措并举，让劳动教育落细落实"的核心理念，引领学校劳动教育的新发展。

浙江省杭州市富阳区富春第七小学创办于2009年。建校伊始就本着"为孩子的幸福人生奠基"这一理念，开展了劳动教育的研究与实践，把劳动教育作为践行立德树人和培养学生核心素养的重要载体，赋予劳动的时代内涵，通过10多年不懈探索，积累了不少促进劳动教育常态化开展的经验。

1. 科学设计，形成循序渐进的内容体系

学校以课题为引领，在充分调研的基础上，根据小学生身心发展的特点，结合新时代劳动教育的实践要求和培养目标，构建了科学的劳动教育内容体系。开发了农事劳作、劳动创意、美好生活三大课程群，涉及人文、科学、艺术、语言、道德五大领域，每个年级都有适合各自年龄特点的劳动事项清单，让劳动教育落地有痕。

农事劳作是最具特色的课程，包括开心农事、田野放歌、快乐种养、爱心分享4个子课程，又下设节气等10多个主题（项目）。劳动创意课程包括小小农博士、当代小农夫、智慧小鲁班、理财小能手等主题（项目）。美好生活课程有生活整理、开学活动、成长30事、志愿服务、垃圾分类等主题（项目）。

主题（项目）设计注重引导创新学习方式，发挥劳动教育的育人功能。例如，围绕快乐种养，每个年级自行确定种养项目，有蚕豆种植、土豆种植、种桑养蚕、小兔养殖、"朵朵葵花向阳开"和"油菜花开金灿灿"等。在种养、劳作的过程中，学生与植物、动物建立起亲密的联系，充分感受到了劳动和生命的意义与价值。又如，小小农博士课程根据各年级种植蔬菜的特点，将探究性学习项目设计成若干小课题，如以"土壤与植物的关系"为研究切入点，在种植活动开展之前，组织学生到"开心农场"采集土壤样本，在教师和专业技术人员的指导下，对土壤的pH酸碱度、有机质等进行化验，学做土壤分析师。学生通过小课题的研究学会了对事物的探究，成为农场探秘的"小博士"，满足了自主学习的需求。再如，美好生活学习中晒秋迎新、生活整理、学会自立等活动以能力培养为主线，以活动体验为重点，以提升学生综合素养为目标，促进学校劳动教育生活化。同时，学校还定标准、分层次、严要求，要求学生从学会整理自己的学习用品开始逐步延伸，从"物品"的整理向"事情"的整理，乃至"思路"的整理发展，引导学生逐步养成勤整理、会整理和善整理的生活技能，唤醒学生自主、自立、自我服务意识，提高他们的生活自理能力。

2. 多方合力，建构协同育人的教育场域

社会即学校，生活即教育，劳动教育的有效实施自然离不开家庭、社会的配合，如果单靠学校，五天的正功很容易就被两天的负功所抵消。因此，第七小学特别注重联合家长和社会共同参与劳动教育，从学校、家庭、公

益、农场四个维度全方位地展开劳动教育。校园和开心农场这两个场域由学校主导，侧重引导学生打扫包干区、参加农事劳动。家庭劳动则由家长充当教育的主要力量，带领孩子从事每天必做的家务劳动。同时，学校还主动联合社区和社会组织，鼓励学生积极参与公益劳动，在服务他人和服务社会中弘扬劳动精神，教育引导学生崇尚劳动、尊重劳动，以便长大后能够辛勤劳动、诚实劳动、创造性劳动。

3. 搭建平台，提供回归生活的实践保障

劳动教育是回归生活和人的成长的需要，只有落到活生生的生活情境中，劳动教育才是真真切切的。为此，第七小学积极挖掘学校和社会资源，开拓学校内外的劳动基地，为学生提供劳动实践的场所。在学校创建了功能多样的劳技教室，建设了农具博物馆、中草药种植基地、小鲁班木工坊、现代化农业园、厨余垃圾处理中心等实践基地，还利用公路边的 20 余亩土地建成开心农场。此外，富阳区还有 20 多个劳动教育实践基地，提供各具特色的劳动课程，可供学生参加各式各样的劳动实践。众多的实践平台，为劳动教育提供了强有力的条件保障，让学生的劳动实践丰富多彩。

4. 多元评价，达成提升素养的价值引领

评价是促进劳动教育有效开展的重要手段。为了充分发挥评价的导向作用，学校将以劳树德、以劳增智、以劳强体、以劳育美、以劳创新作为评价的价值标准。对劳动教育的评价目标、体系、内容、方式进行全面研究和建构，通过表现性评价、过程性评价、综合性评价等多元评价的方式，激发学生参与劳动的热情，有效引导学生树立正确的劳动价值观，全面提升劳动素养。

（二）北京师范大学天津附属中学

北京师范大学天津附属中学确立了"五育并进，以劳为基，为学生终身发展奠基"的核心理念，引领学校劳动教育的新发展。

1. 课程化、制度化是有效实施劳动教育的保障

立德树人、培养学生的核心素养离不开劳动教育课程。学校把劳动教育

课程作为课程体系的重要组成部分，构建以"立身修心"为总体目标，以"修德、明理、尚学、生才"为教育基本元素的课程体系。其中，劳动教育涵盖于"生才"之中，其特色是突出初高中衔接，建立国家课程、校本课程、拓展课程逐层递进的课程群。初中阶段突出以项目为中心的思路，高中阶段以技术设计为核心内容。学校努力提升劳动教育的技术含量，完善劳动技术教育中心设施，为学生提供了规范、现代化的动手实践环境，实现劳动意识与技术能力、劳动思想与技术思想的结合；建立课程执行制度，不允许削减、挤占劳动教育课，保证劳动课时开足开好。

2. 多学科融合是创新劳动教育的体现

初中劳动与技术课和高中通用技术课不仅要培养学生劳动技能，更要促进其综合素养的提升。以劳动教育为载体，探索多学科知识融合与应用，在实践中培养学生的创新精神是学校创新劳动教育的重要举措。学校将已有技术课与社会实践、社区服务、校本选修、社团活动整合起来，不但强调数学、物理、化学、艺术等学科知识的渗透与应用，同时，还在道德与法治（思想政治）、语文、历史等学科教学中强化劳动观念和劳动态度的培养，在物理、化学、生物学等学科教学中增加动手操作和劳动技能、职业技能的培养。这种双向融合既丰富了相关学科课程，又为劳动教育课程争得了更多话语权，使其进入学校课程体系和日常教学课程设置更加理直气壮。

3. 多方联动是丰富劳动教育的渠道

学校注重劳动教育实施渠道的拓展，建立了多方联动机制。学校与家庭结合，坚持劳动教育从家庭开始，促进家长对孩子参与劳动的重视，使学生形成劳动观念、养成劳动习惯。从自我劳动、家庭劳动，到学校的服务岗位责任区，鼓励学生把自己的事情做好，把劳动的理念和行为渗透生活、学习的各个环节。学校与社区、基地结合，充分利用教育资源磨炼学生的劳动意志。充分利用校外劳动实践基地和社区教育资源，组织学生参加社会实践活动、公益劳动，担任社区志愿者，真正深入工厂企业、农村田野，体验生产劳动和生活劳动，在提高学生劳动能力的同时培养学生的环境保护意识。附属中学与高校结合，带领学生考察科学实验室和工程训练中心，亲历小课题

的研究，开展实验操作和数据分析等活动，使他们既能获取职业体验，又可开阔视野，提升社会实践能力。

4. 课题研究是提升劳动教育水平的催化剂

为提升劳动教育水平，学校推动成立了天津市教育科学学会中小学技术教育专题研究中心，并作为研究中心秘书处积极承担中小学劳动教育科研课题，组织多所中小学在构建中小学劳动教育体系、充分发挥劳动教育综合育人功能、促进学生德智体美劳全面发展方面深入开展研究，通过课题研究破解劳动教育中的难题，探索新时代劳动教育规律。

三 洛阳义务教育中劳动教育的开展情况及取得的效果

为深入贯彻习近平总书记立足新时代历史方位对劳动和劳动教育做出的重要论述精神，全面落实《意见》要求，洛阳着力构建大中小学一体化劳动教育体系，着力加强劳动教育课程体系建设，尤其重视把中小学的劳动教育做好、做精、做扎实。从2022年秋季学期起，劳动课已正式升级为义务教育阶段必修课程，目前洛阳市各中小学均已开设劳动课。

（一）洛阳义务教育中劳动教育开展现状

1. 对劳动教育支持度高

教师、学生和家长普遍对劳动教育在义务教育阶段的重要性和目标定位有着较高的认识，能够充分认识义务教育阶段的劳动教育对于孩子的全面发展起着重要的作用，并且对劳动教育的理解客观、全面，而不是简单地将劳动技能培养当作劳动教育的全部，这些都为劳动教育的开展奠定了良好的基础。

2. 学校、家庭日常活动积极开展

各中小学校高度重视在日常的教学活动中落实劳动教育，组织学生开展的日常劳动教育活动参与率几乎达到100%。大部分学校布置了劳动家庭作业，扫地、整理、洗碗、擦桌子、整理衣物等家务劳动学生完成率高。在组

织志愿者活动方面，市区学校优于农村学校，在生产性劳动组织方面，农村学校优于市区学校。

3. 思路较清晰，有探索路径

各中小学劳动教育课程按照每周 1 课时写入课表，部分学校成立劳动教育教研组，定期开展教研活动。还有部分学校已经在积极探索尝试将劳动教育与物理、化学等学科融合。同时，各学校能够利用延时服务开展形式丰富的劳动教育，如制作航模、绢花、风筝、剪纸等。

4. 外部环境良好，基地建设已经开始

社会、学校、教师、家长都能认识到劳动的教育价值和实践意义，也开始付诸行动，很多企业愿意为劳动教育提供帮助。目前，部分学校已经建立校内外实践基地或与校外劳动基地合作，为学生提供更多参与劳动实践的机会。

（二）洛阳义务教育中劳动教育的典型培育初见成效

截至 2022 年，洛阳共拥有河南省劳动教育特色学校 22 所、市级劳动教育特色学校 45 所，中小学劳动教育已具备一定经验基础。

1. 高端发力、上下联动，合力增强思想认识

一是提高思想认识。市委市政府高度重视大中小学劳动教育工作，研究学习习近平总书记关于劳动和劳动教育的重要讲话精神，深刻理解和把握新时代劳动教育的理论逻辑、历史逻辑和实践逻辑，要求各县区和大中小学校认真学习《意见》和教育部《指导纲要》，全面落实立德树人根本任务，全面加强新时代大中小学劳动教育，培养能够担当民族复兴大任的时代新人。二是强化组织领导。成立了教育系统劳动教育工作领导小组，指导全市开展大中小学劳动教育活动，各县区和大中小学建立相应工作机制，形成系统合力，统筹推进全市中小学劳动教育各项工作。三是全面系统学习。组织全市教师认真学习开展劳动教育的相关文件和政策要求，了解课程精神、课程理念、实施策略，提高教师对劳动教育的认识和实施劳动教育的能力水平，强化构建德智体美劳全面培养的教育体系。

2.精心谋划,有机融合,进一步优化体系建设

一是构建各教育阶段劳动教育课程体系,区分各教育阶段,并遵循各学科特点推进劳动教育课程体系建设。二是中小学课程体系突出劳动精神培育和校园劳动活动组织,全市中小学每周开设1节劳动教育课,每月设立劳动日,每学年设立劳动周,在学年内或寒暑假自主安排集体劳动。三是职业学校突出劳动技能培育和实习、实训活动的组织,各学校在地方课程、校本课程中安排劳动教育课程,与综合实践活动、通用技术等课程进行必要统筹,其中劳动精神、劳模精神、工匠精神专题教育不少于16个学时。

3.创新体制,突出劳动实践,建立健全评价机制

一是提升劳动教育实践基地建设。一方面加强校内劳动实践场地建设;另一方面积极挖掘校外劳动教育资源,利用各级各类实践教育基地,为学生们创设劳动教育条件。截至2022年,洛阳市共有1个河南省中小学研学旅行试验区(老城区)、4个全国中小学研学实践教育基地、4个河南省中小学社会实践教育基地、4个具有较为完善的"双高"职业院校实训基地。二是健全劳动教育评价机制。构建涵盖即时评价、阶段评价、年度评价三个阶段的阶梯评价体系,将劳动教育过程评价、结果评价、学段综合评价结合起来,不断健全学生劳动素养评价标准、程序和激励机制。目前,洛阳市已将劳动素养作为学生综合素质评价的重要内容,纳入学生综合素质档案,作为衡量学生全面发展情况的重要内容,成为高一级学校录取的重要参考依据。三是开展丰富多彩的劳动教育活动,组织学校参与河南省中小学劳动教育试点学校创建活动,组织学生参加全省中小学"劳动光荣创造伟大"主题教育暨知识答题活动,并连续开展了风筝制作与放飞活动以及航海模型、航空模型及建筑模型比赛,每年参与市级决赛学生人数均在4000人以上。

洛阳市共有省级中小学劳动教育特色学校22所,其中义务教育阶段有19所,分别是洛阳市实验小学、涧西区芳华路小学、涧西区中州西路小学、西工区红山实验小学、瀍河区新建小学、高新区白营小学、北京第二实验小学洛阳分校教育集团、洛龙区第一实验小学、栾川县伊禾书院民办小学、春晴小学、白马小学、古香小学、安徽路小学、东方三小、洛阳市实验中学、洛阳市第四中学、高新区第二实验学校、高新区第一初级中学、洛阳师范学院附属中学。这些获评省级劳动教育特色学校的中小学均是在劳动教育工作的开展中有成效、有经验、有亮点的学校，在劳动教育方面具有推广价值和借鉴意义。

4. 激活引擎，体现担当，加强劳动教育师资队伍建设

一是补充专任教师，建立专兼职结合、相对稳定的劳动教育教师队伍。根据学校需要配备必要的专任教师，引导各学科教师全员参与、分工协作。二是加强校际交流，建立各阶段各区域劳动教师交流体系，鼓励中小学校聘请专业技术人员、能工巧匠等专家或有一技之长的家长担任学校劳动教育校外兼职教师，充实劳动教育的师资力量；加大县域内教师统筹调配力度，探索学校之间劳动教育教师共享机制，鼓励职业院校教师到中小学开展劳动教育。三是提升专业素养，建立专业化劳动教育队伍，将劳动教育纳入教师培训内容，开展全员培训，对承担劳动教育课程的教师进行专项培训，配备劳动教育教研员，建立教研组，促进劳动教育教师专业化发展。

四 洛阳义务教育中劳动教育开展存在的问题与成因分析

洛阳立足于落实党中央和教育部要求精神，充分结合自身情况，探索出了多种劳动教育新模式，成绩令人欣慰。但是，仍然需要清醒地看到，洛阳义务教育中劳动教育的开展仍是"五育"中最为明显的短板。

（一）存在的问题

1. 劳动教育时间、空间不足

与传统的主课不同，劳动教育课不作为应试考试的必选项，这也导致部分家庭、学校在一定程度上更倾向于主课，造成劳动教育实施的时间不足。很多市区中小学虽然开展了对应的劳动教育课程和劳动课教室以及实验室等，但是只能提供给教师进行示范操作，缺乏真正让学生实践的空间。

2.师资力量较为薄弱

调研发现，洛阳市劳动教育队伍主要由三部分组成：一是专职教师，占比不足1%；二是兼职教师，由其他学科教师担任，占比90%以上；三是外聘教师，占比不超过5%。这导致劳动教育教师队伍不稳定，教师更换频繁，不能持续跟进学习，从而导致教学能力不足，劳动教育的质量无法保证。很多农村小学虽然有一定的空间条件，但是学生只能做一些基础劳动，教师不能结合相应的理论教学展开有效的实践，让学生更深刻地理解劳动的意义。

（二）成因分析

一是劳动教育资源不足，学校重升学、轻劳动。各学校对于升学率有着一定的要求，更重视学生的升学率，较为忽视学生的劳动教育。二是学校劳动教育实践场地有限。当前的学校并未建设专门服务于劳动教育的实践场所，因此，在劳动教育课程的开设中，大部分时间依然以课堂上的理论知识学习为主，学生无法真正参与劳动教育的实践活动。三是家长家庭劳动教育观念滞后。家长普遍没有形成良好的家庭劳动教育观念，认为孩子在日常的生活中并不需要参与劳动，所以大部分孩子在家时缺乏参与劳动的机会。

五　新时代洛阳劳动教育在义务教育中的实施路径

（一）用好政策引导"指挥棒"，成立全面加强劳动教育的领导工作小组

依据《义务教育劳动课程标准（2022年版）》，有关部门应制定完善并出台加强劳动教育的相关指导意见，通过考核、评估和督导，倒逼教育部门和学校为学生劳动教育留出合理时间，真正重视劳动教育效果。市委市政府应成立全面加强劳动教育的领导工作小组，具体职能部门由教育部门牵

头，主导劳动教育改革中课程设置、课程设计、师资建设、实践基地建设等内容，为深化劳动教育、提高劳动教育质量提供充分的条件，切实承担劳动教育的主要责任。要充分发挥中考这个"指挥棒"对劳动教育的引导作用，通过在中考中合理增加有关"劳动"的内容，既重视传统的劳动教育，也根据时代发展变化和要求更新对劳动教育的认识，补齐劳动教育的短板。

（二）设立体现新时代特征的多元劳动课程体系

以学生为本的教育理念始终位于劳动课程体系的核心位置。实施劳动教育的主渠道是课程，因此要把义务教育阶段开设的各门类课程进行系统的梳理，充分挖掘各类课程中蕴含的劳动教育元素和承载的劳动教育功能。《义务教育劳动课程标准（2022 年版）》指出："义务教育劳动课程以培养学生的核心素养为导向，围绕日常劳动、生产劳动和服务型劳动，以任务群为基本单位，构建内容结构。"

1. 加强劳动教育课程研究，通过课程建设实施劳动教育

中小学生接受劳动知识、体验劳动快乐，最直接、最主要的途径是劳动教育课程，实践性、思想性和社会性是劳动教育课程的突出特性。

首先，要完善提升常规劳动教育课程体系，学生发展所处的时代背景和学生成长的阶段性特点是课程设计时首要考虑的方面，与此同时，还应兼顾注重不同学段学生身心发展特点，考虑不同年龄段学生的劳动项目强度，设置学生易于接受、乐于参与的课程内容，像收纳整理、美食美教、农业劳作、传统手工艺制作等都是贯穿中小学义务教育阶段的课程内容。其次，《义务教育劳动课程标准（2022 年版）》指出，劳动课程实施要与其他课程紧密结合，在劳动实施过程中要灵活运用其他课程所学的知识，因此应对其他课程有机融入劳动教育内容和要求做出整体设计，如中小学语文课中设置歌颂普通劳动者的文章，弘扬艰苦奋斗的中华民族优良传统品质，课程内容的选取和设计呈现一定的阶段性和连续性，保证分学段实施教学，让学生爱劳动、会劳动、懂劳动，帮助学生成人、成事，让学生感受到劳动过程的快乐和获得劳动成果的愉悦。

2.通过学科融合实施劳动教育

任课教师应根据精心设计的教学内容，通过学科融合选择恰当的结合点，引导学生树立正确的劳动观，尤其要树立劳动创造人本身、劳动创造历史、劳动创造世界的马克思主义劳动观。因此，不同学科应该有不同侧重点，如在语文课程中可以通过对劳动英模感人事迹的讲述，培养学生形成劳动最光荣、劳动最美丽的理念；在道法课上，通过对勤劳节俭、艰苦奋斗等中华民族优良传统美德的介绍，教育学生自觉地热爱劳动、诚实地劳动、创造性地劳动；在数学、科学、体育等学科，可以寻找适合的结合点，帮助学生树立正确的劳动态度、创新精神、意志品质。总之通过不同学科的相互融合，共同发力，引导学生树立正确的劳动观，崇尚劳动，尊重劳动，增强热爱劳动人民的情感。

（三）创新劳动教育的实施途径

劳动教育不仅仅是学校一方的教学活动，除在学校规定的课时中落实劳动课程，更为重要的应该是在日常生活中持续开展劳动教育，应吸引家庭、社会力量的广泛参与。

1.做好家校联动

家庭作为学生教育的第一阵地，其重要性不言而喻，在劳动教育方面家庭有着不可推卸的责任和义务。家庭关于劳动的观念直接影响学生生活技能的养成，家长需要转变观念，充分认识到劳动教育的必要性，适当让孩子承担一部分家务，让孩子在家庭基础劳动中掌握必要的生活技能，培养孩子的动手能力和独立自主能力，通过劳动加强家庭中的沟通交流，增进家庭成员的情感、默契，构建和谐温馨的家庭关系，在热爱劳动的家风中潜移默化地培养孩子的劳动能力。结合常规课程，学校特色课程，根据学生身心、能力等制定学校劳动清单，实现家校合作共育。学校要引导家长在日常生活中鼓励孩子自己的事情自己做，做好生活自理的同时自觉承担家务劳动，主动为家人服务，参与家庭事务管理。

2. 逐步建立校内外实践基地

课外劳动实践是保障劳动教育有效落实的重要路径之一。要做好校内场地的开发和利用，做好社会联动，充分挖掘、利用社会资源。一是有条件的学校开辟建立校内实践基地，统筹安排组织学生分年级参与各类实践。各学校应积极挖掘自身优势，依据自身特点为学生提供相应的校内外劳动实践机会，将日常生活、生产劳动、服务性劳动分类实施，逐渐形成学校劳动教育特色课程。二是扩展校外实践基地，在教学目标的指导下，为学生提供生产劳动、服务型劳动实践机会，让学生真切体会各种劳作的快乐和辛苦，树立正确的职业观。三是丰富校内外实践，拓展课程内容，教育部门要调动各类企事业单位开放劳动实践场所，并为学生开展劳动活动提供必要指导，让学生能在实际劳动中了解真实的职业劳动，特别是工程技术类的实践活动更应引导学生增加智慧劳动和创造性劳动，让学生充分体验劳动的快乐。

（四）多渠道解决师资问题，提供教师专业发展前景

推动师资建设，做好各级各类专项培训。一是要逐渐增加专职教师人数，为专职教师提供更多培训提升的机会，发挥专职教师在本学校、本区域的专业引领示范作用，带动更多教师专业化发展。二是要积极培养兼职教师，将各学科，如数学、体育、艺术、科学等学科和劳动教育相融合，实现学科实践、劳动教育同步，在提高教学效率的同时，扩充劳动教育的时间和空间。三是要倡议家长中各领域的专家能手应聘学校劳动教师，参与学校劳动教学工作，在补充师资的同时弥补学校劳动教育领域专业技能不足的问题。

（五）加强监督，做好典型培育

各级教育行政部门应对学校劳动教育的课时安排、课程完成情况、活动开展的质量等进行指导、检查，并将劳动教育列入各项评估、验收的考核指标。同时，加强典型培育，传播辐射优秀劳动教育经验，目前洛阳许多学校坚持开展劳动教育，在实践中积累了诸多经验，如栾川县第五实验小学、栾

川县合峪镇初级中学等。下一阶段，应在全市范围对它们的经验加以推广，同时进一步挖掘更多的区域、学校典型，为劳动教育提供更多的经验借鉴。

参考文献

［1］褚新红：《"五育互育"劳动教育体系构建》，《现代教育》2020 年第 9 期。
［2］吴全华：《劳动教育实践的问题及规避》，《当代教育科学》2020 年第 9 期。
［3］杨伟云：《劳动教育传统校 60 年的行与思》，《创新人才教育》2019 年第 2 期。

B.7
洛阳义务教育优质资源配置
均衡发展的路径研究

苗超鹏*

摘　要： 义务教育发展的核心离不开优质与均衡，这是提升国民素质、实现教育公平的必然路径。随着义务教育的多年实施，合理配置优质教育资源、推进义务教育均衡发展已成为人民群众普遍关注的重点。近年来，洛阳市以习近平新时代中国特色社会主义思想为指导，全面贯彻党的教育方针，持续推进义务教育优质均衡发展，在缩小校际差异、改善教育环境、促进良性发展方面，洛阳市采取了多项措施，取得了良好成效。但同时仍存在资源配置不均衡、师资队伍不完善、教育经费不到位的问题。教育资源配置不公平、体制机制不健全、公共教育投入不到位等因素影响着教育优质资源配置均衡发展。为加快推进洛阳市义务教育优质资源配置均衡发展，须不断强化政府的主体意识、保障教育经费投入、建立健全体制机制，高质量建设国家基础教育综合改革实验区，为现代化洛阳建设提供强有力的人才支撑。

关键词： 义务教育　洛阳　优质教育资源

　　"推动义务教育优质均衡发展和城乡一体化""发展更加公平更高质量的教育"是《中华人民共和国国民经济和社会发展第十四个五年规划和2035年

＊ 苗超鹏，洛阳理工学院讲师，主要研究方向为思想政治教育、心理学。

远景目标纲要》提出的要求。2022 年的政府工作报告重申要"推进义务教育优质均衡发展"。义务教育均衡发展成为当前推进基础教育发展的重要方向。2010 年国家颁布《国家中长期教育改革和发展规划纲要（2010—2020年）》，教育部在 2013 年 5 月启动对县域义务教育均衡发展工作情况的评估和认定，有力地推进我国义务教育进入均衡发展时期。经过近些年的努力拼搏和奋斗，我国各项事业都取得了巨大成就，义务教育均衡发展同样成绩显著。目前，河南省已通过国家督导组验收，实现了在全省范围内县域义务教育基本均衡发展。洛阳市多措并举，发挥资源优势，破解教育发展难题，有力地推进了全市义务教育的均衡发展。为满足全市人民群众对教育发展的新需求，需要进一步推进全市义务教育优质资源配置均衡发展，让全市适龄学生享受国家发展、社会进步带来的优质教育资源，为不断推进教育改革打下坚实基础。

一 洛阳市义务教育阶段教育资源配置状况

（一）总体情况①

截至 2022 年，洛阳市共有义务教育阶段学校 1091 所，毕业生 195175人，招生 201454 人，在校生 913787 人。共有班数 23123 个，其中，56~65人的大班 355 个，占总班数的 1.54%；66 人及以上的超大班数 21 个。教职工 59755 人，其中专任教师 56300 人。

洛阳市有小学 768 所，另有教学点 785 个。毕业生 101676 人，招生99844 人，在校生 619296 人（其中教学点在校生 33842 人）。共有 16854 个班，其中 56~65 人的大班 181 个，占总班数的 1.07%，66 人及以上的超大班数 21 个。教授小学的专任教师 35910 人，专任教师学历合格率 100%，专科及以上学历专任教师数占总数的 98.77%；生师比为 17.25∶1。另有小学

---

① 本文数据为笔者根据洛阳市教育局官网发布的有关数据整理。

校外教师 306 人。小学占地面积 1187.68 万平方米，校舍建筑面积 485.11 万平方米，图书 1304.75 万册，教学仪器设备资产值达 66927.81 万元。

洛阳市有初中 323 所，其中九年一贯制学校 93 所。毕业生 93499 人，招生 101610 人，在校生 294491 人。共有 6269 个班，其中 56~65 人的大班 174 个，占总班数的 2.78%，没有 66 人及以上的超大班。教授初中的专任教师 22341 人，专任教师学历合格率 99.84%，本科及以上学历专任教师数占总数的 89.82%，生师比为 13.18∶1。另有普通中学校外教师 69 人。初中占地面积 931.53 万平方米，校舍建筑面积 452.72 万平方米，图书 994.15 万册，教学仪器设备资产值达 54860.13 万元。

义务教育阶段学校寄宿生 309653 人，占义务教育阶段在校生总数的 33.89%。其中，小学寄宿生 117447 人，占小学在校生总数的 18.96%；初中寄宿生 192206 人，占初中在校生总数的 65.27%。

义务教育阶段随迁子女在校生 71999 人，占义务教育阶段在校生总数的 7.88%，其中小学 53071 人，初中 18928 人。进城务工人员随迁子女 49023 人，占随迁子女总数的 68.09%，其中小学 36141 人，初中 12882 人。

义务教育阶段农村留守儿童在校生 39137 人，占义务教育阶段在校生总数的 4.28%，其中小学 28782 人，初中 10355 人。

（二）取得的成效

1. 均衡师资配置，教师队伍明显优化

通过多元化招聘引进优秀教师，洛阳市师资配置得到明显改善，教师学历层次和整体质量明显提升。据统计，2022 年市教育局招聘新教师 119 人，人才引进 11 人，招入地方公费师范生 446 人，招聘特岗教师 1200 人。通过多元化招聘教师，师资配备均衡得到较大改善，广大教师的学历层次和整体素质普遍提升。目前全市有省级中小学幼儿园名师 303 名，市级中小学幼儿园名师 584 名，省级骨干教师 2211 名，市级骨干教师 4221 名，市级教坛新秀 1024 名，省市级最美教师 65 名。洛阳市通过名优教师的引领示范作用，进一步提升了中小学教师队伍的专业化水平，教师整体水平

明显提升。

2. 加大教育投入，办学条件全面改善

学校办学条件是学校各项既得资源中最为直观的表现，它反映的是一个学校教育资源存量的差异。[①] 洛阳市委市政府坚持把推进城乡义务教育均衡发展作为改善民生的基础工程，作为办好人民满意教育的"点睛之笔"，持续加大投入，补齐基础短板，改善办学条件。近 5 年累计投入 690.42 亿元，2022 年投入达 160.45 亿元，比上年增长 12.4 亿元，争取上级投入 20 多亿元。截至 2022 年底，新建、改扩建农村寄宿制学校 338 所，新增寄宿生约 3.5 万人，全市已完成投资约 20 亿元。"三通两平台"建设目标基本完成，以信息化建设为重要支撑，通过校际结对共建、城乡结对共建，优质教育资源实现向乡村薄弱学校辐射传导。

3. 实施教育推进工程，城乡发展趋向均衡

"十三五"期间，洛阳市规划实施推进教育现代化工程 163 项，其中义务教育学校建设项目 47 个、教师周转宿舍建设项目 116 个，规划总投资 3.33 亿元（含中央投资 7903 万元）。目前大部分项目已经完工，部分项目正按预期进度开工建设。通过实施教育现代化推进工程，进一步改善教学条件，缩小城乡差距，推动城乡教育均衡发展。新增义务教育学校校舍面积 120062 平方米，运动场面积 67609 平方米；新增教师周转宿舍 1469 套，建设面积 51415 平方米。全市学前三年毛入园率由 2015 年的 86.9% 提高到现在的 92.1%，适龄儿童净入学率 100%，义务教育巩固率由 2015 年的 94.6% 提高到 2022 年的 97%，均高于全省平均水平。控辍保学实现了"零辍学"工作目标。

4. 深化"县管校聘"改革，师资配置不均衡问题明显缓解

2020 年，市教育局联合市委编办、市人社局、市财政局印发《中小学教师"县管校聘"管理改革指导意见》，以"县管校聘"改革赋予县域自主管理调配权，助力破解师资配置不均衡问题。2021 年 1 月，召开"县管校

---

① 杜育红、孙志军等：《中国义务教育财政研究》，北京师范大学出版社，2009，第 43 页。

聘"管理改革推进会，强力推进"县管校聘"改革，以师资配置均衡促进教育均衡。偃师区从 2019 年率先启动"县管校聘"改革工作，优化教师队伍结构，激发教师队伍活力，促进教师资源均衡配置，得到了省委改革办高度肯定。目前，洛阳市除了孟津、瀍河两个区，其他县区均已经完成县管校聘改革。

5. 提高学校管理水平，教育教学质量稳步提升

落实国家义务教育学校管理标准，推进城乡义务教育学校一体化管理体制改革，探索一校多区管理模式，组建学校发展共同体，推动了区域教育整体提升。完善学校各项规章制度，努力实现学校管理与教学信息公开化；开齐开足课程，规范教学秩序，有效开展各类综合实践活动。县域义务教育普及程度进一步巩固提高，初中三年巩固率、残疾儿童少年入学率达到标准要求。学生学业质量、综合素质发展水平不断提高，学生学业水平及校际差异率符合义务教育发展基本均衡的规定要求。

6. 加强督导评估，资源配置优质均衡达标率提升

根据《国务院关于深入推进义务教育均衡发展的意见》《国务院关于统筹推进县域内城乡义务教育一体化改革发展的若干意见》，洛阳市按照《县域义务教育优质均衡发展督导评估办法》着重围绕资源配置 7 项指标，加强督查评估工作，推动了全市义务教育资源配置优质均衡发展。洛阳市中小学每百名学生拥有高于规定学历教师数、中小学生均体育运动场馆面积、部分县区中小学校际综合差异系数等均达到或超过国家优质均衡发展指标（详见表 1~表 6）。

表 1 洛阳市中学每百名学生拥有优质均衡要求规定学历教师数

单位：人

国家标准	原吉利区	瀍河回族区	老城区	原偃师市	新安县	西工区	原孟津县	涧西区	宜阳县	洛宁县	洛龙区	伊川县
5.3	9.7	9.7	9.6	8.8	7.0	6.9	6.8	6.8	6.7	6.5	6.4	6.3

资料来源：笔者根据相关区县教育局数据整理。

表2　洛阳市小学每百名学生拥有优质均衡要求规定学历教师数

单位：人

国家标准	原偃师市	原吉利区	原孟津县	瀍河回族区	伊川县	宜阳县	老城区	洛宁县	涧西区	西工区	新安县	汝阳县	栾川县	嵩县
4.2	7.3	7.2	5.7	5.6	5.5	5.4	5.3	4.9	4.8	4.6	4.7	4.7	4.4	4.2

资料来源：笔者根据相关区县教育局数据整理。

表3　洛阳市小学达到优质均衡要求生均体育运动场馆面积情况

单位：平方米

国家标准	原吉利区	原孟津县	原偃师市	嵩县
7.50	10.10	9.95	8.32	7.64

资料来源：笔者根据相关区县教育局数据整理。

表4　洛阳市中学达到优质均衡要求生均体育运动场馆面积情况

单位：平方米

国家标准	原孟津县	瀍河回族区	原偃师市	洛宁县	宜阳县
10.2	20.88	12.14	10.97	10.95	10.50

资料来源：笔者根据相关区县教育局数据整理。

表5　洛阳市小学达到优质均衡要求校际综合差异系数情况

国家标准	汝阳县	涧西区	高新区	西工区	洛龙区	宜阳县	嵩县	栾川县
≤0.50	0.31	0.32	0.38	0.39	0.43	0.46	0.45	0.49

资料来源：笔者根据相关区县教育局数据整理。

表6　洛阳市中学达到优质均衡要求校际综合差异系数情况

国家标准	原吉利区	老城区	嵩县	汝阳县	伊川县	高新区	洛龙区	原孟津县	栾川县	原偃师市	洛宁县	瀍河区	新安县
≤0.45	0.11	0.22	0.29	0.31	0.31	0.32	0.35	0.40	0.42	0.42	0.44	0.45	0.45

资料来源：笔者根据相关区县教育局数据整理。

（三）主要做法

1. 健全联控联保机制

落实国家义务教育学校管理标准，完善所有学校各项规章制度，开齐开足课程，义务教育普及程度进一步巩固提高，适龄儿童受教育程度明显提高。制定了控辍保学联控联保工作机制，健全政府及有关部门、学校、家庭多方联控联保责任机制，强化责任，构建长效的义务教育持续保障机制。洛阳市义务教育入学率达到100%，巩固率达到97%；盲、聋哑、智障三类残疾儿童入学率达到91%以上，实现了学有所育的目标。学生学业质量、综合素质发展水平不断提高，学生学业水平及校际差异率符合义务教育发展基本均衡的规定要求。

2. 开展创建试点活动

根据河南省教育厅工作安排，开展义务教育发展优质均衡县区创建活动试点工作，目前西工区、新安县、栾川县正在积极创建义务教育优质均衡县区，以点带面，带动全体。

3. 强化工作督导

将治理大班额、择校热工作列入每年的义务教育学校督导评估、目标考核和年度基础教育重点工作考核内容，定期进行督导检查，并下发通报。2021年，洛阳新建、改扩建市区义务教育学校21所，截至2022年底，洛阳市义务教育阶段大班率为2.14%，超大班率为零，两项比率均为全省最低。全市初中阶段大班率为1.72%，超大班率为零；全市小学阶段大班率为3.34%，超大班率为零，消除大班额工作走在了全省的前列。

4. 严格执行招生政策

义务教育学校严格实行划片招生、免试就近入学政策，科学合理划分学区，坚持招生信息公开，严格学籍管理制度，强化招生源头管理。印发《洛阳市2021年义务教育学校招生入学工作方案》（洛教基〔2021〕71号），要求县区教育行政部门及全市各中小学积极承担相应的义务教育责任，坚持免试就近入学，依法保证辖区内适龄少年儿童接受义务教育。规范

各中小学招生行为，严肃招生纪律，出台《洛阳市教育局关于规范全市中小学校招生秩序的通知》，要求全市义务教育学校不得采取考试、举办竞赛班等方式提前招生或变相选拔学生，不得以任何形式扰乱招生程序。健全完善以居住地为主的随迁子女入学政策，简化入学流程，保障随迁子女平等接收义务教育，确保"应入尽入"，2021年全市共保障16623名随迁子女就近入学。

5. 采取有效措施落实公办、民办同招

民办义务教育学校与公办学校同步招生，公办、民办义务教育阶段学校使用同一平台，同步报名、同步录取、同步注册学籍，实现真正意义上的公办、民办同招。对报名人数未超过招生计划的民办学校，实行"注册入学，直接录取"；对报名人数超过招生计划的民办义务教育学校，实行电脑随机录取。

6. 创新管理体制

洛阳市委办公室和市政府办公室印发《洛阳市基础教育改革发展三年行动计划（2021—2023年）》，其中，《关于基础教育集团化办学的指导意见》作为11个附件之一下发，指导引领全市集团化办学工作的开展。通过实施学区制管理、集团化办学，采取"名校+弱校""名校+新校""城镇校+农村校""中心校+小规模学校"等多种办学模式，增强对薄弱学校的带动力、辐射力和融合力，提升薄弱学校的办学水平和质量。截至2022年底，已有60个教育集团，其中小学46个、初中8个、九年一贯制学校5个、十二年一贯制学校1个。2021年河南省义务教育集团化办学改革研讨会在洛阳召开，洛阳市政府在会议上做了典型发言。涧西区进行了"学区长制"管理模式探索，将辖区内35所学校划分为强、中、弱相互搭配的10个学区，实行"资源共享、优势互补、统一教学、整体提高"的管理模式，缩小了各校之间的差距。西工区实施"名校协管"，推进校际联动，以体制机制创新为抓手，破解发展难题，由辖区内的优质学校白马小学和凯旋路小学协管薄弱学校五女冢小学和东下池小学。伊川县全方位多层次推进集团化办学工作，设立新的中小学教育集团。偃师区实验小学教育集团被评选为河南省义务教育集团化办学典型案例。

二　洛阳市义务教育阶段教育资源配置
中存在的问题及原因

洛阳市虽然总体上达到了国家义务教育基本均衡的要求，在这方面取得了显著的成绩，但根基还不牢固，整体还比较薄弱，部分指标与优质资源均衡配置目标还有较大差距。

（一）办学配置不达标

学校办学条件是学校各项既得资源中最为直观的表现，它反映的是学校间教育资源存量的差异。在实现义务教育均衡发展、优质资源良好配置过程中，办学硬件配置既是重要条件，也是促进教育公平的重要标准。目前，洛阳市办学资源配置水平与国家优质均衡指标还存在较大差距。一是教学仪器设备方面。国家义务教育优质均衡要求小学生均教学仪器设备值达到2000元，洛阳市仅有老城区小学（生均2170元）达到国家标准，其余县区小学均达不到国家优质均衡的标准要求。这不仅是优质资源配置不均，同时也是教育资金投入的缺失。二是生均教学及教辅用房面积。对照国家规定中学生均达到5.8平方米以上的标准，洛阳市仅有瀍河回族区中学（7.64平方米）和老城区中学（6.78平方米）符合国家优质均衡的标准要求。三是生均体育运动场馆面积。国家规定小学达到7.5平方米以上、中学达到10.2平方米以上，洛阳市多数中小学均未达标。其中伊川县、新安县、栾川县、汝阳县、西工区、老城区、涧西区和洛龙区的中小学双双不达标；西工区、老城区中小学和瀍河回族区小学不仅不达标，差距还很大。究其原因，自2020年新冠疫情流行以来，全国各地各行业都受到了较大影响，洛阳市的经济收入也受到影响，教育经费投入随之降低。同时，在安排相对不多的教育经费上也存在一定的偏颇，大部分经费被用于食堂建设、宿舍建设、伙食改善等方面。

（二）学校布局不协调

随着城镇化的发展，人民群众对优质教育资源的需求愈加强烈，导致洛阳市义务教育学校规划布局存在不协调的情况。一方面，由于大量农村人员进城务工，农村适龄生源流失严重，办学规模逐年萎缩，造成大量农村教育资源闲置浪费。如洛宁县全县 36 所初中、162 所小学，不超过 100 人的学校大量存在。另一方面，随着进城务工人员的增多，其子女也随迁入学，根据教育部"以流入地政府为主、以公办学校为主，同时将常住人口纳入区域教育发展规划、将随迁子女教育纳入财政保障范围"的政策，洛阳市政府也出台了相应的保障措施，虽然对城市中小学进行了大量资金拨付和扩建改建新建，但与社会经济发展和适龄学生入学需求还存在一定缺口，导致城市中小学人满为患、资源紧缺，大班额现象日益严重。据统计，栾川县有大班额班级 21 个；伊川县有大班额班级 53 个，其中小学 39 个、初中 14 个。伊川县城关镇第一初级中学现有学生 1446 名、班级 24 个，平均班额 60.25人，超出国家规定标准 20.5%；嵩县大班额班级 210 个，占全市 386 个大班额班级的 54.4%，其中嵩县第二实验小学平均班额 61 人，最大班额 65 人，平均班额超出国家规定标准 35.6%，最大班额超出国定标准 44.4%。

（三）教师队伍不完善

师资队伍是保证教学质量的关键，但在洛阳市教师队伍编制配备和分配过程中，学校缺编和城乡差距问题仍然突出。尽管近年来洛阳市连续招聘了大量教师，缓解了教师队伍严重缺编的问题，但中小学教师编制等问题仍然普遍存在。一是学校编制不够用。目前洛阳市在编义务教育阶段教师 59755人，按照国家对教育编制规划，是符合国家基本标准的，但该标准仅适用于平原地区，而洛阳多处位于盆地，周边县区多处于山地丘陵之中，各类学校多以小规模、小场地分散在全市各个地区，有 851 所学校人数低于 100 人，这就导致相应的师生配比不会像标准制定中的那么准确。同时，结合当前教育教学改革，走班制的落实同样需要一大批教师的加入。二是城乡师资队伍的差距。农村地区学校教师队伍年龄老化、年轻教师补充不足，教师队伍的职称、学历、教学水平、继续教育程度普遍低于城市地区教师。出现目前状况的原因，一方面是教师在流动过程中基本上处于单向流动状态，绝大部分教师是由农村流向城市，而城市只有很少的教师向农村流动，同时，在日常工作中，教学成绩突出、职称较高的教师普遍愿意向上流动，流向城市。另一方面，农村教师选聘的多为刚刚毕业的大学生，他们在考取特岗教师或"三支一扶"教师后，被分配在农村，教学经验普遍不足，加之城市学校实行"末尾淘汰制"，被淘汰的教师流向农村，而业绩突出、经验丰富的农村优秀中青年教师则被引入城市学校。[①] 这使教学质量本就不高的乡村学校教师情况雪上加霜，进一步拉大了城乡教师之间的质量和水平差距。正是受编制配备、教师资源、师资水平等诸方面因素影响，农村学校与城市学校相比，教学能力不足、质量不高，在一定程度上制约了城乡义务教育优质均衡发展。

（四）教育经费不均衡

教育经费拨付不均衡、不及时、不到位问题在洛阳市仍然突出。"促进教育公平，推进义务教育均衡发展和城乡一体化"是党的十九届五中全会中提出的目标，在该政策的正确指导下，洛阳市义务教育城乡发展差距不断缩小，但在实际教育经费拨付过程中，仍存在向城市倾斜、向优质学校倾斜的现状，使教育经费不均衡现象依然突出，扶持优质学校发展仍然是教育决策者的导向。同时，教育经费拨付不及时、不到位问题也在洛阳市各县区不同程度地存在，阻碍义务教育优质资源均衡配置的落实和实施。部分县区初中生均一般公共预算教育支出不仅未落实"法定增长"要求，还出现了负增长。洛龙区初中生均一般公共预算教育支出增长为-0.95%，涧西区为-88.27%，西工区为-39.09%。特殊教育经费拨付不到位。洛宁县特殊教育

---

① 董新良、张一晨：《优质均衡背景下义务教育阶段教育资源配置研究——以山西省为例》，《教育理论与实践》2020年第19期。

经费投入比上年降低 21.07%；汝阳县比上年降低 22.48%；宜阳县比上年降低 13.72%。另外，县区教师继续教育经费拨付不足现象也大量存在，影响了学校教师继续教育工作的正常开展。

三　洛阳市义务教育优质资源配置均衡发展的对策建议

党的十九大报告提出要努力让每个孩子都能享有公平而有质量的教育。这为我们指明了教育的发展方向，不断推进义务教育优质资源配置均衡发展是我们教育改革发展的必然之路。为进一步提高义务教育均等化水平，着力构建优质资源配置均衡的基本公共教育服务体系，率先在全省实现义务教育优质均衡发展目标，建议从以下几个方面探索推进洛阳市义务教育优质资源配置均衡发展的实践。

（一）强化工作使命

1. 用习近平总书记关于教育工作的重要论述指导工作

党的十八大以来，习近平总书记围绕党的教育工作发表了一系列重要论述，提出了一系列新思想新观点新论断，为做好新时代党的教育工作提供了根本遵循。习近平总书记指出：“教育是国之大计、党之大计。”[1] 实现义务教育优质均衡发展是加快推进教育现代化、建设教育强国、办好人民满意教育的必由之路。推进义务教育优质均衡发展，要求各级各部门提高政治意识，深刻学习领会习近平总书记对教育工作做出的一系列重要指示和讲话精神，牢牢把握立德树人这个根本任务和推进教育现代化、建设教育强国这个根本目标；认真贯彻落实《中华人民共和国义务教育法》《国务院关于深入推进义务教育均衡发展的意见》《国务院关于统筹推进县域内城乡义务教育一体化改革发展的若干意见》等法律法规，坚持优先发展教育事业，结合新型城镇化建设、乡村振兴等目标和任务，统筹推进义务教育优质资源配置

---

① 《习近平谈治国理政》第4卷，外文出版社，2022，第339页。

均衡发展工作。

2. 政府部门要提供相应政策支持与保障

在实现义务教育优质资源配置均衡过程中，政府部门的政策支持与保障起着至关重要的作用。洛阳市委市政府及相关部门要明确推进全市义务教育优质资源配置均衡，这既是当前发展义务教育事业的中心工作，也是自身义不容辞的责任和义务，清晰了解自身肩负的重要角色和重要作用，能够为全市义务教育优质资源配置均衡提供政策支持和制度保障。市教育主管部门是推进义务教育优质均衡发展的统筹督导主体，各县区人民政府是推进义务教育优质均衡发展的管理实施主体，中小学校是推进义务教育优质均衡发展的直接落实主体。各相关责任单位要对照国家义务教育优质均衡标准，从改善办学条件、加大经费投入、优化师资力量、提高教学质量等方面入手，深入谋划、明确目标、一体推进，力争率先在全省实现区域内义务教育优质均衡发展目标。

3. 强化义务教育优质资源配置均衡的监督评价

目前，洛阳市须对全市义务教育优质资源配置均衡的监督与评价体系加以完善，细化评价指标，把监督落实在日常工作当中。针对义务教育优质资源配置这一具体问题，需要从办学配置、学校布局、师资队伍、教育经费等方面来进行评价和监督。建立协同规划机制，健全跨部门统筹协调机制，建立教育发展监测评价机制和督导问责机制，全方位协同推进教育现代化，形成全社会关心、支持和主动参与义务教育优质均衡发展的良好氛围。一是健全统筹协调机制。市级层面负责做好义务教育优质均衡发展总体规划，将义务教育优质均衡发展作为县区政府考核的重要内容，加强指导、监督、考核。县区政府将义务教育优质均衡发展作为履行公共教育职能的首要任务，健全县区委常委会和县级领导定期研究教育工作、定点联系分包学校、定时听取教育汇报等制度。县区教育工作领导小组充分发挥领导协调作用，抓好载体、"巧弹琵琶"，调动相关职能部门，形成推进义务教育优质均衡发展的工作合力。二是健全督导评估机制。市政府教育督导委员会建立县域义务教育优质均衡发展督导评估制度，开展义务教育优质均衡发展县区督导评估认定工作；独立开展督学、督政和监测评价工作，依法维护教育督导的严肃

性和权威性，健全与教育决策、执行相协调的督导评估体系。三是健全教育质量监测体系。建立完善各级义务教育质量检测工作体系，建立监测平台，定期发布监测报告，强化过程性和发展性评价。加强监测结果运用，促进义务教育优质均衡发展。四是提高现有教育资源的利用率，加强对教学设施使用情况的监督，通过对教师进行新教学设备使用的培训，鼓励教师多学多用教学设备，对于闲置浪费教学设备的学校进行教学设备经费配备限制，倒逼学校提升教学设备使用率。

（二）提升办学条件

1. 推进学校教学设备的完善

完善的基础教学设备是实现义务教育优质资源配置均衡的必备条件。利用科学合理的方式来划拨配置各个学校相应的教学设备，才能使教学设备为老师所用，为学生所用。一是相关行政机关应加大对教育发展的全局把控力度。在教学设备完善方面，需要政府机关投入更高的关注度，在政策和资金方面给予更大的支持。二是落实教育经费使用方向。教育资金的使用方向是落实国家义务教育优质均衡发展的重要因素，在教学设备缺失、教学用房生均面积不足的情况下，优先保障该方面对教学成效的显现有着重要影响。三是拓宽学校资金来源渠道。各个学校在建设发展过程中，除了依托政府经费支持，也可以通过校企合作、社会捐献等渠道获取相应的教育发展资源，并将此转化为促进学校发展的内在动力。

2. 以教育信息化推进教育现代化

教育信息化具有费用低、满意度高且方便和高效的特点，因而已成为分享高质量教育资源的载体。大力推进各个学校信息化的发展，既可以便捷获取高质量的教育资源，也可以不断优化教育质量。一是要充分利用学校已有的信息化资源。近些年，洛阳市在推进义务教育均衡发展过程中，多数学校已配备相应的信息化教学资源，但受各种因素影响，这些信息化教育资源未能得到充分的利用，为了使学生和教师能够充分享受优质的教育资源，政府和学校应加强对相应教师的培训，使他们有效掌握本校信息化设备，推进教育信息化的发展。二是要丰富教育信息化资源。教育信息化的丰富和完善，对于学生学习体验和学习成效的提升有着突出的作用，除了在日常教学中获取优质的教学视频和教学仪器，数字化图书资源建设、沉浸式课堂建设也会对提升教学效果有很大帮助，学校要利用各种资源推进本校教育信息化建设。

3. 缩小城乡教学设施差距

在学校基础设施建设方面，与城市学校相比，乡村地区教学设施更加短缺，关注乡村教学设施建设存在的不足、缩小城乡教学设施差距是实现义务教育优质资源配置均衡的基本要求。一是加大对乡村地区教学设施资金拨付的力度。乡村地区学校基础设施的建设离不开政府和上级部门资金的大力支持，拥有足够的资金，才能够采购相应的教学设备和搭建相应的教学场所。二是承接其他学校流转教学设备。乡村学校存在生源少、教学设备短缺的问题，一些经济发展水平较高地区的学校在教学设备改造升级过程中，可以将那些被替换的依旧能够使用且可满足教学基本要求的教学设备低价转给乡村学校，以满足乡村学校教学所需。三是搭建城乡教育资源共享平台。通过互联网加快乡村学校教育信息化发展，在电脑和教学多媒体配备不断完善的情况下，搭建本市教育资源共享平台，让一些优质的教学视频、巧妙的教学方法传播到乡村学校，让乡村学生也能得到相应的优质教育。

（三）优化学校布局

1. 完善中小学校规划布局

学校布局是关系学生择校的重大民生问题，科学合理的学校布局将使全市的优质教育资源得到充分的发挥。一是科学规划学校布局。按照规划引领、分级落实、逐步实施的工作原则，加快修订完善全市中小学校布局规划，为全市中小学撤销、合并、新建提供科学依据，避免出现学生过多、规模过大的学校，同样也要把生源少、教师不足的学校合并到标准化学校内，处理好有的学校生多缺编而有的学校无生有编的问题。二是优化学校设置。农村地区学校的学生越来越少，城区学校学生人数激增，各地区教育部门需

要进行调查研究，核定本地区适龄儿童情况，根据区域适龄儿童数量和分布状况，依据国家有关规定制定和调整学校规划设置。三是新建小区设置学校。洛阳市城区建设不断加快，尤其是新改制建设的伊滨区、偃师区、孟津区，大批房屋拆迁，新建了许多居民小区。在各县区发展过程中，要充分考虑城市发展规划和居民生活需求，科学规划设置和保障教育用地，与小区建设同步规划同步实施，尽可能实现让儿童就近上学。

2. 推进义务教育学校标准化建设

义务教育学校标准化建设是对义务教育均衡发展的巩固和完善。一是提升义务教育均等化水平。目前，全市义务教育已基本实现均等化，但要实现义务教育优质资源均衡配置还应不断提升义务教育均等化水平，通过建立学校标准化建设长效机制，推进城乡义务教育均衡发展，优化教育资源配置。二是统筹完善薄弱环节。实施义务教育薄弱环节改善与能力提升、教育现代化推进工程，继续改善寄宿制学校办学条件。三是综合改造利用闲置校园校舍，加强乡村学校教师周转房建设，加快消除城镇大班额。

3. 深入推进城乡教育一体化建设

城乡教育需要共同提升、共同发展。一是要逐步缩小城乡之间、地区之间、学校之间差距。不同区位、不同层次的学校发展资源和发展条件是不一样的，必须准确把握不同类型学校的实际情况，制定具体的发展政策和措施，实现各类学校快速发展，缩小发展差距。二是要改进办学模式。为有效实现义务教育优质资源的均衡配置、提升教学效果，可以探索更加有效科学的办学模式，各县区可根据义务教育办学发展指导意见，支持建设城乡学校共同体，推进乡镇中心学校与小规模学校一体化办学，鼓励市区公办义务教育学校实施寄宿制办学，提高教育质量。

（四）建强教师队伍

1. 全面提升教师综合素质

教师教学质量的高低直接决定着学校的教学水平，不断提升教师队伍的综合素质，实现教育资源的优质均衡。一是提升校长管理水平。校长作为学校的掌舵手，决定着一个学校的发展方向和教育水平，因此，加强对学校校长的培训，让学校校长在学习中不断更新自我的知识体系和管理能力，能有效提升学校运行效能和教学质量。二是加强教师培训。国家、省、市教育部门每年每学期都会开展各种形式的教育教学培训，要在此基础上进一步完善县级培训、校本培训，尤其是对乡村地区教师要加大培训力度，为他们提供良好的平台，让乡村教师在接受继续教育方面享受和城镇教师同等的待遇和资源。三是以赛促学。举办各种形式的教学比赛，让教师在教学"大比武"中不断优化专业素养、理论水平、实践能力，不断激发教师专业潜力，实现以赛促学，以学促教的作用。四是加强师德师风建设。严格落实新时代教师职业行为规范，加强师德师风建设，将师德师风作为评价教师素质的第一标准，推动师德建设长效化、制度化。

2. 合理配置教师资源

师资均衡是义务教育均衡之本，而强化师资均衡则是解决教育均衡发展问题的突破口。[①] 合理配置教师资源、加强人事制度改革、完善师资队伍体制机制是实现师资均衡的重要条件。一是完善招录制度。每年毕业季都会有大批毕业生报考教师岗位，相关教育部门应采取多种招录方式，吸引优秀毕业生加入教师队伍，除了洛阳市已有的招教、人才引进、"三支一扶"等政策，还可以采用名牌师范院校校招等方式来吸引人才、留住人才。毕业生往往更倾向于选择城市学校，因此，要给予乡村学校教师足够多的政策、待遇支持，如对乡村学校教师在职称评定、课题申报等方面给予相应政策支持，只有如此，才能解决乡村学校教师不愿来、来了就想走的问题。二是深化"县管校聘"改革。建立健全激发教师教学活力和动力的体制机制。加强义务教育阶段教师交流轮岗工作，推动城镇优秀教师向乡村学校流动、乡村教师到名校进修提升。组建中小学名师工作室、特级教师流动站，构建教师教

---

① 周波：《区域义务教育师资均衡配置问题研究——以江苏省 J 市为例》，苏州大学硕士学位论文，2019。

育师资共同体。三是推动支教活动开展。乡村教师师资水平参差不一，要提升教师教育教学水平，还可采用教师间交换活动，以促进区域之间、城乡之间教师的交流互助。学科薄弱学校可邀请教学名师、优秀教师走进本校课堂进行"名师面对面"的教学活动，也可让本校教师走出去，参与学科研讨会议，不断学习学科领域新内容新方法新成果，促进人才互动交流，实现教学质量提升。四是严格教师资格准入。制定符合洛阳市实际和义务教育特点的教师招聘办法，完善教师资格定期注册制度，探索建立教师退出机制。禁止定期注册不合格或逾期不注册人员从事教学工作。对年度考核不合格的教师降低岗位等级或调整岗位。

3. 保障教师待遇

教师工资待遇是影响教师工作积极性的重要因素，也是促进教师资源优质均衡配置的重要途径。一是保障教师基本生活条件。无论是刚刚毕业入职的大学生，还是工作经验丰富的优秀教师，只有在基本生活条件得到保障的情况下才能安心教学。例如，摆在每个人面前的一大问题便是住房问题，各地房价居高不下，不管是深化人才公寓政策，还是出台教师购房优惠政策，只要解决了教师的住房问题，便能解决教师的一大后顾之忧。尤其是乡村学校，相应政府及教育部门更应重视改善教师的住宿条件和住宿环境，让更多乡村教师住得舒心，教得安心。二是保障教师工资水平。不断落实教师平均工资收入水平不低于当地公务员平均工资水平的要求，偏远地区学校教师的工资水平和补贴奖励都要相应提高，同时保证能够及时发放，维护教师正当权益。三是建立健全绩效考核和工作激励机制。优化工资结构，保障工资待遇向教学一线和教学实绩突出的教师倾斜，对于教学比赛获奖、科研成果斐然的教师，要加大奖励制度，激发教师工作热情，提升教学质量。

（五）深化教学改革

1. 落实办学自主权

教育的主动权必须掌握在教育者的手里，这样才能实现教育水平的不断提升和发展，以优质教育资源滋润更多的学生。一是激发学校内生动力。学校的发展需要政府的大力支持，需要政府拥有完善的统筹协调机制，并不断支持中小学校自主开展以提高教育质量为目标的教学改革，让学校结合办学实际情况，激发内生动力去实现改革发展。二是建立义务教育学校任务清单制度。明确未列入任务清单的事项一律不得开展，减轻学校工作负担，提升工作效率，维护学校办学自主权，让教师把心思都放在教育教学上。三是引入民办教育。随着市场经济的发展，民办教育也逐渐成为我国教育体系中的一个重要环节，丰富办学形式，为人民群众提供更多优质、丰富的教育资源，是落实教育自主权的重要内容，目前，大部分民办教育依托优质、特色的教育模式得到了群众的认可，政府及教育部门应深化对民办教育资源的引入和指导。

2. 优化教学管理

实现教育资源的优质均衡配置需要提升教育教学质量，形成优质教育资源。一是聚焦课堂教学质量。课堂教学是教育的主渠道，按照国家规定的义务教学课程要求，开齐开足国家规定课程，注重培育、遴选和推广优秀教学模式、教学案例，积极推进启发式、互动式、探究式教学，优化教学方法，让学生在轻松有趣的课堂氛围中收获知识和能力。二是坚持以学生为中心。我国传统教育教学模式为"填鸭式"教学，这种教学模式严重束缚了学生学习的主动性和趣味性，当前，要坚持以育人为中心，采用多样化教学方式，培养学生自主学习能力，加强课堂改革，实现学生德智体美劳全面发展。三是因材施教。学生的成长过程各不相同，针对不同学生要有不同的教学策略，尤其对学习困难的学生，要建立帮扶制度，以优带差；同时为学有余力的学生拓展学习空间，充分激发他们的学习动力，满足他们对知识的渴求。"双减"政策落地的同时也要推动落实好课后服务、延时服务，让学生在学习中找到乐趣、热爱学习。

3. 强化教研支撑

教学和科研是教师发展的一体两翼，要不断强化两者对教师教育发展的支撑，丰富教学成果和科研成果，进而形成优质师资资源。一是建立健全教研员队伍。人才队伍是教科研工作开展的前提条件，通过优秀学科人

才的遴选、培养，完善教科研队伍建设机制，加强市、区、校三级教科研部门和专兼职教科研队伍建设，为教科研成果产出提供人才队伍支撑。二是加强教科研工作指导。政府及相关教育部门要对专门学校、特殊教育学校学科教研指导和育人规律进行研究，用科学合理的教育理论指导实践工作，建立教研员、学科带头人联系农村地区学校以及优质学校与普通学校联动等教研机制，促进城乡间、学校间教学研究交流和共享，提升区域教科研整体水平。

（六）加大经费投入

1. 保障经费投入

教育经费是学校办学的基础，近年来随着国家经济实力的不断增强，教育经费的投入力度越来越大，有效地实现了全国义务教育均等化的发展，洛阳市也从义务教育均等化向优质均等化发展，但近年受疫情影响，经济增速放缓，教育经费也有所减少，但教育是国之根本，更是衡量一个地区发展质量的重要指标，洛阳市应优先发展教育事业，保障教育经费的投入。一是严格执行义务教育经费保障政策。落实义务教育经费增长比例应当高于财政经常性收入增长比例之规定，按照规定要求，及时足额拨付义务教育经费，保障义务教育健康有序的发展。二是完善经费配给制度。改善当前以"学生数"为指标的经费配给制度，将学生数与班级数相结合，避免部分学校肆意扩大生源，出现大班额情况，保证教育质量，实现教育资源的合理使用。三是支持乡村教育发展。调整财政支出结构，教育经费应向农村地区学校、薄弱学校、特殊教育学校、寄宿制学校、小规模学校和留守儿童较多的学校倾斜，解决制约农村义务教育优质均衡发展的问题，综合乡村经济社会发展水平、物价上涨、学校提质需求等因素，建立生均公用经费稳定增长机制，保障农村义务教育学校生均公用经费投入，确保学校可持续发展。

2. 拓宽经费来源

积极争取中央、河南省以及社会团体、企业和个人对教育项目的资金投入，拓宽财政性教育经费来源渠道，这也是实现义务教育优质资源均衡配置的重要途径。一是向政府争取教育经费。在办学过程中，为保证义务教育有充足的经费支持，实现特色办学、优质发展，要积极向国家和河南省相关部门争取教育经费，推进义务教育优质资源均衡配置发展。二是向社会团体争取教育经费。义务教育优质资源配置均衡是一项长期的工程，需要社会和其他治理力量相互合作，以保障各项工作的稳步推进。[1] 随着办学形式的不断发展，社会团体的支持对发展教育有着十分重要的作用，洛阳市相关教育部门和学校要充分利用社会团体资源，借助社会团体的力量，不断完善教学条件，提升教学质量，以优质的教育资源回馈社会。三是向企业、个人争取教育经费。如今，"逸夫教学楼"遍布多所学校，这便是个人支持教育发展的典型案例，因此，学校在发展过程中，不能忽视企业、个人对教育发展的推动作用，要不断争取校友企业、爱心个人对教育事业的支持，推动义务教育的快速发展。

3. 合理使用经费

教育经费的科学合理使用是促进义务教育优质资源合理配置、实现教育利益最大化的重要措施。一是保障专款专用。教育经费如何使用关系到教育资源的合理调配和作用发挥，教育经费的专款拨付是为了补齐教育发展过程中存在的短板、支持鼓励专项的发展，因此，要保障专款使用在支持教育发展的方向上，避免专款资金被随意调配。二是完善经费使用管理制度。若没有完善的教育经费使用管理制度，将造成经费的挪用、滥用，阻碍当地义务教育事业发展。各地教育部门和学校要不断加强教育经费使用管理制度建设，科学合理使用教育经费，实现"好钢用在刀刃上"。三是科学划分乡村教育经费。乡村义务教育发展是目前教育发展过程中重点支持和帮扶的对象，恰当合理地划分乡村教育经费、改善乡村办学条件，是实现义务教育优质资源均衡配置的重要途径，将对全市义务教育发展起到事半功倍的效果。

---

[1] 李彩虹、许双成：《义务教育均衡发展的现实困境与改进策略》，《现代交际》2023 年第 2 期。

高中教育篇

Reports on Senior Secondary School Education

B.8
洛阳普通高中教学质量提升路径研究

高萍萍*

摘　要： 普通高中教育是国民教育体系的重要组成部分，在人才培养中起着承上启下的关键作用，是高质量教育体系的重要组成部分。《加快推进洛阳教育现代化实施方案（2019—2022 年）》提出，要大力实施高中攻坚，扩大普通高中办学资源，推进职普融通、协调发展，实现普通高中与中职学校学生学籍互转，全面提升高中阶段教育普及水平，推进多样化、有特色的高中教育发展。目前，洛阳普通高中教育发展普遍存在办学特色不突出、定位不清晰、目标不明确、人才培养模式单一、拔尖创新人才培养滞后、双特生（特优生、特长生）本地化培养长期在低层次徘徊等问题。今后应坚持"优质、多样、特色"的发展理念，落实立德树人，聚焦高考改革，优化教师队伍，激发办学活力，提升办学品质，积极创建普通高中多样化发展省级示范校，推动洛阳市普

---

* 高萍萍，中共洛阳市委党校统战理论教研部讲师，主要研究方向为马克思主义理论。

通高中优质特色多样化发展，培养德智体美劳全面发展的社会主义建设者和接班人。

关键词： 洛阳　普通高中　多样化发展

实现中华民族伟大复兴的基础在教育。办教育就是要提高人民综合素质，促进人的全面发展，提升社会文明程度，坚定文化自信，增强全民族创造活力。完成"普九"任务之后，普及高中阶段教育成为我国教育改革发展的战略重点，撑起了高中阶段教育的"大半壁江山"。党的十八大以来，国家不断完善普通高中经费保障机制，强化普通高中建设经费投入，积极推进普通高中标准化建设，按照高考综合改革和新课程实施的要求改善普通高中办学条件。强市必先强教，兴市必先兴才。洛阳在"十四五"时期乃至面向 2035 年，对普通高中教育改革发展提出了更高要求。为全面落实立德树人的根本任务、全力推动全市高中教育高质量发展，洛阳市第十二次党代会报告强调，建强副中心既要"强"在经济总量增长上，也要"强"在改善人民生活品质上，洛阳要重振辉煌就要着力建设区域教育中心，提升教育的现代化水平，让教育这个"最长远最根本的民生"跟得上群众的期盼，让教育这个"筑梦的基石"跟得上城市前进的步伐。

一　洛阳普通高中教育发展基本情况

洛阳市作为河南省第二大城市，高中教育资源雄厚，目前拥有普通高中 83 所，其中，完全中学 8 所，十二年一贯制学校 16 所。2021 年高中毕业生 48915 人，高一计划招生 51746 人，目前在校学生共有 150805 人。高中三个年级一共有 2933 个班，其中，56～65 人的大班 398 个，占总班数的 13.57%，66 人及以上的超大班 127 个，占总班数的 4.33%。

2022 年，洛阳高中教职工人数 15553 人，其中专任教师 13928 人。教

授普通高中的专任教师 11244 人,专任教师学历合格率为 99.23%,研究生及以上学历专任教师数占总数的 10.15%;生师比为 13.41∶1。

洛阳高中学校总体占地面积 568.96 万平方米,校舍建筑面积 332.87 万平方米,有图书 367.96 万册,教学仪器设备资产值为 29301.18 万元。①

在 83 所普通高中中有省级示范性高中 15 所,这 15 所高中也代表了洛阳普通高中教育质量的最高水平。这 15 所高中的具体情况见表 1、表 2。

表 1 洛阳 15 所省级示范性高中

序号	学校名称	序号	学校名称
1	洛阳市第一高级中学	9	河南省偃师市高级中学
2	伊川县第一高级中学	10	栾川县第一高级中学
3	洛宁县第一高级中学	11	嵩县第一高级中学
4	河南省洛阳第八中学	12	洛阳市第三高级中学
5	河南科技大学附属高级中学	13	洛阳理工学院附中
6	新安县第一高级中学	14	汝阳县第一高级中学
7	河南省宜阳县第一高级中学	15	洛阳市第二高级中学
8	孟津第一高级中学		

资料来源:洛阳市教育局提供。

表 2 洛阳市省级示范性高中办学基本情况

学校名称	校园面积	班级数目	学生人数	师资力量	获得荣誉
洛阳市第一高级中学	占地 300 亩,建筑面积 16 万平方米	81 个教学班,其中普通班 61 个,中加、中澳、中韩班 20 个	在校学生 4300 多人	教职工 311 人,其中正高级教师 1 人,中原名师 1 人,特级教师 3 人,国家级骨干教师 5 人,省级教育教学专家、省级学术技术带头人 13 人,市级名师 15 人,高级教师 94 人,其中具有研究生学历 57 人	获全国营养与健康示范校、全国国防教育特色学校、全国体育卫生工作先进单位、省创新大赛先进单位、河南省文明单位、河南省卫生单位、省示范家长学校、市高中教育教学工作先进学校、市学校管理特色学校、市平安校园、市师德师风建设先进单位等荣誉称号,被清华大学、北京大学等 30 多所"985"院校确定为"优秀生源基地"

① 以上数据来自《2021 年洛阳市教育事业发展统计公报》。

学校名称	校园面积	班级数目	学生人数	师资力量	获得荣誉
伊川县第一高级中学	占地200亩，建筑面积59774平方米	58个教学班	在校学生4700多人	教师320人，其中高级教师72人，一级教师100人；教师学历全部达标，研究生学历15人；全国优秀教师3人，获得省优秀教师、省先进工作者、省名师等省级荣誉奖励48人，市优秀教师、劳模、名师、学术技术带头人46人	获河南省示范性高中、全国群众体育工作先进单位、河南省教育系统先进集体、河南省文明单位、省级卫生先进单位、河南教育名片、洛阳市特色学校、洛阳市高中教育教学工作先进学校、洛阳市高考优胜单位、高校自主招生工作先进单位、高中创新人才培养先进学校、空军招飞先进单位、国防飞行员招生先进学校、农村专项计划招生先进学校、竞赛组织先进单位等荣誉称号和洛阳市"五一劳动奖章"；是全国青少年校园足球特色学校和全国青少年篮球特色学校
洛宁县第一高级中学	一期工程占地156亩	68个教学班	在校学生4806人	278名教职工	获洛阳市绿色学校、洛阳市文明单位、河南省园林学校、河南省绿色学校、河南省最佳卫生单位等荣誉称号
河南省洛阳市第八中学		68个教学班	在校学生3600余人	教师280人，其中高级教师88人，省、市级骨干教师60余人，其中具有研究生学历65人	全国校园足球试点学校、全国体育工作先进学校、全国校园篮球特色学校、体育生培养先进学校等荣誉称号
河南科技大学附属高级中学		56个教学班	在校学生3300人	教职工215人，专任教师178人，聘用教师31人；任职教师中具有高级职称的58人，中级职称的91人；其中研究生毕业及结业49人、在读研究生32人；享受国务院津贴的全国劳模1人，特级教师3人，	全国教育科研实验基地、全国中学生实践教育先进单位、全国教育发展"十五"重点课题先进实验校、河南省先进管理学校、河南省文明学校、河南省中小学德育工作先进集体、河南省中学管理先进单位、河南省绿色学校、河南省招飞工作先进集体、河南省首批确定具有向重点大学输送保送生资格的24所中学之一、洛阳市历年

续表

学校名称	校园面积	班级数目	学生人数	师资力量	获得荣誉
河南科技大学附属高级中学		56个教学班	在校学生3300人	省优秀教师及教育工作者4人,省文明教师2人,省学科技术带头人3人,市优秀教师14人,获市"五一劳动奖章"2人	高中教育目标管理先进单位、西安交通大学优秀生源基地、湖南大学优秀生源基地、陕西师范大学实习就业基地、中央教研所课题研究基地、河南省豫西数学竞赛培训基地、河南省首批示范性高中
新安县第一高级中学	占地206亩,总建筑面积近70000平方米	60个教学班	在校学生4050人	340余名优秀教师,其中特级教师3人,高级教师104人,省市级名师、骨干教师80余人,市教研室兼职教研员4人	国家级青少年体育俱乐部、国家级模范教工之家,获全国绿化模范单位称号;省级卫生先进单位,4A级涉外单位,省级安全文明校园,省"为人师表、育人楷模"先进单位、省招飞先进单位
河南省宜阳县第一高级中学	占地280余亩,总建筑面积约9万平方米	72个教学班	在校学生5000多人	教师360人,中高级教师200余人	河南省五好基层党组织、河南省园林式单位、河南省绿色学校、河南省普通高中新课程改革实验基地、河南省高中研究性学习实验学校、河南省普通高中课程改革先进单位、河南省教育学会中小学综合实践活动教学专业委员会理事单位、河南省中小学师德师风先进学校、河南省空军招飞工作先进单位
河南省宜阳县第一高级中学	占地280余亩,总建筑面积约9万平方米	72个教学班	在校学生5000余人	360名教师,其中中高级教师200余人	获"国防教育特色学校""清华大学生源中学"等诸多荣誉称号;连续多年被洛阳市教育局评为洛阳市高中工作先进单位,数次荣获宜阳县委、县政府和教育主管部门的通报嘉奖和县高招工作特别贡献奖

续表

学校名称	校园面积	班级数目	学生人数	师资力量	获得荣誉
孟津县第一高级中学	占地 420 亩,建筑面积近 12 万平方米	104 个教学班	在校学生 7100 多人	教职工 508 人	学校先后被评为河南省德育工作先进单位、省体育达标工作先进单位、省文明学校,并获省、市、县各项奖励 180 余次
河南省偃师市高级中学	占地面积 26 万平方米,建筑面积 9.6 万平方米	81 个教学班	在校学生 5200 多人	学校现有教职工 350 多人,其中特级教师 5 人、高级教师 80 余人,国家级、省级骨干教师和学科带头人 30 余人,研究生学位获得者及在读研究生 20 余人	学校获"河南省示范高中""省级标兵学校""河南省德育工作先进单位""河南省为人师表,育人楷模先进单位""河南省体育达标先进单位"等荣誉称号
栾川县第一高级中学	占地 700 余亩,总建筑面积 12 万余平方米	93 个教学班	在校学生 6000 多人	全校教职工 400 余名,所有教师均具有大学本科以上学历,其中具有研究生学历 40 多人,高级职称 80 多人	全国普通高中课程改革先进单位、全国百所最具特色中学、全国"学生营养与健康示范学校"、河南省普通高中多样化发展示范校、河南省示范性普通高中、全省教育工作先进单位、省级"文明单位"、"河南省教育系统先进集体"、河南省和洛阳市两级"特色学校"、洛阳市示范性特色学校,获洛阳市"五一劳动奖状"
嵩县第一高级中学	占地 219 亩	103 个教学班	在校学生近 7000 人	教师工 200 多人	获河南省文明学校、河南省招飞先进单位、河南省科技教育示范学校、洛阳市文明单位、河南省示范性普通高中、河南省园林化单位、河南省卫生先进单位等 20 多项市级以上荣誉称号

学校名称	校园面积	班级数目	学生人数	师资力量	获得荣誉
洛阳市第三高级中学	占地92亩	63个教学班	在校学生3200余人	任课教师243人，其中高级教师78人（特级教师2人），省市级优秀专家8人，省市级学科带头人19人，省级骨干教师9人，市级骨干教师8人	获"河南省文明校园标兵"、洛阳市教育教学增值评价先进学校、洛阳市品学兼优生培养先进学校、洛阳市教育系统先进基层党组织等荣誉称号，以及教育教学增值评价先进学校、体育生培养先进学校、心理健康工作先进学校、招生考试工作先进学校四项荣誉称号；普通高中新课程新教材实施省级示范校创建单位
洛阳理工学院附中		68个教学班	在校学生3600余人	教职工230人，其中高级教师70人，特级教师2人，国家级骨干教师1人，河南省学术技术带头人和学科带头人8人，省级骨干教师14人	河南省绿色学校、河南省"文明学校"、河南省体育工作先进单位、河南省依法治校先进单位、河南省实验室建设先进单位、河南省"为人师表，育人楷模"先进单位；2005年2月被评为首批"河南省示范性普通高中"
汝阳县第一高级中学	占地250亩，总建筑面积5.8万平方米	99个教学班	在校学生5000人	教职工286人	1959年被省政府命名为首批"省级重点高中"，1990年入编中国《教育大辞典》，1992年入选《中国名校》，跻身全国300所著名中学行列，2005年被省政府命名名为首批河南省示范性高中
洛阳市第二高级中学	占地52亩，建筑面积3万多平方米	38个教学班	在校学生2300多人	教职工142人，其中国家级骨干教师2人，特级教师2人，河南省学术技术带头人3人，省级骨干教师13人，高级教师30人，中级教师54人，其中具有研究生学历16人，洛阳"名师"3人	获全国思想道德建设先进单位、河南省教育系统先进集体、河南省教育变革榜样学校、河南省绿色学校、河南省先进家长学校、河南省师德师风先进单位、河南省行风建设先进集体、"十佳"魅力学校等荣誉称号

资料来源：笔者根据15所省级示范性高中官方网站资料整理。

二 洛阳普通高中教育发展的实践探索

洛阳始终把教育摆在优先发展的战略位置，用超常规举措来推动教育发展，在资金投入、工作力度、资源统筹上全方位发力，持续推进教育提质扩优。通过近几年的不断努力，从根本上提升了洛阳教育发展水平，基本形成与洛阳城市定位相匹配的教育体系。

（一）高中普及率和质量逐年上升

目前，洛阳市高中阶段毛入学率从 2015 年的 90.5% 提高到 2021 年的 95%，① 并不断加强教育教学管理和提高教学研究水平，在 5 个省级示范性高中开设了强基计划班，推动普通高中多样化发展，教育教学质量逐步提升。2020 年高考全市普通类考生 "985" 高校上线 1890 人，比 2019 年增加 1030 人；一本上线 7796 人，上线率为 17.9%，高于全省 6.4 个百分点；本科上线 22911 人，上线率为 52.7%，高于全省 19.7 个百分点。2021 年，洛阳市普通高中高考报名 53070 人，占河南省高考报名人数的 5.1%，其中一本上线 9281 人，较 2020 年增长 486 人，一本上线率为 17.5%，高于全省 4.7 个百分点；本科上线 28018 人，较 2020 年增长 558 人，本科上线率为 52.8%，高于全省 15.1 个百分点。全市共有 17 名学生被清华、北大录取，比 2020 年增加 10 人，是近年来洛阳考入清华、北大人数最多的一年，呈现了全面开花、多县突破的喜人局面，清华、北大学生生源学校也由 2020 年的 5 所，增加到 9 所。随着 2022 年高考分数的公布，河南省高考理科状元花落洛阳市第一高级中学（简称 "一高"），这也是时隔 15 年洛阳一高考生再次夺得河南省高考状元（2007 年河南省高考文科状元出自洛阳一高）。

谈到高中教育，高考是无法回避的话题。长期以来，洛阳的高考成绩与省内其他地市相比还有不小的差距，客观上看，洛阳考上清华、北大的人数

---

① 所有数据均来自洛阳市教育局，以下不再标注。

少，临门一脚往往不理想，2020 年，洛阳市只有 7 个人考上清华、北大，城区高中仅有 2 个人考入；2021 年洛阳市有 17 个人考上清华、北大，而郑州市有 122 人、周口郸城一高有 35 人、南阳市有 40 人考入，差距是显而易见的。主观上看，社会和家长过度关注清华、北大，把"两校生"录取人数作为衡量高中教育水平的一项"金标准"，实际上洛阳的一本上线率在地市中排名靠前，考上"985""211"高校的学生在全省排名也是靠前的。

洛阳为了实现高中教育的飞跃性发展，积极实行高中攻坚，积极增加普通高中办学资源，通过一系列手段推动普通高中的普及程度和广度，并在此基础上推动高中教育的多样化、特色化发展。在特色化发展上，截至 2020 年，洛阳市各类特色学校已超过 45 所，示范性特色学校超过 15 所。在普及化发展上，2022 年洛阳市高中阶段毛入学率达到 93%。《加快推进洛阳教育现代化实施方案（2019—2022 年）》（征求意见稿）提出，将投资约 15 亿元新建 5 所普通高中，改扩建一批普通高中，截至 2022 年已全面消除高中大班额。

（二）持续优化教育资源配置

教育是最长远、最根本的民生。洛阳市第十二次党代会提出："洛阳市要全面贯彻党的教育方针，努力办好人民满意的教育。不断优化调整基础教育学校布局，持续扩大优质基础教育资源覆盖面。"为了进一步优化教育资源配置，洛阳市将进一步优化学校布局。目前洛阳很多高中集中在市区，空间小、班级人数多是普遍存在的问题，为了解决这一问题，洛阳对市内一些高中进行外迁或实行梯次补位办学，这样不仅有效扩充了市区办学空间，还将外迁腾出的校区优先用于公办义务教育学校，为全市义务教育优质均衡发展奠定坚实基础。

一是撤销农村小规模教学点，在集镇和中心村新建、改建一批寄宿制学校，配备就餐、洗浴等基本功能和生活老师、接送车辆，实现学生入学由"就近就便"向"就优就好"转变。二是下决心解决县城"大校额、大班额"问题，既要规划建设一批基础教育学校，又要探索将一些校额过大的学校拆分管理。三是加快第一批 7 所现代化高中迁建进度，统筹推进第二批高中迁建和未迁建市直高中高标准改造提升工作，结合外迁高中腾退校区调整义务教育学校布局。四是有序增加公办学校数量和入学学位供给，大力扶持普惠性民办学校建设和规范发展。

（三）持续深化教育综合改革

改革是任何行业不可避免的话题，教育要想破解发展难题，持续推进教育改革是关键的一环。洛阳市本着从问题导向入手，针对洛阳教育事业发展中面临的突出矛盾和制约发展的体制机制障碍，着重激发办学活力，提升教师的流动性、主动性，全面开展"县管校聘"改革，让校长、家长感受到了可喜的变化。

一是深化教师"县管校聘"和校长职级制改革，通过去行政化改革，推动教师在系统内流转，让教师由"学校人"变为"系统人"、校长由"行政人"变为"教育人"。二是以沉浸式教研有效服务教育教学，在更大范围内跨校跨县区开展教研。比如宜阳县一高打造"双主课堂"，推行"141"课堂教学模式，大兴教研之风，研课本、研资料、研课堂、研高考、研学生、研教法、研学法、研考法、研知识培养、研能力培养、研本校、研优秀学校。三是积极推动事权下放，让学校成为独立办学主体，鼓励社会力量兴办职业教育，推广集团化办学方式，全面激发学校活力和动力。四是建立以发展素质教育为导向的评价体系，破除"唯分数、唯升学"倾向，形成多次考试、等级表达、综合评价、多元录取的考评制度。

（四）抓好教师队伍建设

一是建好用好市、县区、校三级教师发展中心和基础教育研究院和网络培训平台，提升教师专业能力。二是抓好专题培训，加强日常监督，完善师德违规行为负面清单和师德档案，加强师德师风建设。如宜阳县第一高级中学将教师的师德和学生的品德教育结合起来，推行"双师"（会做业师，能做人师）工作法，"正三角"工作法，即学生、教师和家长三位一体形成一个正

三角，学生是顶角，学校和家长是两个底角，三方联合联动，做到目标一致，优化教育机制，让培养效率最大化。三是落实好教师待遇保障，严格落实中小学教师工资保障制度，加强教师住房等生活保障，真正让广大教师安心从教。

（五）开展护苗行动

随着家长对学生的教育越来越重视，各地也开始了"生源大战"。2021年以前，河南省实验中学等学校到洛阳"掐尖"挖生源，还有一些洛阳优质生源到天津、西安就读，大批好生源外流形成恶性循环，也直接影响了洛阳的高考成绩。自2021年开始，省教育厅严禁高中跨地市招生，这在一定程度上遏制了不良竞争，2021年洛阳外流学生由2020年的278人下降到46人。2022年市教育局专门组织学校和教师开展护苗计划，坚决把好生源、好学生留住教好。洛阳的高中教育质量正在逐年提高。

三 洛阳普通高中教育存在的问题

（一）整体高中教育实力偏弱

洛阳作为河南副中心城市，其教育实力和经济实力不太匹配。《2022年中国百强高中排行榜》中，有着数千年文化底蕴的洛阳竟无一所学校上榜。其实，就是在河南省洛阳的高中教育也是落后于其他大多数地市的。按照高中教育实力强弱，河南省各个城市大概可以分为以下几档。

第一梯队：郑州、周口。郑州作为省会，全省最优秀的生源和师资力量都在这里。郑州的王牌中学有郑州外国语学校、郑州一中、河南省实验中学。周口市的经济实力虽然较弱，但是其中学教育实力可以说全国知名，其郸城一高位居全国县级中学之首，太康一高、扶沟高中都是河南省知名中学。

第二梯队：南阳、信阳。南阳一中、西峡一中、淅川一高、光山二高、信阳高级中学都是河南省知名中学。

第三梯队：商丘、安阳。商丘市实力最强的是商丘一高。

第四梯队：洛阳及其他地市。

从清华、北大录取人数便可看出洛阳高中教育在整个河南省的地位（见表3~表5）。

表3　2021年河南省清华、北大录取人数前十二名的高中

排名	学校	人数（人）
1	郑州外国语学校	66
2	郸城县一高	35
3	河南省实验中学	21
4	郑州一中	18
5	信阳高级中学	16
6	安阳一中	15
6	南阳一中	15
6	光山二高	15
7	扶沟高中	10
7	西峡一中	10
8	开封高中	9
8	商城高中	9
9	漯河高中	8
9	鹤壁高中	8
10	淅川一高	7
10	项城高中	7
11	商丘一高	6
11	河师大附中	6
11	孟津一高	6
12	鲁山一高	5
12	濮阳一高	5
12	濮阳中学	5
12	固始高中	5
12	内乡一高	5
12	济源一中	5

资料来源：笔者根据网络数据整理。

表4　河南省2020年考入清华、北大人数统计

序号	学校	清北人数	所在地	位次
1	郑州外国语学校	73	郑州	1
2	郸城一高	32	周口	2
3	河南省实验中学	20	郑州	3
4	信阳高级中学	16	信阳	4
5	安阳一中	15	安阳	5
6	南阳一中	13	南阳	6
7	漯河高中	11	漯河	7
8	光山二高	10	信阳	8
9	郑州一中	9	郑州	9
10	太康一高	8	周口	10
11	商丘一高	8	商丘	10
12	濮阳一高	7	濮阳	11
13	河师大附中	7	新乡	11
14	扶沟高中	6	周口	12
15	信阳二高	6	信阳	12
16	商城高中	6	信阳	12
17	沁阳一中	6	焦作	12
18	济源一中	6	济源	12
19	鹤壁高中	6	鹤壁	12
20	新乡一中	6	新乡	12
21	荥阳高中	5	郑州	13
22	固始县慈济高中	5	信阳	13
23	内黄一中	5	安阳	13
24	夏邑高中	5	商丘	13
25	西峡一高	4	南阳	14
26	淅川一高	4	南阳	14
27	平顶山一中	4	平顶山	14
28	上蔡一高	4	驻马店	14
29	中牟一高	3	郑州	15
30	项城高中	3	周口	15
31	商水二高	3	周口	15
32	商水一高	3	周口	15

序号	学校	清北人数	所在地	位次
33	淮阳一高	3	周口	15
34	内乡高中	3	南阳	15
35	新县高中	3	信阳	15
36	潢小高中	3	信阳	15
37	武陟一中	3	焦作	15
38	睢县高中	3	商丘	15
39	淮阳中学	2	周口	16
40	西华一高	2	周口	16
41	社旗一高	2	南阳	16
42	方城一高	2	南阳	16
43	民权高中	2	商丘	16
44	临颍一高	2	漯河	16
45	许昌高中	2	许昌	16
46	长葛一高	2	许昌	16
47	洛阳一高	2	洛阳	16

资料来源：笔者根据网络数据整理。

表5 2020年河南省考入清华、北大人数及其所在城市统计

位次	人数	所在地
1	114	郑州
2	64	周口
3	49	信阳
4	30	南阳
5	20	安阳
6	19	商丘
7	16	新乡
8	14	焦作
9	11	漯河
10	7	濮阳
10	7	驻马店
11	6	鹤壁

续表

位次	人数	所在地
11	6	济源
11	6	洛阳
11	6	平顶山
11	6	许昌
12	5	开封
13	2	漯河
13	2	三门峡

资料来源：笔者根据网络数据整理。

当然清华、北大录取人数不足以代表高中教育的全部，但它仍不失为衡量一所高中实力乃至一个城市高中教育水平高低的重要标准。洛阳的问题在于高中普遍存在办学特色不突出、定位不清晰、目标不明确的问题，尤其在精细化管理、师资队伍建设、教研教改等方面的水平还亟待提升。

（二）人才培养模式单一

洛阳目前的普通高中教育还存在人才培养模式单一、拔尖创新人才培养滞后、双特生（特优生、特长生）本地化培养长期在低层次徘徊等问题。据统计，依靠"裸分"考上清华、北大的学生只占其招生录取人数的30%，从2021年清华、北大录取的数据可以看到，清华每年录取本科生3500人左右，北大每年录取本科生3000人左右，提前批和普通批录取的人数不到一半，大部分考生是依靠学科竞赛、强基计划等被北大、清华录取的，但洛阳普通高中学校在这方面恰恰存在短板、是弱项，这个问题需要在下一步工作中加以解决。

（三）优质生源大量流失

洛阳中学教育的发展缓慢还有一个重要的原因就是优质生源大量流失。

洛阳不少顶尖生源被郑州挖走，每年中考时都会有大量学子报考郑州外国语学校等省内名校，郑州虹吸了洛阳大量优质生源，这也导致洛阳高中教育看起来有些落后。

通过对洛阳籍学生到郑州外国语学校读书原因的调研分析发现，大部分到郑州就读的学生认为读名校考入好大学的概率更大，那里的教师更负责任、学校管理严格。

客观上讲，郑州外国语学校独有的升学资源和管理上的精细以及历年的升学率确实高出洛阳一高一大截，这对于洛阳优秀学子有着天然的吸引力；此外，由于升学信息的不对称，初中升学缺乏必要的指导，也让一些家长出现了对孩子跟风式的规划，盲目地让孩子到外地读书。

从主观层面上讲，洛阳一高作为洛阳最好的高中，这几年负面的传言较多，再加上本身考入清华、北大的状况不理想，也让很多优秀的学生及家长放弃选择洛阳一高，情愿付出更大的代价，舍近求远地到外地去上学。

四　洛阳普通高中教育质量提升路径

洛阳在打造优质高中上进行了持续不断的探索，坚持以习近平新时代中国特色社会主义思想为指导，全面贯彻党的教育方针，深入落实国家、省、市教育大会精神，围绕立德树人的根本任务，转变育人方式，建立健全高效的运行管理机制，努力形成全市普通高中优质化、特色化、多样化的发展格局，全面提升普通高中办学水平和育人质量。积极创建普通高中多样化发展省级示范校，推动洛阳市普通高中优质特色多样化发展，培养德智体美劳全面发展的社会主义建设者和接班人，争取到2025年打造3~6所享誉省内外的知名优质高中。

（一）积极探索普通高中优质化、多样化、特色化发展模式

洛阳高中整体教育的落后在很大程度上与洛阳市的教育模式有关，洛阳是一个生活慢节奏的城市，更注重孩子的素质教育，较轻视文化科目教

育。比如洛阳一高的学习环境就相对宽松，这给了那些独立自主性强的学生很多空间去全面发展自己，但不得不承认有部分学生自律性不强，虽中招成绩不错，但高中三年里成绩一落千丈。纵观全国百强高中排行榜，能够入榜的高中都拥有悠久的办学历史、一流的师资、一流的生源，成为名校这三者缺一不可，并且形成良好的循环，互相成就，才能有更好的未来。

比如，衡水中学被称为"高考加工厂"，2019 年共有 275 人被清华、北大录取，位居全国第一（见表6）；2021 年共有 145 人被清华、北大录取，位居全国第二。衡水只是河北省的一座小城市，它能闻名全国只因这所被称为教育界奇迹的"高考神校"。

表6　2000~2019 年衡水中学考入清华、北大的人数

年份	人数	年份	人数
2000	8	2010	78
2001	12	2012	80
2002	11	2013	98
2003	12	2014	104
2004	19	2015	119
2005	35	2016	139
2006	41	2017	175
2007	39	2018	214
2008	60	2019	275
2009	61		

资料来源：笔者根据网络数据整理。

衡水中学的一项重要措施是对学生采用半军事化的封闭管理，学生的作息时间被安排得非常紧凑（见表7），学生几乎没有偷懒的机会，所有时间都被充分利用，全校学生被这种紧张的气氛感染，均自觉地融入这种学习氛围中。

表7　衡水中学学生作息时间

时间	作息	时间	作息
5:30	起床	13:45	起床
5:45	早操	14:05~14:45	第六节
6:00~6:30	早读	14:55~15:35	第七节
6:30~7:10	早饭	15:35~15:55	眼保健操
7:10~7:30	早准备	15:55~16:35	第八节
7:45~8:25	第一节	16:35~17:25	第九节
8:35~9:15	第二节	17:35~18:15	第十节
9:25~10:00	第三节	18:15~18:50	晚饭
10:05~10:30	课间操	18:50~19:10	看新闻
10:30~11:10	第四节	19:15~20:00	晚一
11:20~12:00	第五节	20:10~20:55	晚二
12:00~12:45	午饭	21:05~21:50	晚三
12:45~13:45	午休	21:50~22:10	洗漱

资料来源：笔者根据网络数据整理。

衡水中学的升学率直线上升，慢慢打响了品牌，成为中国高中教育的一面旗帜。尽管很多人对于衡水中学的"掐尖"和军事化管理等颇有微词，但是复盘衡水中学的发展历程，可以给洛阳的高中发展提供一些借鉴之处。

1. 打造优质高中

优质高中是培养优质学生的摇篮。洛阳目前虽然有15所省级示范性高中，但这些高中在河南省的排名并不靠前。洛阳在此方面也做了积极的尝试，计划到2025年从生源、师资力量配备、特色创新人才的选拔和培养等多方面全力分批打造3~6所优质高中，争取在治理体系、学校文化、课程体系、教师队伍、人才培养、教育教学质量等方面达到排名全省前列的水平，并且以这3~6所优质高中为模板，带动全市其他高中改革创新发展。

2. 创新特色高中

除了整体教学质量较高的优质高中，创建具有创新特色的特色高中也必

不可少，这些高中可能会在某一个或某几个方面具有鲜明的特色，比如艺术类、体育类、小语种类。现在很多"985"高校的招生除了通过正常的高考，还有很多特招生，这些生源通常来自具有创新特色的高中。洛阳在此方面也有规划，计划到2025年创建20所学生特色发展、特长培养成效突出的特色高中，其在科技创新、艺术、体育、小语种、飞行员、国际教育、强基计划等某一个或某几个方面形成鲜明的教育特色，带动全市高中特色化、多样化发展，壮大洛阳优质高中后备梯队。

3. 强化优势学科

每所学校都有各自的优势学科，如果一所学校能不断加强自己的优势学科，就有可能成为这一学科领域的引领者。可以从学科骨干、教研教学、学生发展成果等方面来加强学科建设，比如争取在数学、物理、化学、生物、信息技术五大学科竞赛中取得较大突破的成绩，并且能在全省甚至全国具有较大影响力，既能使学生通过竞赛进入自己心仪的大学，而且可以使学科发展带动高中整体育人水平迈上新台阶。

（二）重点做好几项重点工作

1. 引导学校科学定位，实现错位发展

根据社会、经济及学生发展需求，综合设计普通高中多样化发展战略，引导不同普通高中从传统分层走向分类发展。综合考虑数量、规模和能力，对普通高中分类办学和特色发展进行总体布局。建立健全分类办学支撑体系，支持学校从办学历史和文化传承出发，立足科技、人文、社科、体艺、语言、传媒等不同领域优势，找准定位，凝练特色，形成稳定而又独特的办学思路和育人模式，实现错位发展，有效满足学生多样化的学习需求。

2. 推进多元办学体制改革

一是纵向联合，将一些优质高中和义务教育阶段的初中、小学实行集团化办学，促进教育的连贯性和一体化。二是横向联合。横向联合又分为区域内协作和区域外协作：区域内协作就是区域内的优质高中可以强强联合，推动双方共同发展；区域外就是市内优质高中可以和国内知名高中联合办学或

合作办学。这样可以在管理理念、师资力量、科研力量等方面资源共享、互通有无、取长补短，并在此基础上建立一整套管理标准和制度，使教育集团内部管理更加专业化、现代化、标准化、制度化，提升办学活力，打通创新人才培养通道。

3. 抓好双特生（特优生、特长生）培养工作

依托河洛英才计划，引进优质竞赛团队，开展双特生集中培养。一是建立和完善高中学科竞赛培训机制。鼓励普通高中与大学或科研机构合作，引入大学先修课程。搭建人工智能教育等平台，为高中生开展研究及深度学习提供课程资源。引入学科竞赛优质资源和全国优秀竞赛教练，从薪酬待遇、住房补贴等方面给予优惠政策，尽快培养一批本地种子教练。对于学科竞赛工作有重大贡献的教师予以重点奖励，为他们职评、评优晋级创造条件。二是实施双特生集中培养。制定《洛阳市普通高中双特生集中培养工作方案》，积极探索符合"强基计划"要求的双特生培养模式，进一步拓宽初高中一体化的育人路径。

4. 深化高中课程教学改革

一是制定《洛阳市普通高中课堂教学改革工作方案》。实施基于情境、问题导向的互动式、启发式、探究式、体验式课堂教学，全面落实"一观、二议、三讲、四评"的集体备课制度，建立与素质教育要求相适应的课改评价机制。构建以自主、合作、探究为核心的教学流程，推进信息技术与教育教学深度融合，打造自主学习、合作探究、精讲点拨、有效训练的高效课堂结构，建成一批能发挥示范引领作用的优势学科。二是开展选课走班教学改革。加强分类分层教学指导，建立规范有序、科学高效的学校选课走班运行机制，指导学校制定符合本校实际的实施方案，建立行政班和教学班并存的教学组织形式和管理方式，加强选课指导，确保教学组织有序开展。三是改进教学组织管理。组织开展基于核心素养的课堂变革行动，积极探索优秀生培养、竞赛辅导、特长生培养、专项计划指导、小语种教学、STEAM 教育等体现学生多样化发展的课堂教学模式和教学管理制度。

5. 创新多元评价机制

一是规范实施学生综合素质评价。引进综合素质评价工作信息化管理平台，客观衡量学生达到国家规定学习要求的程度，充分反映学生全面发展情况和个性特长，指导学生开展自我评价并进行自我调整和自我管理。二是实施学生成长过程评价。从思想品德、学业水平、身心健康、艺术素养、社会实践等方面，客观、真实地评价学生全面发展的情况和个性特长，注重考查学生社会责任感、创新精神和实践能力。三是完善教学质量增值评价考核办法。制定《洛阳市普通高中教学质量增值评价方案》，深化高中阶段增值评价，完善教育质量评价监测机制和激励机制。根据不同区域不同层次学校的基础水平，遵循"从起点看发展"这一宗旨，以教学质量的纵向增值程度，评价学校教学质量的高低，使不同层次学校在原有水平上加快发展，提高质量。

6. 提升教学科研水平

一是加强市、县区两级教研队伍建设。提升普通高中学科教研队伍专业水平和优化年龄结构，建立健全教研员遴选、培养、考核制度，加强兼职教研人员队伍建设，提升教研人员专业水平，加强高考模拟试题研究，切实把握高考命题思路。二是推动普通高中教研水平逐步提升。加强中小学教研室对普通高中教学及课程改革的专业指导，围绕高考模拟试题命制、学科核心素养提升、学科竞赛指导等课程实施中的难点问题，开展理论与实践研究，高度关注高考改革和课程改革。三是提升研训指导能力。充分发挥教科研力量，实行市、县区教研人员分包普通高中制，教研人员全程参与学校的教育教学过程，重点跟踪教育教学质量，加强对普通高中教育教学及课程改革工作的专业支撑和指导。

7. 构建智慧教育信息体系

一是完善设施设备。适应高考综合改革需求，优化普通高中学校办学条件，重点加快实验室、通用技术教室、图书馆（室）、信息技术教室等功能室信息化升级改造，更新音体美、心理健康、卫生保健等教学器材，满足学生人文素养、科学精神、创新实践、社会参与等的发展需求。二是建设智慧校园。建立学生电子身份及统一认证系统，实现排课、选课、评课、成绩采集等流程智能化管理。加强优质教育资源共享，开展"同步课堂""名师课堂""名校网络课堂"三个课堂建设，实现优质教育资源全覆盖。三是加强信息技术应用。基于大数据和云计算，完善"全程、全科、全员"的教学质量评价诊断和反馈机制。开发基于大数据的题库系统，搭建区域、学校、教师三级精准作业平台。构建线上线下教育常态化融合机制，积极探索信息技术环境下的跨学科学习和创新拔尖人才培养。

8.加强教师队伍建设

一是深化教师、校长管理制度改革。推动教师"县管校聘"制度改革，面向全国遴选优秀教师和优秀校长，完善普通高中校长、教师交流轮岗机制，激发办学活力。扩大优质资源共享，完善教师补充机制，通过政府购买服务等多种途径配齐紧缺学科、新增课程所需专任教师。建设一支专兼结合的学生发展指导教师队伍，以加强学生选课、生涯规划的指导。二是建立高素质校长队伍。实施普通高中校长及后备干部队伍培养工程，重点提升校长办学治校、课改教改、人才培养的理论水平和实践能力。推进校长职级制改革，形成校长"职级能上能下、待遇能高能低"的机制。三是实行骨干教师走教制度。建立高中骨干教师资源库，从中选拔优秀教师成立走教小组。实行骨干教师定期轮流走教制，充分发挥名师的引领、辐射、示范作用，从而指导、带动更多教师（特别是薄弱学校的教师）更快成长。四是深化教师绩效考评制度。充分考虑课时、岗位工作量、岗位职责和专业素养等因素，将工作绩效、能力水平、师德师风等纳入考核指标。强化绩效工资激励和导向作用，严格落实奖励性绩效工资由学校在考核的基础上自主分配，向教育教学实绩突出的一线教师和班主任倾斜，向提高办学质量成效显著的学校倾斜。

（三）加强制度保障措施

1.加强组织领导

加强党对普通高中教育工作的全面领导，健全完善高中学校党建工作机制，成立洛阳市发展优质高中领导小组，统一协调推进普通高中教育教学质量提升工作。

2. 落实经费保障

每年安排项目经费打造优质高中，主要用于拔尖创新人才培养高质量实验室建设、打造优秀师资团队、建设品牌优势学科、开展选课走班教学改革等。完善普通高中经费投入机制，建立以财政拨款为主体、以多渠道筹措经费为辅助的普通高中经费投入机制，提高普通高中经费保障能力。落实经费使用自主权，学校依法依规自主使用社会捐资助学经费。

3. 强化督导评估

建立完善全市普通高中教育督导评估机制，将普通高中纳入教育综合督导、经常性督导范围，市政府履行好教育职责评价工作，同时研究引入第三方专业评价机构参与评估监测的工作机制。

4. 构建智慧教育信息体系

坚持导向性原则，设立市长基础教育突出贡献奖，重点奖励在拔尖创新人才培养等方面做出突出贡献的学校校长和教师。鼓励和引导社会、企业资本建立奖励基金，奖励具有杰出贡献的学校和个人。激励广大高中教师锐意进取，奋勇拼搏，促进高中教育教学质量全面提升。

B.9
洛阳市中等职业教育高质量发展现状、主要问题和发展路径研究

杨 澜 董云蒂*

摘　要： 2022 年在洛阳市委、市政府的正确领导和省教育厅的关心指导下，市教育局以习近平新时代中国特色社会主义思想为指导，深入学习贯彻党的十九大以来历次中央全会精神，积极落实《国家职业教育改革实施方案》《职业教育提质培优行动计划（2020—2023 年）》《河南省职业教育改革实施方案》要求，以立德树人为根本任务，坚持服务高质量发展、促进高水平就业的办学方向，着力落实职业教育的类型教育战略定位，积极推进职普协调发展，深化产教融合、校企合作办学模式。各种职业学校夯基础、强保障、促内涵、深改革、激活力，不断提高办学水平和服务经济社会发展的能力，人才培养质量显著提升，为洛阳市加快建设中原城市群副中心城市和青年友好型城市提供有力的人力和人才资源支撑，更好突出洛阳中等职业学校品牌特色。

关键词： 中等职业教育　职业学校　教师队伍

---

* 杨澜，中共洛阳市委党校讲师，主要研究方向为马克思主义理论；董云蒂，中共洛阳市委党校讲师，主要研究方向为社会学。

一 洛阳市中等职业教育发展概况

（一）中等职业学校基本情况

洛阳市中等职业学校数量基本保持稳定。现有中等职业学校23所，其中公办学校12所（省属学校2所、市属学校3所、县属学校7所），国有企业办学1所，民办学校10所（市属学校6所，县属学校4所）（见表1）。2022年洛阳市教育局根据中等职业教育"基础性""融通性"双重发展属性，对4所公办中职学校进行重塑性改革，成立洛阳市职业高中和洛阳市中等职业学校，将河南科技大学周山校区交由洛阳市中等职业学校使用。洛阳幼儿师范学校和洛阳市体育运动学校并入洛阳文化旅游职业学院，并完成新校区选址和搬迁。根据区域经济社会发展、产业需求、学生生源情况等因素，新设立3所中职学校（洛阳智能制造中等职业学校、洛阳华洋职业学校、嵩县致远中等专业学校），其中洛阳智能制造中等职业学校位于洛阳机器人智能装备产业园内，以积极响应国家、省、市鼓励职业院校建在产业园区的政策。

表1　洛阳市中等职业学校一览

序号	学校名称	隶属、性质	学校特色
1	新安县职业高级中学	县属、公办	国家级发展改革示范校、省高水平中等职业学校建设单位、省高水平专业群建设单位、中德项目合作学校
2	嵩县中等专业学校	县属、公办	国家级发展改革示范校、省高水平中等职业学校建设单位、省高水平专业群建设单位
3	栾川县中等职业学校	县属、公办	国家级发展改革示范校、省高水平中等职业学校建设单位、省高水平专业群建设单位
4	伊川县中等职业学校	县属、公办	
5	汝阳县中等专业学校	县属、公办	
6	洛宁县中等职业学校	县属、民办	

续表

序号	学校名称	隶属、性质	学校特色
7	偃师市职业教育中心	县属、公办	
8	宜阳县职业教育中心	县属、民办	
9	孟津御园中等专业学校	县属、民办	
10	洛阳市中等职业学校	市属、公办	2022年7月进行重塑性改革资源整合
11	洛阳市职业高中	市属、公办	2022年7月进行重塑性改革资源整合
12	洛阳市中医药学校	县属、公办	省高水平专业群建设单位
13	中铁隧道局集团中等专业学校	国有企业办学	
14	洛阳市商业中等专业学校	市属、民办	
15	洛阳市黄河科技中等专业学校	市属、民办	
16	洛阳市绿业信息中等专业学校	市属、民办	
17	洛阳市工业信息中等专业学校	市属、民办	
18	洛阳铁路信息工程学校	省属、公办	省高水平中等职业学校建设单位、省高水平专业群建设单位
19	河南省洛阳经济学校	省属、公办	省高水平中等职业学校建设单位、省高水平专业群建设单位、中德项目合作学校
20	洛阳智能制造中等职业学校	市属、民办	
21	洛阳华洋职业学校	市属、民办	
22	嵩县致远中等专业学校	县属、民办	
23	洛阳文化旅游职业学院	市属、公办	于2022年9月合并洛阳幼儿师范学院、洛阳市体育运动学校而设立

资料来源：笔者自制。

（二）中等职业学校学生发展情况

1. 学生素质

洛阳市全面贯彻党的教育方针，落实立德树人根本任务，深入贯彻落实《关于加强和改进新时代中等职业学校德育工作的意见》，加强中职学生理想信念教育。各中职学校通过思想政治课、主题班会、社团活动、社会实

践、文明风采大赛、优秀毕业生先进事迹报告会等形式，加强学生社会主义核心价值观的教育，着力提高学生核心素养和综合素质。

完善课程设置的方式方法并形成相应的标准能有效提升教学的具体效果，所以各中职院校课程设置更为全面，不仅有语文、数学等基础课程，还有思政等与意识形态紧密相关的公共基础课程。2022年度洛阳市中职学生思想品德评价合格率100%，学生能够自觉践行社会主义核心价值观，热爱国家，积极为实现中国梦努力学习、工作。

2.学生就业质量和升学情况

洛阳市认真落实教育部和河南省委省政府要求，加强就业创业指导，指导全市中职学校做好毕业生就业情况的摸底和统计工作，及时了解毕业生就业的实际困难，多方施策，密切监控全市中职毕业生的就业质量。首先，通过校内较为权威的媒体平台发布相关的就业政策，比如官网、官微，这样能保障就业信息的触达范围，从而提高就业教育的效果，培养学生正确的就业观念。鼓励学校积极联系相关企业，开展"访企拓岗促就业"交流活动，挖掘企业用工需求，精准对接。2022年洛阳中职学校毕业生共计29416人，就业率超过98%，其中升入高职高专10913人，对口升入本科院校784人。

（三）中等职业学校教师队伍现状

洛阳市一直十分重视师资队伍的建设，尤其是中职教师队伍的建设，所以现阶段专业师资队伍的整体素质和专业能力都有了明显提升，不仅队伍规模在不断扩大，而且相关的机构也在不断优化。为落实和完善国家示范引领、省级统筹实施、市县联动保障、校本特色研修的四级培训体系，根据职业院校教师专业发展不同阶段的需求，制定专业带头人课程实施能力提升培训、青年技能名师培育等10个培训项目，全面提升教师"双师"素质和教育教学能力。

2022年洛阳评选培育10个市级"技能名师工作室"，发挥示范带动作用；指导各学校建立班主任工作室43个，参与工作室建设的教师324名，班主任工作室建设工作实现了学校全覆盖；组织邀请优秀教师（双师型、骨干型、班主任）培训共 431 人次；洛阳市职业院校教师被认定为省职教名师 1 名，省级骨干教师培育对象 20 名，被市政府认定为河洛工匠 3 名。同时为深化"三教"改革、提高育人能力，2022 年积极参与班主任能力大赛，洛阳参赛团队在省赛中全部获奖，共获一等奖 8 个、二等奖 21 个、三等奖 4 个；代表河南省参加国赛获二等奖 1 个、三等奖 1 个，受到省教育厅表彰。

洛阳市教育局组织开展 2022 年度洛阳市中等职业学校优质课评选工作，有效贯彻现代职业教育先进理念，优化教育方法，推动理论与实践一体化教学，突出"做中学、做中教"，强化教学的实践性和职业性，增强学生技术技能学习能力。推荐上报省优质课评比，获得省级一等奖 7 个、二等奖 11 个、三等奖 18 个、优秀辅导奖 36 个。由此可见，洛阳中等职业学校教师队伍的能力和水平得到了明显提升。

（四）中等职业学校办学条件不断优化

为进一步优化办学条件，提升学生在校生活、学习体验，洛阳市教育局印发《洛阳市"十四五"期间中等职业学校标准化建设工程实施方案》，全面改善中等职业学校办学条件，深化教育教学改革，推动全市中等职业教育提质扩容。

2021 年洛阳市中等职业学校校园占地 3396.78 亩，建筑总面积 1745310.65 平方米。2022 年随着各方面投入的加大，中职院校各方面的办学条件进一步提升。具体表现在以下几个方面。一是中职院校开始逐步实施标准化建设，基础办学条件得到直观改善。占地 500 亩的新安县职业高级中学新校区、占地 320 亩的伊川县中等职业学校新校区、占地 421 亩的汝阳县中等专业学校新校区建成投用；占地 717 亩的洛阳职业技术学院新校区一期建成投入使用，二期建设工程已启动；占地 133 亩的洛阳市中医药学校新校区于 2023 年建成投用；洛宁县占地 400 亩的职教中心新校区即将动工建设，洛阳市中等职业学校周山校区提升改造工程于 2023 年完成；新安县职业高级中学等 6 所中职学校通过省级达标验收，获奖补资

金 3180 万元。二是要将中职院校的教育资源集中在一起进行优化整合。根据中等职业教育"基础性"和"融通性"双重发展属性，对 4 所市属中职学校进行重塑性改革，成立洛阳市职业高中和洛阳市中等职业学校，将河南科技大学周山校区交由洛阳市中等职业学校使用。三是依据产业发展的需求，优化中职院校的布局结构。根据区域经济社会发展、产业需求、学生生源情况等，2020 年以来已新设 5 所中职学校，申报获批 2 所高职院校，汝阳县中等专业学校入选河南省职业教育信息化标杆学校，进一步健全多形式衔接、多通道成长、可持续发展的梯度职业教育，拓宽学生成长成才通道。

（五）中等职业学校办学质量

1. 学校专业建设质量

深入推进中职学校专业布局结构调整优化，对接教育部印发的《职业教育专业目录（2021 年）》，进一步完善专业动态调整机制，开展职业院校精准对接服务产业发展和专业结构调整优化工作、"一县一省级开发区"调研和职业教育资源与产业布局匹配情况调研，指导学校深入对接当地省级开发区和"风口"产业举措，确定 2~3 个主要服务的行业门类和产业领域，重点建设 2~3 个骨干专业群，以特色专业建设支撑特色学校建设。2022 年，洛阳市中职院校依据当前的经济发展和产业需求，对专业的设置结构进行了调整，撤销 7 个专业，新增 25 个专业，让中职院校的专业教学和技术教学能与社会产业链的发展需求接轨，以保障毕业学生的就业。嵩县中等专业学校获批省"双高"校新增立项建设单位。

【案例 1】新安县职业高级中学机械制造技术专业群建设

新安县职业高级中学机械制造技术专业群为河南省首批立项的"高水平专业群"，目前共有 6 个专业，分别为机械设计、机械制造、电子技术、数控技术、增材制造技术、工业机器人。该专业群现有专业教师 32 人，其中高级讲师 6 人，讲师 11 人，均为"双师型"教师；其中技师 4 人，高级工程师28人，研究生学历2人，其他人均为本科学历。该专业群自2019年立项，依托先进制造业的行业优势，引进河南实力机械有限公司入驻学校机电大楼一楼，深化校企合作，专业共建、资源共享、人才共育、课程共担，实施工学结合、产学一体校企融合的专业群建设高效运行机制。

截至2022年底，该专业群建设取得丰硕成果，机械制造专业和电子技术专业与德国工商大会合作，开办了机电一体化中德班，课程标准、实训标准都采用德国双元制教学模式，学校先后派出10多名专业教师到德国学习交流，目前已有4届学生毕业，分别在国内外工作岗位就业；专业群教师团队为河南省职业教育教学创新团队，已完成校本实训教材12本、省级精品在线开放课程1门；在三教改革实践中，承担市级教科研项目3项、省级教科研项目1项；已发行6本专业教师参与规划编写的教材。整体来说，项目建设成效显著。

2. 学校课程建设质量

严格落实教育部颁布的中等职业学校思想政治、语文、历史等课程标准，认真贯彻落实国家中等职业学校专业教学标准，指导职业学校进一步优化课程体系、更新课程内容、研发和完善专业人才培养方案，推进实施"岗课赛证"综合育人。洛阳"美术""建筑工程测量""3D打印技术基础与实训"3门课程被列为河南省职业教育精品在线开放课程，其中"建筑工程测量""3D打印技术基础与实训"被推荐为职业教育国家在线精品课程。入选河南省职业教育课程思政示范课程4门，组织了全市职业学校一年级学生2022/2023学年第一学期语文、数学、历史、思想政治（职业生涯规划科目）4门课程学业水平质量检测。通过组织培训和讲座的方式引导专业教师进行思政学习，使得思政教育实现全覆盖。

【案例2】洛阳市教育局成功承办河南省中等职业学校
思想政治、语文、历史课程研讨会

2022年12月21~22日，河南省中等职业学校思想政治、语文、历

史"三科"课程研讨会如期举办。本次研讨会由河南省教育科学规划与评估院主办、洛阳市教育局承办、北京华唐中科科技集团有限公司和洛阳市中等职业学校协办。研讨活动采取线上形式进行,共有来自济源示范区职教教研室,省直管县(市)职教教研机构和省属中等职业学校的教研人员、教学副校长、教务处处长,以及思想政治、语文、历史"三科"负责人和骨干教师2.7万人参加本次研讨会。会议邀请中职思政、语文、历史三科课程标准研制组成员何忠、戴智敏、谭春玲以及南阳农业职业学院校长孔国庆教授、北京师范大学历史学院侯桂红副教授、河北城乡建设学校德育教研室主任郑艳霞等老师为广大教师进行了深度的课标解读。

3.学校教材建设质量

教材建设成效显著。洛阳市7本教材入选"十三五"职业教育国家规划教材,在省首届教材建设奖评选中,4本教材荣获一、二等奖,1所中职学校荣获先进集体,2人荣获先进个人。依据现实需求改革创新教学方法。创新开展项目教学、案例教学、情景教学等教学方法,汝阳县中等专业学校入选河南省教育数字化转型优秀案例,洛阳市3门课程入选河南省职业教育精品在线开放课程。同时,发挥技能大赛引领带动作用,洛阳成绩位居全省地市前列。

洛阳市严格落实《职业院校教材管理办法》,对职业院校的教材进行规范管理,避免问题教材进入课堂,影响教学方向和效果。一是在全市中职学校开展教材教辅排查整改工作,深入一线调研学校教材的使用情况,切实加强教材建设的意识形态安全。二是指导全市中职学校做好近两学年的教材选用备案工作,指导全市中职学校完成教育部下达的6个专业大类10个监测专业的教材信息填报工作。三是鼓励中职院校根据自身专业建设的需求,主动开发适合本校情况的相关教材,使得的每本教材都能科学严谨、图文并茂、形式多样。2022年度洛阳市有7本教材入选"十四五"首批职业教育河南省规划教材建设名单(见表2)。

表 2　洛阳市中等职业学校教材入选"十四五"首批职业教育
河南省规划教材建设名单

序号	教材名称	ISBN 号	第一主编（作者）	申报单位	出版单位	教材类别
1	手工综合教程	9787565649615	张功岭	洛阳市教育局	北京首都师范大学出版社有限责任公司	修订
2	幼儿文学：理论与应用	9787565649608	王丹丹	洛阳市教育局	北京首都师范大学出版社有限责任公司	修订
3	最是书香能醉人——河洛文化传承赏读	9787517098522	付小平	洛阳市教育局	中国水利水电出版社有限公司	修订
4	车身修理技术		于秉礼	洛阳科技职业学院		新编
5	烹饪营养与卫生（第一版）	9787121237256	乔云霞	洛阳市中等职业学校	电子工业出版社有限公司	省优秀教材
6	中式面点技艺（第一版）	9787121237089	尚彬	洛阳市中等职业学校	电子工业出版社有限公司	省优秀教材
7	岗前教育——企业文化篇（第一版）	9787313148261/C	王怀钦	洛阳铁路信息工程学校	上海交通大学出版社有限公司	省优秀教材

资料来源：笔者自制。

（六）校企合作与创新创业

1. 校企合作开展情况和效果

一是深入了解洛阳的产业布局情况，并据此调整专业设置，即完善专业动态调整机制。通过开展职业院校精准服务产业发展论证和专业结构调整优化论证工作、"一县一省级开发区"调研和职业教育资源与产业布局匹配情况调研，指导学校深入对接当地省级开发区和"风口"产业举措，确定 2~3 个主要服务的行业门类和产业领域，重点建设 2~3 个骨干专业群。持续推

进省级"双高"校建设，2022年嵩县中等职业学校获批省"双高"校新增立项建设单位，洛阳市目前遴选建设了10个市级高水平专业群。

二是推进产教联盟的建设，提升职业教育集团的质量水平。2022年成立洛阳先进制造业职业教育集团，12个产教联盟进一步搭建校企合作平台。充分发挥市级职业教育产教融合实训基地和省级产教融合型企业培育单位的示范引领作用，落实教育系统"万人助万企"工作，推进校企深度融合，实现"双元"育人。同时建设职业教育产教融合实训基地，遴选建设20个洛阳市职业教育产教融合实训基地，推荐23家企业入选河南省产教融合型企业培育单位，全市职业院校与1000多家企业开展多种形式的合作，有合作"订单班"56个，切实提升技术技能人才培养质量。2022年有6家企业获得推荐，进入省级产教融合型企业的评审，后又有相关企业入选，目前洛阳已有15个产教融合实训基地，产教融合的成效较为显著。

2. 学生实习情况

认真贯彻落实《教育部等五部门关于印发〈职业学校学生实习管理规定〉的通知》，从实习入手进行专项治理，包括实习的组织规范、管理规范、考核规范、安全规范等。严格落实实习备案制度，对违反规定的学校及时进行约谈和处理，指导各职业院校对校企合作和实习管理工作进行全面自查，并对各学校进行专项督导检查。组织对民办学校、校外教学点进行年检和不定期抽查，杜绝实习实训工作出现违法违规现象。同时洛阳市各中职学校不断推进创新创业工作，各学校结合实际与自身优势充分发挥第二课堂的实践育人作用，为在校生创新创业提供平台，有效促进中职学生创新创业工作蓬勃发展。

【案例3】洛阳市职业高中烹饪专业创新创业体验活动

洛阳市职业高中烹饪专业开展创新创业体验活动，专业课教师利用课余时间带领学生做市场调研和产品研发，把课堂学到的制品经过加工和包装做成"商品"，并模拟市场在校内进行"线下实体店+网上售卖"。教师根据学生的能力为学生安排不同职位，从经理到财务管理等，实现学生自主管理，让学生从被动学习变成主动探究实践，锻炼了学生的学习能力、创新能力、实践能力、交流能力、管理能力和社会适应能力，为学生未来的实习就业和创业打下了良好的基础。

（七）政府履责

1. 国家政策落实

洛阳市认真贯彻落实全国职业教育大会精神，根据《关于推动现代职业教育高质量发展的意见》《关于加强新时代高技能人才队伍建设的意见》《关于深化现代职业教育体系建设改革的意见》《河南省人民政府关于深化职业教育改革推进技能社会建设的意见》《关于加快推进职业教育创新发展高地建设编制"一地一策""一校一品"实施方案的通知》，编制《洛阳市建设职业教育创新发展高地实施方案》。以打造全国职业教育创新发展高地、争创河南省职业教育创新发展示范区为目标，前瞻谋划，先行先试，对标国内领先、省内一流职业学校统筹谋划洛阳市职业教育发展。制定《洛阳市"十四五"期间中等职业学校标准化建设工程实施方案》《洛阳市职业院校"十四五"时期专业发展规划》《关于加强洛阳市职业院校教师队伍建设实施方案》等系列措施文件，进一步明确职业教育类型定位，扎实推进育人模式、办学模式、管理机制、保障机制等的改革研究和探索，激发职业教育办学活力。

根据《教育部等五部门关于印发〈职业学校办学条件达标工程实施方案〉的通知》和《河南省教育厅等五部门关于实施中等职业学校标准化建设工程的通知》，大力实施中等职业学校标准化建设工程，目前已有新安县职业高级中学、栾川县中等职业学校、伊川县中等职业学校、汝阳县中等专业学校、洛阳市商业中等专业学校、洛阳市黄河科技中等专业学校等6所学校通过省级达标验收。

以"技术赋能青春洛阳"为主题开展职业教育宣传年活动，以新媒体

平台和线下活动相结合的方式，开展全市中职学校宣传巡礼，彰显洛阳职业教育整体风貌，凸显各学校典型经验和专业特色，通过微信公众号、线上电视平台等渠道全方位解读职业教育。举办 2022 年河南省暨洛阳市职业教育活动周启动仪式，线上观看达 135 万人次，进一步营造全社会充分了解、积极支持、主动参与职业教育的良好氛围，弘扬劳动光荣、技能宝贵、创造伟大的时代风尚。

【案例4】2022 年河南省暨洛阳市职业教育活动周在洛启动

5 月 20 日，2022 年河南省暨洛阳市职业教育活动周启动仪式在洛阳市举行，本届活动周启动仪式由河南省教育厅、洛阳市人民政府主办，洛阳市教育局、洛阳职业技术学院、洛阳科技职业学院承办，采取"线下+线上"结合的方式，在洛阳职业技术学院设置主会场，在省教育厅、各地教育局、各职业院校设置分会场。为深入学习习近平总书记对职业教育领域的指示精神，发扬全国、全省职业教育大会的精神，也为了宣传新修定的《中华人民共和国职业教育法》，策划了一场以"技能：让生活更美好"为主题的活动，大力宣传劳模精神、劳动精神、工匠精神，让更多的人受到感染，形成劳动光荣、技能宝贵的观念，向社会宣传职业教育的必要性和重要性，为职业教育的发展营造更好的发展环境。

2. 质量保证体系建设

联合市发改委、财政局、自然资源和规划局、住建局实施中等职业学校标准化建设工程，全面改善办学条件，提升办学质量。每个县已基本建成 1 所设施完善、功能齐全、符合当地经济社会发展和技术技能人才培养需要的标准化中等职业学校，鼓励有条件的县区统筹规划、集中建设校园与产业园区。汝阳县中等专业学校入选河南省职业教育信息化标杆学校。

落实和完善国家示范引领、省级统筹实施、市县联动保障、校本特色研修的四级培训体系，根据职业院校教师专业发展不同阶段需求，制定专业带头人课程实施能力提升培训、青年技能名师培育等 10 个培训项目，全面提升教师"双师"素质和教育教学能力。2022 年评选培育 10 个市级"技能名师工作室"（见表 3），发挥示范带动作用；指导建立班主任工作室 43 个，参与工作室建设的教师 324 名，班主任工作室建设工作实现了学校全覆盖；组织国家、省、市级"双师型"教师和骨干教师、班主任前来培训共 431 人次，有效提升了教师队伍整体水平。

表 3　2021 年度洛阳市职业院校专业技能名师工作室名单

序号	工作室名称	所在学校名称	专业大类
1	洛阳市职业院校烹饪(中餐热菜方向)专业尚彬名师工作室	洛阳市中等职业学校(瀍河校区)	旅游
2	洛阳市职业院校烹饪(中西面点方向)专业葛燕名师工作室	洛阳市中等职业学校(涧西校区)	旅游
3	洛阳市职业院校高星级饭店运营与管理专业秦妍名师工作室	洛阳市中等职业学校(涧西校区)	旅游
4	洛阳市职业院校智慧健康养老服务与管理专业张彦芳名师工作室	洛阳职业技术学院	公共管理与服务
5	洛阳市职业院校艺术设计专业金卓名师工作室	洛阳科技职业学院	文化艺术
6	洛阳市职业院校铁道信号施工与维护专业宋玉鼎名师工作室	洛阳铁路信息工程学校	交通运输
7	洛阳市职业院校艺术设计与制作专业张春宜名师工作室	河南省洛阳经济学校	文化艺术
8	洛阳市职业院校电子技术应用专业韦吾雷名师工作室	栾川县中等职业学校	电子与信息
9	洛阳市职业院校工业机器人技术应用专业李军平名师工作室	洛阳市中等职业学校(洛龙校区)	装备制造
10	洛阳市职业院校汽车电子技术专业史恒亮名师工作室	洛阳职业技术学院	装备制造

资料来源：笔者根据有关资料整理。

3. 经费投入

2022 年洛阳积极协调市发改、财政、自划、住建等部门，大力推进和实施中职标准化建设工程，6 所学校通过省级达标验收工作。规划建设栾川中职、嵩县中专、洛宁县中职、洛阳市中医药学校新校区，大力推进改善县域基本办学条件的工作。2022 年洛阳市职业教育共争取到省级资金 6604.8 万元，其中项目建设 3424.8 万元，3180 万元将用于中职学校标准化建设。另外根据笔者的调查，洛阳市 2023 年度继续为家庭经济困难的学生提供资助，进而逐渐让中职学生免学费政策实现全覆盖。

二　洛阳市中等职业教育面临的主要问题

（一）中等职业教育整体办学条件依然薄弱

中等职业教育整体办学条件依然薄弱，部分学校基础条件、师资力量、实训设备等方面达不到国家和省定标准，基础条件亟待加强。面对职普比大体相当的要求，入学学位还存在不足；全市高职院校数量偏少，本科职业大学还是空白。

（二）产教融合、校企合作不够深入

多数企业对人才培养双主体认识不足，认为培养人才是学校的事，企业是用人单位，造成校企合作变成用人合作。还有的企业认为"校企共育"人才周期长（至少 3 年）、投入效益低、精力耗费大，从而缺少合作动力，不愿深度融入学校的教育教学、人才培养等全过程，校企合作往往是合而不作。

（三）国家、河南省支持职业教育发展的保障政策难以落实

国务院、河南省出台了一系列支持引导产教融合的意见、方案，但缺少可以落地的操作细则，使得有些政策在"最后一公里"受阻。如国家、河

南省文件规定，参与产教融合企业可享受相应的税收减免政策，但缺少享受的标准、途径、落实政策责任主体等。比如，允许学校通过校企合作的方式获取劳动报酬或者教育资源报酬，然后按照相关规定进行分配，以此促进学校教育的发展，但目前缺少相关操作细则，因此规定未能得到全面实施。

（四）职业教育面临社会认可度低的问题

在实际的用人过程中客观上还存在技能人才社会地位不高、职业认同感不强等因素，"崇尚一技之长、凭能力不唯学历"的社会氛围尚未真正形成。技术技能人才培养的成长渠道还不够畅通，重视职业教育的良好社会氛围有待进一步营造。

三　洛阳市中等职业教育发展路径探索

2022 年是我国职业教育改革攻坚的关键年，也是洛阳市落实"十四五"教育发展规划、提高办学质量、提升社会形象、推动中等职业教育高质量发展的关键节点。为此，基于国家、河南省政策引导，以及针对洛阳市中等职业教育发展自身不足的情况，为未来洛阳市中等职业教育发展提出如下建议。

（一）强化制度引领，提高政策供给的有效性

一直以来，我国职业教育发展不仅有赖于职业院校自身的实践探索，更得益于国家政策的有力推动。下一步，应牢牢抓住国家深化职业教育改革和加快构建现代职业教育体系的重大机遇，认真学习贯彻党的二十大精神，以新修订的《中华人民共和国职业教育法》，以中共中央办公厅、国务院办公厅印发的《关于推动现代职业教育高质量发展的意见》《关于加强新时代高技能人才队伍建设的意见》《关于深化现代职业教育体系建设改革的意见》为指导，把发展职业教育的行动统一到党的二十大提出的新思想、新定位、新理念、新要求、新举措上来，加强新时代高技能人才队伍建设。

在地方层面，聚焦创建河南省职业教育创新发展示范区、打造全国职业教育创新发展高地两大目标，坚持党建引领、专业优化、提质培优、产教融合、改革创新理念，认真落实省、市工作部署，以提升职业学校关键能力为基础，以深化产教融合为重点，以推动职普融通为关键，以科教融汇为新方向，形成布局结构更加合理、办学质量显著提升、终身教育不断完善、技术技能人才的贡献和作用日益凸显、社会多元办学、专业特色鲜明的职业教育，持续推进现代职业教育体系建设改革。要以专业建设的需求为导向，紧密对接洛阳市产业布局和"风口"产业发展方向，深入实施专业结构优化"五大计划"，通过传统专业提质、新兴专业扩容、未来专业培育、特色专业赋能、骨干专业升级，实现职业院校办学定位更加准确、办学特色更加鲜明、办学优势更加突出。

（二）完善产教融合、校企合作激励政策

根据各个县区的发展情况，积极推进产教融合试点工作，形成较为完善的产教融合工作机制，即从"供"与"需"的角度针对性发力，努力形成产教融合新局面。为此，主要可以从以下几个方面入手。一是深入了解产业发展情况，让专业教育的发展能够满足产业布局的发展需求。瞄准新兴市场和开发区主导产业，在智能装备制造、信息技术、新材料、新能源等产业领域优化专业建设，服务传统产业转型升级，扶持涉农专业发展。二是健全产教融合、校企合作激励政策，发挥促进引导的作用。具体来说就是研究制定合理的《洛阳市职业教育校企合作促进办法》，先从政策上允许校企合作，积极引导学校从合作中汲取相关支持，包括智力支持、专利支持、教育支持甚至劳务支持等；再由学校依据需求和相关规定统一分配，在具体的合作中逐渐探寻校企合作办学以及获取回报的完善机制。三是大力推进高水平专业化产教融合实训基地和高质量的产教联盟、职教集团建设，实现产教深度融合、校企协同育人，开辟人才培养创新途径。鼓励职业院校配合企业"走出去"办学，在专业设置、基地共建、院系共管等层面主动吸纳行业龙头企业深度参与，激发企业参与合作育人的积极性，真正把学校建在开发区

里、把专业建在产业链上，实现企业和职业院校工学结合的"双主体"技术技能人才培养模式，着力打造"技能洛阳"职教样板。

（三）深化中高职一体化培养，提高职业教育教师教学质量

2021年中共中央办公厅、国务院办公厅印发的《关于推动现代职业教育高质量发展的意见》明确提出，中等职业学校要"注重为高等职业教育输送具有扎实技术技能基础和合格文化基础的生源"，这是我国对中等职业教育人才培养的新定位，也是对提升中等职业教育人才培养质量的更高要求。因此，洛阳市应加快以教师培养和教学改革为抓手，加强名师、名班主任、专业带头人、骨干教师、"双师型"教师等培育培养，建设技能名师（"双师型"）工作室、名班主任工作室等专家团队，以教学能力大赛和班主任技能竞赛等活动为引领，推进教师综合素质提升。深化教学方法改革，探索"岗课赛证"综合育人模式，建立完善中职学生学业水平考试办法，组建教学研究团队，全面对接"职教高考"制度，拓宽职业院校学生上升渠道。

（四）以项目改革为抓手，提升职业教育社会服务能力

在我国重点建设职业教育的背景下，地方职业教育也在整合发展。我国经济当前已经进入高速、高质量发展的阶段，城市的发展阶段已经逐渐升级，职业教育的发展也要创新，在新动力的驱动下实现转型。为此，洛阳市应继续以国家、省、市重大教学改革为抓手，积极落实《职业教育提质培优行动计划（2020—2023年）》。深化高水平中职学校和高水平专业群建设项目，精准办学，深化产教融合，实施教育教学改革，建设职业启蒙和职业体验基地以及乡村振兴技术技能人才培养示范专业点，持续高质量推进"人人持证、技能洛阳"建设工作，加强人才技能培训。将教育转变为基本的公共服务，覆盖城市的各个角落，让洛阳实现教育转型，为全民终身学习服务。建设市级社区教育示范区、示范性社区学院、示范性社区学校等，以职业院校为依托推动建立社区（老年）学院，推动职业教

育、开放教育、社区教育、老年教育等协同发展，培育一批独具洛阳特色的优质项目品牌。

参考文献

［1］刘清：《经济新常态下深化职业教育产教融合长效机制探索》，《现代职业教育》2022 年第 18 期。
［2］岳金凤、郝卓君：《我国中高职一体化发展回顾与路径探索》，《职教通讯》2022 年第 1 期。
［3］张宇：《职业教育高质量发展的内涵、困境与对策》，《职教通讯》2022 年第 4 期。
［4］赵丽萍、曹美红：《建国后中职教育办学形式演进与走向的历史考察》，《职教通讯》2017 年第 4 期。

洛阳民办高中教育发展困境与对策研究

李 雁[*]

摘 要: 民办高中教育的发展有利于提高洛阳普通高中教育普及水平,实现高中教育的现代化发展。当前,对洛阳地区民办教育关注比较少,民办教育研究的加强对于加快洛阳地区民办教育学术创新、丰富民办教育学术园地具有非常重要的意义。基于对洛阳地区民办教育的调查,发现洛阳地区民办高中教育发展缓慢,民办高中只能弥补洛阳地区高中教育的部分不足,远未成为洛阳地区高中教育的重要组成部分。在机制保障方面,民办高中教育措施保障和多方面协同发展有待增强;在教学质量方面,生源和教师方面的发展均较为薄弱。根据洛阳地区民办高中教育发展的现状,提出洛阳民办高中教育发展的对策应是:明确办学理念,强调民办高中特色化办学;建立机制协同,注重政策支持和规范制度;注重措施的稳定,重视对民办教师全方位素质的培养和可持续发展。

关键词: 洛阳地区 民办高中 教育发展 优化路径

一 民办教育相关问题概述

(一)民办教育的基本内涵

民办教育是我国教育体制改革催生的新生事物。随着社会经济的发展和

---

* 李雁,中共洛阳市委党校中国特色社会主义理论教研部讲师,主要研究方向为政治学。

生活水平的提高，我国教育消费逐步呈现多层次、多元化发展趋势。民办教育适应了经济的需求，满足了不同求学群体的需求，推动了教育多层次、多元化发展，已成为我国教育事业不可或缺的重要组成部分。

（二）民办教育的重要意义

民办教育的发展拓宽了教育途径。民办教育与公办教育一样，是教育体系两个"轮子"中的一个，纵观国内外，一个完善的教育体系不能没有民办教育的参与。公办教育很难调动社会以外的其他力量积极参与办学活动，同时公办教育也很难及时适应社会的需求，进行灵活办学，这在很大程度上限制了教育发展。民办教育模式突破了单一公办教育模式的限制，发展民办教育有利于民族教育兴起。新中国成立时，大力发展计划经济，当时只有公立教育这一种模式，不能形成有力的竞争态势，所以很多学校也没有动力去改革与社会不相适应的地方，导致教育改革迟滞落后。改革开放之后，由于民办教育的兴起，很多家长看到了民办教育的活力，很大一部分生源转到了民办学校，这对公立学校形成了竞争，为了提高自己的竞争优势，公办学校也开始进行大刀阔斧的改革。公办学校和民办学校的竞争使整个教育界出现了活力，民办教育具有公办教育所不具备的优势和特色，可以与公民办教育齐头并进、优势互补，有效提高我国整体的教育水平。

二　洛阳地区民办高中教育发展情况

（一）洛阳部分民办高中概述

截至2022年底，洛阳民办高中有洛阳梅森学校、洛阳长春中学、洛阳枫叶双语学校、洛阳东方外国语学校、洛阳市东方理工实验学校、洛阳复旦复兴学校等，虽然总体来说洛阳地区民办高中优质资源相对较少，但是发展前景可观。现简单介绍其中的几所。

1. 洛阳长春中学

洛阳长春中学是一所全日制民办普通高中，由原洛阳一高校长、知名教育专家宋长春先生于 1997 年创办。学校位于西工区瀍涧大道与蒋南街交叉口，占地 35 亩，建筑面积 12000 平方米，校园环境优美，绿化率达 35%。学校教学设备先进，多媒体教室、多功能厅、足球场、篮球场、羽毛球场、乒乓球场、实验室、图书馆一应俱全，能同时容纳 1500 名学生学习、活动，是莘莘学子理想的读书求学之地。学校实施特色化办学，2021 年该校和武汉音乐学院联合举办"洛阳长春中学武音班"，被授予武汉音乐学院优质生源基地和教学实践基地。

洛阳长春中学师资力量雄厚。2020 年 11 月，胡玉敏出任洛阳长春中学总校长，学校步入发展快车道。胡玉敏曾先后担任过洛阳二高、洛阳三高校长，是河南省特级教师，先后获得河南省先进工作者、河南省学术技术带头人、河南省教育厅教育优秀管理人才、河南省家庭教育优秀专家、2014 年"最美洛阳人·百星人物"等荣誉称号。

办学 26 年来，洛阳长春中学始终秉承"为党育人，为国育才"的宗旨，认真落实立德树人的根本任务，培养了一大批德才兼备的优秀人才，为缓解高中入学学位不足、满足学生和社会多样化需求做出了一定的贡献。学校先后获得"全国民办先进学校""全国民办百强学校""河南省民办教育先进单位""洛阳市民办学校先进单位"等荣誉称号。

2. 洛阳枫叶双语学校

洛阳枫叶双语学校隶属于中国枫叶教育集团，是河南省教育厅和洛阳市教育局审批的具有招收中外籍学生资格的全日制寄宿学校。学校创办于 2012 年 9 月，位于洛阳市伊滨区，占地 200 余亩。下设小学、初中、高中，是一所拥有 K-12 完整教育体系的国际学校，校园环境优美，教学设备一流，中外师资队伍强大，国际化氛围浓厚，英语教学特色突出。

高中部开设枫叶世界学校课程，使用英文教材，由具有教师资质的外教全英文授课。该校提供专业的留学服务，为学生"一对一"制定留学规划，保证学生课程选择与其对大学的规划一致。枫叶教育集团每年精选 80 余所

来自世界各地的知名大学，邀请它们到枫叶各高中校区举办枫叶国际教育博览会，现场录取枫叶高三学生，并发放预录取通知书，成绩优异者可获取高额奖学金。枫叶世界学校课程是由枫叶教育集团自主研发的全球首个具有中国特色的国际课程，它开启了枫叶教育"一张文凭，两方认证，对接全球"的崭新模式。

学校餐厅实行集团化管理，食材由中粮集团配送，为小学生提供专业营养配餐，初高中则实行自助餐制，让学生吃出营养、吃出健康，让家长能够放心地将孩子交给学校。宿舍四个人一间，有独立卫生间，设施设备齐全，有专门的生活老师负责宿舍区，管理学生的日常起居，解决生活细节等问题。

3. 洛阳东方外国语学校

洛阳东方外国语学校是集学前教育、小学、初中、高中于一体的寄宿制名校。学校在校生有 6000 余名、140 个教学班、600 余名教师。学校区域优势得天独厚，地处洛阳市东出口，毗邻地铁 1 号线，交通十分便利。

学校建筑面积近 10 万平方米，总投资超过 2 亿元。学校紧跟国际先进的教学理念和技术，为本校学子创造了现代化的学习条件。教学设施按高于省级规范化学校标准配备，建有网络控制中心、广播电视中心、科学实验中心、艺术指导中心、健康咨询中心、英语教学中心、生活膳食中心、室内外运动场、足球场等，教学、活动、生活三个区域布局合理，功能齐全，是读书求学、教书育人的理想殿堂。

洛阳东方外国语学校以"办中国一流的民办学校"为目标，坚持"文化育人，以德为先，学贯中西，终身发展"的育人机制，突出"国际化、双语化、艺术化、个性化"的教学特色。权威专家主抓教学，明星师资百里挑一。实行封闭式管理、开放式教学、文理并重、外语超前、艺术启蒙、全面发展。着力培养德智体美劳全面发展的具有民族情怀和国际视野的人才。

4. 洛阳市东方理工实验学校

该校拥有业绩显赫的省级优秀校长和一批由理念先进、经验丰富的省、市级骨干教师学科带头人组成的高素质教师队伍。目前学校教师团队有117人，其中特级教师2人，高级教师28人，年轻教师中具有硕士及以上学历的有49人，毕业于北京大学、南开大学、北京师范大学、华中师范大学、郑州大学等知名高校的教师有33人。他们教学理念先进，业务能力强，对强基计划和中高考知识点、考点、热点把握准确，是该校教育教学成果的有力保障。

（二）民办高中教育是洛阳地区高中教育的有益补充

《民办教育促进法》指出，民办教育是社会主义教育事业的重要组成部分，在发展权利、发展资源和发展保障等多方面民办高中享有与公办高中同等的社会地位。但通过调研发现，洛阳地区仍有许多人认为公办高中保均衡，民办高中供选择，即民办高中只是为中高水平收入家庭提供了更多的教育选择。这也是一些教育行政领导和部分学校管理者的主要观点。也有人认为民办高中主要起到补充公办高中数量不足的作用，即民办高中能够为受教育者提供额外的受教育机会，尤其在高中阶段，民办高中成为教育供需矛盾长期存在或者政府财政不力时的有效补充。此外，对民办高中的教育发展持否定态度的还有一个群体，包括部分教师和部分教育管理者。一是认为民办高中会抢夺公办高中的教育资源和生源，会极大地冲击公办高中的发展；二是认为办民办高中没有必要存在，公办高中已可以满足河洛学子对高中教育的需求；三是认为获取利润是民办高中办学的唯一目的，难以为学生提供优质且公平的教育资源和平台。这些对民办高中的认识和定位会使洛阳地区民办高中逐渐失去与公办高中同步发展的平台和机会，总之，洛阳地区民办高中的发展还存在很多困境。

（三）民办高中教育保障措施的协同性有待增强

我国先后出台了《民办教育促进法》等一系列政策法规，这些政策的颁布和实施使民办高中的健康发展有了较为科学的规划和顶层设计。但在洛阳地区，配套保障机制不健全往往使部分民办高中很难获得与公办高中同等

待遇的支持，实现良性发展。民办教育政策的落地实施涉及多单位多部门的通力合作，然而在很多时候各部门间存在推诿扯皮的情况，教育部门难以单方面推进。因此亟须进一步完善和细化现有的民办教育政策法规。例如在经费投入等方面，结合洛阳地区实际情况的创新政策比较匮乏，无法满足洛阳地区民办教育的特殊诉求，这也是国家宏观民办高中教育政策和法律法规难以在洛阳落地生根的原因。

同时，还存在制约教育行政部门管理和民办高中合法权益保障工作高效开展的现象。教育经费对教育政策执行具有极大的支撑和保障作用，但由于近年来洛阳地区地方财政紧张，资源配置存在短板和供给不足的现象，民办高中相比公办高中就更处于弱势的一方，这导致洛阳市政府很难有充足的资金支持民办高中，制约了洛阳地区民办高中的可持续性发展，民办高中很难在公益性和营利性上找到一个合适的契合点。

（四）教师发展与生源质量较为薄弱

近年来，洛阳地区城镇化进程加快，洛阳城镇人口迅速增加，洛阳民办高中也随之流向市区，但民办高中教师的各类权益保障制度尚未完善，这就造成民办高中教师的工作条件和生活待遇难以得到有效保障。制约洛阳民办高中教学质量提升的一个主要因素就是师资力量薄弱，具体有两个原因。一是教师专业结构失衡，洛阳民办高中的师资主要集中在语文、数学、外语三门主要学科，地理、化学、美术、音乐等学科的师资严重匮乏。二是民办高中的教师年龄结构不合理，目前，洛阳民办高中的许多教师是退休后返聘的，也有一些是缺乏教学经验的应届毕业生，所以教师队伍的年龄结构出现断层，老教师年龄偏高，难以担当教学重任，而年轻教师又缺乏经验，成长周期较长，且年轻教师缺乏对民办高中的归属感和安全感，"临时中转站"成为很多年轻教师对民办高中的定位，所以民办高中教师人才流失严重。同时，民办高中的生源尤其是优质生源也存在严重流失现象。一是民办高中普遍存在优质生源短缺的现象，由于民办高中的社会认可度低，到民办高中就读的大多是学习成绩落后、文化基础薄弱的学生，甚至是落选公办高中的学生。二是民办高中在校生源不稳定，上学途中去参军或者去经商的学生大量存在，在校生源流失较严重。三是民办高中面临招生难的困境，由于家长和学生对洛阳民办高中的定位较低，每年都有不少初中毕业生流向异地就学。

三　洛阳地区民办高中教育发展存在短板的具体原因分析

（一）有限生源竞争激烈

其一，表现为公办高中与民办高中之间的竞争。公办高中要创效益，强烈要求提高择校生比例；民办高中要维持生存，更加强烈要求增加招生指标。在普高指标逐年下降的背景下，指标竞争的程度可想而知。其二，表现为民办高中之间的竞争。自 1997 年起，全市民办高中风起云涌，先后出现了洛阳梅森学校、洛阳长春中学、洛阳东方外国语学校、洛阳市东方理工实验学校等众多民办高中，各民办高中之间为抢夺生源也展开了激烈竞争。

（二）人才资源的竞争进入白热化

其一，公办高中为保住优秀教师，强令已进入民办高中的退休教师返岗，致使民办高中大批教学骨干和教学能手相继离开民办高中。其二，每兴办一所民办高中，其他民办高中优秀教师就要被挖走一部分，严重削弱了原有民办高中的师资优势，直接影响了民办高中的教育质量。其三，一批优秀教师因年龄问题相继离开民办高中，这同样削弱了民办高中原有的教学力量。其四，民办高中没有雄厚的师资开办高三复读班，而公办高中不但开设高三复读班，而且高三复读班的师资多为本校的优秀教师，民办高中与之竞争的胜算概率较低。

（三）公众信誉度逐渐丧失

在生存艰难的背景下，民办高中所招生源的选择面很小，生源势必出现参差不齐的现状，给管理带来很大的难度。一些劣等生进入民办高中后不服管教，严重影响校纪校风，安全管理屡出漏洞，损害了民办高中的信誉。

生源减少、生源素质降低、师资流失、教学成果平平、管理水平下滑逐渐动摇了普通民众对民办高中的信心，人们将目光重新投向了公办高中。勉强生存的民办高中面临生源流失的无奈困境。

总之，洛阳地区的民办教育资源相对较弱，公办高中仍然是洛阳的主流教育形式，民办高中的星星之火能否充分燃烧，能否分担洛阳高中教育的压力、满足教育市场的多层次需求，除了自身须下大力气改革之外，也迫切需要得到市委市政府尤其是市教育局的大力支持。

四　洛阳地区民办高中教育发展的优化路径

促进洛阳地区民办高中健康发展，重视民办高中教育的地位和价值非常重要。洛阳地区民办高中教育发展的优化路径应从以下四个方面着手。

（一）合理分配教育资源

洛阳地区民办高中要提高办学质量和保持师资队伍的可持续发展须从以下几点着手。首先，明确办学定位，注重强化学校办学特色，走差异化办学道路是洛阳地区民办高中最主要的发展路径，也是促进生源和师资队伍可持续发展的优势所在。但河洛地区民办高中发展的现实情况不容乐观，洛阳地区民办高中的教学质量、师资队伍、生源素质、办学条件都与公办高中存在不小的差距，所以洛阳民办高中应坚持以特色求发展的办学定位。一方面，民办高中应注重培养教师人才，学校应根据洛阳的经济社会发展需要和学校的定位有针对性地吸纳教学人才，壮大师资队伍。另一方面，民办高中还需要洛阳教育行政部门给予积极的扶持，合理分配教育资源，投入更多经费进行培育，并重视为民办高中的发展做好宣传工作。

其次，洛阳市政府应坚决维护民办高中的合法权益，学校实行自主经营、自负盈亏、自我管理。保障民办高中与公办高中具有平等的权益和地位，营造民办高中与公办高中良性竞争的生态环境，可考虑由市教育局派驻联络员参与民办高中董事会工作，协助学校对外联络，促进民办高中可持续健康发展。

（二）建立协同机制，注重制度规范和政策支持

应对公办高中和民办高中一视同仁。认真落实《民办教育促进法》，确实在"促进"上出台保护、发展政策，促进洛阳民办高中健康、高质量和特色化发展。尽管国家已经颁布了一系列科学合理的民办教育相关政策，但在政策落地过程中仍需要对民办高中予以大力的支持。根据罗尔斯正义论提出的差别原理，应给予发展缓慢的民办高中更多的资源配置。首先，提高政府对民办高中的重视程度，完善相关法律法规，让民办高中在政策法规的保障下得到可持续发展，同时政府也能依法管理民办高中。其次，政府的关注对民办高中的发展非常重要，政府的关注度越高，民办高中发展的积极性就越高，社会认可度也会水涨船高。为了确保民办高中的可持续高质量发展，当地政府应当对民办高中给予宏观指导、科学规划和资金支持，并为它们提供自由发展的空间，赋予它们创造性和积极性。尤其在民办高中起步最艰难的阶段，政府要加大关注和指导扶持力度。最后，政府还应做出明确规定，为洛阳地区民办高中提供一个稳定的教学环境，根据学校发展需要，每年划拨一定的招生指标，并鼓励学生就读民办高中，可实行划线招生、跨线调剂。作为回报，民办高中可接纳公办教师上岗，每年还可节省财政支出。

（三）制定稳定措施，重视教师本土化培养和可持续发展

制约民办高中教学质量提升的重要因素之一是教师队伍建设问题，

这也是源头性因素。教学管理制度的规范性、有效性、适应性等对于民办高中非常重要。一是对民办高中教师管理体制进行改革，鼓励公办高中在岗教师到民办高中兼职任教，应保障公办教师在民办高中任教期间的编制和福利待遇，活动期满后，如果要求回原单位，应予以同意并妥善安置，原身份待遇应根据教师的现实情况给予即时调整，让这部分教师得到满意的结果。二是建立统筹规划，拓宽洛阳民办高中教师发展补充渠道，大力提高民办高中的教师待遇，使其能留住更多师资力量、优化教师队伍。三是健全民办高中教师和公办高中教师同等法律地位的法律制度，允许民办高中教师与公办高中教师享有同等地区补贴。四是增强民办高中教师的归属感和安全感，激发教师对民办教育事业的热情。

（四）加强社会引领，扭转公众对民办高中的错误认知

要注重社会引领，从现实出发，纠正民众对民办高中的错误认知。一是民办高中要尽力吸取在发展过程中的一些经验教训，努力提高教学办学水平，用实力向民众证明自己的价值。民办高中在我国已经有多年的发展历史，在发展过程中有成功的经验，也有失败的教训，要取其精华，弃其糟粕，努力使民办高中更上一层楼。成功本身就是对民办高中教育最好的证明，同时教学质量的提高会吸引更多的优秀师资和生源。二是大力宣传民办高中。民办高中未被大众所熟知，原因之一是宣传力度不够大，有了政府的宣传和支持，民众会提高对民办高中的信任度，这也是改变大众对民办高中认知的一个重要途径。三是树立民办高中良好的形象，民办高中也要多为自己正名，多做一些增光添彩的公益性活动，如马拉松比赛、读书赠书活动等，让民众参与进来，真正了解民办高中的活力与价值，肯定民办高中在社会中的重要地位。

总之，洛阳政府要提高对民办高中必要性和重要性的认识，实施"开放、健康、持续"发展民办高中的科学战略，推动洛阳市民办高中灵活优质发展。从制度上给予民办高中与公办高中同等的地位，给民办高中教师与公办高中教师同等的地位和待遇，允许民办高中获得合理回报，多做促进工

作，少做促退工作。民办高中经营者也要本着教育公益性的理念，严格遵循科学教育规律，推行科学经营管理，坚持"情感留人，待遇留人，事业留人"，坚持用人唯贤，大力投资，办出自己的特色，狠抓教育质量，最大限度地满足学生和家长的需求。如此，洛阳民办高中将能迎来真正明媚的春天。

参考文献

［1］《习近平著作选读》第 1 卷，人民出版社，2023。

［2］王建华：《〈民办教育促进法〉与中国高等教育》，《青岛科技大学学报》（社会科学版）2003 年第 3 期。

［3］王义宁：《制约民办教育发展的主要问题及对策研究》，《教育导刊》2013 年第 6 期。

［4］《国家中长期教育改革和发展规划纲要（2010—2020 年）》，http：// zhidao. baidu. com/question/. 390342747. html。

［5］康万栋：《关于普通高中多样化特色化发展的思考》，《天津师范大学学报》（基础教育版）2013 年第 14 期。

［6］陈志利：《愿景型领导视角下的普通高中多样化发展研究》，南京师范大学博士学位论文，2015。

［7］吕黄梅：《普通高中教育多样化发展问题研究》，华中师范大学硕士学位论文，2016。

［8］杨锐、李天鹰：《我国普通高中多样化发展的情境之困与破解》，《现代教育管理》2017 年第 1 期。

［9］刘霞：《普通高中多样化发展的路径研究》，南京师范大学硕士学位论文，2015。

［10］朱欣：《"以学生为中心"教育理念的历史审视与价值定向》，《现代教育管理》2012 年第 4 期。

高等教育篇

Reports on Higher Education

B.11
洛阳高等教育发展现状调查研究

任程远*

摘　要： 高等院校作为高层次人才培养的重要基地，为经济社会的发展提供了高水平的创新型人才和高素质技能型人才，是推动洛阳经济社会发展的重要引擎。目前，洛阳高等教育发展存在高等教育学校数量偏少、人才培养层次偏低、优势学科不显著、职业类院校起步较晚、职业类院校办学特色不明显等问题。下一步应巩固高校优势学科，提升办学特色，走高校内涵式发展路径，吸引国内外优质高等教育资源来洛办学，建设高水平职业类院校。洛阳市应进一步优化人才发展的环境，大力引进高精尖缺高层次人才，为洛阳经济发展提供智力支撑，助力洛阳高质量发展。

关键词： 洛阳　高等教育　人才培养

---

* 任程远，中共洛阳市委党校法学和社会治理教研部讲师，主要研究方向为思想政治教育。

党的二十大报告指出："教育、科技、人才是全面建设社会主义现代化国家的基础性、战略性支撑。"科技是产业发展的第一动力，人才是国家发展的第一资源，要统筹建设教育强国、科技强国、人才强国。高等院校作为高素质人才培养、科技创新突破的重要平台，已经成为助推区域经济社会发展的重要引擎。近几年，洛阳市委市政府高度重视发挥高校在服务地方经济社会发展中的作用，推动驻洛高校实施创新发展综合配套改革，推动科技创新和制度创新协同发展，科学设置学科发展体系、智库建设、创新平台建设、重点实验室建设，大力实施人才强市、教育强市发展战略，高等教育在服务洛阳经济社会发展方面取得了显著成效。

一 洛阳高等教育发展基本情况

洛阳市作为河南省第二大城市，历史文化底蕴深厚，高等教育资源雄厚，目前拥有河南科技大学、洛阳师范学院、洛阳理工学院等 11 所高等院校，8 所普通、职业高等学校，其中普通本科院校 3 所，高等职业类专科学校 5 所，位居全省前列（见表 1）。截至 2021 年 8 月，洛阳高校毕业生共计 60632 人，招生人数 71313 人，在校学生 197669 人，其中研究生 2057 人，普通本科 91769 人，职业本专科 58552 人。高等学校教职工 10483 人，其中专任教师 8514 人。洛阳本科、专科层次高校办学基本条件见表 2、表 3。河南科技大学 6 个学科进入 ESI 全球排名前 100，位列全省高校前三名，顺利入选河南省"双一流"大学创建第二梯队建设名单。河南科技大学入选年度国家级和省级一流本科专业建设点名单的数量名列全省前茅。洛阳市 3 所高校共入选国家级一流本科专业建设点 16 个，18 个专业入选省级一流本科专业建设点名单。共有 2 所鲲鹏产业学院顺利落地洛阳。

表1　洛阳11所高等院校名单

学校名称	办学层次
河南科技大学	本科
洛阳师范学院	本科
洛阳理工学院	本科
河南林业职业学院	专科
河南推拿职业学院	专科
洛阳职业技术学院	专科
洛阳科技职业学院	专科
洛阳文化旅游职业学院	专科
第一拖拉机制造厂拖拉机学院	成人高等学校
洛阳轴承职工大学	成人高等学校
洛阳有色金属职工大学	成人高等学校

资料来源：河南省教育厅。

表2　洛阳市本科层次高校办学基本条件

学校名称	全日制在校生	学校占地面积	学科及专业	专任教师数	国家级一流本科专业	省级一流本科专业	省级重点学科
河南科技大学	4.4万余人	4100亩	98个本科专业,41个硕士学位点	1200人	21个	30个	28个
洛阳理工学院	2.8万余人	2000余亩	58个本科专业	1819人	4个	15个	5个
洛阳师范学院	2.8万余人	2850亩	72个本科专业	1940人	10个	11个	8个

资料来源：河南科技大学、洛阳理工学院、洛阳师范学院官方网站。

表3　洛阳市专科层次高校办学基本条件

学校名称	在校生数	学校占地面积	学科及专业	专任教师数	办学特色
河南林业职业学院	8300人	340余亩	44个	436人	河南省唯一林业类高等职业院校
河南推拿职业学院	6000人	400亩	10个	340人	全国唯一以推拿命名的高等职业院校

学校名称	在校生数	学校占地面积	学科及专业	专任教师数	办学特色
洛阳职业技术学院	2400 人	2800 亩	60 个	900 人	河南省首批高水平职业院校
洛阳科技职业学院	27000 人	2421 亩	43 个	300 人	全日制普通高等职业院校
洛阳文化旅游职业学院	9000 人	299 亩	13 个	309 人	公办高等职业院校

资料来源：河南林业职业学院、河南推拿职业学院、洛阳职业技术学院、洛阳科技职业学院、洛阳文化旅游职业学院官方网站。

二 洛阳高等教育发展的实践探索

洛阳市委市政府对高等教育高度重视，先后出台了《洛阳市委市政府关于推进高等教育发展的意见》，是河南省第一个以地市名义出台的支持高等教育发展的文件。首先，有序扩大高等院校的办学规模，支持驻洛高校加快新校区建设。洛阳师范学院整体搬迁；河南科技大学四期建设正在规划中；洛阳职业技术学院占地 1500 亩新校区已投入使用；河南中医药大学洛阳平乐正骨学院伊滨校区已开工建设；河南林业职业学院占地 1000 亩新校区已开工建设。这些建设极大地改善了驻洛高校的办学条件，增强了办学吸引力。其次，持续支持驻洛高校高水平学科建设，截至 2022 年，河南科技大学、洛阳师范学院、洛阳理工学院已有 40 余个学科成为河南省高校重点建设学科。

洛阳举全市之力，打造河南省高等教育发展新高地。近几年，洛阳市委市政府在政策扶持、资金保障等方面全力支持河南科技大学"双一流"建设，支持洛阳理工学院、洛阳师范学院建设特色骨干学科。努力建设一批高水平大学和高等职业院校，高质量打造聚合创新资源的城市平台，吸引人才、汇聚人才，实现青年发展与城市发展的有机融合。

（一）树立立德树人的育人导向

为全面贯彻落实德树人根本目标，洛阳市已有3所书院入选河南省高等学校书院制育人模式改革示范书院建设名单（见表4），不断探索书院制育人新模式。现代大学书院制打破学科、年级、专业的限制，推进学生多学科交叉、跨年级交叉，开展融合教育。书院制实行融合教育，实行跨学院、跨学科、跨年级混合住宿模式。倡导学生跨学科、跨专业合作学习。合作学习、融合教育是书院制育人模式的本质要求。导师制是书院制育人模式又一创新，导师入驻书院，由导师为学生的学业与职业发展规划、专业与学术能力培养、创新意识与综合素质提升等提供全方位服务。河南科技大学丽正书院设置有党员活动室、议事厅、青年之家、学生事务服务中心、咖啡屋、创意工作坊等方便学生跨专业跨学科沟通和交流的场所。丽正书院组建了100余个"IDEA学习小组"，每个学习小组按照丽正书院的课外培养方案拟订合作学习方案，学习小组成员以集体形式积极参加校内外各类比赛、社会实践、调研。通过书院制组织形式，形成了学生间跨学科、跨领域、跨年级沟通交流，相互协作，提升了学生的合作意识，增强了学生的团结互助意识，培养了学生的素质和能力。

表4　洛阳入选河南省高等学校书院制育人模式改革示范书院建设的名单

序号	学校名称	书院名称	负责人
1	河南科技大学	丽正书院	李文涛
2	河南科技大学	河洛书院	王红乾
3	洛阳理工学院	致实书院	姚红梁

资料来源：河南省教育厅网站，http：//jyt.henan.gov.cn/2022/12-22/2661224.html。

（二）高校科技创新动能增强

近年来，洛阳高等院校始终坚持走内涵式发展，"双一流"创建稳步迈上新台阶。河南科技大学在河南省特色骨干大学（学科）建设成效评估中位列全省第一，机械工程学科和材料工程学科均获得综合评价等次"优秀"，新进 ESI 全球前 100 学科 1 个，获批 82 项国家级项目，获省部级科技成果一等奖 9 项。洛阳理工学院与华为技术有限公司、黄河科技集团共建"鲲鹏产业学院"，与郑州大学、河南科技大学、河南理工大学、中钢集团洛阳耐火材料研究院等单位联合培养硕士研究生。洛阳理工学院获批"国家知识产权试点高校"，建有首批河南科技智库研究基地、河南省特种防护材料重点实验室、河南省复合刀具与精密加工国际联合实验室等 31 个省级及以上科研平台；与洛阳市人民政府和中信重工机械股份有限公司、中国建材国际工程有限公司、中国联合水泥有限公司、固高科技（深圳）有限公司等 300 余个企业单位开展政产学研合作；洛阳理工学院共承担省级以上科研项目 258 项，获得省部级以上科研成果奖 29 项，获得国家知识产权 1861项。洛阳师范学院化学学科 ESI 排名持续保持全球大学和科研机构前 100，旅游管理学科获批河南省特色骨干学科。近几年，洛阳师范学院获批教育部国别与区域研究中心、林业和草原局国家创新联盟、中原经济区智慧旅游河南省协同创新中心、河南省功能导向多孔材料重点实验室、河南省旅游公共服务大数据产业技术研究院、河南省公共文化研究中心等省部级科研平台40 余个，主持国家自科基金、社科基金、艺术基金等国家级科研项目 110余项，其中国家艺术基金立项数量连续多年位居河南省高校第一。

（三）注重发挥高校智库作用

驻洛高校积极发挥人文社科决策咨询的智库作用，聚焦行业需求，扎实推进校地合作，为政府谋实策、出良策，为企业办实事、解难题。

2022 年 7 月，河南科技大学、洛阳理工学院两所高校共计 8 个智库入选河南省高校新型智库名单（见表 5）。高校新型智库将围绕地区和河南重大发展战略，围绕河南省委省政府和洛阳市委市政府关注的热点、难点与焦点问题，开展决策咨询研究，并为省委省政府、市委市政府提供决策咨询。

表5　洛阳入选河南省高校新型智库名单

序号	智库名称	入选单位	负责人
1	高等教育与科技创新研究中心	河南科技大学	田虎伟
2	洛阳市军民融合产业发展研究院	河南科技大学	马凌
3	河南省民营企业可持续发展研究院	河南科技大学	王娟
4	核心价值观与意识形态安全研究智库	河南科技大学	刘振江
5	产业创新与区域高质量发展研究院	洛阳理工学院	冯超
6	河南文化旅游研究中心	洛阳理工学院	王彩琴
7	地方话语对外传播研究中心	洛阳理工学院	张琳
8	新型城镇化智库研究中心	洛阳理工学院	吕玉辉

资料来源：河南省教育厅网站，http://jyt.henan.gov.cn/2022/06-09/2464816.html。

（四）深化高校与企业产教研融合发展

为深入推进本科高校产教融合、校企合作，促进教育链、人才链与产业链、创新链有机衔接，全面提升人才培养质量，河南省教育厅于2022年3月制订了《河南省本科高等学校深化产教融合促进高质量发展行动计划》。河南科技大学和洛阳理工学院共有9个项目入选河南省本科高校产教融合品牌项目（见表6）。河南科技大学成为教育部首批高等学校科技成果转化和技术转移基地，学校与中钢集团、中航光电、中信重工机械股份有限公司等大企、大院、大所形成战略合作联盟。国际上，加强与国外高水平大学、顶尖科研机构的科研合作。探索学校与企业融合创新、合作育人新模式，引导产教融合持续发展，形成高等教育与产业深度融合、联动发展的新局面。推进"引企驻校、引校进企、校企一体"改革，全面提升校企合作与协同育人水平，高校教师定期赴企业跟岗学习、顶岗锻炼，建立企业技术和管理骨干到高校兼职授课"双向交流"的长效机制，校企联合共建专业，共同制定人才培养方案。以产业发展最新需求为导向，打造以产业需求、市场需求为导向的特色化模块课程，最终形成校企合作、工学结合、产学融合的人才培养机制。

表6　洛阳入选河南省本科高校产教融合品牌项目名单

序号	学校名称	项目名称
1	河南科技大学	新工科人工智能创新实践基地
2	河南科技大学	风景园林虚拟仿真实践基地建设
3	河南科技大学	河南科技大学伊川建业绿色基地发展有限公司产教融合实践教学基地
4	河南科技大学	河南省医疗器械大学生创新实践基地
5	河南科技大学	"产教融合、学赛一体"的高级护理创新人才培养
6	河南科技大学	基于新工科背景下"液压与气压传动"课程线上线下混合式"金课"建设与实践
7	洛阳理工学院	洛阳理工学院鲲鹏产业学院
8	洛阳理工学院	达内软件工作坊
9	洛阳理工学院	杨森智能控制技术创新创业平台

资料来源：河南省教育厅，http：//jyt. henan. gov. cn/2022/12-29/2663670. html。

（五）引进国内外优质教育资源

为了提升驻洛高校办学水平和办学层次，驻洛高校实行引进来与走出去相结合，引进国内外高水平大学来洛办学，高校开展合作办学，并加强与国外高水平大学、顶尖科研机构的科研合作。洛阳理工学院与上海应用技术大学开展全面战略合作，与芬兰坦佩雷应用科学大学共建"中芬应用技术大学示范校"，与意大利都灵理工大学联合建立了材料研究中心，与俄罗斯科斯特罗马国立大学建立复合刀具与精密加工国际联合实验室，与韩国全北大学建立新型功能材料国际联合实验室。与英国胡弗汉顿大学、匈牙利肖普朗大学、韩国映像大学等10余所国外高校开展教学和科研合作，与爱尔兰阿斯隆理工学院、俄罗斯科斯特罗马国立大学举办3个合作办学项目，并接收俄罗斯、韩国等国家友好学校的留学生，深度融入国家"一带一路"建设发展规划。2022年，河南科技大学莫动理工学院揭牌成立，这是洛阳市第一所中外合作办学机构，也是河南省第一所实现硕士研究生层次突破的中外合作办学机构。学院由中俄双方共同制定培养方案，本科采取"4+"办学模式，硕士研究生采取"3+"办学模式。洛阳师范

学院与美国西田州立大学联合举办体育教育专业合作办学，是教育部审批设立的"3+1"国际双学位项目，是河南省为数不多的体育教育合作办学项目。

三 洛阳高等教育发展存在的问题

（一）洛阳高等教育大而不强

洛阳市高等教育整体发展水平和质量不高，与洛阳经济社会发展对于高层次人才培养的需求不够匹配。截至2023年，洛阳没有一所"双一流"高校，洛阳优质高等教育资源较少，高水平本科院校数量较少，博士、硕士学位授予点较少，高等教育毛入学率低于全国平均水平。与郑州、新乡的高等院校相比，洛阳高校数量偏少，缺少综合性大学、艺术类学院、体育类院校、医学类高校。职业类院校普遍缺少办学特色，职业类院校中新乡市有新乡长垣烹饪职业技术学院、河南物流职业学院、河南女子职业学院，信阳市有信阳航空职业学院、艺术职业学院、涉外职业技术学院等办学特色明显、适应市场需求的职业类院校（见表7）。

表7 河南省部分地市本科、专科、成人高等学校数量统计

单位：所

地市	本科*	专科	成人高等学校	总计
郑州	27	41	4	72
洛阳	3	5	3	11
新乡	7	4	0	11
开封	1	5	1	7
安阳	3	4	0	7
南阳	2	5	0	7
信阳	3	4	0	7
平顶山	2	5	0	7

资料来源：河南省教育厅。

（二）高等院校科技创新能力不足

驻洛高校在实施创新驱动发展中，普遍存在科技创新能力不足、重点实验室数量偏少，高层次科研团队偏少，高层次学术带头人偏少，科技转化率较低等问题。在人文社科领域，标志性、原创性的高质量成果较少。驻洛高校普遍存在产学研协同创新体制机制不健全、重产出率轻转化率、成果转化率偏低的问题。科研人员的创新积极性未能充分发动，对奖励机制、收益分配、成果转化等存在顾虑。各高校普遍存在对基础研究重要性认识不足，对前沿学科、交叉学科认识度不够，高校科研力量缺乏组织协同攻关，对科研人员科研评价体系不合理，对科研人员绩效、激励、岗位考核、科研项目招标等制度保障不到位等问题，难以调动科研人员的创新积极性。

（三）高校人才培养意识不强

高等学校应当以立德树人、培养全面发展的高层次人才为主要目标，培养具有社会责任感、创新精神和实践能力强的高层次人才。但是部分高校在实际办学过程中，过度重视高校外部指标评价体系，高校将过多的精力和资源放在学科排名、论文数量、项目申报、职称评定等工作上，在教育教学过程中人才培养目标不明晰，人才培养特色不突出。难以满足学生个性化成长成才的需要，培养出来的学生难以适应未来社会职场竞争需求。产学研一体化协调育人机制尚未发挥作用，高校毕业生普遍存在创新精神不足、实践能力不强的问题。

（四）高校青年教师队伍建设亟待加强

人才是科技创新的第一资源，青年人才是国家战略人才力量的源头活水。对于高校来说，高校青年创新人才、青年教师已成为促进学校发展、提高学术竞争力的关键。吸引优秀青年人才、高层次人才、青年教师来洛发展已成为高校谋求发展、争创一流的重要战略举措。调研显示，驻洛高校每年从国内外知名高校引进各类高层次人才和优秀博士几十人到上百人不等。从实际效果来看，受洛阳区位发展因素所限，很多驻洛高校难以引进高层次创业团队、高层次人才和优秀教师，即使招到急需的高精尖人才，工作几年后这些人才也很容易流失到沿海发达地区。其原因是多方面的。如青年教师工作和考核压力过大、待遇达不到理想预期、专业技术职务晋升困难、过度的非学术因素使科研人员丧失科研兴趣等。大部分高校使用较为单一的考核评价机制对所有的青年教师进行考核和评价，重科研学术成果、轻教书育人教学实绩。职称评审过程中存在按资排辈、职级高者优先等问题，这些已成为制约青年教师职业发展的瓶颈。

四　洛阳高等教育发展对策建议

洛阳市应锚定"扎根洛阳、争创一流"的高等教育发展目标定位，增强高等教育主动融入经济社会发展大局的主动性、自觉性和前瞻性。驻洛高校应努力以特色学科发展为主攻方向，实施优化高校结构布局、学科学院、专业设置"三个调整优化"措施，全面提升驻洛高校的办学实力和科技研发创新能力，为洛阳经济社会发展持续贡献力量。

（一）实现高等教育资源扩容提质，提升办学水平

洛阳应强抓高校扩容发展的战略机遇期，重新优化高等教育资源布局，充分挖掘现有高校发展潜力，提升办学水平，坚持高水平大学品牌建设、特色建设，争创"双一流"高校。对洛阳市现有高等院校布局实行结构优化调整，着力解决驻洛高校总体数量偏少、办学层次不高、办学特色不明显、高等职业院校学科特色不明显等问题。一是要构筑高能级创新发展平台，特别是教学科研平台和创新平台的建设。通过搭建平台，汇聚科技资源、行业资源、企业资源，鼓励驻洛科研院所、高新技术企业以企业联建、部门共建、合作共建等形式，围绕洛阳市优势产业集群，将国家战略需要的资源充分融入地方高校学科建设，只有平台层级高了，才能吸引更多更高层次的战略领军人才，结合各高校的特色优势、特色学科专业和

学科团队，引领当地的科技创新，在平台层面发挥作用。二是培育科创团队，科创团队要聚焦学科方向，以研究成果的相近性、系统性为引领，以国家发展战略的重大需求为导向，自主创新，不断累积创新成果。三是聚焦使命责任，高等院校的高质量发展是新时代对于高等教育的新要求，要走内涵式发展路径，高校一方面承担立德树人的根本任务，另一方面承担服务国家重大战略、产业体系重构的时代使命，肩负转化更多高质量创新成果的使命，故在教学和科研创新中应吸纳更多优秀青年学子参与具体的科技创新活动，通过破解国家"卡脖子"问题，让学生通过科研和科技创新实践接受思想政治教育，完成高校立德树人的根本任务。四是通过社会力量合作举办产业学院，以城育校、以校兴城、以城促校，综合提升洛阳高等教育办学水平和办学层次。

（二）推动高等院校分类发展

高等院校分类发展是当前高等教育改革的重要方向。引导各类高校科学定位、明确培养目标、走特色发展之路。具体来说，洛阳市要大力支持河南科技大学争创"双一流"高校，提升综合办学实力和办学水平，发挥示范引领作用。一是着力健全产学研用相贯通的协同创新模式和育人模式，深化人才"引、育、用、服"全链条体制机制发展模式，进一步授权松绑、激励赋能，构建更加科学的人才综合评价体系，营造创优发展的大环境。在推动高等院校分类发展过程中可借鉴一些成功的案例，比如浙江大学的工业互联网研究所，其致力于推动工业互联网技术的研究和应用，为浙江工业发展提供了重要支持。

二是在推动高等院校分类发展的过程中注重引导高校根据学科定位、特色发展，推动高等教育类型向更加多元化和专业化的方向发展。洛阳市要对标河南省"十四五"高等教育规划。洛阳现有的职业类院校如洛阳职业技术学院、洛阳林业职业学院、洛阳推拿职业学院、洛阳科技职业学院、洛阳文化旅游职业学院应进一步更新升级，持续扩大办学规模，增加招生人数，提高办学水平，不断增强职业类院校服务地方经济发展的能

力，完善现代高等职业教育体系，在高等职业院校发展、特色学科打造上下功夫，注重职业类院校专业设置的前瞻性和市场的实用性。职业类院校积极与企业、用人单位对接，培育适合市场需求的技能型、专业型、实用型和创新型人才。

（三）驻洛高校产教研融合一体化发展

驻洛各高校应围绕国家战略需求，结合高校自身的学科专业优势，立足于洛阳经济社会发展实际需求、资源禀赋、教育水平、科技发展水平以及产业体系，从服务洛阳地方经济社会发展大局出发，把世界科技前沿发展与国家重大战略需求、经济社会发展目标结合起来，瞄准国家战略、瞄准区域经济社会发展战略，加强基础研究、战略先导性研究，以及以市场为导向的应用性研究，自主、自发地进行科技创新开发应用。坚持产教研融合一体化发展，走科教融合之路、产教融合之路、军民融合之路、城乡融合发展之路。推动驻洛高校与驻洛有关高精尖企业有效对接，创新校企、校院、校地合作机制，推进产教研融合一体化发展。与此同时，加强高校基础学科、战略型新兴学科、新能源产业的研究，提升高校科技创新能力、基础研究能力和服务社会能力，深度嵌入国家战略科技力量发展体系，全力服务高水平现代化洛阳建设。

1. 实施高精尖缺高层次人才引进工程

新一轮科技革命和产业变革突飞猛进，学科交叉不断发展，基础研究的转化周期明显缩短，国际科技竞争向基础性、前沿性前移。这就需要加强基础研究，优化基础学科建设，注重发挥高校、重点实验室、科技领军人才的作用，高校应下大力气打造体系化的高层次基础人才培养机制和培养平台，使各类高精尖人才竞相涌现。一是应强化引进来和走出去相结合，不断加大高校科技创新人才和团队建设的自主培养力度，加大对各类人才培养的支持力度，培养具有科技创新能力和全球视野的科技领军人才和创新团队。实行高精尖缺高层次人才引入机制，研究制定育才、引才、用才、留才等人才发展的中长期规划，通过"数字游牧民"等机制，柔性引进高层次人才，全方位加强对科技创新人才的放权赋能，试行科研项目包干制、对于"卡脖子"科技项目实现"揭榜挂帅"制，在重大科技攻关项目中发现和培养科技领军人才。二是推广与企业深度合作的人才培养模式，高校学生直接在企业的全产业链、生产链上接受系统培训，系统了解企业发展状况、生产状况，了解大国工匠精神，拓展高校学生的知识面，提高其技术服务能力、管理能力、统筹谋划能力，从而全面提升学生的综合素质和适应未来市场竞争的能力。

2. 加大高校科技成果转化力度

相关资料显示，目前高校产出的发明专利转化率不足5%，每年有大量知识产权的突破，但是高校的普遍转化率不高。驻洛高校应聚焦洛阳经济社会发展重大需求，以成果应用为导向，畅通科技成果转化渠道。超前部署科研信息化基础平台，形成强大的基础研究网络。科学规划布局前瞻性、引领型、应用支撑型科技基础设施，全方位建设高水平科研创新平台评价科研成果、科研价值，一定要看其在实际中是否有所应用，看其有没有对产业体系做出贡献、有没有对制约行业发展的"卡脖子"前沿理论有所突破，结合洛阳具体实际应用，开展相关的科技创新活动，不断推动科技成果创新转化。驻洛高校应围绕经济和社会发展需求，深化校所、校企、校地合作，建立科技创新中心、成果转移基地、企业联合建设工程研究中心。以洛阳理工学院为例，其推行了产科教深度融合发展模式，每个科技创新团队结合自身科技创新平台、专业学科优势，有针对性地对接相关企业。每个专业至少与1家国内知名行业企业、知名校友企业、知名地方企业、国内高水平大学进行深度合作，人才资源深度融合。企业技术人员定期到学校讲学，学校设有企业教授岗；与此同时，在企业也设置了高校教授企业技术岗位。此外，与企业搭建共建平台，实行项目联合攻关，高校围绕企业现有的生产链、创新链从不同方面给予人才支撑。面对未来市场竞争、未来产业变革需求，高校科研团队提前布局，让科研团队融入企业的生产环节，实现产教研深度融合、深度转化。

（四）鼓励校企联合科技攻关

驻洛高校应充分利用现有资源，与科研机构和驻洛企业开展联合攻关，服务国家重要战略发展需求、科技前沿发展需要，进一步加强基础性、应用性研发，与企业研发平台建立长期合作机制，推动开展课题联合攻关。

1. 完善"企业出题、政府立题、高校做题"的科研攻关模式

把握国内外科技发展大势，以原始创新带动应用创新。鼓励高校科研团队以各种形式加入企业牵头组建的创新项目，不同类型高校的优势学科与优势企业强强联合攻关，从源头和基础破解关键技术和核心问题，提升解决区域重大科技研发能力不足的问题。职业类高等院校应积极服务好洛阳现代服务业、文旅产业、交通运输业、医养康养、新能源、现代物流、智能装备制造等行业发展。推进"人人持证、技能洛阳"建设，进一步完善职业类高等院校在技能培训、专业设置、师资力量等方面的配置，力争到2025年洛阳市重点培育20~25个市级高水平特色专业群，并面向全市企业在岗职工、就业重点群体、农村转移劳动力等就业群体广泛开展职业技能培训，发挥高校服务地方社会发展的功能。

2. 实施驻洛高校新型智库"集智"创新计划

发挥重点高校、科研院所的新型智库作用。洛阳市可围绕黄河流域生态保护和高质量发展、文旅产业发展、新型装备制造等领域，突出洛阳地域特色，夯实研究基础，为洛阳市委市政府科学决策提供对策建议。通过引进来与走出去相结合的方式，汇聚全球顶尖人才、高端人才，持续不断引入高层次人才。人才是经济社会发展的第一动力，洛阳各高校应不拘一格广开进贤之路，实行刚性引入高层次人才和柔性引智相结合的方式，精细化做好人才引进的全方位、全周期服务。各类学校为各类人才的发展搭梯铺路，鼓励更多优秀人才在科研创新攻关中、教育教学过程中、新型智库建设中发挥重要作用，使其全方位融入洛阳产业发展体系之中。

参考文献

［1］《2021 年河南省教育事业发展统计公报》，http：//jyt. henan. gov. cn/2022/03 -
31/2423716. html。

［2］裴丽：《书院制育人模式下推进合作学习的路径探索——以河南科技大学丽正书
院"IDEA 小组行动计划"为例》，《河南教育》（高等教育）2022 年第 3 期。

［3］《2021 年洛阳市教育事业发展统计公报》，http：//lyjyj. ly. gov. cn/NoticeDetails.
aspx？ ID＝2675。

［4］刁玉华：《普及化阶段河南高等教育发展特点研究及高质量发展对策分析》，
《河南大学学报》（社会科学版）2022 年第 3 期。

B.12
高等教育发展水平与洛阳
城市竞争力研究

刘凡进　周莹*

摘　要:　高等教育的发展水平与城市竞争力的提升是休戚相关的共同体。
高等教育的发展有助于城市竞争力的提升,是现代城市发展规划
的重要指标之一;而城市的发展又可以促进高等教育的发展,是
高等教育健康发展的重要基础。故而,对洛阳高等教育发展水平
与洛阳城市竞争力提升的深入研究,可以为洛阳高等教育发展水
平和洛阳城市竞争力的提升添加若干裨益。目前,随着洛阳城市
综合实力的逐步提升,洛阳高等教育事业取得了许多可喜的成
绩,不过相较东部发达城市,洛阳的差距仍较大,尤其是优质高
等教育资源匮乏问题比较明显,无法满足洛阳整体发展的需要。
因此,为了在现代化新征程中助力古都洛阳重振辉煌,洛阳还须
大力提升洛阳地区高等教育发展水平,激发驻洛高校创新活力,
这样才能更好地发挥驻洛高校服务社会的优势,助力洛阳的经济
社会发展。

关键词:　高等教育　城市竞争力　互动机制　创新引领

百年大计,教育为本。高等教育的发展水平与城市竞争力的提升有着休

---

* 刘凡进,洛阳师范学院新闻与传播学院讲师,主要研究方向为高等教育与文化传播;周莹,
洛阳师范学院新闻与传播学院本科生,主要研究方向为高等教育与影像传播。

戚相关的联系。在当下愈加激烈的城市竞争氛围下，优质高教资源显然已成为各大城市竞相角逐的重要资源，也已成为各大城市发展规划的重要指标之一。高等教育的发展有助于城市竞争力的提升，而城市的发展又可促进高等教育的发展，是高等教育健康发展的重要基础。习近平总书记指出："'两个一百年'奋斗目标的实现、中华民族伟大复兴中国梦的实现，归根到底靠人才、靠教育。"[①] 从 2017 年党的十九大报告提出"建设教育强国是中华民族伟大复兴的基础工程"到 2022 年党的二十大大报告提出"加快建设教育强国、科技强国、人才强国"，党和国家在推动我国经济社会高质量发展的同时，将教育事业上升到国家战略高度，高度重视教育的发展，高等教育经费投入得到极大提升，高校规模逐渐扩大、功能日益完善，我国高等教育事业取得了一系列斐然的成就。在新时代的征程中各高校需要积极担当起加快建设教育强国、科技强国、人才强国的责任，优化学科建设，提高人才培养质量，提升自主创新能力，为社会主义现代化建设提供人才资源保障。目前，随着洛阳综合实力的逐步提升，洛阳高等教育事业取得了许多可喜的成绩，但是相较于东部城市，洛阳的差距还是相当大的，尤其是优质高等教育资源匮乏问题比较明显，无法满足洛阳整体发展的需要。为了在现代化新征程中助力洛阳重振辉煌，洛阳必须大力提升洛阳地区高等教育发展水平，积极发挥高等教育在城市高质量转型发展中的积极作用。

一 基本情况的梳理

高等教育通过人力资本与技术资本的不断输出，为城市的发展提供持续的智力支持与技术支持。高等学府的量与质亦逐渐成为各大城市提升综合竞争力的关键因素之一。可见，高等教育对与城市发展的意义重大。

（一）概念厘定

城市竞争力、高等教育、高等教育发展水平是众多研究者研究高等教育

---

① 《习近平关于社会主义社会建设论述摘编》，中央文献出版社，2017，第 50 页。

发展水平与城市竞争力关系时经常绕不开的三个高频度词语。"工欲善其事，必先利其器。"故而，只有厘清了它们的基本概念，才能更好地研究高等教育发展水平和洛阳城市竞争力之间的关系。

1. 城市竞争力

目前，国内外关于城市竞争力的研究主要基于竞争力的角度延展开来，不过，国内外研究者的侧重点不一。国外许多研究者参照国家竞争力来阐释城市竞争力。美国斯坦福大学的研究者 Douglas Webster 认为："城市竞争力是指一个城市能够生产和销售比其他城市更好的产品能力，提高城市竞争力的主要目的是提高城市居民的生活水平。"英国的研究者 Paul Cheshire 则认为："城市竞争力主要体现在基于一个城市之内的收入和就业情况，如果收入和就业的情况较其他城市好，则说明这个城市的竞争力强。"① 而我国研究者关于城市竞争力的概念阐述亦有不同的侧重点。中国社会科学院的倪鹏飞在《中国城市竞争力理论研究与实证分析》中指出："城市竞争力主要是指一个城市他在竞争和发展过程中与其他城市相比所具有的吸引、争夺、拥有、控制和转化的资源的多少，以及争夺、占领和控制市场以创造价值，并为其居民提供福利的能力。"② 北京国际城市发展研究院的连玉明则指出："城市竞争力是一个国家的城市在全球经济一体化背景下，与其他城市比较，在要素流动过程中抗衡甚至超越现实的和潜在的竞争对手，以实现城市价值具有的各种竞争优势的系统合力。"③

综上，关于城市竞争力概念的厘定，无论是国外研究者还是国内研究者的表述都不尽相同，不过内涵基本相同，主要是基于竞争力的角度延展开来，不仅阐述了城市竞争力的复杂性和综合性，而且明确了城市竞争力与城市各要素的合力有关系。因此，结合研究者的表述，城市竞争力可以阐述

① 《城市竞争力》，https：//wiki. mbalib. com/wiki/%E5%9F%8E%E5%B8%82%E7%AB%9E%E4%BA%89%E5%8A%9B。

② 倪鹏飞：《〈中国城市竞争力理论研究与实证分析〉摘要》，《城市》2001 年第 1 期。

③ 《城市竞争力》，https：//wiki. mbalib. com/wiki/%E5%9F%8E%E5%B8%82%E7%AB%9E%E4%BA%89%E5%8A%9B。

为：基于已有的发展基础，一个城市所拥有的吸引、控制以及转化相关资源的能力，进而利用这些优势资源为城市的经济社会发展服务，提高居民的生活水平，为城市的发展提供可持续的动力。

2. 高等教育

联合国教科文组织将高等教育（Higher Education）阐释为由大学、理工学院、师范学院、文理学院等构成的教育体系。在我国，高等教育是为社会主义现代化建设培养专门人才和职业人才的高等教育活动。自 20 世纪 90 年代以来，我国的高等教育规模、质量得到了飞速的提升，高等教育由精英教育转化为大众化教育，并逐渐向普及化教育过渡，越来越多的人可以进入高等教育学校进行深造，汲取知识的养分。高等教育培养的各种人才有效地助力了我国经济社会的发展。2022 年 5 月 17 日，教育部高等教育司司长在"教育这十年""1+1"系列新闻发布会上介绍党的十八大以来我国高等教育改革发展取得的成效时说："我国已建成世界最大规模的高等教育体系，在学总人数超过 4430 万人，高等教育毛入学率从 2012 年的 30%，提高至 2021 年的 57.8%，提高了 27.8 个百分点，实现了历史性跨越，高等教育进入世界公认的普及化阶段。"① 我国劳动力素质结构发生极大变化，国民的文化素质大幅提升。

我国的高等教育方式是多样化的，由普通高等教育、成人高等教育、电大开放教育、远程网络教育等构成，契合了群众多样化、差异化的受教育需求，普通高等教育主要由研究型大学、教学研究型大学、教学型本科院校、高等专科学校和高等职业学校构成。目前，在洛阳地区有河南科技大学、洛阳师范学院、洛阳理工学院、河南林业职业学院、河南推拿职业学院、洛阳文化旅游职业学院、洛阳职业技术学院、洛阳科技职业学院等 11 所高等院校，这些高等院校积极发挥自己的学科优势与专业优势，为洛阳经济社会的发展贡献力量。

---

① 《高等教育进入世界公认的普及化阶段 在学总人数超过 4430 万人》，https://new.qq.com/rain/a/20220517A08IWS00。

3.高等教育发展水平

高等教育发展水平受到多种因素的影响，从相关制度建设到地区经济发展状况再到基础设施建设等，皆是影响高等教育发展水平的因素。高等教育发展水平是一个国家发展潜力的重要表征，高等教育事业的茁壮发展可以助力国家核心竞争力的提升。从党的十九大报告提出"建设教育强国是中华民族伟大复兴的基础工程"到党的二十大报告提出"加快建设教育强国、科技强国、人才强国"可以看出，在推动我国经济社会高质量发展过程中，党和国家高度重视教育的发展，将教育事业上升到国家战略的高度，在现代化建设中赋予各高等院校新的使命。特别是在知识经济时代，城市发展的重要基础是知识创新，高等院校人才荟萃，有为区域经济发展持续提供人才的能力。2018年1月，在洛阳市委常委（扩大）会议上通过的《关于加快推进洛阳高等教育发展的意见》着重提出要全力推进洛阳高等教育又好又快发展，提升驻洛高校的内涵建设与改革创新能力。在未来，驻洛高校的发展和洛阳经济社会发展间的联系会更加紧密。因此，在奋进新时代的征程中，各驻洛高校需要积极担当责任，优化学科建设，提高人才培养质量，为洛阳经济社会的发展做出更大贡献。

（二）驻洛阳高校的基本情况

高校的量与质常常被看作城市竞争力的重要指标之一。洛阳位于邙山以南、洛水之北，水系丰富，沃野千里，九州腹地、十省通衢，在华夏历史长河中，洛阳可谓一颗璀璨的明珠。自古以来，洛阳便是人杰地灵，这里有"最早中国"之美誉，孕育了许多底蕴深厚的文化，在这片河洛沃土之上，12所高等学府不仅传播了河洛人文知识，让学生体会河洛大地的博大情怀，更是紧紧结合洛阳市经济社会发展的需要，为洛阳培养了一批又一批的高素质人才。目前，驻洛高校主要有11所，本科高校3所（河南科技大学、洛阳师范学院、洛阳理工学院），职业本专科高校5所（河南林业职业学院、河南推拿职业学院、洛阳文化旅游职业学院、洛阳职业技术学院、洛阳科技职业学院），成人高等学校 3 所（洛阳有色金属职工大学、洛阳轴承职工大学、第一拖拉机制造厂拖拉机学院）。此外还将有一所新设立的高校——洛阳商业职业学院，该校是在 2023 年 1 月 20 日召开的河南省政府第 168 次常务会议上研究批准设立的，洛阳商业职业学院的设立将为古都洛阳增加一所新的高等学府。部分驻洛高校的基本情况见表 1。

表 1　部分驻洛高校的基本情况

序号	单位	建校时间（年）	在校生数量（人）	专业数量（个）	院系部数量
1	河南科技大学	1952	4.4 万	98	6 个学院（38 个学部单位）
2	洛阳师范学院	1916	2.8 万	72	22 个学院、2 个公共教研部
3	洛阳理工学院	1956	2.8 万	58	14 个学院、2 个基础教学部
4	河南林业职业学院	1951	8300	44	5 个教学系、1 个基础教育部
5	洛阳职业技术学院	2011	2.4 万	60	14 个学院、3 个基础教学部
6	洛阳科技职业学院	1988	2.8 万	40	8 个学院
7	洛阳文化旅游职业学院	2021	9000	13	13 个教学系

资料来源：笔者根据实际调研情况整理。

二　高等教育与洛阳城市发展的互动关系

高等院校以人才供给与技术资本输出的方式为城市的发展提质增效。当然，城市发展水平的高低也会制约高等教育发展的样态，因此，二者之间存在一定互动关系。

（一）高等教育对洛阳城市竞争力的影响

当前，城市间的竞争日益激烈，高等教育逐渐成为城市竞争的关键因素之一。驻洛高校在助推洛阳经济发展方面发挥了非常重要的作用。其一，驻洛高校可以培养洛阳经济社会发展所需的优质人才，从而提供智力支持；其二，驻洛高校可以传播科学技术，提升洛阳地区人口的人文素

养；其三，驻洛高校通过科研成果为洛阳城市发展增添智慧值。综上，高校承载着所在城市的科学精神、人文精神，高校是科技创新的重要主体。驻洛高校通过培养人才、科学研究、服务地方经济发展来增强洛阳城市的整体竞争力。

1. 高等教育对洛阳城市文化的影响

在 2022 年 5 月 17 日的"教育这十年"系列发布会上，教育部高等教育司司长介绍说，自党的十八大以来，"中国已建成世界上最大规模的高等教育体系，在学总人数超过 4430 万人。全国接受高等教育的人口达到 2.4 亿，新增劳动力平均受教育年限达 13.8 年，劳动力素质结构发生了重大变化，全民族素质得到稳步提高"。① 随着我国高等教育事业的蓬勃发展，高校学生数量逐年递增，越来越多的学生走进高校接受知识的涵养，高校不仅是传播知识文化、培养社会发展所需人才和科学研究的中心，更对所在城市的文化发展有着广泛的影响。洛阳地区的高校在教学服务方面也根据城市发展所需，不断优化学科布局，为洛阳经济社会发展提供人才所需与智力支持，通过人才"智高点"为洛阳城市发展抢占"制高点"添砖加瓦。在信息咨询方面，驻洛高校馆藏的图书文献资料可以为洛阳各界人士提供信息咨询服务。驻洛高校通过科技创新、学术研讨、艺术展演等方式，厚植洛阳文化特色优势，加强内涵建设，定期与洛阳民众展开交流互动活动，不仅充分展现了驻洛高校的科研状态，又在一定程度上拓展了高等教育的空间。

此外，驻洛阳高校不断加强国际交流合作，拓展国际合作领域，主动服务"一带一路"建设和区域经济"走出去"战略，实现了中外高校更高层次产学研相结合的国际合作（见表 2）。如河南科技大学的河南省智能农业装备技术国际联合实验室、洛阳师范学院的中意智慧城市合作研究室、洛阳理工学院的"复合刀具与精密加工国际联合实验室"、洛阳职业技术学院的

---

① 《高等教育毛入学率去年增至 57.8%》，https：//www.360kuai.com/pc/9744e9ff04674916c? cota＝3&kuai_ so＝1&sign＝360_ 57c3bbd1&refer_ scene＝so_ 1。

"中意文物修复与保护研究中心"等，不仅借助中外合作平台，充分利用国际优质教学资源，培养了一批洛阳城市发展所需的具有国际视野的高素质创新人才，而且彰显了洛阳的国际人文交往能力，积极为洛阳国际人文交往中心的建设助力。

表 2   驻洛高校的部分国际合作项目

序号	名称	驻洛高校	合作对象	合作平台成立时间
1	中意智慧城市合作研究室	洛阳师范学院	意大利都灵理工大学	2016 年 10 月
2	河南省智能农业装备技术国际联合实验室	河南科技大学	英国曼彻斯特大学 E-Agri 传感中心	2017 年 12 月
3	马来西亚城市大学河洛学院	洛阳师范学院	马来西亚城市大学	2018 年 4 月
4	河南省复合刀具与精密加工国际联合实验室	洛阳理工学院	俄罗斯科斯特罗马国立大学	2020 年 3 月

资料来源：笔者根据调研情况整理。

2. 高等教育对洛阳经济的影响

高校人才密集，可以探究新知识，研发新技术，进而在校企合作模式下将高校潜在的生产力转化为现实生产力，这对新型产业的产生有很大的助力。驻洛各高校以习近平新时代中国特色社会主义思想为指导，坚持立德树人，强化使命担当，围绕洛阳在高端材料研究、先进制造、文化产业等领域中的现实人才需求，优化学科建设，提升育人质量，形成助推洛阳经济社会发展的基础与战略科技力量，为洛阳经济社会发展提供各类人才支持。大学科技园的建设就是响应"大众创业，万众创新"的战略要求，满足人才创新创业的需求。洛阳大学科技园是经洛阳市委市政府批准建设的高校和科研院所科技成果转化与科技型中小企业孵化基地，该园位于洛阳市涧西区，精英荟萃，配套设置完善，环境优美，能够满足各类人才创新创业的需求；此外，部分驻洛高校也建设有大学生科技园，这也是驻洛高校服务地方经济社会功能的有机外延、推动高校科技成果转化的重要平台与窗口，有效地推进了驻洛高校科研成

果的商品化和产业化。河南科技大学科技园有限责任公司成立于2016年8月25日，洛阳师范学院大学科技园成立于2015年，洛阳理工学院大学科技园成立于2015年7月，科技园利用各高校的学科、科研、实验设备等优势，以市场为导向进行科技创新、成果转化、企业孵化、创新创业教育等，与洛阳地区的行业协会、相关企业、众创空间等对接，形成合力优势，聚合各学科人才进行科技研发，促进新技术成果的涌现。大学科技园整合相关资源，为助力洛阳发展贡献了产学研一体化平台与若干技术创新成果，体现了驻洛高校与洛阳经济社会发展需求的深度融合，为洛阳产业转型升级与高质量发展赋能。

3. 高等教育对洛阳城市社会化的影响

20世纪90年代以来，随着我国高等教育的改革，招生规模逐年扩大，越来越多的人可以进入大学校园深造。"2021年，我国普通高校招生人数近1119万人，比上年增长40.9万人。其中，研究生招生人数为117.65万人，普通本（专）科招生人数为1001.3万人，这也是普通本（专）科招生人数首次突破1000万人。"[①] 驻洛高校招生数量亦呈逐年递增态势。每个驻洛高校都拥有大量的在校学生，大体量的学生人数可以带动驻地周边的经济发展，增加驻地周边的就业人数，同时，每年会有许多社会责任感强、科研创新能力强的优秀毕业生选择留洛就业创业，这为洛阳经济社会发展提供了可持续的人才资源，提升了古都洛阳的青春活力。同时，高等教育的发展水平是衡量一个城市开放性与国际性程度的重要标准。许多世界著名城市均云集有一流学府，它们在国际人文交往中发挥着非常重要的作用，像伦敦、美国硅谷等就是显证。随着我国经济社会的飞速发展，众多城市迎来了蓬勃发展的机遇。洛阳是十三朝古都、历史文化名城，也正在积极打造国际人文交往中心。因此，在新的发展契机下，驻洛高校要全面贯彻党的教育方针，落实立德树人育人目标，不断深化教育改革，提升育人质量，增强服务区域战略的人才供给能力，助力洛阳城市发展，提升洛阳的创新创造活力，助力提升

---

① 《中国历年大学招生人数（1949~2021年）》，https：//m. shujujidi. com/jiaoyu/235. html。

洛阳在众多城市中的认知度与吸引力，为谱写新时代洛阳更加出彩的篇章而不断努力。

（二）洛阳城市的发展对洛阳高等教育的影响

高等教育的发展水平与城市竞争力的提升休戚相关。在高等教育助力城市经济社会发展的同时，城市的发展也助推了高校的茁壮成长。缘于地理优势，洛阳可以为驻洛高校提供更好的办学环境、服务和资金等，为驻洛高校更好发展奠定坚实的基础。

1. 城市发展水平对驻地高校的影响

城市的发展水平是衡量城市竞争力的一个重要参考指标，而城市发展水平对驻地高校的影响主要体现在城市的经济基础、发展观念以及政策倾向方面。在政府大力支持和城市经济发展的助推下，驻地高校也可以获得蓬勃发展。一般而言，驻地经济发展水平制约着驻地高校的发展规模，驻地发展状况越好，提供给当地高校的便捷条件就会越多，有助于驻地高校办学条件、科学研究、服务社会能力、配套基础设置的提升。在2023年1月4日召开的洛阳市第十六届人民代表大会第一次会议上，洛阳市市长讲到2023年10个重点工作安排时，着重强调了要"加快洛阳职业技术学院二期建设，支持申建职业大学；建设全省高等教育改革发展新高地，支持河南科技大学创建'双一流'大学，支持洛阳师范学院建设特色骨干学科高校、洛阳理工学院建设高水平应用型大学，加快筹建洛阳乌拉尔大学"[1]。洛阳市政府积极支持驻洛高校的发展，必将助推驻洛高校规模和质量的双提升。

2. 城市产业结构对驻地高校的影响

城市产业结构是城市生产力的核心构成部分。对城市生产力的稳步提升、细化社会分工以及城市产业的形成有着重要的影响。在社会分工、生产

---

[1]　徐衣显：《洛阳市第十六届人民代表大会第一次会议上的政府工作报告》，https：//www.henan. gov. cn/2023/01-12/2671901. html。

力提升的共同作用下，城市的竞争力也会得到明显提升。2023年2月10日，神舟十五号航天员费俊龙、张陆圆满完成出舱活动的全部既定任务，其中，洛阳LYC轴承有限公司（洛轴）研制的导轨、转盘轴承、滚子组件等产品，发挥了保障作用，助力航天员圆满完成出舱任务。洛阳铜一金属材料发展有限公司配套新能源汽车电芯铜铝连接片产量突破6亿个，所生产的产品具有独家专利，实现100%国产化，已批量供货比亚迪、特斯拉、宝马等头部企业，市场占有率达80%，有效地彰显了"洛阳制造"的影响力。城市竞争力的增强迫切需要城市产业结构的优化升级，而城市产业结构的优化升级对驻地高校的茁壮成长也会产生重要的助推作用。

洛阳市深入学习贯彻党的二十大精神，聚焦"建强副中心、形成增长极、重振洛阳辉煌"。"研发经费投入年均增长15.5%，投入强度连续四年领跑全省，技术合同成交额增长4倍。传统产业加快转型，一大批智能车间、绿色工厂示范带动1.3万多家企业'上云用数'，规模以上工业企业利润保持年均两位数增长。"① 转型升级实现突破性进展，在进行产业转型升级的过程中，切实需要驻洛高校培养的大批人才作为智力支持，因此洛阳市积极支持驻地高校的发展，积极建设河南省高等教育改革发展新高地，采取多种措施"吸引青年、留住青年、成就青年"，让洛阳成为一座青春活力之城。2021年洛阳市委常委会会议通过的《洛阳市建设青年友好型城市行动方案》，围绕产业平台聚才、青年就业创业、青年安居保障、社交消费赋能、城市活力提升5个方面，着力推出27项举措，对驻洛高校特色骨干学科建设、青年安居保障、15分钟"休闲圈"建设等给予大力支持，城市功能品质与青年人契合度的不断提升让许多驻洛高校毕业生选择毕业后留洛就业创业，"以青春之我，书写时代华章"，为洛阳的经济社会发展提供了丰厚的人才资源。

同时，基于产业链升级、做强主导产业以及新兴产业的需求，洛阳市围

---

① 徐衣显：《洛阳市第十六届人民代表大会第一次会议上的政府工作报告》，https://www.henan.gov.cn/2023/01-12/2671901.html。

绕优势产业聚力"双招双引"（招商引资、招才引智），以期"贯通产业链、人才链、创新链。聚焦优势主导产业，培育和引进一批产学研结合更紧密的新型研发机构，布局建设一批产业研究院、中试基地，以清洛基地等创新平台为依托集聚青年科技创新人才，推动科技创新成果更好转化为现实生产力"①。这将刺激驻洛高校有计划地设置相关专业、加大培养专业人才力度，强化科教融合、产教融合以及理论与实践紧密结合，这不仅有效地促进高校人才培养，鼓励学生开展高水平基础研究和创新探索研究，而且提高了青年人才对洛阳的认同感与归属感，为进一步推动洛阳青年友好型城市建设、重振洛阳辉煌吸引青春力量的加入。

三　目前洛阳高等教育发展面临的困境

驻洛高校虽然取得了很多丰硕成果，为洛阳经济社会的发展做出了贡献，但是相较于一些竞争力强的城市，目前洛阳高等教育发展状况并不乐观，优质高等教育资源短缺、经费投入不足一直是制约洛阳城市竞争力提升的短板之一。鉴于此，洛阳市需要持续加大支持高等教育发展的力度，解决洛阳高等教育发展中存在的问题，增强驻洛高校发展动力，激发驻洛高校创新活力，这样才能更好地发挥驻洛高校服务社会的优势，助力洛阳的经济社会发展。

（一）优质高等教育资源匮乏

洛阳积极发展高等教育事业，成果凸显。洛阳倾力打造大学城，对接中外优质高校开展合作办学。大学城建设规划用地 33450 亩，建成后每年将为洛阳培养 3 万~5 万名高质量人才，并逐渐成为豫西地区的"人才硅谷"。目前已经与大学城对接的国内学校有哈尔滨工业大学、浙江大学、吉林大

---

① 洛阳市机关事务局：《洛阳市建设青年友好型城市行动方案出炉》，https://jgswglj.ly.gov.cn/portal/article/index/id/1100/cid/10.html。

学；国外学校有俄罗斯乌拉尔联邦大学、俄罗斯莫斯科动力大学、立陶宛维尔纽斯格迪米纳斯技术大学。① 目前已经确定引进的有郑州大学洛阳校区等，大学城还计划对接欧美澳加俄乌的一些优质高校，展开合作办学。大学城建设完成之后将为洛阳都市圈建设提供重要的智力支撑。

虽然近几年洛阳高等教育事业发展成果明显，但是相对经济迅速发展的城市而言，驻洛高校的数量还是远远不够的，总体呈现为优质高校数量较少、规模不大，还需要进一步加大优质高等教育资源的引进力度。目前，郑州的高等院校有 67 所，其中本科高校有 26 所，高职高专院校 41 所；西安的高等院校有 64 所，其中本科高校有 45 所，高职高专院校 19 所；青岛的高等院校有 24 所，其中本科高校有 13 所，高职高专院校 11 所；徐州的高等院校有 14 所，其中本科高校有 6 所，高职高专院校 8 所；而洛阳的高校只有 12 所，其中本科高校 3 所，高职高专院校 9 所（见图 1）。因此，优质高等院校不多、数量较少是目前洛阳高等教育事业的现状，这也成为制约洛阳经济社会发展的重要因素之一。

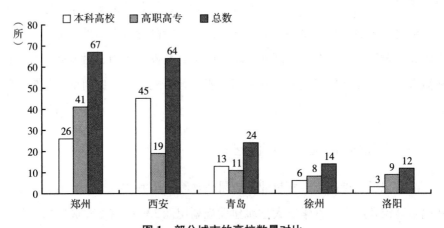

图 1　部分城市的高校数量对比

资料来源：笔者根据相关数据整理。

---

① 《洛阳大学城已对接 7 所大学，万亩土地将用于中外合作办学》，https://new.qq.com/rain/a/20211018A04IQM00。

（二）经费投入差距大

"占全国95%的高等学校以地方财政支持为主，地方政府受财力所限或者是认识不到位，在教育上投入动力不足，导致地方财政对地方高等学校的投入远远不及部属高校。"[①] 地方高校的生均拨款远远不及一些部属高校的标准，而且差距相当大，另外，在科研项目经费、学科建设经费等方面的投入亦存在很大差距。办学经费投入的整体偏低让地方高校面临发展之困，不能满足地方高等教育高质量发展的需求。驻洛高校财政预算收入占比、人均可支配收入、公共预算支出等均不能与上海、郑州、南京、西安地区的高校相媲美，这导致洛阳高等教育高质量发展的速度缓慢，极大地制约了驻洛高校人力资本与技术资本的输出，因此，促进洛阳高等教育的发展，加大经费投入是关键方法之一。

四　对洛阳高等教育发展与洛阳城市
竞争力提升的思考

"以城育校、以校兴城、共同发展"，高等教育与城市的发展呈现一种相互成就的关系。洛阳的高质量发展需要高等教育作为重要支撑，洛阳高等教育发展水平直接关系到洛阳的发展质量。故而，在提升洛阳城市竞争力的过程中，洛阳要深度完善支持驻洛高校发展的多元举措，发挥高等教育在城市高质量转型发展中的积极作用，同时，驻洛高校亦需要与洛阳城市发展所需质素协同，科学定位、明晰发展思路，不断提高与洛阳经济社会的融合度，最终通过多元举措，达到促进驻洛高校与洛阳城市经济社会发展量质双升的效果，为赋能洛阳竞争力提升、重振洛阳辉煌积极发挥洛阳高等教育的力量。

[①] 《怎么解决高教资源省域布局不协调》，https：//epaper. gmw. cn/gmrb/html/2015－07/14/nw. D110000gmrb_ 20150714_ 1-13. htm。

（一）构建互动机制：增强驻地高校与政府、企业的多元互动

专业性人力资本存量越多、技术资本质量越高，越有助于社会生产力的提升。如前所述，驻洛高校通过人力资本（人才产出）和技术资本（科技成果产出）的输出形式，可为洛阳城市的发展注入鲜活动力；同时，洛阳城市的发展又会促进驻洛高校的规模扩大与质量提升，二者呈现互惠双赢关系。因此，驻洛高校要积极利用平台优势、资源优势为洛阳发展所需的科学研究、社会服务、人才培养贡献力量；洛阳经济发展水平、社会环境亦应助力驻洛高校获取更多的社会资源与经济资源。

1. 驻洛高校与政府互动，完善高教信息发布与信息反馈机制

首先，为了能够获得更好的双赢效果，相关部门需要深度完善高等教育人才以及相关科研成果信息的发布机制，及时发布驻洛高校的人才培养信息、科研成果信息；与此同时，相关部门也需要向驻洛高校反馈人才需求，完善人才需求监测预报机制，这有助于人才培养质量的提升。此外，为了切实夯实联动机制，相关部门还需要夯实驻洛高校和相关企业间的联动平台，让驻洛高校的科研成果能够更好地实现市场转化，让市场检验科研成果。其次，完善高校人才留洛举措，东部一些发达城市的优势吸引了全国各地高校大量的人才，驻洛高校每年培养的人才中也有很多外流。为了更好地解决这个问题，相关部门应该进一步完善高校人才留洛举措，破除人才留洛壁垒，争取让更多驻洛高校产出的人才在洛阳就业创业，"以青春之我，书写时代华章"，为洛阳的经济社会发展提供丰厚的人才资源。

2. 驻洛高校与企业互动，加强二者联动，发挥各自优势

企业是市场的重要组成部分，高水平企业和驻洛高校的联动合作是获取科研技术与高质量人力资本的重要方式。二者联动的优势在于：高水平企业不仅可以为驻洛高校提供一些科研经费支持，专门用于促进成果的转化，而且可以提高驻洛高校优势资源的利用率，高校的产学研活动将直接与社会需求挂钩，有效契合社会生产生活需求，推动企业的发展；驻洛高校亦能契合驻洛企业重大需求，灵活调整专业结构，凝练优势特色，优化学生的培养内容，创新人才培养模式，以期保证高质量人才的持续供应。因此，可以积极探索"大学+企业集群"的发展模式。在高校与企业良性互动过程中，双方可以签订合作协议，积极发挥各自优势。一方面，基于"订单式"人才培养需求，企业将自身发展所需的人才与知识需求反馈给驻洛高校，驻洛高校培养企业所需的人才，积极解决企业人才不足的问题；同时企业积极助力高校打造实习实训基地，吸纳学生实习就业，拓展校企合作的深度，促进驻洛高校与城市的协调发展。另一方面，驻洛高校将专业建设与行业发展紧密结合。基于专业发展需要，驻洛高校可以引入企业技术标准，加大高水平企业参与专业建设力度，邀请企业参与学生的课程设置、合作开发教材、学科专业人才培养体系建设，合作制订教学计划，积极推进开展任务驱动、项目导向的教学模式改革，企业与驻洛高校联合培养人才，同时，驻洛高校可以聘请企业优秀人员为兼职教师，直接给学生开讲座，打破企业与学生之间的消息壁垒，促进高校毕业生实现更高质量的就业。

（二）增强驻洛高校活力，提升洛阳城市竞争力的政策建议

为增强自身影响力与竞争力，许多城市不断推出一些优惠的充满活力的政策以提升驻地高等教育事业的发展。因此，为了助力现代化洛阳建设，建设全省高等教育改革发展新高地，提升洛阳高等教育事业的发展质量，一些优惠政策的制定显然是非常有必要的。

1. 加大对洛阳高等教育的财政支持，助力驻洛高校做大做强

洛阳的高质量发展需要高等教育作为重要支撑，当然，驻洛高校的发展也离不开洛阳在税收、土地、金融等方面的支持。从国外高校来看，"政府拨款依然是大学收入的主要来源。如法国公办大学 60% 的经费来自政府拨款，加拿大公办大学 75% 的经费由政府拨款，而新西兰政府的投入则高达70%"[1]。从国内高校来看，东部高校的实力与当地政府财政支持有很大关

---

[1] 袁向华：《河南高职教育经费投入不足的问题与对策——以 ZK 职业技术学院为例》，《经济视野》2014 年第 8 期。

系。故而，洛阳可以加大对驻洛高校的财税支持力度，通过税收、土地、金融方面的优惠政策为驻洛高校注入蓬勃发展的活力，积极助推河南科技大学、洛阳师范学院、洛阳理工学院、洛阳职业技术学院等高校夯实根基、改善办学条件，充分激发驻洛高校的创新活力，支持河南科技大学创建"双一流"大学、支持洛阳师范学院建设特色骨干学科高校、支持洛阳理工学院建设高水平应用型大学、支持洛阳职业技术学院申建职业大学。此外，也应鼓励社会力量出资、捐资高等教育，多方共同提升洛阳高等教育的综合实力。洛阳商业职业学院于2023年1月20日正式批准设立，该校属于民办非营利性的专科层次高校，在校生规模将为5000人左右，目前该校设4个专科专业（新能源汽车技术、电子商务、舞蹈表演大数据与会计），该校的成立为洛阳高等教育大家庭增加了新鲜活力。

2. 大力引进高水平大学与促进高职院校高质量发展协同推进

"蓝图已绘就，奋斗正当时。"在构建国际化科技创新高地、重振洛阳辉煌的过程中，洛阳可以将大力引进高水平大学与促进高职院校高质量发展协同推进，在多元举措下，切实促进洛阳高等教育事业的发展，进而为洛阳经济社会发展提质增效助力。

首先，围绕一些新兴产业、未来产业，如智能制造、大数据、先进装备制造等，积极引进国内外优质高等教育资源。目前洛阳引进了一些优质高校在洛阳开设校区，如郑州大学洛阳校区、河南中医药大学洛阳校区等，这些高校围绕洛阳经济发展的人才需求，不断深化教育改革，设置特色学科或学科方向，形成助力洛阳经济社会发展的基础与战略科技力量，增强了服务区域战略人才供给能力，积极助推现代化洛阳都市圈建设与高质量发展。"到2025年，引进建设1~2所高水平大学，高等教育在校生达到16万人，每年为洛阳市培养3万~5万名高素质人才。"① 虽然引进了一些学校入洛办学，但目前引进的数量与洛阳经济社会发展的速度显然不匹配，因此，还需要大

---

① 《洛阳"十四五"教育规划：到2025年引进建设1~2所高水平大学》，https://www.360kuai.com/pc/94ba47d6a1ce23436? cota = 3&kuai_ so = 1&sign = 360_ 57c3bbd1&refer_ scene = so_ 1。

力引入一些国内外优质高等教育资源，助力洛阳高等教育实力提升，进而为洛阳经济社会发展提供足够的人才。

其次，洛阳高职院校是高等教育的重要组成部分，它们不仅在我国高等教育教学活动中发挥着非常重要的作用，而且是书写出彩洛阳篇章的重要力量。洛阳在支持打造高水平大学与品牌特色院校的同时，需要同步推进高职院校的发展。《洛阳"十四五"教育事业发展规划》重点指出："支持洛阳职业技术学院和洛阳科技职业学院提升办学质量，争创职业大学，到2025年新建2~3所高职院校，建设5~7所河南省高水平职业院校和6~8个省级高水平专业（群）。"① 在赋能洛阳竞争力提升的过程中，需要进一步加快发展高等职业教育。

3. 积极"筑巢引凤"，深入推进"引、留、育"人才工作

"强市之道，首在得人"。青年是最富青春活力、最具有创新性的群体。为了让更多青年人才在洛阳高质量转型发展中发挥作用，洛阳需要积极"搭台赋能，聚才助洛"。《关于深化人才发展体制机制改革 打造中西部地区人才高地的实施方案》《河洛英才计划（2020—2025年）》《洛阳市引进人才住房补贴办法（试行）》等一系列配套政策的颁布，吸引了一大批人才聚集洛阳。为了发挥人才在现代化洛阳建设中的作用，洛阳还需要继续推出一系列具体的优惠举措，促使"才聚河洛"，提升洛阳整体实力。

首先，引才入洛。洛阳应通过一系列优惠举措吸引人才入洛。"提升来洛就业创业青年补贴贷款额度，最高可申请10万元购房补贴、7.2万元生活补贴、4.3万元租房补贴，公积金贷款额度提升至65万元。"② 青年人才是一个城市发展的潜力与希望所在，为了提升洛阳城市经济社会发

---

① 《洛阳"十四五"教育规划：到2025年引进建设1~2所高水平大学》，https://www.360kuai.com/pc/94ba47d6a1ce23436? cota = 3&kuai_ so = 1&sign = 360_ 57c3bbd1&refer_ scene = so_ 1。

② 数据来自洛阳市"2022年重点民生实事落实情况"新闻发布会第三场——"助力青年创业创新"专题发布会。

展的活力，洛阳还需要深入推进"聚才引才，留才助洛"工作，继续以诚意十足的举措，营造人才生态"强磁场"，聚天下英才而用之，促进更多的青年人才"选择洛阳、留在洛阳、扎根洛阳"，进而形成社会支持青年人才、青年人才实干回报社会的良好生态，吸引更多"千里马"为洛阳的发展注入激情澎湃的青春活力，为开创现代化洛阳建设新局面贡献青春力量。

其次，留才助洛。2022年3月6日洛阳市委常委会会议通过的《洛阳市建设青年友好型城市行动方案》着重提到了"万名大学生留洛计划"。"万名大学生留洛计划"的实施将"为大学毕业生提供80241个就业岗位信息需求，为各类青年人才提供就业服务2.1万余人次，开展职业技能培训36.6万人次，其中完成高校毕业生创业培训8828人次，发放培训补贴251.6万元"①。青年因城市而聚，城市因青年而兴。为了更好地促进洛阳青年友好型城市建设，还需要持续强化创新引领，抓好行动部署，深入推进"万名大学生留洛计划"的相关工作。

最后，育才为洛。除了开展引才、留才工作，洛阳亦积极开展"育才为洛"工作。2022年，洛阳市评选首届河洛青年创新创业人才50名，并给予最高个人项目30万元、总计750万元的财政资金扶持。为了提升洛阳的综合竞争力，洛阳市还需要进一步筑牢人才工作根基，细化举措，出台配套措施，深入展开"育才为洛"工作，不断吸引青年人才，彰显洛阳城市的青春活力。

4. 大力支持校企合作，构建产学研共同体

近几年，洛阳经济发展势头强劲，产业转型升级效果明显，高新产业集聚，综合实力实现跨越式提升。"生产总值迈上5000亿元台阶，预计达到5800亿元左右，在全国城市排名中跃升到第45位。市场主体达到70万户，百亿元级企业达到16家，洛阳钼业成为全省首家千亿元级

---

① 数据来自洛阳市"2022年重点民生实事落实情况"新闻发布会第三场——"助力青年创业创新"专题发布会。

民企，形成了 2 个千亿元级、7 个百亿元级产业集群。获得 14 项国家科技奖，数量居全省前列。"① 为了充分发挥驻洛高校的人才资源优势，进一步促进洛阳的经济社会发展，洛阳需要提供更多的政策支持，通过一些具体的政策和法规，为支持校企合作提供保障，构建产学研共同体，拓展校企合作的深度与广度，为产学研活动的开展提供更为规范化的支持，促进成果转化。2008 年 12 月浙江省宁波市便制定了《职业教育校企合作促进条例》，该条例的颁布有效地促进了校企合作活动的进行。洛阳可以借鉴这些有益经验，多元化配套政策体系，积极促进校企合作。

首先，在促进驻洛高校与企业合作方面，洛阳可以通过一些具体的法规、政策推进校企合作制度建设，搭建政府、高校以及企业协同创新的平台。在这个过程中，需要厘清政府相关部门、企业以及高等院校在校企合作中的职责与权益，需要完善校企合作制度，巩固校企合作成果，通过财政和各类举措的支持，鼓励行业企业参与驻洛高校人才培养工作，促进毕业生就业。通过相关优惠政策大力支持驻洛高校与相关企业开展优质产学研合作项目，促进校企资源优势互补、利益共享，以增强校企合作为契机，增强驻洛高校的办学活力与竞争力，满足洛阳经济社会发展的需求，进而提升城市的竞争力。

其次，设立专项资金支持产学研活动，促进校企合作量质双升。"不积跬步，无以至千里；不积小流，无以成江海。"不管是"助力驻洛高校发展"还是"聚才引才"都需要长期进行，持续耕耘，才能为洛阳现代化建设做出新的更大的贡献。对一些高精尖技术的产学研活动更需要持续发力扶持，强科研重创新，厚植产学研活动沃土，构建产学研共同体，并设立专项资金重点支持高精尖技术的产学研活动。2023 年洛阳市政府报告显示，"洛阳研发经费投入年均增长 15.5%，投入强度连续 4 年领跑全省，技术合同成

---

① 《洛阳市政府工作报告》，http：//district. ce. cn/newarea/roll/202301/10/t20230110_ 383373 99. shtml。

交额增长4倍"①，研发经费的投入有效地助力转型升级实现突破性进展。持续提供专项资金的支持既可以增强高校科研工作者的活力，又可以提升相关企业的积极性，降低企业在技术创新方面所承担的风险，助力产学研活动的持续展开。

结　语

高等教育的发展水平与城市竞争力的提升休戚相关。高等教育是城市发展规划的重要指标之一，高等教育的发展有助于城市竞争力的提升，而城市的发展又促进高等教育的发展，是高等教育健康发展的坚实基础。"奋斗创造奇迹，实干铸就辉煌。"为了促进洛阳青年友好型城市建设，提升洛阳城市竞争力，驻洛高校要科学定位，明晰发展思路，深化与洛阳经济社会的融合，不断增强服务区域战略人才供给能力，优化专业结构、创新人才培养模式，在激烈的高等教育竞争中脱颖而出，为洛阳市经济社会发展做出新的更大的贡献。同时，为了提升洛阳市高等教育综合竞争力。洛阳需要进一步筑牢工作根基，深度细化相关举措，围绕政策支持、金融支持等持续加大对高等教育发展的支持力度，增强驻洛高校发展动力，激发驻洛高校创新活力，同时，吸引更多国内外优质教育资源落地洛阳，让更多的"千里马"汇聚洛阳，凝聚重振洛阳辉煌的磅礴力量。

参考文献

［1］谢维和：《当前中国高等教育发展的形势特点与战略选择》，《中国高等教育》2006年第5期。

［2］刘福兴、张亚飞主编《洛阳文化发展报告（2022）》，社会科学文献出版

---

① 《洛阳市政府工作报告》，http：//district. ce. cn/newarea/roll/202301/10/t20230110_ 38337399. shtml。

社，2022。

［3］李煜伟等：《教育与城市竞争力的关联性研究》，《教育研究》2012 年第 4 期。

［4］刘宁宁：《我国城市高等教育资源集聚水平及空间格局探析》，《高等教育管理》2019 年第 1 期。

［5］楼世洲、黄丹：《高等教育发展水平与城市竞争力的相关性研究——基于六个样本城市的分析》，《浙江师范大学学报》（社会科学版）2017 年第 4 期。

专 题 篇

Reports on Subjects

B.13
洛阳社区教育规范化发展现状
及问题调查研究

白雪琳　段继伟 *

摘　要： 洛阳社区教育的发展经历了探索实验和全面推进两个阶段。在
发展的过程中，洛阳社区教育在政策保障、体系建设、信息化
支撑、示范点建设、宣传展示等方面取得了一定的成绩，但在
规划引领、制度保障、队伍建设、资源统筹、服务能力、特色
品牌、经费保障等方面仍存在一定的问题。洛阳社区教育的发
展应以服务洛阳终身教育高质量发展和学习型城市建设、满足
新时代人民日益增长的终身学习需求和对美好生活的追求、助
力洛阳经济社会高质量发展为目标，以《关于加快推进社区教
育工作的意见》为依据，坚持问题导向，做好规划引领，强化
制度保障，加强资源统筹，全面提升服务能力，推动洛阳社区

---

* 白雪琳，洛阳开放大学社区教育服务指导中心办公室主任，讲师，主要研究方向为社区教育、老年教育；段继伟，洛阳开放大学社区教育服务指导中心办公室副主任，高级工程师，主要研究方向为社区教育、老年教育。

教育快速优质发展。

关键词： 社区教育　示范点　特色品牌

洛阳的社区教育是随着国家及河南省的社区教育发展而逐步发展起来的，是在借鉴省内外先进地市成功经验并结合自身实际情况的基础上探索前行的。

在我国，社区教育是指在一定的地域范围内，充分利用各类教育资源，旨在提高全体社区居民整体素质和生活质量，促进社区经济建设、社会发展和教育发展的教育活动。

我国的社区教育是在国家改革开放后，从国内不同地域的实际出发，通过试点逐步发展起来的。近十几年来，在党和政府的领导下，在各级教育行政部门指导下，全国社区教育工作者奋力开拓，社区教育发展增速显著加快。发展态势由中心城市向城郊推进，全民终身教育活动区域覆盖面明显拓展，社区教育在改革创新中焕发生机与活力，为推动社会文明进步发挥了不可替代的作用。

首先，社区教育已经成为我国构建学习型社会、构建和谐社会的重要组成部分。自《国家中长期教育改革和发展规划纲要（2010—2020 年）》正式提出"广泛开展城乡社区教育，加快各类学习型组织建设，基本形成全民学习、终身学习的学习型社会"以来，发展社区教育已经成为构建终身教育体系、推动教育改革与发展的重要战略方针，成为构建学习型社会与和谐社会的重要组成部分。

其次，社区教育成为国家进行社会治理的新突破口。社区教育借助形式多样、内容丰富的学习活动，提升居民素质，增强居民对社区的认同感、归属感，激发居民关注社区公共利益和共同参与社区管理的积极性。社区居民自治水平提高一分，社会治理成本就会下降一分，最终将会推进实现国家治理体系和治理能力的现代化。

再次，社区教育在促进社会经济发展方面发挥重要作用。我国庞大的经

济体量需要强大的社区教育提供人力资源支撑。新型城镇化建设需要先进的社区教育转移新生劳动力，而人力资源转化为人力资本离不开终身教育、社区教育。社区教育也是助力实现乡村振兴的重要平台。2018年中央农村工作会议指出，坚持农业农村优先发展，需要"优先发展农村教育事业"。乡村教育的振兴离不开农村成人（社区）教育的振兴。

最后，社区教育是文化阵地和精神家园建设的重要载体。社区教育在传播现代文明、弘扬社会主义核心价值观、传承优秀传统文化、服务人的全面发展等方面发挥着重要作用。

一 洛阳市社区教育发展概况

洛阳社区教育与省内外先进地市相比起步稍晚。从整体上看，洛阳市的社区教育发展大致经历了两个阶段：一是探索实验阶段（2014~2018年）；二是全面推进阶段（2019年及之后）。

（一）探索实验阶段

2014~2018年为洛阳社区教育探索实验阶段，其特点是典型引路、自主开展、自我探索。

2010年《国家中长期教育改革和发展规划纲要（2010—2020年）》出台之后，经洛阳市政府批准，在省社区教育指导中心及市教育局的大力支持下，依托洛阳广播电视大学筹建的洛阳社区大学于2014年12月正式挂牌成立。

1.健全工作机构

为了推动社区教育工作起好步、开好头，洛阳社区大学专门成立了社区教育工作推进领导小组，学校主要领导任组长，各处室处长为成员，下设办公室，统筹推进社区教育工作。

根据社区教育目标，洛阳社区大学成立了四个工作部门：社区教育办公室，负责指导全市四级社区教育网络的建设，开展社区教育指导服务工作；社区教育教学教研处，负责全市社区教育课程理论研究、教学资源开发、师资队伍建设等；社区教育直属学院，主要负责直属学院的教育教学管理工作等；社区教育对外联络处，主要负责社区教育对外联络，树立品牌。

2. 积极参加河南省社区教育重点实验项目

洛阳以实验项目研究为契机，先后完成了嵩县社区学院、汝阳县社区学院、宜阳县社区学院、洛龙区社区学院的建设工作。

洛阳社区大学以参与省重点项目实验为契机，全力指导推动县（区）社区学院试点创建工作，使县（区）试验点能够真正在当地社区教育中起到引领示范作用。2017年完成了以嵩县电大分校、汝阳电大分校为依托的嵩县社区学院和汝阳社区学院的建设工作；2018年完成以宜阳电大为依托的宜阳社区学院的建设工作；2019年完成洛龙区社区学院的建设。同年，洛阳社区大学直属社区教育学院完成建设并投入使用。在此阶段，以各试验点的创建工作为平台，积极开展适合洛阳市社区教育的模式研究，获得了适合洛阳市社区教育建设与发展的一系列标准、方法、制度及经验，为洛阳社区教育工作的全面开展打下良好的基础。

3. 积极开展社区教育信息化平台建设及课程资源建设

洛阳社区大学通过开放教育远程网络教学和信息化建设，搭建了洛阳社区大学网站服务平台，开通了洛阳社区大学网站及微信公众号。从开通至今，社区大学网站持续更新，共上传各类网络课程100余门、微型课程212门，视频资源时长超过3000分钟，初步为洛阳市搭建了远程教育网络教学资源平台和学习支持服务平台，成为响应洛阳建设"学习型城市"、构建终身教育体系的重要组成部分，同时也成为推动基层精神文明建设、满足广大人民群众不断增长的多样化学习需求的重要途径。

（二）全面推进阶段

2019年至今为全面推进阶段，其特点是注重顶层设计、强调部门协调、明确工作目标、推进课程建设。

洛阳市委市政府对社区教育工作十分重视。2019年5月，经市委市政府同意，洛阳社区大学同洛阳市教育局、市编办、民政局、科技局、市财政

局等 11 个部门共同制定并印发了洛阳市《关于加快推进社区教育工作的意见》，提出了洛阳社区教育发展的目标任务和保障措施。这是洛阳第一个关于社区教育发展的文件，具有里程碑意义。为提高社区教育四级网络建设的科学性和针对性，洛阳社区大学又会同洛阳市教育局、市编办、民政局、科技局、财政局等 11 部门共同制定并下发了《洛阳市教育局等十一部门关于印发社区教育四级网络建设标准的通知》。2019 年 7 月 26 日，洛阳市召开了社区教育工作推进会，对全市社区教育工作的开展提出了明确的要求，基本形成了"党政统筹领导、教育部门主管、相关部门配合、社会积极支持、社区自主活动、群众广泛参与"的社区教育工作体制和运行机制，为洛阳开展社区教育工作凝聚了力量，促进了社区教育工作的健康发展。2019 年 12 月，市教育局成立了洛阳市社区教育指导服务中心，洛阳市社区教育驶入规范化的快车道。

在市委市政府和市教育局的推动下，各县（区）政府开始发力，社区教育工作大面积"开花结果"。目前，各县（区）共成立社区教育学院 13 所、社区教育学校 118 所，全市社区教育专职兼职教师达到 700 多名、志愿者 800 多名，洛阳社区教育四级网络体系已初步形成。洛阳开放大学被评为省级示范性社区大学、省级示范性老年大学；嵩县、洛龙区、栾川县、汝阳县被评为省级社区教育示范区；栾川县、新安县、汝阳县、宜阳县、涧西区、偃师区、孟津区、老城区、洛龙区被评为省级社区教育实验区；汝阳县社区学院、宜阳县社区学院、嵩县社区学院、洛龙区社区学院、栾川县中等职业学校社区学院被评为省级示范性社区教育学院；嵩县社区学院、汝阳县教师进修学校（汝阳县社区学院）、宜阳县教师进修学校老年学院被评为省级示范性老年学院；嵩县城关镇老年学校被评为省级示范性老年学校；汝阳县城关镇社区学校、新安县石寺镇社区学校、嵩县城关镇社区学校、洛阳市古城街道办事处社区学校、洛阳市开元路街道社区学校、新安县南李村镇社区学校、洛阳市孟津区送庄镇中心学校社区学校被评为省级示范性乡镇（街道）社区教育学校；评选出市级社区教育示范点 33 个。洛龙区定鼎门社区的"零点学堂"、汝阳的"乡村振兴大讲堂"、市教育局与市委宣传部联合推介的"书香洛阳"被评为全国终身学习品牌项目；偃师市伊洛书画社、李楼镇夏庄村乡村驿站、平乐牡丹画讲堂、汝阳龙乡太极训练基地、洛理公益大讲堂、千唐志斋家庭教育基地、栾川县社区学院乡村振兴技能培训大讲堂、汝阳县葫芦丝技艺传承项目、孟津区非遗剪纸、栾川县法治大讲堂、洛龙区英才社区翰墨诗社被评为河南省终身学习品牌项目。截至2022年底，洛阳市有全国"百姓学习之星"2人、河南省"百姓学习之星"12人。① 洛阳市被认定为全国学习型城市建设联盟成员单位。

二　洛阳社区教育工作的目标和任务

（一）总体目标

2023年，快速推进县（区）社区学院、乡镇（街道）社区学校、村（社区）教学点三级社区教育办学网络试点建设工作。县（区）要积极创建河南省社区教育示范区或实验区。省级县区社区教育示范学院、乡镇（街道）社区教育示范学校申报创建工作全面启动。

争取到2025年底社区教育在洛阳实现全覆盖。社区教育四级办学网络初步形成，内容形式更加丰富，教育资源融通共享，服务能力显著增强。积极申报国家级县（区）社区教育实验区。

2025年之后，社区教育四级办学网络更加完善，社区教育长效工作机制更加健全，发展环境更加优化，居民满意度显著提高，教学业务开展更加深入。

（二）主要任务

1. 健全完善社区教育服务体系

按照《洛阳市教育局等十一部门关于印发社区教育四级网络建设标准的通知》要求，构建以洛阳开放大学和县（区）开放大学（学习中心）为

---

① 资料来源：笔者根据洛阳市教育局历年统计数据整理。

主体的覆盖全市、布局科学、运行高效的社区教育四级服务体系［市本级建设社区大学1所、每个县（区）建设1所社区学院、每个乡镇建设1所社区学校、每个社区设置1个社区教学点］，成为区域社区教育、老年教育的重要载体。利用现有场地探索市场化运行，积极与社会力量合作，加快洛阳社区大学、老年大学实体建设，通过示范办学引领县区社区学院建设。到2023年底，县区完成本级开放大学更名和转型发展。到2024年，80%以上的县级开放大学完成社区（老年）教育的实体办学，并配备专门管理机构和人员。到2025年形成覆盖全市城乡的社区（老年）教育四级办学体系。

2. 建设洛阳终身教育公共服务平台

以洛阳社区大学网站为依托，围绕提升社区居民的生活质量和文化品位，紧贴洛阳技能型社会建设需要，对接国家开放大学终身教育平台、河南开放大学社区教育网和各级各类教育机构（学校）等，汇集各方教育资源，建设全民终身教育共享平台。加强社区教育学习资源供给和推广，通过"互联网+"为社区教育、老年教育、创业就业培训提供开放通道，实现师资、课程、设施、数据等全方位共享。到2023年底，完成洛阳社区大学网站升级为洛阳终身教育公共服务平台的改建扩容工作。到2024年，完成微信小程序等开发并进行线上资源建设。到2025年，线上课程资源总量达到100门以上，视频资源总量不低于5000个，建成服务终身学习的一体化教育公共服务平台，形成面向全体居民的社会化学习网络支持体系，以数字化引领社区教育高质量发展。

3. 加强社区教育师资队伍建设

制定洛阳市《社区教育专兼职教师师资库建设方案》，实施"能者为师"的师资队伍建设战略。建设市、县两级社区教育师资库，建立以兼职、志愿者为主的社区教育师资队伍。师资类别包括市民教育、健康教育、艺术修养、河洛文化、文化素养、实用技能、体育健身等七个大类。师资来源有专家学者、非物质文化遗产传承人、企事业单位业务骨干、离退休老教师和老专家、医疗消防专业人员、行政机构执法人员、社区"草根能人"、社会公益团队及公益人士等。到2023年底，社区教育师资库人数不少于1500

人。到 2024 年，完成社区教育工作者专业能力培训基地建设。到 2025 年，四级师资库人数不少于 3000 人，选拔机制更加完善，师资配置更加优化，建成一支以专职人员为骨干、以兼职教师为主体、专兼职结合的热心教育和乐于奉献的社区教育师资队伍。

4.打造社区教育学习特色品牌和示范基地

建立和完善社区教育办学的建设标准和评估标准；加快洛阳社区大学、老年大学示范办学实体建设，提升社区教育硬实力；高标准建设全民终身学习示范体验基地，同时加强网上云体验基地建设，探索"市民网上体验学习"模式。利用洛阳社区大学、老年大学示范体验基地打造符合洛阳特色的社区教育品牌"洛·学堂"；利用"洛·学堂"课程体系，开展线上线下各类教育和活动，打造一批有洛阳特色文化的"金课"和"金师"，带动全市社区教育高质量发展。到 2023 年底，建成市级社区教育示范点 60 个，争创省级示范性品牌 6 个以上。到 2024 年，建成市级社区教育示范点 80 个，"金师"和"金课"分别达到 5 人和 10 门以上，争创省级示范性品牌 8 个以上。到 2025 年，建成市级社区教育示范点 100 个，"金师"和"金课"分别达到 10 人和 15 门以上，争创省级示范性品牌 10 个以上、国家级终身学习品牌 2 个以上。培育一批独具洛阳特色的社区教育项目和品牌，以创建省级实验区、示范区为引领，激励社区教育品质持续提升。

5.完善社区教育、老年教育课程体系建设

编制《社区教育（老年教育）课程教学指导大纲》和《社区教育（老年教育）课程体系》，规范社区教育课程设置，形成实用技能加河洛文化、社会科学、文化素养、家庭教育、艺术修养、健康养生、体育健身、特色课程的"1+8"课程体系。明确课程教学目标、教学内容、学时分配、教学评价等，为全市社区教育教师课堂教学提供标准，确保教师课堂教学质量，提升居民学习的获得感。到 2023 年，社区教育学习资源库课程总量达到 1500 个。到 2024 年，学习资源库课程总量超过 3000 个。到 2025 年，课程总量超过 4500 个，课程建设更具生命力与针对性，居民

对课程资源的认同度和满意度持续提高，社区（老年）教育落地生根，满足民众终身学习的需求。

6.提升老年教育办学水平和品质

结合老年教育需求，办好洛阳老年大学，并会同市有关职能部门制定《洛阳市老年教育发展规划》，推动老年教育快速健康发展。建设全市老年教育示范基地和体验中心，结合"洛·学堂"开展线上线下智慧助老课程和活动，帮助老年人跨越"数字鸿沟"，共享科技智能新生活。探索以"学"为基础的"康养研学游"老年教育发展路径，积极拓展老年教育领域，探索教育与健康、养老、文化、旅游等一体化发展模式。以养教结合实现养老惠民生的目标，以老年人多层次的需求为导向，优化整合洛阳市乡村康养特色优势资源，设计开发研学游课程。积极探索与社会力量合作实行项目化运作，推进老年教育可持续发展。到 2023 年底，制定研学基地建设规划和运营机制，签订研学项目合作协议。到 2024 年底，完成基地硬件建设和研学课程资源开发。到 2025 年底，初步建成康养游学基地，逐步实现老年教育的公益化、社会化和品质化，助推老年教育高质量发展。

三 发展困境

（一）全民终身教育理念尚须加强，工作机制有待完善

部分县（区）政府和教育主管部门对社区教育的重要性认识不到位，全民终身教育理念不牢，没有将社区教育纳入常规工作和教育督导考核。缺少顶层设计、统一规划和考评机制，没有围绕社区教育聚集合力。

（二）四级办学体系需要进一步完善，经费保障不足

在地市级教育行政层面，社区教育归口到市教育行政部门管理、市社区大学配合，但有部分县（区）尚未明确社区教育承办单位，在工作任务的制定上社区教育未被放在应有的位置上。社区教育公益性项目占比较高，政

策性资金支持力度不够，导致基层筹资压力大，资金筹措存在一定的困难。受财力所限，工作开展难度大。

（三）地区发展不均衡，课程不够丰富，服务能力尚待加强

目前洛阳市、县（区）社区教育三级体系尚未完全建立，个别县（区）的社区教育工作还处于起步阶段。城乡差距比较明显，课程资源匮乏，社会资源的整合力度不够，还未形成社区教育各方资源的统筹与整合，整体服务能力较弱。

（四）教师队伍专职化建设薄弱，影响社区教育健康发展

洛阳市成立的社区大学和社区教育学院均挂靠在广播电视大学，绝大部分教师是兼职，尚未形成专兼结合、数量充足、业务精良的社区教育师资队伍，从而影响教学质量，也导致社区教育的吸引力不够。

（五）学习活动品牌特色不突出，覆盖面不广

洛阳市获得国家及省级"全民终身教育学习之星"和"终身学习品牌项目"的数量较少，与洛阳应有的地位不匹配。学习型组织和活动品牌较少，特色不突出，吸引力不足，群众参与度不够。

四　对策及发展方向

（一）注重顶层设计，加强社区教育管理体制建设

加快推进社区教育发展需要形成党委领导、政府统筹、教育部门主管、相关部门配合、社会积极支持、市场有效介入、群众广泛参与的协同治理体制和运行机制。

建议建立洛阳市社区教育工作联席会议制度，联席会议成员单位由市教育局、市编办、市开放大学等部门组成。定期召开联席会议，统筹规划全市

社区教育工作。在市教育行政主管部门设立"洛阳市社区教育工作办公室"，由教育行政部门主要负责人和社区教育业务主管领导分别担任办公室正、副主任，负责洛阳社区教育日常工作。

在洛阳市社区教育工作办公室的统一领导下，组建洛阳市社区教育工作的五个中心：一是洛阳市社区教育科研和资源建设中心；二是洛阳市社区教育新闻和宣传中心；三是洛阳市社区教育网络和信息技术中心；四是洛阳市社区教育人力资源和培训中心；五是洛阳市社区教育项目和活动中心。以上五个中心作为洛阳市社区教育工作的职能部门，负责整合全市社区教育资源，提升社区教育服务能力。

（二）健全办学体系，加强基础能力建设

搞好社区教育当务之急是加强社区教育基础能力建设，完善社区教育办学网络。按照《洛阳社区大学建设标准》《洛阳市县（区）社区教育学院建设标准》《洛阳市乡镇（街道）社区教育学校建设标准》《洛阳市村（社区）教育教学点建设标准》，加强市社区大学、县（区）社区教育学院、乡镇（街道）社区教育学校、村（社区）教育教学点四级社区教育办学网络建设，形成覆盖全市城乡的社区教育办学网络体系，以满足居民多样化的教育需求。

1. 加强体系建设

充分发挥洛阳社区大学的龙头作用，进一步加强其对社区教育学院、社区教育学校建设工作的指导，最终形成以市社区大学为龙头、以社区教育学院为骨干、以社区教育学校为主体、以社区教育教学点为基地的四级社区教育办学网络。

2. 加强信息化平台建设

以洛阳社区大学网站为依托，建设洛阳终身教育公共服务平台，对接国家和河南省终身教育网络平台，引进、开发优质社区教育公共数字化资源。指导县（区）加快社区教育信息化平台建设，并入洛阳终身教育网，实现互联互通、资源共享，充分利用省、市、县三级平台的网络课程资源开展教学，以信息化手段扩大社区教育资源覆盖面，形成面向全体居民的社会化学

习网络支持体系。解决居民学习"最后一公里"问题，把优质教育资源落地配送到各居民学习点。

3. 加强社区教育师资队伍建设

制定洛阳市《社区教育专兼职教师师资库建设方案》，通过征集全市各级各类学校在职或退休教师、企事业单位专业技术人员、知名专家学者、草根能人和非物质文化遗产传承人等，建设市、县两级社区教育师资库，打造一支以专职人员为骨干、以兼职人员为主体、以志愿者队伍为补充的三级社区教育管理队伍和师资队伍。

4. 加强课程资源建设

课程建设是社区教育的核心，要不断开发编撰具有本区域特色的社区教育课程和教材，注重社区教育特色项目建设，组织专业人员编撰具有地域特色的社区教育校本教程。发挥社区大学协调作用，形成学习资源整合与开放共享的局面，为洛阳终身教育网提供具有区域性特点的学习资源。

5. 加强社区教育示范点建设

以点带面，促进洛阳社区教育均衡发展。通过建设社区教育示范点，将其打造成社区教育内涵式发展的"样板间"，无论是从硬件建设还是从软件提升方面，都应着力依据本地区域特色开展活动，由点到面、点面结合、逐步扩展、不断提升，充分发挥示范点的引领、示范作用，逐步推动洛阳社区教育均衡发展，进一步提升洛阳社区教育的规范化、制度化、内涵式发展水平。

6. 注重特色项目品牌建设

无品牌则无灵魂。社区教育特色项目品牌是社区教育的重要组成部分，特色项目品牌的创立作为区域内社区教育的标志性形象，具有很强的吸引力和影响力。社区教育内涵建设要坚持走特色项目品牌化建设之路，经过挖掘、提炼、整合河洛特色文化，开发河洛特色文化课程，建构河洛特色文化社区教育师资资源库，打造独具洛阳特色的社区教育服务品牌。让河洛特色文化助力社区教育发展，在提升洛阳社区教育知名度的同时，推动文化的繁荣和社会经济的可持续发展。

（三）强化资源统筹，提高服务能力

以洛阳市社区教育品牌"洛·学堂"建设为抓手，实施多元联动发展模式，推动洛阳市大中专及各类职业院校、成人学校、社会团体、学习型组织、志愿者组织等加盟为"洛·学堂"成员单位，充分整合各类教育资源，统筹好学校资源、社区资源和社会资源，充分利用各成员单位的场地设施、课程资源、师资、教学实训设备等，围绕洛阳产业发展、城市提质、乡村振兴，积极筹办和参与社区教育。不断扩充"洛·学堂"资源供给，进一步下沉优质教育资源，主动承担推动全民学习、服务社会的责任。

（四）探索运营模式，推动社区教育服务社会化

探索通过公开招投标等方式，确定社区教育服务项目的承接机构，将适合市场化运作方式的社区教育事项交由社会力量承担。加强对社区教育服务机构的监督，定期对办学水平、教育质量进行评估，建立完善的退出机制，推动社区教育服务机构规范化运营。探索社区教育项目运营管理新模式。以社区免费提供场地或减免租金等方式，吸引专业教育培训机构和管理机构运营社区教育。规范服务标准和收费标准，由政府进行补贴，让社区群众免费享受基础性公益性的教育服务或低价享受高品质个性化的教育服务。建立政府投入、市场化运营、社会捐赠、学习者合理分担等多渠道筹措经费的社区教育投入机制。

（五）健全目标责任，加强社区教育工作督导考核

建立健全目标责任和考核制度是社区教育工作得以有效落实的重要手段，洛阳应将社区教育工作纳入市政府对各县（区）政府教育工作考核体系，探索社会第三方对社区教育发展进行评价和反馈的机制。由市、县（区）人民政府教育督导室牵头，建立长效考评机制，定期对社区教育工作情况进行督导检查，确保各项工作落到实处。

（六）加强理论研究和宣传，不断扩大社区教育的覆盖面和社会影响力

加强社区教育相关理论研究，组建洛阳市社区教育研究机构，探索洛阳社区教育发展规律。充分利用报刊、广播、电视、网络等媒体，加大对社区教育重要意义和发展成绩的宣传力度，总结推广典型经验。坚持办好"全民终身学习活动周"，深入宣传终身学习理念，展示全民终身学习成果，凝聚社会共识，形成社区教育发展的合力。

B.14
洛阳特殊教育发展现状及问题调查研究

王珺杰　王晓飞*

摘　要： 特殊教育是以特殊需要儿童为对象展开的，通过采取一般的或特殊的教育方法或教育形式来满足特殊需要儿童的学习需求。近年来，洛阳市在特殊教育方面取得了一些成果，特殊教育服务体系进一步健全，特殊教育学校办学水平有所提升，特殊教育内涵有所丰富，特殊教育质量有所提高。同时，洛阳市特殊教育也面临走向融合以及促进个性化发展的新趋势、办学条件尚须进一步完善的新挑战以及大力加强特殊需要学生学前教育和高中及以上教育的新任务，要在推进学校标准化建设、学段拓展服务、融合教育以及实施特殊教育质量等方面进一步优化和提升。

关键词： 洛阳　特殊教育　调查研究

一　特殊教育的内涵及其重要性

朴永馨在《特殊教育辞典》里对特殊教育的解释是："特殊教育是教育的一个组成部分。使用一般的或经过特别设计的课程、教材、教法和教学组织形式及教学设备，对有特殊需要的儿童进行旨在达到一般和特殊培养目标的教育。"这个定义包括了三个方面：其一，教育对象是有特殊需要的儿童；其二，培养目标既有一般的目标也有特殊的目标；其三，在教学内容、

---

* 王珺杰，中共洛阳市委党校统战理论教研部助教，主要研究方向为中国史；王晓飞，洛阳市特殊教育中心学校副校长，主要研究方向为特殊教育。

方法或手段上既有一般的形式也有经过特别设计的形式。中央教育科学研究所陈云英博士认为："儿童在生长发育的过程中，因为生理或心理的因素会产生发育障碍或困难，因而需要一些康复措施或方法来帮助他们克服这些困难，在教育和心理领域里所采取的康复措施或方法就称之为特殊教育。"这个定义包括了两个方面：其一，在对象上指的是由于生理或心理因素障碍而出现问题的儿童；其二，采取的措施或方法是为了克服这些儿童的学习困难。总结不同的定义，特殊教育可以定义为：为了满足特殊需要儿童的学习需求，使用经过特别设计的一系列具体的方法、课程、教学组织形式及教学设施等采取有针对性的教育教学措施，旨在使所有特殊需要儿童能够接受高质量的教育，实现平等接受教育的权利。可见，特殊教育是以特殊需要儿童为对象开展的，通过采取一般的或特殊的教育方法或教育形式满足这些特殊需要儿童的教育需求。普通学校里对特殊学生进行的一般意义上的教育也包括在特殊教育的范畴。[①]

教育为国之大计，教育的重要性体现在对人的教养塑造，使其能够创造幸福生活以及为社会服务。教育对社会的进步与建设发挥着举足轻重的作用。而对于特殊群体来说，特殊教育的深化更彰显了非同小可的重要性。特殊教育有助于实现特殊需要群体的合法受教育权，有助于提升特殊需要群体的社会地位，使特殊需要群体的独立人格与自尊能够得到良好的维护。[②]

现如今在世界范围内，特殊教育已经逐渐成为保障民生、构筑和谐社会的重要组成部分之一，以及实现教育公平的重要推动力量之一。对于我国来说，在推进特殊教育建设方面做出的不懈努力更是实现"以人为本"教育理念的重要保障。"十四五"时期，我国开启了全面建设社会主义现代化国家的新征程，特殊教育作为建设高质量教育体系的重要环节，得到了党和国家前所未有的高度重视。习近平总书记从党和国家事业发展全局的战略高

---

① 刘慧丽：《特殊教育相关概念的演变与范畴》，《现代特殊教育》2015 年第 18 期。
② 曲铁华、张诗妍：《新时代十年我国特殊教育政策变迁历程、特征与影响因素》，《教育文化论坛》2022 年第 6 期。

度，在多个场合论述了对残疾人的认识和看法，表达了对残疾人教育事业的关心和支持，并提出了特殊教育事业发展的目标和要求。① 全面建设社会主义现代化国家已经成为整个社会的奋斗目标，重视特殊教育，兴办各级各类特殊教育机构，不仅是社会主义优越性的重要体现，更是社会文明程度的重要衡量尺度。

二 洛阳特殊教育发展成果

近年来，特别是"十四五"以来，在河南省教育厅的大力支持下，洛阳市各级教育系统全面贯彻党的教育方针，以国家"十四五"特殊教育发展提升行动计划为指引，努力推动特殊教育普惠融合发展，形成了以特教学校为骨干、以随班就读为主体、以送教上门为补充的特殊教育体系，洛阳市特殊教育办学条件明显改善，保障体系逐步完善，办学水平不断提升。

根据《2021 年洛阳市教育事业发展统计公报》，2021 年全市共有特殊教育学校 14 所，毕业生 231 人，招生 239 人，在校生 2004 人；教职工352 人，其中专任教师 333 人，专任教师中接受过专业教育的 304 人，占专任教师总数的 91.29%。特殊教育学校占地面积 5.53 万平方米，校舍建筑面积 4.76 万平方米，有图书 4.92 万册，固定资产中教学仪器设备资产值 1423.79 万元。在普通学校就读的特殊学生共有 2891 人，其中幼儿园69 人、小学 1866 人、初中 696 人、高中 144 人、中职 116 人。在全市各级各类学校（机构）中，特殊教育学校占比为 0.5%；在全市在校生中，特殊教育在校生占比为 0.12%；在全市教职工中，特殊教育教职工占比为0.3%。②

随着特殊教育事业的发展，市教育局设有直属洛阳市的特殊教育中心学校，此外，除伊滨区其他县区还各有 1 所特殊学校。2022 年底洛阳政府投

① 冯雅静、吴扬、杨希洁：《习近平总书记残疾人观引领新时代特殊教育事业发展》，《现代特殊教育》2022 年第 14 期。
② 洛阳市教育局：《2021 年洛阳市教育事业发展统计公报》。

资2亿元，将洛阳市特殊教育中心学校移址新建，高标准建成一所全省一流的特殊教育学校。截至2023年4月，全市共有特殊教育学校15所以及2个自闭症儿童试点班，共有教职工389人。洛阳适龄残疾儿童少年5546人中已入学人数4886人，其中在特教学校就读的1159人，随班就读的2836人。县区特殊教育学校还对近1000名特殊儿童实行送教上门。① 除去经核定可以不安置、家长申请缓学、已在学前阶段安置的621人，洛阳市2022年残疾学生入学率达99.21%。

（一）特殊教育服务体系进一步健全

一是全力保障适龄残疾儿童受教育权利。2022年河南省教育厅、省残联印发了《关于做好2022年适龄残疾儿童少年义务教育招生入学工作的通知》，按照"零拒绝，全覆盖"的要求，对全市适龄残疾儿童义务教育安置情况进行筛查，依据相关标准对残疾儿童身体状况、接受教育情况和适应学校学习生活能力进行了全面规范评估，安置中轻度残疾儿童到具备随班就读条件的普通学校接受义务教育，中重度残疾儿童到特教学校就读，对于需要专人护理、不能到学校就读的各类重度适龄残疾儿童少年，通过送教上门安排入学，保障了适龄残疾儿童少年的教育需求。

二是完善"普校+特校"的送教机制。依据送教学生所需，按就近原则落实责任学校，教育、卫健、残联、民政等部门相互合作，统筹合力，建好档案。针对服务对象的个体差异，实行"一对一""多对一"的送教方式，"教学生"与"教家长"同步进行。利用社区、村委的力量对送教上门的对象进行心理疏导，通过送教活动为重度残疾家庭开启了一扇希望之窗。

（二）特教学校办学水平进一步提升

一是加快特教学校标准化建设。制定了洛阳市特殊教育质量提升行动计

---

① 2023年洛阳市特殊教育及专门教育工作推进会会议资料。

划，全市 15 所特教学校结合学校实际，科学规划学校未来发展，加快推进学校硬件设施建设。2023 年，高标准现代化的洛阳市特教中心学校仍在新址建设中，中小学校涵盖了学前到高中各个学段，将会有更多特殊儿童少年享受温暖优质的学校教育。

二是积极创设融合教育环境。加大资源中心、资源教室建设力度，弥补随班就读学生课堂教学的不足，在发展中挖掘潜能。截至 2023 年 4 月，洛阳市普通中小学接收 5 名以上残疾儿童少年就读的小学有 45 所、初中有 43 所。特教学校建立资源中心 12 个，普通学校建立资源教室 27 个，有效改善了随班就读残疾学生的康复环境，为残疾儿童教育需求提供了特殊教育专业服务和支持。① 市特教中心学校根据学生需求在中等职业学校建立了职业教育实践基地，为听障学生职业发展拓宽了渠道。

（三）特殊教育内涵进一步丰富

各特教学校坚持以学生为本，夯实教育教学管理，因地制宜丰富教育内涵。现以栾川县特殊教育学校、洛阳市特殊教育中心学校、洛龙区广利街小学、洛阳市旭升中学为例加以介绍。

1. 栾川县特殊教育学校："冰雪运动"创特色，五育并举促发展

近年来，栾川县始终坚持教育优先发展不动摇，加快建设教育强县，全力推动教育事业高质量发展。大力实施特殊教育保障工程，县委县政府和县教体局领导多次亲临学校，上级项目优先安排，政策倾斜能有尽有，生均经费达到 8000 元的标准，冰雪运动专项经费等实行特事特办，为栾川县特殊教育学校长足发展指明了方向，打下坚实基础。

改变始于体育。体育活动是加强特殊教育学生身心健康的重要形式和载体，学生天生热爱运动，运动可以满足学生的生长需求，以体育锻炼促进学生社会化发展，注重学生素质的全面提升。栾川县特殊教育学校自 2019 年引入"冰雪运动"特色项目，学校利用栾川伏牛山滑雪场资源优势，建成

---

① 2023 年洛阳市特殊教育及专门教育工作推进会会议资料。

全国唯一的校园越野滑雪空中滑道，并有各个项目的训练设施、器材等。截至 2023 年 4 月，该校已经有 30 多个孩子在全国多项赛事中获得 60 余枚奖牌；2 个孩子在河南省队集训，学校有 16 人在备战全国"第五届排舞大赛"，23 人在备战"洛阳市残运会"、河南省"第八届残运会"和河南省"第二届校园冰雪运动会"；5 名学生还将代表中国出征在俄罗斯举办的第十二届世界冬季特殊奥林匹克运动会。① 他们的事迹先后被《人民日报》、新华社等多家媒体进行专题报道，让更多人关注到了这个容易被忽视的群体。每个残疾儿童也都有人生出彩的机会。真正做到让更多人了解特殊教育、关注特殊教育、支持特殊教育。

按照栾川县教体局"五育并举"中心工作部署，栾川县特殊教育学校深入研究，在特殊教育中全面实施素质教育，把残疾人冰雪运动作为克服障碍、坚强自信、立德树人、融合发展的重要载体。学校德育工作以感恩教育和"十爱"教育为中心，健全党工团队组织，取得了良好的教育效果，残疾少年代表河南一次次走上全国领奖台，德育让具有优秀品格的残疾儿童战胜自我，也能为红领巾和五星红旗增光添彩。残疾少年的改变始于体育但不止体育，栾川县特殊教育学校面对有智力障碍的孩子，紧紧围绕启智补偿发力，增强孩子的生活适应能力，让孩子们"每天知道多一点"。将运动康复和"强其骨"的残疾人精神融入冰天雪地之中，让孩子们通过冰雪运动增强体质、磨炼意志、快乐成长、阳光自信。除了体育、德育，栾川县特殊教育学校还注重音乐康复、美育、劳育，让残疾儿童也能感受美、欣赏美、创造美。让残障儿童能有一技之长，用自己的双手创造美好生活。

另外，栾川县特殊教育学校还开展随班就读、送教上门等活动，同时不断促进资源教室、资源中心、医教结合的全面融合，实现洛阳特教残健融合、教体融合、普特融合，以真正实现特殊教育的全面融合、普及普惠。

---

① 2023 年洛阳市特殊教育及专门教育工作推进会会议资料。

2. 洛阳市特殊教育中心学校以艺术教育为特色，开展自闭症教育试点工作

洛阳市特殊教育中心学校筹建于 1959 年，是豫西地区建校最早的一所特殊教育学校。学校现有专任教师 69 人，有教学班 19 个，在校学生 247 名，承担着洛阳市及所属县区适龄视障、听障、自闭症儿童的义务教育工作。学校坚持"品行知识技能成就希望与尊严"的教育愿景及"医教结合、缺陷补偿、特色发展"的办学方向，形成了特殊学校基础教育和职业教育并存、特色鲜明、优势互补、协调发展的办学格局。①

近年来，洛阳市特殊教育中心学校立足新课标，构建融基础性、发展性、康复性为一体的校本课程体系，以让残疾孩子"掌握生活技能"为核心，针对不同残疾类别、不同残疾程度学生的身心发展规律和生活需求，设计适合的教育和康复内容，帮助学生提高社会适应能力和服务能力。面向全体学生搭建基本知识框架，夯实基础性课程。发挥学生在课程中的主体地位，帮助学生掌握基本的学习方法，养成良好的学习习惯，掌握基础文化知识和基本生活技能。同时，学校坚持立德树人和以生为本的办学理念，针对特殊学生的特点着力研发发展性课程，发展残疾学生艺术特长，培养学生自尊、自信、自强、自力的健全人格，助力学生全面发展。

艺术教育投入方面。为了强化艺术教育工作，洛阳市特殊教育中心学校成立了艺术工作领导小组，建立艺术教育管理体系，健全规章制度，在抓好"师德""师能"的基础上，培养"艺术骨干教师"，拥有了一支敬业、专业、乐业的教师队伍，为学校艺术工作的开展提供了保障。努力打造适合残疾学生艺术发展的专业教室。教室内配备有希沃教学一体机，以及各种专用教具、器材，为学校艺术教育工作顺利开展奠定了基础。洛阳市特殊教育中心学校现有工艺美术教室 3 间、书法教室 1 间、手工教室 1 间、茶艺教室 1 间、陶艺教室 1 间、舞蹈教室 2 间、音乐教室 2 间、小型汇报厅 1 间、多功能汇报厅 1 间，满足了学校 240 余名残疾学生文艺课程、10 余个文艺社团

---

① 2023 年洛阳市特殊教育及专门教育工作推进会会议资料。

开展活动的需求。①

艺术教育课堂教学方面。洛阳市特殊教育中心学校根据各类残疾学生的特点，确定艺术教育课程目标，认真抓好艺术课堂教学常规管理工作，教师结合课改努力钻研教材，定期开展集体备课，挖掘学生艺术潜能，帮助每一个学生体验学习和成功的乐趣。学校除了上好体艺类课程，还结合不同残疾学生特点，开设"走班制"社团课程。艺术类社团管理做到了"四有""三落实"。"四有"即有活动主题、有活动方案、有适量训练、有评价考核；"三落实"是指辅导老师落实、活动内容落实、活动时间落实。每学年举办一次学生社团展示评比，实施多元评价，为学生培养自信、提升素养、自主个性发展提供支持。目前听障部开设中国画、书法、篆刻、剪纸、十字绣、串珠、茶艺、陶艺、舞蹈等艺术类课程，使听障学生在课程体验中发展艺术思维，逐渐积淀学科核心素养；视障部开设声乐社团、器乐社团、语言社团、串珠社团等，通过循序渐进的有针对性的训练，培养盲生的听觉、锻炼盲生手指的灵活性，激发学生学习音乐的兴趣，帮助学生发展思维，促进学生语言艺术水平的提升。

开展艺术教育活动方面。洛阳市特殊教育中心学校以学校艺术节及合唱、美术、书法比赛为契机，引导残疾学生积极主动地参与艺术实践活动，展示自己的艺术才华。学校每年结合国家助残日、"六一"儿童节、元旦等大型节日开展综合性校园艺术节；积极组织学生参与省、市残疾人艺术汇报展演、校园艺术节等活动，受到广泛好评。学校"舞之灵"舞蹈团、语言艺术社团、手工工艺社团先后荣获洛阳市优秀学生社团奖励；2020年8月，学校盲生语言社团学生在"新时代好少年"主题教育读书活动全国朗诵交流展示中获一等奖；2021年10月，学校艺术社团录制拍摄的《你笑起来真好看》在河南省教育厅组织的"百首红歌接力唱——永远跟党走 奋斗新征程"庆祝建党100周年活动中获省级一等奖。

---

① 2023年洛阳市特殊教育及专门教育工作推进会会议资料。

　　一批批残疾孩子在艺术教育的熏陶下成长成才。近3年，洛阳市特殊教育中心学校听障部高三职高班共有21人次凭着过硬的艺术功底，通过了全国聋人单招美术类、舞蹈类、计算机类考试；一批学生考取了重庆师范大学、南京特师、郑州师范学院等高等院校，如愿实现了"大学梦"。目前优秀毕业生武伟星就职于南京特殊教育师范学院，关雪松就职于郑州工程技术学院，袁阅、刘子毓、茹海淋等学生毕业后进了设计和装潢公司工作，开启了精彩人生。

　　2014年9月，洛阳市开办了河南省首个义务教育自闭症试点班，将自闭症儿童的教育纳入义务教育体系，洛阳市特殊教育中心学校作为自闭症学生教育的试点学校，在自闭症实验班课程设置、校本课程研发、个别化教育"一人一案"等方面做出了有益的探索和尝试。

　　自闭症教育开展的基本情况。2014年9月自闭症实验班正式开班，实验班面向全市区招生8~15岁的自闭症学生，对自闭症学生进行有针对性的康教结合教育训练。截至2023年4月，在班19名，已毕业11名。[1]学生入学前由专业老师进行包括"自闭症谱系鉴别、社会适应能力、智力水平、感知觉能力、教育起点、特殊行为、优劣势及强化物"等评估内容的教育康复综合评估。根据评量结果编制每个学生的教育计划（IEP）。利用韦氏和希内量表对儿童实施智能、优劣势评估；采用自闭症评定量表、自闭症儿童发展评估表对儿童进行鉴别和适应能力、教育起点评估；通过儿童感觉统合能力发展评估表进行强化物的调查和感统能力的评估；最后结合家长访谈提纲和自然观察结果，完成综合评估报告。

　　不断完善自闭症教育课程体系。为满足自闭症个体的发展需要，洛阳市特殊教育中心学校设立了个训室、康复室、整合运动室、绘本教室、音乐教室等适应自闭症儿童康复训练需求的功能室，并配备自闭与多动干预仪、可视音乐干预仪、儿童认知能力测试与训练仪、A3引导互动桌等一系列干预仪器以及大量OT训练工作设备，为学生提供针对性的功能训练。针对自闭

---

　　① 2023年洛阳市特殊教育及专门教育工作推进会议资料。

症儿童障碍特点，确立了"综合评估-计划编制-课程设计-科学实施"的四步策略；在 IEP 的指导下，构建"三课一体"的课程教学模式，即基于智力低下共性特点的集体课堂、基于自闭症学生核心障碍共性特点的小组课堂、基于自闭症学生个体缺陷特点的个训课堂。通过落实集体课、优化小组课、提升个巡课，三类课堂优势互补、紧密结合、联成一体，构成完整的教学过程，发挥整体的教育康复功能。

开展自闭症教育活动。成立星星绘本阅读营，以绘本为媒介，以生活化的鲜明直观的故事内容为主体，根据每个自闭症学生的需求，由老师和家长共同确定绘本阅读书目。采用师生共读和亲子阅读两种形式，分线上、线下两个部分共同进行。通过绘本阅读，给自闭症儿童直观的视觉冲击，帮助他们将形象的事物和抽象的语言联系起来，以适应学生提升多维能力的需求。

开设社会实践活动校本课程。把自闭症儿童的康复教育拓展到校外，让学生在具体参与的体验活动中提升认知、增强能力。每两周围绕主题开展一次社会实践活动。通过这些活动，学生的社会适应能力和人际交往能力有了明显的提高，个体的主动适应性有较明显的改善。

3. 洛龙区广利街小学突出融合教育工作

融合教育、全面发展是高质量特殊教育的重要特征之一。融合的教育环境有利于特殊学生学习主流社会的行为规范，有利于特殊学生与普通学生的互动，有利于他们在学业上取得更好的成就，也有利于他们对自身身份的认同，这对他们将来离开学校环境，迅速适应主流社会具有重要意义。[①]

按照洛龙区教体局整体工作部署，洛龙区广利街小学建立了融合教室，成为洛龙区融合教育的一个试点，从 2017 年开始接收轻度残障孩子随班就读，开展融合教育。目前学校有 3 名特教老师，15 名残疾学生随班就读，其中自闭症、智力残疾类型的学生有 9 人，肢体、听力残疾的学生有 6 人。[②] 通过融

---

① 申仁洪、李涛：《高质量特殊教育发展的基本内涵、时代特征与发展路径》，《重庆师范大学学报》（社会科学版）2022 年第 3 期。

② 2023 年洛阳市特殊教育及专门教育工作推进会会议资料。

合教育，部分学生成绩优秀。根据需求将普校课程和个训课、小组课、特色课穿插相结合。特教教师可以充分利用融合教室这个独立空间和合适的时间为学生提供个别教学和康复训练等服务，不仅大大提高了融合教室利用率，而且满足了不同能力、不同残疾类别学生的个性化需求。

在教育模式方面。首先，采取随班就读的方式。随班就读是将特殊儿童和普通儿童混合编班的一种教育形式。残疾学生进入普通班级，成为普通班中的一员，班级建立帮扶互助小组，帮助融合学生更好地学习课程。残疾学生和普通学生一起玩耍，增加了残疾学生与同伴交流的机会，在交流和玩耍中孩子们建立了和谐的人际关系，提升了残疾学生的交际能力。其次，采取一对一个性指导。每个孩子都是独特的个体，对残疾学生来说更为明显，需要根据每个残疾学生的实际情况进行评估和分析，并制定个性化的教育和康复方案。针对肢体残疾的学生根据评估结果，利用班级体育课时间让其到融合教室进行一对一的康复训练；对于自闭症、智力残疾的学生，根据评估结果，利用自习课时间对他们进行一对一的辅导。最后，开设特色集体小组课。大部分特殊儿童有社会交往和语言沟通等方面的障碍，因而上集体小组课对于他们来说尤为重要。孩子们以小组的形式开展集体课，与同伴一起唱歌、一起跳舞、一起朗诵、一起做手工、一起学习，既有同学的陪伴，又有老师的重点关注与及时辅助，这也为他们今后适应社会、回归社会打下了良好的基础。

在行为引导方面。在融合教育中，最主要的任务是使学生适应校园生活、融入集体、减少课堂中的行为问题。充满友爱和包容的集体是残疾学生能够尽快适应学校生活并提高自身能力的关键因素。洛龙区广利街小学为促进残疾学生的发展以及不影响其他学生的课程进度，根据具体情况设置了时段支持，特教教师适度陪同上课，以辅助学生跟随课堂学习，在学生逐渐适应课堂后再逐步降低帮助程度，直至残疾学生能独立完成校园日常活动。在此过程中，任课教师在课堂上对残疾学生给予充分的关注，及时发现他们的优点和进步，并第一时间给予表扬、鼓励和肯定，同时引导班级学生互相关爱，互帮互助。对于残疾学生来讲，他们努力尝试像普通学生一样完成学业,残疾学生在课堂上的学习不仅是学习知识和技能,更是他们融入社会的起点。

经过一段时间的融合支持,洛龙区广利街小学在融合教育方面取得良好效果,残疾学生在校园的日常行为和沟通能力有了非常大的变化。从不愿意进教室到主动进教室,从无所事事到主动收拾书包、拿出课本,从拒绝回答问题到积极举手回答问题,从排斥与同学交流到与同学一起排队放学、一起开心做游戏。在这个过程中,改变的不仅是残疾学生,普通学生在与残疾学生的交往中也学会了接纳、关爱、理解和包容,当残疾学生在课堂上情绪失控时,普通学生不指责、不嘲笑,而是给残疾学生营造一个相对安静的环境来安抚他;当残疾学生脱离集体活动时,普通学生会跟随并引导他们重新加入;当残疾学生遇到困难时,普通学生会主动帮助残疾学生克服困难。可以说,融合教育的开展在残疾学生与普通学生成长中取得了"双赢"。

4. 洛阳市旭升中学——洛阳市唯一的专门教育学校

洛阳市旭升中学是一所教育矫治有偏常或严重不良行为学生的专门教育学校。学校坐落于洛河北岸的瀍河回族区,通过专门教育对来自普通学校难教、家庭难管、流落社会的行为偏差和心理偏差严重的学生进行教育、转化和矫正,帮助他们度过人生的"叛逆期",以达到"挽救"和"保护"的双重目的。学校秉承"办适合学生的教育"的办学理念,着眼于"知感恩、明礼仪、好习惯、能自律、有特长"的培育目标,力争使每一个学生都能体验到生活中的快乐与成功。

洛阳市旭升中学现有教职工编制 30 人,实有 30 人。其中高级教师 11 人、中级教师 12 人、初级教师 5 人、工勤岗人员 1 人、管理岗人员 1 人;配有专职心理教师 1 人、二级心理咨询师 4 人、三级心理咨询师 12 人;省级优秀班主任 2 人,市级优秀班主任 14 人、省级骨干教师 1 人、市级骨干教师 3 人、市级学术技术带头人 2 人、高级家庭教育指导师 2 人。学校现开设小学高年级复式班 1 个、七年级 1~2 个班、八年级 1~2 个班、九年级 1~2 个班。[①]

---

① 2023 年洛阳市特殊教育及专门教育工作推进会会议资料。

学校招生对象为洛阳市七县七区中小学校已满 12 周岁不满 18 周岁的有轻微违法、严重违纪行为的未成年人。专门教育学校学生在校学习时间一般为 3 个月以上，最长不超过 3 年。延长或者缩短学习期限，要由专门教育学校向专门教育指导委员会提出申请，并经教育行政部门批准。在入学程序上，学生入校采取三自愿原则，即学校推荐、家长同意、学生愿意。对于不适宜进入专门教育学校的有严重不良行为的未成年人以及有一般不良行为的不满 12 周岁的未成年人，专门教育学校可根据其父母或其他监护人或者所在学校提出的申请或委托，选派师资力量到校对其开展有针对性的教育，也可将其接入专门教育学校进行独立分班的体验式学习。在学籍管理上，教育行政部门负责专门教育学校学生的学籍注册管理。专门教育学校学生学籍应保留在原学校，根据学生和家长意愿，学生学籍也可转入专门教育学校或教育矫治后就读的其他学校。送入专门教育学校学习的学生，不计入原所在学校的违法犯罪学生统计数。在学习记录封存方面，学生在专门教育学校的教育经历实行记录封存，不纳入个人档案。专门教育学校、相关部门除按照国家有关规定，不得向任何单位和个人提供学生的档案。有关单位和部门在复学、升学、就业等方面不得歧视有专门教育学校学习经历的学生，专门教育学校学生毕业可参加由当地教育行政部门组织的统一考试，也可由专门教育学校根据学生特点，报经当地教育行政部门批准，自行命题单独组织考试，或结合平时的表现进行形成性评价。考试合格的学生，由当地教育行政部门核发原学校或专门教育学校毕业证书。符合参加中高考条件的可用原学校学籍报名参加中高考。

截至 2023 年 4 月，洛阳市旭升中学建校 40 余年来共教育转化问题少年 3000 余人，在问题学生的教育矫治、教育转化方面取得了丰硕的成果，在全国具有较大影响力。优秀毕业生 200 余名，100 余名学生考入中专、大学深造。在办学过程中获得多项荣誉称号，如河南省唯一一家团中央首批"不良少年转化试点单位"、全国工读教育专业委员会常务理事单位，近年先后被洛阳市教育局评为"市级文明单位（校园）"

"洛阳市文明学校""先进家长学校""法治工作先进单位""卫生先进单位""全市中小学心理健康教育示范校""洛阳市学校艺术工作先进单位""市综合治理先进单位"等。在艺术教育方面也是硕果累累，学校学生的剪纸、绘画作品多次参加洛阳市"中小学生艺术节"和"青少年才艺大赛"，并多次获得一等奖和优秀组织奖，洛阳市旭升中学多次被《洛阳晚报》评为小艺术家作品展"优秀组织单位"；学校武术社团和乐器社团还在 2021 年河南电视台少儿春晚舞台上合作表演了《大班国学武术操》节目，获得了广泛好评，学校还被河南卫视评为"演员选拔基地"。自 2008 年学校组建管乐社团以来先后有 58 人次获得省市才艺大赛一等奖，多次在河南省"长江杯""梦想在飞"等乐器比赛中荣获金奖，学校被评为"优秀组织单位"；在洛阳市教育局组织的多届中小学生艺术节比赛和洛阳市电视台举办的"青少年电视才艺大赛"中获得一等奖和"优秀组织奖"，学校的艺术特色教育受到了市教育局领导、学生家长和群众的一致好评。①

除了这 4 所代表性特殊教育学校，洛阳老城区培智学校也在探索走班分组式特色教学，坚持以生活教育为核心，注重对残疾学生艺术潜能的开发和训练，开设了手工制作、艺术表演、打击乐、架子鼓、乒乓球、羽毛球等特长训练课程，残疾学生在训练中增进了技艺，在活动中提升了能力。

（四）特殊教育质量进一步提高

一是强化教学研究。组织开展了洛阳市特殊教育教师微课比赛，其中 4 节微课获省一等奖。推荐 10 个优秀案例参加河南省特殊教育典型案例遴选活动，其中栾川县特殊教育学校、西工区培智学校、洛龙区培智学校、宜阳县特殊教育学校、孟津区特殊教育学校、汝阳县特殊教育学校、洛阳市特殊教育中心学校等 7 所学校案例入选全省 100 个典型案例。开展特教及融合学

---

① 2023 年洛阳市特殊教育及专门教育工作推进会会议资料。

校教师专项课题研究，加强研究与交流，27 项课题获准立项。①

二是注重心理健康教育。坚持心理培训走在前，确保学生心理健康、阳光向上。尤其是 2022 年疫情防控期间，坚持停课不停学，各学校制定详细的线上授课方案，结合学生情况设置贴近生活实际的教学内容，选择合适的教育方式进行教学，为不同类别残疾学生量身打造线上教学课程，顺利完成了教学任务。

三是示范引领促成长。发挥 3 所省特殊教育示范校（洛阳市特殊教育中心学校、栾川县特殊教育学校、新安县特殊教育学校）的示范引领作用，以指导中心教研组为依托，定期开展巡回听课、主题教研及现场观摩活动，以点带面，整体提升全市特殊教育教学水平。

以上这些成绩的取得是洛阳市特殊教育战线广大教育工作者共同努力、辛勤付出的结果，特殊教育正乘势而上向更加普惠、更高质量的目标迈进，这也进一步增强了洛阳市坚定不移推动全市特殊教育高质量发展的信心和决心。

三　洛阳市特殊教育面临的新趋势、新挑战、新任务

在充分肯定成绩的同时，也要清醒地看到洛阳市特殊教育的发展基础还不牢固，其仍然是洛阳市教育的薄弱环节。

（一）特殊教育发展呈现新趋势

目前，随着社会的发展和对特殊教育的不断探索，特殊教育的基本发展趋势是越来越走向融合、越来越强调尊重残疾学生的个体差异和促进个性化发展，培养残疾学生适应社会、融入社会的能力已经成为发展特殊教育的共识。在特殊教育普及水平大幅提升的基础上，进一步提高特殊教育质量、更好地提供符合残疾学生学习特点和发展需求的教育，是一项重要而艰巨的任务。

---

① 2023 年洛阳市特殊教育及专门教育工作推进会议资料。

（二）特殊教育发展面临新挑战

根据 2022 年统计数据，洛阳全市义务教育阶段残疾儿童共有 5545 人。其中多重残疾 784 人、视力残疾 220 人、听力残疾 615 人、言语残疾 306 人、精神残疾 159 人、肢体残疾 1426 人、智力障碍 2035 人（见表 1）。

表 1　洛阳市各县区 6~15 岁适龄残疾儿童汇总（2022 年统计）

单位：人

县区	总人数	多重	精神	视力	听力	言语	肢体	智力
瀍河区	97	35	9	3	10	1	14	25
涧西区	231	85	21	6	34	1	36	48
老城区	263	94	5	5	12	7	102	38
洛龙区	353	18	8	17	28	16	64	202
西工区	112	46	7	3	13	1	21	21
偃师区	286	61	11	10	42	16	56	90
伊滨区	131	10	7	4	16	2	38	54
孟津区	290	68	8	13	53	18	66	64
伊川县	782	76	12	26	104	34	254	276
嵩县	642	40	21	40	76	50	161	254
栾川县	353	18	8	17	28	16	64	202
新安县	359	67	21	11	46	38	103	73
宜阳县	608	93	11	29	37	38	163	237
洛宁县	444	20	1	18	54	45	155	151
汝阳县	594	53	9	18	62	23	129	300
合计	5545	784	159	220	615	306	1426	2035

资料来源：2023 年洛阳市特殊教育及专门教育工作推进会会议资料。

尤其是自闭症学生义务教育阶段统计在册 159 人，非在册数目也不少（据权威部门统计，我国 0~6 岁自闭症儿童占比 1%~2%），而洛阳市专门的自闭症儿童试点班仅能容纳不足 40 人。可以说，洛阳市特殊教育学校普

遍存在占地面积和建筑面积不足的问题，办学条件与国家标准还存在差距，严重制约了学校的发展（见表2）。很多普通学校缺乏无障碍设施和环境，导致开展随班就读教育教学的过程中面临更多困难。同时，残疾人教育专家委员会、送教上门、普特融合等特殊教育保障机制还需要健全完善，条件和运转水平还需继续改善和加强。

表2 洛阳市各特殊教育学校情况统计

序号	单位	在校学生数（人）	现有占地面积（平方米）	应占地面积（平方米）	备注
1	洛阳市特殊教育中心学校	249	10702.3	27896	按27班标准
2	老城区培智学校	41	532	12338	按9班标准
3	西工区培智学校	25	857	12338	按9班标准
4	涧西区培智学校	46	950	12338	按9班标准
5	洛龙区培智学校	107	2700	12338	按9班标准
6	瀍河区培智学校	20	529	12338	按9班标准
7	孟津区特殊教育学校	70	3000	12338	按9班标准
8	偃师区特殊教育学校	98	4500	12338	按9班标准
9	新安县特殊教育学校	113	5100	12338	按9班标准
10	伊川县特殊教育学校	96	5395	12338	按9班标准
11	宜阳县特殊教育学校	69	5340	12338	按9班标准
12	汝阳县特殊教育学校	90	3284	12338	按9班标准
13	洛宁县特殊教育学校	138	2867	12338	按9班标准
14	嵩县明德特殊教育学校	105	7209	12338	按9班标准
15	栾川县特殊教育学校	117	5400	12338	按9班标准
	合计	1384	58365.3		

资料来源：2023年洛阳市特殊教育及专门教育工作推进会会议资料。

尤其是洛阳市特殊教育中心学校除了承担全市视障学生、听障学生以及部分自闭症儿童的教育，还承担了全市特殊教育资源中心和指导中心等任务。目前在校学生240多人，占地面积10702.3平方米，除去家属区4702.3平方米和丽春路东扩即将拆除的1000平方米建筑，教学用地仅有5000平方米，生均用地面积只有 20.08 平方米，与国家规定的 171 平方米相去甚远。参照特殊教育生师比该校应配备 94 名教师，目前在职在岗的只有 70 人，还缺编 24 人。[①]

要满足适龄残疾儿童接受平等教育的需求，必须改善特殊教育办学条件，加快推进标准化建设迫在眉睫。

（三）特殊教育发展肩负新任务

加大力度发展残疾人非义务阶段的教育，重点是大力加强学前教育和高中及以上教育，让各级各类特殊教育能够纵向衔接、横向沟通，构建残疾人终身学习体系。现在学前特殊教育资源稀缺，许多家长对残疾问题的认知程度偏低，再加上信息不畅或家庭经济条件不好等，导致很多残疾幼儿错失了最佳教育时机，抱憾终身。必须进一步强化评估鉴定、入学安置、教育教学、康复训练等方面的工作，提高对自闭症儿童教育的重视程度，深化特殊教育课程改革，加强课程教材和教学资源建设，推进优质资源共享，加强教师专业化发展，让残疾学生接受公平有质量的特殊教育。

四 提升洛阳市特殊教育发展水平的建议

（一）实施学校标准化建设工程，形成优质均衡的发展局面

一是进一步优化特殊教育学校布局。在全市新建、改扩建特殊教育学校。按照 2023 年 4 月洛阳市教育局特殊教育及专门教育工作推进会上的要求，新建市特殊教育中心校 1 所、改扩建学校 3 所，分别是瀍河区培智学校搬迁工程、老城区培智学校移址迁建工程、汝阳县特殊教育学校标准化提升工程。其他各特教学校在原有基础上统筹整合提升，为学生提供优

[①] 2023 年洛阳市特殊教育及专门教育工作推进会会议资料。

质服务。

二是进一步加强资源配备，拓展服务功能。尚未完成资源中心建设的 4 所特殊教育学校要尽快完成，普通中小学随班就读 5 人以上的学校要建立资源教室，增添学校无障碍设施设备，最大限度地为残疾学生在校学习生活提供无障碍支持服务。

（二）实施学段拓展服务工程，加快健全特殊教育体系

一是进一步提高残疾儿童义务教育普及水平。对洛阳市适龄残疾儿童义务教育入学情况进行筛查，提高残疾儿童评估鉴定、入学安置、教育教学、康复训练的针对性和有效性。依据相关标准对残疾儿童身体状况、接受教育和适应学校学习生活能力进行全面规范评估，采用普通学校随班就读、特殊教育学校就读和送教上门等方式，对每一名残疾儿童进行适宜安置。健全送教上门制度，科学认定送教服务对象，提高送教服务工作质量，能够入校就读的残疾儿童不纳入送教上门范围。

二是加快发展学前特殊教育。鼓励普通幼儿园接收具有接受普通教育能力的残疾儿童，有条件的特殊教育学校招收残疾儿童幼儿班，尽早为残疾儿童提供适宜的保育、教育、康复、干预服务。

三是发展以职业教育为主的高中阶段特殊教育。有条件的特殊教育学校设立职教部（班）。按照 2023 年 4 月洛阳市教育局特殊教育及专门教育工作推进会上的要求，近两年内，洛阳市力争建立 2~3 所从幼儿园到高中全学段衔接的十五年一贯制特殊教育学校，以满足特殊儿童的教育需求。

（三）实施融合教育推进工程，完善教育服务体系

一是加强普通教育和特殊教育融合。根据《河南省教育厅关于进一步加强残疾儿童少年义务教育阶段随班就读工作的实施意见》，加快创建融合教育示范区、示范校，通过特殊教育学校和普通学校结对帮扶共建，加强融合教育试点研究，探索残疾儿童和普通儿童共同成长的融合教育模式。

二是推动职业教育和特殊教育融合。特教学校职教班要针对残疾学生学

习特点和市场需求开设相应的专业，鼓励普通中等职业学校增设特教部（班），支持普通中等职业学校和普通高中接收残疾学生随班就读，畅通和完善残疾学生学习通道，帮助残疾学生进行职业生涯规划和就业指导，切实做好残疾学生的教育衔接工作。

三是加强信息技术、医疗、康复与特殊教育的融合。加快成立残疾人特殊教育委员会，在评估鉴定、入学安置、教育教学、康复训练等方面提高对残疾学生的针对性和有效性。实施辅助器具进校园工程，推进辅助器具适配及相关服务，提高残疾学生学习生活的便利性和安全性。加大特殊教育数字化课程教学资源的开发和利用力度，通过文字、图片、动画以及数字化视频和音频等资源，建立教学资源（资料）库、课件库、数字图书库等，推动特殊教育教学质量发展。

（四）实施特殊教育质量提升工程，强化学校规范管理

一是加强培训，提高专业能力。特殊教育事业的发展离不开特殊教育教师的培养，建设一支数量足够、质量合格的特殊教育教师队伍是办好特殊教育的关键。因此，要组织开展资源教师、个别化教育辅导、资源教室设备使用、课程整合等方面的培训，将特殊教育相关培训纳入普通学校教师继续教育必修内容，让更多的特教教师学会使用国家通用手语和国家通用盲文。

二是强化教研，促进交流提升。成立残疾人教育专家委员会、指导中心教研组，形成特殊教育教研合力。2023 年，洛阳市教师发展中心专门配备 1 名特殊教育教研员，下一步要定期开展巡回听课、主题教研及相关学术竞赛评比活动，通过参观学习、专题讲座、集体教研等形式共同切磋教学技艺，提高学校课堂教学效果，深化特殊教育学校课程改革。

三是以点带面，促进均衡发展。发挥洛阳市 3 所省级示范性特殊教育学校的示范引领作用，以活动为载体，通过"手拉手"帮扶、校内外主题实践活动等途径，围绕特殊教育疑点、难点问题，深入探讨，逐步推进。在全市特殊教育学校开展"一校一品"特色学校创建工作，以特色项目建设为突破口，提升特殊教育质量。

（五）做好专门教育学校布局规划，拓宽专门教育渠道

针对未成年人尤其是初中阶段青少年犯罪人数不断增长的情况，各县区要高度重视，统筹做好专门教育学校布局规划，合理设置专门教育学校或者创办专门教育班级，拓宽专门教育渠道，满足不同层次、不同类别学生的就学要求。

一是要主动与公检法司等部门协调配合，统筹整合现有资源，形成合力，缓解专门教育矫治需求矛盾。二是要完善保障机制，确保专门教育学校生均公用经费不低于当地特殊教育学校学生生均公用经费标准。三是依法规范招生和入学程序，因地制宜开展专门教育，将学生教育转化率作为专门教育学校的重要考核指标。四是加强家校社协同，学校一定要调动家庭、社会的力量，让有不良行为习惯的未成年人得到及时教育和纠正，让涉案涉法的未成年人及时得到法律援助和专门教育学校的矫治。

B.15
洛阳城乡教育信息化发展差异调查研究

张雷涛　张新珂*

摘　要： 以教育信息化推动实现教育现代化是一项艰巨而复杂的任务。教育信息化可以促进教育公平，同时，也会使城乡教育出现新的差异。本文采用专家指导、调查问卷、同行评议、走访座谈和数据统计等方法，对洛阳市城乡教育信息化发展现状进行调查统计，发现在教育信息化进程中，合理有效地利用信息化可以缩小原有的城乡教育差异，却又在基础设施建设、资源与应用、管理信息化、保障措施等方面产生了新的城乡教育差异，这就需要有针对性地开展实践研究，以期寻求合理措施，继而科学论证、规范实施、推广应用，妥善解决城乡教育信息化发展差异带来的问题。

关键词： 教育信息化　城乡差异　数字教育资源应用

一　调查的意义和方法

（一）背景分析

1.国家战略

教育信息化是国民经济和社会信息化的重要组成部分，是教育现代化的

---

* 张雷涛，洛阳市教师发展中心信息技术学科教研员，主要研究方向为教育信息化推进、教师信息技术应用能力提升等；张新珂，中共洛阳市委党校中国特色社会主义理论教研部副主任，讲师，主要研究方向为中国特色社会主义理论。

基本标志之一，是构建现代国民教育体系、形成学习型社会的内在要求。以教育信息化推动教育现代化，实现教育跨越式发展，是我国教育事业改革和发展的战略选择。

2010 年以来，《国家中长期教育改革和发展规划纲要（2010—2020 年）》《国家教育事业发展"十三五"规划》《教育信息化十年发展规划（2011—2020 年）》《教育信息化"十三五"规划》《教育信息化 2.0 行动计划》等一系列政策和措施相继出台，要求结合"互联网+"、大数据、新一代人工智能等建成与国家教育现代化发展目标相适应的教育信息化体系，聚焦新时代对人才培养的新需求，强化以能力为先的人才培养理念，将教育信息化作为教育系统性变革的内生变量，支撑引领教育现代化发展，推动实现教育理念更新、模式变革、体系重构，使我国教育信息化整体发展水平走在世界前列。

2021 年 12 月 27 日，中央网络安全和信息化委员会印发《"十四五"国家信息化规划》，明确了"建设泛在智联的数字基础设施体系""构建普惠便捷的数字民生保障体系"等 10 项重大任务，指出将建设泛在智联的网络设施；丰富教育领域的 4K/8K、虚拟/增强现实（VR/AR）等新型多媒体内容源；开展终身数字教育任务，提升教育信息化基础设施建设水平；构建高质量教育支撑体系，完善国家数字教育资源公共服务体系；扩大优质资源覆盖面，推进信息技术、智能技术与教育教学融合的教育教学变革；发挥在线教育、虚拟仿真实训等优势；深化教育领域大数据分析应用，不断拓展优化各级各类教育和终身学习服务；探索扩大学分银行试点及成果积累、认证和转化；建设保障终身学习的公共服务体系。

2. 城乡差异

由于在地理位置、交通状况、文化教育、科技应用等方面存在的差异，城市、农村在信息化基础设施、数字资源、产业结构、资金投入、人才流动等方面的差距进一步加大。区域政策的制定、信息化的整体发展、经济发展水平、信息化产业和人才的成长以及基础设施建设规模已经越来越成为加大城乡差异的重要因素。农村居民中受过高等教育的人数明显少于城市，农村大学毕业生仍在源源不断地进入城市，城市居民中受高等教育的人群比例越来越高，城市居民在书籍、计算机等信息文化资本的拥有量上具有明显的优势，农村和城市居民在互联网普及率方面差异巨大，在以商品大数据、商业信息化活动为主要特点的社会信息化环境方面也存在极大的差异，这些因素客观上推动在城市中生活的人会更主动地接受和运用信息化成果。

教育信息化发展所产生的差异主要体现在发展不均衡而导致的地区差异上，特别是城乡教育信息化差异，这种差异严重制约了教育的均衡发展。教育信息化的推动与发展使数字教育资源得以完善和普及，其存储量大、覆盖面广、资源共享、不受时空使用限制等优势在一定程度上缩小了区域、城乡和学校之间的教育差距，推动了教育城乡一体化均衡发展，实现了网络面前人人平等。然而，教育公平要求先天条件相等的个体能够同等地获得教育待遇和安排，但在同一地区的城乡之间、学校之间客观存在办学条件、办学水平、办学质量和办学效益等方面的差距，各级各类学校教师和学生在日常工作、生活和学习中对信息化社会带来的网络应用、数字资源、信息技术、教学管理等各种变革的接受和依赖程度差异也在不断增大。

教育信息化进展如何？信息技术能否有效促进教育公平？基础教育的城乡差距是否得到了有效抑制？在教育信息化进程中，新技术是否会带来新的基础教育的城乡差异？回答这些问题的最佳途径，就是对一个地区的城乡教育信息化进展情况做实证调查，用数据来说话。

（二）调查指标的确定

1. 指标获取

本调查研究采用德尔菲评价指标体系获取法，通过专家指导和走访座谈，得出现阶段衡量基础教育信息化发展情况的最主要指标，即基础设施建设、数字资源与应用、管理信息化、保障措施4个一级指标，再通过同行评议和数据统计，得出相应的30项二级指标。其中，一级指标基础设施建设主要反映网络设施、计算机终端、多媒体教室等硬件基础设施配置情况是否具备适应新时代教育教学模式、是否适应网络时代数字化学习条件的问题；

一级指标数字资源与应用主要反映教育平台运维、数字教育资源、数字资源课堂应用、软件资源建设、师生信息素养、网络空间应用、信息化教学开展情况等能够反映支持数字资源在教育教学活动中常态化应用的问题；一级指标管理信息化主要反映教学教研管理、校务管理、学生管理等能够体现学校数字化管理的问题；一级指标保障措施主要反映信息化发展规划、信息技术能力提升培训学习、资金经费、信息化教学教研活动组织、信息化管理机构人员配备等保证信息化发展的制度落实问题。

2. 主要术语

教育信息化重点指教育信息化发展中基础设施建设、资源与应用、管理信息化、保障措施等内容，关注信息化手段应用到教育科研、教学活动、学校管理、课程改革、师生学习和日常生活的各个环节，它们深刻地影响着教育发展的各个层面，推动实现教育现代化。

数字教育资源指以数字格式设计、记录、编辑、转储、传输以及展现教育教学过程中相关信息的软硬件电子产品，其中，硬件包括计算机、服务器、各种电子终端设备、网络设备、计算机教室、多媒体教室、录播教室、智慧教室、虚拟实验室等，软件包括各种多媒体教学资源、课件、微课、应用软件、网络课程等。

学校类型分城区学校、镇区学校、乡村学校三类，学校城乡划分是以学校的归属地划分的，即城区学校所在地归属行政上的市、县、区；镇区学校所在地归属行政上的乡、镇中心；乡村学校所在地归属行政上非城镇的农村。

学段范围包括学前教育、小学、初中、高中、职业教育、特殊教育及其他如九年一贯制学校和教学点等。

（三）调查数据的收集

根据确定的4个一级指标和30项二级指标，本次调查以"全国教育信息化工作管理信息系统"（更新至2023年4月30日）所提供的洛阳教育信息化相关数据为基础，通过"问卷星"在全市展开《洛阳市城乡教育信息化发展状况调查问卷》调查（截至2023年4月30日），以期掌握洛阳教育信息化进程中城乡发展现状的最新数据。

本次调查在全市范围展开，组织教育信息化专家走访部分中小学校，讨论和分析洛阳城区、镇区和乡村学校的教育信息化发展相关情况，组织每所学校填写一份调查问卷，共收回问卷 2076 份，有 375 份为无效问卷，所得有效问卷 1701 份，来自 420 所城区学校、377 所镇区学校、904 所乡村学校。

（四）洛阳教育信息化发展概述

为贯彻国家、河南省关于教育信息化发展各项任务目标，推进洛阳市教育信息化建设，发挥教育信息化在促进教育公平、提高教育教学质量中的重要作用，洛阳教育信息化建设与发展坚持育人为本，以促进教育创新为先导，以建设优质数字教育资源、构建信息化学习环境为指导思想，以构建终身服务体系和学习型社会为目标，以资源建设、应用推进、管理提升、机制完善、基础升级等五维建设为主要途径，力图基本建成覆盖城乡各类学校的"三通两平台五大课堂"教育信息化体系。三通指宽带网络校校通、优质资源班班通、学习空间人人通；两平台指教育资源公共服务平台、教育管理服务平台；五大课堂指农村教学点点播课堂、城乡同步课堂、名师网络课堂、名校开放课堂、信息技术融合课堂。洛阳着力构建加快推进教育信息化工作的长效机制，利用信息化手段扩大优质教育资源覆盖面，扩大信息化在教育行政管理、数字化办公、教育教学、师资管理、在线学习、质量评价等方面的应用，力争缩小区域、城乡和学校间的数字差距，促进洛阳市教育信息化软硬件设施的全面发展和教育与技术的深度融合，利用信息化手段推进对教育教学理念、方法和制度的深层变革。

截至 2023 年 4 月，全市有 71.08% 的学校实施了"校校通"，平均带宽 246Mbps，有 46.97% 的学校建成校园网，55.79% 的学校无线网覆盖全部教学区；有 70.14% 的学校实现多媒体教室全覆盖，多媒体教室占全部教室总数的 99.51%；共有计算机教室 1486 间，校均计算机教室数 1.47 间；共有学生信息化终端 65032 台，平均每百人 6.05 台；共有录播教室 346 间，校均 0.31 间；有 50.5% 的学校开展网络备课，63.02% 的学校开展网络教学，

39.98%的学校开展网络教研,有46.09%的学校开展网络教学资源制作,21.34%的学校开展在线学生学习指导;有36.68%的学校应用专递课堂,50.15%的学校应用名师课堂,63.37%的学校应用国家数字教育资源平台,48.09%的学校应用省级平台;有62.73%的学校推行授课与说课视频,81.25%的学校推行PPT类教学课件,63.26%的学校推行电子教案,37.51%的学校建立数字试题库试卷库;有27.34%的学校组织教师参加信息技术能力提升国家级培训,33.51%的学校组织教师参加信息技术能力提升省级培训,68.14%的学校组织教师参加信息技术能力提升市(县)级培训;有1.18%的学校开展国家级、4.59%的学校开展省级、11.99%的学校开展市级、22.93%的学校开展县区级、37.1%的学校开展校级的教育信息化相关课题研究。在教育信息化管理应用方面,洛阳市在全市范围内部署了高招报名录取查询系统、中招报名录取查询系统、网上阅卷与成绩分析系统、学校基本信息管理系统、学前教育信息系统等,"三通两平台五大课堂"正在促进教育技术的普及和深化应用,教育信息化的发展与推进在逐步提高教学质量、深入发展素质教育、开发具有洛阳特色的教育教学创新、促进洛阳市教育现代化的高质量发展方面都发挥了重要作用。

二 洛阳教育信息化城乡差异调查

(一)基础设施建设

1.网络建设情况城乡差异调查

表1显示,全市校园网络建设中,城区学校比镇区学校和乡村学校建设情况稍好,镇区学校与乡村学校校园网的建设情况基本持平。目前,全市有10.35%的学校校园网正在建设中,还有42.68%学校尚未建设校园网。在无线网络覆盖建设情况中,城区学校的校内无线网络全覆盖占比高于镇区学校和乡村学校;有趣的是,城区学校中未部署校内无线网络的学校尽管不多,但是其比例高于镇区学校和乡村学校,而且乡村学校将无线网络覆盖至全部

教学区和全部办公区的比例也高于城区学校和镇区学校；目前，全市还余有 4.06% 的学校未部署无线网络。

表1 洛阳市城乡学校教育信息化网络建设情况统计①

二级指标及选项		城区学校 420 所		镇区学校 377 所		乡村学校 904 所		总共 1701 所	
		数量(所)	占比(%)	数量(所)	占比(%)	数量(所)	占比(%)	数量(所)	占比(%)
校园网	已建立	230	54.76	164	43.50	405	44.80	799	46.97
	正在建设	37	8.81	42	11.14	97	10.73	176	10.35
	未建设	153	36.43	171	45.36	402	43.47	726	42.68
无线网络覆盖	校内全覆盖	188	44.76	145	38.46	372	41.15	705	41.45
	覆盖全部教学区	202	48.10	203	53.85	544	60.18	949	55.79
	覆盖全部办公区	172	40.95	151	40.05	381	42.15	704	41.39
	未部署	26	6.19	12	3.18	31	3.43	69	4.06

资料来源：本文全部数据来自笔者调研数据，图表下不再标注。

2. 信息化终端配备情况城乡差异调查

根据学校师生信息化终端设备配备情况数据调查，全市有 12.70% 的学校教师和 26.63% 的学校学生没有信息化终端设备。表2显示，乡村学校的师生信息化终端设备配备比例高于全市平均占比，甚至校均师机比、生机比数据显示，乡村学校的终端设备配备占比远高于城区学校和镇区学校。

表2 洛阳市城乡学校教育信息化终端配备情况统计

二级指标及选项		城区学校 420 所		镇区学校 377 所		乡村学校 904 所		总体 1701 所	
		数量(所)	占比(%)	数量(所)	占比(%)	数量(所)	占比(%)	数量(所)	占比(%)
教师终端设备来源	学校统一配备	366	87.14	302	80.11	768	84.96	1436	84.42
	个人购买	88	20.95	82	21.75	215	23.78	385	22.63
	无	45	10.71	63	16.71	108	11.95	216	12.70
	校均师机比	6:1		5:1		3.5:1		4.4:1	

---

① 本文中各级学校在二级指标的选项中是可多选的，因而总数之和不对应学校数。

续表

二级指标及选项		城区学校 420 所		镇区学校 377 所		乡村学校 904 所		总体 1701 所	
		数量（所）	占比（%）	数量（所）	占比（%）	数量（所）	占比（%）	数量（所）	占比（%）
学生终端设备来源	学校统一配备	288	68.57	255	67.64	642	71.02	1185	69.66
	个人购买	41	9.76	41	10.88	124	13.72	206	12.11
	无	115	27.38	101	26.79	237	26.22	453	26.63
	校均生机比	21.6∶1		26∶1		13∶1		18∶1	

3. 智能多媒体教室建设情况城乡差异调查

表 3 显示，全市有 69.31%的学校未建设智能学习空间，在建设智能学习空间的学校中，在智慧教室、智慧图书馆建设方面显示出城区学校、镇区学校、乡村学校占比逐次递减，而创客实验室、机器人实验室、3D 打印室、虚拟实验室、VR（虚拟现实）教室、AR（增强现实）教室的建设情况城区学校占比更是数倍于镇区学校和乡村学校。

表 3　洛阳市城乡学校教育信息化智能多媒体教室建设情况统计

二级指标及选项		城区学校 420 所		镇区学校 377 所		乡村学校 904 所		总体 1701 所	
		数量（所）	占比（%）	数量（所）	占比（%）	数量（所）	占比（%）	数量（所）	占比（%）
智能学习空间	无	242	57.62	254	67.37	683	75.55	1179	69.31
	智慧教室	104	24.76	76	20.16	161	17.81	341	20.05
	创客实验室	86	20.48	26	6.90	48	5.31	160	9.41
	机器人实验室	44	10.48	18	4.77	20	2.21	82	4.82
	3D 打印室	45	10.71	14	3.71	24	2.65	83	4.88
	虚拟实验室	16	3.81	5	1.33	13	1.44	34	2.00
	VR（虚拟现实）教室	8	1.90	1	0.27	5	0.55	14	0.82
	AR（增强现实）教室	5	1.19	2	0.53	6	0.66	13	0.76
	智慧图书馆	52	12.38	41	10.88	75	8.30	168	9.88

4. 教学管理与安全系统部署情况城乡差异调查

表 4 显示，全市有 32.92% 的学校未部署教学管理类信息系统，城区学校、镇区学校、乡村学校分别有 70.24%、66.84%、65.71% 的学校部署有教学管理类信息系统；学校机房部署教学管理类信息系统占比也是按城区学校、镇区学校、乡村学校逐次递减；乡村学校基于校外公共机房部署教学管理类信息系统占比最高，城区学校基于公共教育平台、基于商业云平台部署教学管理类信息系统占比最高。全市有 32.04% 的学校未部署信息安全系统，在部署了信息安全系统的学校中，城区学校各项占比均为最高；其中部署了信息过滤系统、网络运行故障监测系统、数据备份和容灾系统的镇区学校占比高于乡村学校；部署了网络防病毒系统、入侵检测系统的乡村学校占比高于镇区学校。

表 4　洛阳市城乡学校教育信息化教学管理与安全系统部署情况统计

二级指标及选项		城区学校 420 所		镇区学校 377 所		乡村学校 904 所		总体 1701 所	
		数量（所）	占比（%）	数量（所）	占比（%）	数量（所）	占比（%）	数量（所）	占比（%）
教学管理类信息系统的主要部署方式	无	125	29.76	125	33.16	310	34.29	560	32.92
	基于学校机房	186	44.29	162	42.97	358	39.60	706	41.50
	基于校外公共机房	19	4.52	16	4.24	61	6.75	96	5.64
	基于公共教育平台	175	41.67	134	35.54	360	39.82	669	39.33
	基于商业云平台	33	7.86	7	1.86	28	3.10	68	4.00
信息安全系统部署内容	无	121	28.81	128	33.95	296	32.74	545	32.04
	信息过滤系统	199	47.38	154	40.85	334	36.95	687	40.39
	网络防病毒系统	252	60.00	193	51.19	521	57.63	966	56.79
	网络运行故障监测系统	157	37.38	102	27.06	241	26.66	500	29.39
	入侵检测系统	95	22.62	43	11.41	120	13.27	258	15.17
	数据备份和容灾系统	72	17.14	57	15.12	108	11.95	237	13.93

（二）资源与应用

1. 数字教育资源建设情况城乡差异调查

表 5 显示，全市有 12.58% 的学校在教学中未使用网络空间支持平台，有约 89% 的乡村学校、约 86% 的城区学校、约 85% 的镇区学校分别结合自身实际在国家平台、省级平台、地市级平台、区县级平台、校本平台中选用教学网络空间支持平台。全市有 80.66% 的学校建设有数字资源，选用在线开放、公开的数字资源中，乡村学校占比高于城区学校和镇区学校；而在选用学校购买引进的、学校自主研发的、学校与企业合作研发的数字资源中，城区学校和镇区学校又明显高于乡村学校。全市还有 8.7% 的教师不使用数字资源进行教育教学活动，这一占比乡村学校、镇区学校要高于城区学校；城区学校教师在经常使用数字资源开展教育教学活动中占优势；乡村学校教师在使用授课与说课视频、电子教案、PPT 类教学课件、试题库和试卷库等数字资源方面要略高于镇区学校；而在使用非 PPT 类教学课件方面乡村学校教师占比略低于镇区学校。

表 5 洛阳市城乡学校数字教育资源建设情况统计

二级指标及选项		城区学校 420 所		镇区学校 377 所		乡村学校 904 所		总体 1701 所	
		数量（所）	占比（%）	数量（所）	占比（%）	数量（所）	占比（%）	数量（所）	占比（%）
网络空间支持平台	无	59	14.05	55	14.59	100	11.06	214	12.58
	国家平台	264	62.86	208	55.17	606	67.04	1078	63.37
	省级平台	226	53.81	153	40.58	439	48.56	818	48.09
	地市级平台	181	43.10	133	35.28	327	36.17	641	37.68
	区县级平台	132	31.43	157	41.64	363	40.15	652	38.33
	校本平台	131	31.19	102	27.06	174	19.25	407	23.93
数字资源的主要来源	无	80	19.05	84	22.28	165	18.25	329	19.34
	在线开放、公开的	248	59.05	215	57.03	602	66.59	1065	62.61
	学校购买引进的	237	56.43	185	49.07	442	48.89	864	50.79
	学校自主研发的	62	14.76	34	9.02	55	6.08	151	8.88
	学校与企业合作研发	10	2.38	13	3.45	16	1.77	39	2.29

二级指标及选项		城区学校 420 所		镇区学校 377 所		乡村学校 904 所		总体 1701 所	
		数量（所）	占比（%）	数量（所）	占比（%）	数量（所）	占比（%）	数量（所）	占比（%）
教师教学经常使用的数字资源的类型	无	30	7.14	36	9.55	82	9.07	148	8.70
	授课与说课视频	284	67.62	225	59.68	558	61.73	1067	62.73
	电子教案	279	66.43	230	61.01	567	62.72	1076	63.26
	PPT 类教学课件	359	85.48	300	79.58	723	79.98	1382	81.25
	非 PPT 类教学课件	95	22.62	35	9.28	67	7.41	197	11.58
	试题库、试卷库	172	40.95	118	31.30	348	38.50	638	37.51

2. 教师信息化能力应用情况城乡差异调查

表6显示，有79.91%的城区学校的学科教师能够利用信息技术开展教学，占比最高；乡村学校为73.71%，占比最低。全市有88.24%的学校教师在教育教学中经常使用信息化教学系统相关功能，其中在网络备课、网络教研、网络考试/在线测评、网络阅卷、教学资源制作、教学资源管理等方面城区学校、镇区学校、乡村学校占比递减；在利用网络进行学生学习指导、课前预习推送、课后作业发布等方面城区学校、乡村学校、镇区学校占比递减；而在运用网络教学方面，乡村学校占比最高，镇区学校占比最低。全市有84.13%的学校使用教育云平台网络空间常用功能进行教育教学管理，其中在教师考核管理、家校互动、学生学习行为记录、学情分析和学情预警、学生成长报告生成、师生数字档案建立、居家学习资源供给等方面城区学校、镇区学校、乡村学校占比递减；在学生德智体美劳评价、班级组织管理、数字资源共享等方面城区学校、乡村学校、镇区学校占比递减；而在教师教学应用分析、学籍管理等方面，乡村学校占比最高，镇区学校占比最低。全市有62.96%的学校开展了专递课堂、名师课堂、名校网络课堂等"三个课堂"教学的应用，其中名校网络课堂占比数据基本相同；专递课堂乡村学校占比最高；名师课堂城区学校占比最高；应用直播式、观摩式的应用乡村学校占比高于城区学校和镇区学校；应用录播式、植入式的城区学校和镇区学校占比高于乡村学校。

表6 洛阳市城乡学校教师信息化能力应用情况统计

二级指标及选项		城区学校 420 所		镇区学校 377 所		乡村学校 904 所		总体 1701 所	
		数量(所)	占比(%)	数量(所)	占比(%)	数量(所)	占比(%)	数量(所)	占比(%)
信息化教学系统常使用的功能	无	50	11.90	44	11.67	106	11.73	200	11.76
	网络备课	242	57.62	184	48.81	433	47.90	859	50.50
	网络教学	252	60.00	225	59.68	595	65.82	1072	63.02
	网络教研	215	51.19	148	39.26	317	35.07	680	39.98
	网络考试/在线测评	102	24.29	52	13.79	113	12.50	267	15.70
	网络阅卷	133	31.67	87	23.08	192	21.24	412	24.22
	教学资源制作	236	56.19	174	46.15	374	41.37	784	46.09
	教学资源管理	187	44.52	118	31.30	230	25.44	535	31.45
	学生学习指导	97	23.10	63	16.71	203	22.46	363	21.34
	课前预习推送	89	21.19	45	11.94	128	14.16	262	15.40
	课后作业发布	128	30.48	87	23.08	234	25.88	449	26.40
教育云平台网络空间常用功能	无	73	17.38	63	16.71	134	14.82	270	15.87
	教师教学应用分析	176	41.90	155	41.11	406	44.91	737	43.33
	教师考核管理	134	31.90	105	27.85	239	26.44	478	28.10
	学生德智体美劳评价	102	24.29	77	20.42	197	21.79	376	22.10
	班级组织管理	137	32.62	114	30.24	284	31.42	535	31.45
	学籍管理	256	60.95	215	57.03	552	61.06	1023	60.14
	数字资源共享	208	49.52	157	41.64	441	48.78	806	47.38
	家校互动	204	48.57	170	45.09	342	37.83	716	42.09
	学生学习行为记录	79	18.81	59	15.65	97	10.73	235	13.82
	学情分析和学情预警	76	18.10	50	13.26	85	9.40	211	12.40
	学生成长报告生成	78	18.57	42	11.14	72	7.96	192	11.29
	师生数字档案建立	75	17.86	46	12.20	93	10.29	214	12.58
	居家学习资源供给	86	20.48	53	14.06	105	11.62	244	14.34

二级指标及选项		城区学校 420 所		镇区学校 377 所		乡村学校 904 所		总体 1701 所	
		数量（所）	占比（%）	数量（所）	占比（%）	数量（所）	占比（%）	数量（所）	占比（%）
"三个课堂"教学的应用	无	178	42.38	146	38.73	306	33.85	630	37.04
	专递课堂	105	25.00	142	37.67	377	41.70	624	36.68
	名师课堂	221	52.62	180	47.75	452	50.00	853	50.15
	名校网络课堂	162	38.57	145	38.46	352	38.94	659	38.74
	直播式	157	37.38	133	35.28	402	44.47	692	40.68
	录播式	165	39.29	143	37.93	300	33.19	608	35.74
	植入式	52	12.38	50	13.26	93	10.29	195	11.46
	观摩式	222	52.86	199	52.79	483	53.43	904	53.15
能够利用信息技术开展教学的学科教师比例大约		79.91		75.24		73.71		75.54	

3. 学生信息素养提升情况城乡差异调查

表 7 显示，目前全市还有 41.68% 的学校没有开展在信息技术支持下的信息化教学，而在开展这种活动的学校中，使用在线开放课程的学校中乡村学校占比高于城区学校和镇区学校；而在跨学科学习 STEAM 教育方面，城区学校占比高于镇区学校和乡村学校；在创客教育、机器人/人工智能教学、编程教育等方面城区学校占比更是数倍于镇区学校和乡村学校。全市有 78.72% 的学校开设了以培养学生信息素养、信息素质为目的的信息技术课程，其中乡村学校占比高于城区学校和镇区学校；在其他提升学生信息素养的措施中，开展信息技术教育与应用方面的讲座、研讨会、培训班、能力测试、技术认证，规范校内用户交流平台管理、建立学生网上思想政治工作阵地状况和开展过全校性的教学软件评比、网络知识竞赛、网页制作比赛、程序设计大赛等的城区学校占比均远高于镇区学校和乡村学校。

表7　洛阳市城乡学校学生信息素养提升情况统计

二级指标及选项		城区学校 420 所		镇区学校 377 所		乡村学校 904 所		总体 1701 所	
		数量（所）	占比（%）	数量（所）	占比（%）	数量（所）	占比（%）	数量（所）	占比（%）
在信息技术支持下展开的信息化教学	无	153	36.43	161	42.71	395	43.69	709	41.68
	创客教育	116	27.62	49	13.00	100	11.06	265	15.58
	跨学科学习STEAM 教育	60	14.29	42	11.14	126	13.94	228	13.40
	在线开放课程	141	33.57	147	38.99	409	45.24	697	40.98
	机器人/人工智能教学	100	23.81	42	11.14	62	6.86	204	11.99
	编程教育	152	36.19	71	18.83	94	10.40	317	18.64
提升学生信息素养所采取的措施	开设了以培养学生的信息素养、信息素质为目的的信息技术课程(不限于计算机)	323	76.90	276	73.21	740	81.86	1339	78.72
	开展设信息技术教育与应用方面的讲座、研讨会、培训班和能力测试、技术认证等	141	33.57	108	28.65	262	28.98	511	30.04
	规范校内用户交流平台管理，建立学生网上思想政治工作阵地状况	95	22.62	82	21.75	185	20.46	362	21.28
	开展过全校性的教学软件评比	72	17.14	40	10.61	81	8.96	193	11.35
	开展过全校性的网络知识竞赛	79	18.81	38	10.08	103	11.39	220	12.93
	开展过全校性的网页制作比赛	21	5.00	10	2.65	21	2.32	52	3.06
	开展过全校性的程序设计大赛	23	5.48	7	1.86	15	1.66	45	2.65

（三）管理信息化

1. 管理信息系统应用情况城乡差异调查

表 8 显示，全市有 43.33% 的学校没有实现管理信息系统的统一身份认证，其中镇区学校计有 333 所，占比 88.33%，为最高；城区学校有 188 所，占比 44.76%；乡村学校有 381 所，占比 42.15%。全市有 70.25% 的学校信息管理系统实现数据统筹管理，其中在学校资产类、学生类、教师类等方面乡村学校占比高于城区学校和镇区学校；而在规划与决策类、教务类、教学类、总务类等方面则是城区学校和镇区学校占比高于乡村学校。

表 8　洛阳市城乡学校教育管理信息系统应用情况统计

二级指标及选项		城区学校 420 所		镇区学校 377 所		乡村学校 904 所		总体 1701 所	
		数量（所）	占比（%）	数量（所）	占比（%）	数量（所）	占比（%）	数量（所）	占比（%）
管理信息系统认证	实现统一身份认证	232	55.24	44	11.67	523	57.85	964	56.67
	没有实现统一身份认证	188	44.76	333	88.33	381	42.15	737	43.33
信息管理系统实现数据统筹管理	无	118	28.10	119	31.56	269	29.76	506	29.75
	学校资产类（学校信息、校舍、办学条件、教育装备、图书馆、实验室、实训场地、经费财务等）	218	51.90	190	50.40	509	56.31	917	53.91
	学生类（学情、资助、健康、培养等）	215	51.19	182	48.28	475	52.54	872	51.26
	教师类（教师档案、教师培训、教师职称、专业技能、资格认定、师德建设等）	217	51.67	186	49.34	477	52.77	880	51.73

续表

二级指标及选项		城区学校 420 所		镇区学校 377 所		乡村学校 904 所		总体 1701 所	
		数量（所）	占比（%）	数量（所）	占比（%）	数量（所）	占比（%）	数量（所）	占比（%）
信息管理系统实现数据统筹管理	规划与决策类（教育规划与建设、教育统计、教育决策支持等）	75	17.86	58	15.38	111	12.28	244	14.34
	教务类（课程管理、教务管理、成绩管理、招生、德育等）	142	33.81	102	27.06	204	22.57	448	26.34
	教学类（教学平台、学习考试、科研等）	149	35.48	104	27.59	230	25.44	483	28.40
	总务类（人事、外事、档案、后勤等）	122	29.05	76	20.16	141	15.60	339	19.93

2. 管理信息基础数据应用情况城乡差异调查

表 9 显示，全市有 69.37% 的学校在教育教学管理工作中应用管理信息基础数据，其中，在学校规划制度、部门绩效考核、业务流程重组和再造、教师培训课程设置、教师培训效果评价、学校发展评价、课程实施情况跟踪、教学质量分析、"三个课堂"应用评估等方面的应用城区学校和镇区学校占比高于乡村学校；在家校互动、学生信息素养评价等方面的应用城区学校占比高于乡村学校，镇区学校占比最低；而在部门/学校工作总结、教师个人评聘考核等方面的应用乡村学校占比高于城区学校和镇区学校。全市有 79.37% 的学校没有校园卡，有校园卡的学校中，在学生证、餐卡、考勤卡、家校通卡、购物卡、门禁卡等实现一卡通功能方面城区学校和镇区学校占比高于乡村学校；图书证功能应用方面镇区学校占比最低；而教职工证、医疗卡两项功能应用方面则是乡村学校占比高于城区学校和镇区学校。全市仅有 12.76% 的学校建有校外可访问网站，其中城区学校占比最高，乡村学校占比最低。

表 9　洛阳市城乡学校教育管理信息基础数据应用情况统计

二级指标及选项		城区学校 420 所		镇区学校 377 所		乡村学校 904 所		总体 1701 所	
		数量（所）	占比（%）	数量（所）	占比（%）	数量（所）	占比（%）	数量（所）	占比（%）
管理信息基础数据应用	无	130	30.95	117	31.03	274	30.31	521	30.63
	部门/学校工作总结	163	38.81	152	40.32	380	42.04	695	40.86
	家校互动	208	49.52	165	43.77	429	47.46	802	47.15
	教师个人评聘考核	119	28.33	117	31.03	293	32.41	529	31.10
	学生信息素养评价	136	32.38	101	26.79	276	30.53	513	30.16
	学校规划制度	108	25.71	104	27.59	221	24.45	433	25.46
	部门绩效考核	90	21.43	57	15.12	105	11.62	252	14.81
	业务流程重组和再造	36	8.57	13	3.45	25	2.77	74	4.35
	教师培训课程设置	117	27.86	97	25.73	202	22.35	416	24.46
	教师培训效果评价	71	16.90	51	13.53	114	12.61	236	13.87
	学校发展评价	45	10.71	35	9.28	57	6.31	137	8.05
	课程实施情况跟踪	44	10.48	25	6.63	38	4.20	107	6.29
	教学质量分析	94	22.38	69	18.30	138	15.27	301	17.70
	"三个课堂"应用评估	30	7.14	19	5.04	45	4.98	94	5.53
校园卡（含一卡通）实现的功能	无	292	69.52	284	75.33	774	85.62	1350	79.37
	学生证	75	17.86	54	14.32	85	9.40	214	12.58
	教职工证	22	5.24	22	5.84	62	6.86	106	6.23
	图书证	26	6.19	9	2.39	32	3.54	67	3.94
	医疗卡	7	1.67	3	0.80	17	1.88	27	1.59
	餐卡	47	11.19	23	6.10	22	2.43	92	5.41
	考勤卡	38	9.05	25	6.63	33	3.65	96	5.64
	家校通卡	40	9.52	20	5.31	31	3.43	91	5.35
	购物卡	9	2.14	2	0.53	3	0.33	14	0.82
	门禁卡	36	8.57	25	6.63	25	2.77	86	5.06
门户网站	建有校外可访问网站	92	21.90	44	11.67	81	8.96	217	12.76
	未建校外可访问网站	328	78.10	333	88.33	823	91.04	1484	87.24

（四）保障措施

1. 信息化发展规划情况城乡差异调查

表10显示，全市有33.80%的学校没有制定信息化发展规划，另有49.21%的学校在制定中，只有16.99%的学校制定并发布了本校的信息化发展规划，城区学校、镇区学校、乡村学校占比递减。全市有74.37%的学校采取了促进信息技术在教学中常态化应用的相关措施，其中，在制订学校教师信息技术应用能力培训计划、整校推进信息化教学校本研修、开展教师信息素养评价等方面城区学校、镇区学校、乡村学校占比递减；在将信息化教学能力纳入教师评聘考核体系、制定"三个课堂"常态化应用实施细则等方面城区学校占比高于乡村学校，镇区学校占比最低；在教师"三个课堂"教学和教研任务纳入工作量计算方面镇区学校占比高于城区学校和乡村学校；而在建立教师信息技术应用能力达标标准方面乡村学校占比高于城区学校和镇区学校。

表10　洛阳市城乡学校制定教育信息化发展规划情况统计

二级指标及选项		城区学校420所		镇区学校377所		乡村学校904所		总体1701所	
		数量（所）	占比（%）	数量（所）	占比（%）	数量（所）	占比（%）	数量（所）	占比（%）
信息化发展规划制定情况	已发布	108	25.71	59	15.65	122	13.50	289	16.99
	制定中	197	46.90	196	51.99	444	49.12	837	49.21
	无计划	115	27.38	122	32.36	338	37.39	575	33.80
促进信息技术在教学中常态化应用所采取的措施	无	103	24.52	104	27.59	229	25.33	436	25.63
	建立教师信息技术应用能力达标标准	210	50.00	181	48.01	464	51.33	855	50.26
	将信息化教学能力纳入教师评聘考核体系	168	40.00	129	34.22	340	37.61	637	37.45
	制订学校教师信息技术应用能力培训计划	235	55.95	180	47.75	425	47.01	840	49.38

二级指标及选项		城区学校 420 所		镇区学校 377 所		乡村学校 904 所		总体 1701 所	
		数量（所）	占比（%）	数量（所）	占比（%）	数量（所）	占比（%）	数量（所）	占比（%）
促进信息技术在教学中常态化应用所采取的措施	整校推进信息化教学校本研修	176	41.90	113	29.97	261	28.87	550	32.33
	开展教师信息素养评价	150	35.71	98	25.99	222	24.56	470	27.63
	制定"三个课堂"常态化应用实施细则	55	13.10	43	11.41	109	12.06	207	12.17
	教师"三个课堂"教学和教研任务纳入工作量计算	38	9.05	41	10.88	69	7.63	148	8.70

2. 教师信息化科研培训情况城乡差异调查

表 11 显示，全市有 49.74% 的学校开展了教育信息化相关课题研究，其中国家级、省级课题方面城区学校占比高于乡村学校，镇区学校占比最低；市级课题方面城区学校占比数倍于镇区学校，乡村学校占比最低；校级、县区级课题方面则是乡村学校、镇区学校占比高于城区学校。全市有 90.24% 的学校教师接受过教育信息技术有关培训，其中乡村教师在信息技术基本操作、课件制作技术、信息化教学设计等方面的学习培训中占比高于城区学校和镇区学校；在学科教学工具使用方面的培训中城区学校占比高于乡村学校，镇区学校占比最低。全市有 55.20% 的学校教师主要通过自学提升信息技术技能，城区学校组织教师在校内进行信息技术技能培训的占比高于镇区学校，乡村学校占比最低；而乡村学校组织教师参加市（县）级培训的占比高于城区学校和镇区学校；城区学校教师参加省级和国家级培训占比高于乡村学校，镇区学校占比最低；乡村学校组织的信息化校本培训覆盖教师比例高于城区学校和镇区学校。

表11　洛阳市城乡学校教师信息化科研培训情况统计

二级指标及选项		城区学校420所		镇区学校377所		乡村学校904所		总体1701所	
		数量（所）	占比（%）	数量（所）	占比（%）	数量（所）	占比（%）	数量（所）	占比（%）
开展教育信息化相关课题研究情况	无	205	48.81	191	50.66	459	50.77	855	50.26
	校级	119	28.33	141	37.40	371	41.04	631	37.10
	县区级	92	21.90	90	23.87	208	23.01	390	22.93
	市级	110	26.19	34	9.02	60	6.64	204	11.99
	省级	49	11.67	5	1.33	24	2.65	78	4.59
	国家级	7	1.67	2	0.53	11	1.22	20	1.18
教师接受教育技术培训内容	无	46	10.95	40	10.61	80	8.85	166	9.76
	信息技术基本操作	327	77.86	287	76.13	746	82.52	1360	79.95
	课件制作技术	322	76.67	281	74.54	700	77.43	1303	76.60
	信息化教学设计	255	60.71	205	54.38	569	62.94	1029	60.49
	学科教学工具使用	236	56.19	162	42.97	426	47.12	824	48.44
教师信息技术技能学习途径	基本自学	219	52.14	219	58.09	501	55.42	939	55.20
	校级培训	321	76.43	280	74.27	616	68.14	1217	71.55
	市（县）级培训	269	64.05	239	63.40	651	72.01	1159	68.14
	省级培训	166	39.52	110	29.18	294	32.52	570	33.51
	国家培训	117	27.86	101	26.79	247	27.32	465	27.34

3. 信息化领导机制城乡差异调查

表12显示，全市有41.74%的学校没有负责信息化建设的专门机构，其中城区学校的占比低于镇区学校，乡村学校的占比最高；全市有58.26%的学校有负责信息化建设职能的专门机构，这些机构的名称中，有18.40%的学校为教师发展中心，17.46%的学校为信息中心，28.04%的学校为电教中心，17.87%的学校为教研中心。全市有71.19%的学校安排相关领导负责信息化建设工作，正校级、教导处主任负责的学校中，乡村学校占比高于城区学校和镇区学校；而由副校级领导和其他领导负责的学校中，城区学校和镇区学校占比高于乡村学校。全市有73.72%的学校安排校级领导参加教育信息化相关培训，其中城区学校校级领导参加国家级培训、省级培训、地市级培训的占比高于乡村学校和镇区学校；乡村学校校级领导参加区县级培训占比高于城区学校和镇区学校。

表 12　洛阳市城乡学校信息化领导机制情况统计

二级指标及选项		城区学校 420 所		镇区学校 377 所		乡村学校 904 所		总体 1701 所	
		数量（所）	占比（%）	数量（所）	占比（%）	数量（所）	占比（%）	数量（所）	占比（%）
学校内设负责信息化建设机构	教师发展中心	75	17.86	70	18.57	168	18.58	313	18.40
	信息中心	78	18.57	64	16.98	155	17.15	297	17.46
	电教中心	163	38.81	101	26.79	213	23.56	477	28.04
	教研中心	64	15.24	80	21.22	160	17.70	304	17.87
	无	132	31.43	158	41.91	420	46.46	710	41.74
负责信息化建设的领导情况	正校级	49	11.67	55	14.59	136	15.04	240	14.11
	副校级	167	39.76	90	23.87	153	16.92	410	24.10
	教导处主任	60	14.29	86	22.81	256	28.32	402	23.63
	其他领导	40	9.52	45	11.94	74	8.19	159	9.35
	无	104	24.76	101	26.79	285	31.53	490	28.81
校级领导参加教育信息化相关培训情况	未参加	116	27.62	115	30.50	216	23.89	447	26.28
	国家级培训	45	10.71	30	7.96	89	9.85	164	9.64
	省级培训	50	11.90	32	8.49	80	8.85	162	9.52
	地市级培训	94	22.38	48	12.73	81	8.96	223	13.11
	区县级培训	109	25.95	148	39.26	426	47.12	683	40.15

三　调查数据分析

（一）教育信息化基础设施建设城乡差异明显

1. 整体建设缺口巨大

全市学校在校园网络、无线网络覆盖、智能学习空间、多媒体教室等基础设施建设方面整体缺口较大，有 42.68% 的学校目前没有校园网，有 69.31% 的学校未建设智能学习空间，有 12.70% 的学校的教师和 26.63% 的学校的学生没有信息化终端设备，有 32.92% 的学校未部署教学管理类信息系统，需要对教育信息化基础设施建设加大资金投入力度和加快建设进度。

2. 城乡建设差距显著

全市教育信息化基础设施建设各项指标数据基本以阶梯形呈现，城区学

校最好，镇区学校次之，乡村学校最差。其中，校园网络建设智慧教室、智慧图书馆、创客实验室、机器人实验室、3D打印室、虚拟实验室、VR（虚拟现实）教室、AR（增强现实）教室等的建设情况以及多媒体教室平均使用率城区学校更是数倍于镇区学校和乡村学校，预示着农村学生在获取外界信息资源、信息技术技能训练、改进传统学习策略、形成终身学习理念方面与城市学生出现了新的差距。由于乡村学生大量流入城镇，在师生信息化终端设备配备的师机比和生机比这两项指标上，乡村学校的配备要高于城区学校和镇区学校。

（二）城乡数字教育资源与应用各有特点

1. 数字教育资源建设和应用未能全部普及

全市有12.58%的学校在教学中未使用网络空间支持平台，有18.34%的学校没有建设数字教育资源，有8.7%的教师未使用数字资源进行教学活动，有15.87%的学校没有使用教育云平台网络空间常用功能进行教学管理，有37.04%的学校没有在教学中应用专递课堂、名师课堂、名校网络课堂，有41.68%的学校没有开展在信息技术支持下的信息化教学，有21.28%的学校没有正常开设信息技术课程，需要完善和推行相关机制，推动各学校数字教育资源建设和应用全面普及，以进一步提升教师信息技术能力和学生信息素养。

2. 城镇学校数字资源建设和应用普遍优于乡村学校

学校在购买引进、自主研发、与企业合作研发的数字资源和使用数字资源开展教育教学活动等方面城镇学校均远优于农村学校。

3. 农村学校在网络平台教学应用方面优于城镇学校

农村学校在国家平台中选用教学网络空间支持平台以及选用在线开放、公开的数字资源、网络教学、教师教学应用分析、学籍管理、专递课堂、在线开放课程、开设信息技术课程等方面均优于城镇学校。

4. 学生信息素养提升存在城乡差距

农村学校仅有30%的信息技术教师具有相近或相关专业资历，多数教师是由其他学科转行或兼职的，城镇学校信息技术教师基本均是专业科班出身，在开展信息技术教育与教学应用、创客教育、机器人/人工智能教学、编程教育、教学软件评比、网络知识竞赛、网页制作比赛、程序设计大赛等提升学生信息素养的措施中，城镇学校均远优于农村学校。

（三）教育管理信息化城乡差异明显

1.全市教育管理信息化程度整体较低

全市有43.33%的学校没有实现管理信息系统的统一身份认证，有29.75%的学校信息管理系统没有实现数据统筹管理，有30.63%的学校在教育教学管理工作中没有使用管理信息基础数据，有79.37%的学校没有校园卡，有87.24%的学校没有校外可访问的网站，这就需要加强规范教育管理信息化相关制度和措施，提升全市的教育管理信息化程度，推动实现各级教育管理单位间信息基础数据的互联互通，为全市实施教育监督措施的精准性提供数据支撑，为全市教育政策的制定提供决策支持。

2.城镇学校教育管理信息系统应用情况优于乡村学校

全市城镇学校教育管理信息系统在规划与决策类、教务类、教学类、总务类以及学校规划制度、部门绩效考核、业务流程重组和再造、教师培训课程设置、教师培训效果评价、学校发展评价、课程实施情况跟踪、教学质量分析、家校互动、学生信息素养评价、"三个课堂"应用评估等多方面优于乡村学校。

（四）城乡教育信息化保障机制存在巨大差异

1.全市教育信息化保障机制亟待全面提升

全市仅有16.99%的学校制定并发布了本校的信息化发展规划，有25.63%的学校没有采取促进信息技术在教学中常态化应用的相关措施，有50.26%的学校未开展教育信息化课题研究，有41.74%的学校没有负责信息化建设的专门机构，有26.28%的学校的领导没有参加过教育信息化培训，这些数据表明洛阳市教育信息化在发展规划、科研培训和领导机制等方面存在较大差距，亟待全面提升。

2. 城镇学校教育信息化保障机制优于乡村学校

全市城镇学校在制定教育信息化发展规划，制订学校教师信息技术应用能力培训计划，整校推进信息化教学校本研修，开展教师信息素养评价，教师"三个课堂"教学和教研任务纳入工作量计算，学科教学工具使用，将信息化教学能力纳入教师评聘考核体系，制定"三个课堂"常态化应用实施细则，进行国家级、省级、市级课题研究，组织教师在校内进行信息技术技能培训等方面明显优于乡村学校。乡村教师在信息技术基本操作、课件制作技术、信息化教学设计等方面的学习培训需求要高于城镇学校。

3. 城乡教育信息化领导机制差异较大

全市有 46.46% 的乡村学校、41.91% 的镇区学校、31.43% 的城区学校没有负责信息化建设的专门机构，有 31.53% 的乡村学校、26.79% 的镇区学校、24.76% 的城区学校没有领导负责信息化建设工作，城镇学校在信息化建设的机构保障方面相对优于乡村学校。全市有 39.76% 的城区学校、23.87% 的镇区学校、16.92% 的乡村学校落实了市教育局关于应安排一名副校级领导负责学校教育信息化工作的统一要求，这一数据说明城镇学校的教育信息化工作在学校各项工作中相较于乡村学校更能得到保障。

四　调查意见

（一）建设和完善符合城乡教育信息化实际的规划标准与规范体系

1. 建立健全教育信息化市、县、校三级规划标准和规范体系

针对洛阳市城乡教育信息化建设的实际，需要建立和完善与国家教育信息化规划标准和规范相衔接的教育信息化市级、县区级、校级的规划标准和规范体系。

第一，完善教育信息化建设与管理制度化建设，精细化教育信息化标准体系建设。

第二，完善教育信息化数据信息管理制度，规范数据采集、加工、共享、交换、使用等，确保网络信息和数据安全。

第三，完善教育信息化技术类、管理类标准和环境配置规范，保证信息化建设工作标准化，避免重复建设和资金浪费。

第四，制定学校教育信息化发展规划和设备终端管理制度，规范学校信息化基础设施配备、建设、管理、使用和绩效评估等工作，形成完备的学校教育信息化建设和绩效评价体系，确保全市教育信息化建设工程效益的正常发挥。

2. 构建完整长效的城乡教育信息化运维服务保障体系

基本建成人人可享有的优质数字化教育资源服务体系，缩小城乡教育信息化差异，构建公平共享的数字化学习环境，实现信息技术与学科教学的深度融合，基本形成支撑学习型社会的教育信息化运维服务保障体系。

第一，加强市、县区、学校三级教育信息化技术支持服务体系的建设，明确城乡教育信息化科研技术服务队伍的配备标准，大力培养和任用懂技术、懂教学、懂管理的复合型教育信息化人才，采用网格化包区责任制，在市、县、校三级组建和形成经验丰富、作风优良、水平高超、人员稳定的高素质教育信息化服务队伍，确保城乡教育信息化各项建设的正常推进。

第二，制定和完善技术服务管理保障制度，建立覆盖城乡一体化的设备维护和技术服务机制，保障教育信息化基础设施的正常运行和资源的有效运用。

第三，根据不同学校在硬件、软件、资源和师生信息素养等方面的情况，为城区学校、镇区学校和乡村学校分类制定教育信息化发展策略和建设模式，保障为城乡学校教师和学生提供公平的优秀资源和教学环境。

3. 构建城乡教育管理信息数据服务体系

协调推动构建城乡教育管理部门重要数据信息的采集、整理、统计、归纳与发布，为教育政策的制定提供科学、准确的数据依据，以期提升和完善洛阳市教育管理信息数据服务体系。

第一，推动市级、县区级教育教学管理单位和学校投入并运行教育管理云平台，以应用为导向，建设和完善教育行政管理系统、学生管理系统、教育人事管理系统、教学教研管理系统、资产管理系统、财务管理系统、教学

质量测评、招生服务系统等教育信息化管理系统，推动教务管理系统与政务管理系统无缝对接。

第二，建设市级、县区级和学校教育信息查询系统、政策发布系统、资源信息流转处理系统，形成面向城乡的信息发布、信息查询、资源下载服务体系，完善教育管理公共服务模式，扩大信息化在行政管理、学迹跟踪、质量评价、公共管理服务等方面的应用成果。

第三，整合市级、县区级和学校各类教育管理数据资源，建立覆盖全市的教育信息基础数据库，实现用户基础数据互通，完成与国家和省级管理平台共享连接，着重建设教育资源交换与共享系统、教育统计与分析系统、教育质量评价系统、师资与科研管理系统、教育监管与动态监测系统、在线教学与学习系统、教育发展与评估系统等，优化教育服务流程，提高教育管理效率，促进教育决策科学化、公共服务系统化、学校管理规范化。

第四，建设市级教育数据中心，实现大数据分析与应用，推动教育管理部门、教研机构、教师、学生、学校资产等数据全面入库，整合教育管理基础信息，提高教育管理信息化水平，建立健全教育管理公共服务体系，完善教育信息化管理体系，提高教育公共服务水平，满足城乡教育信息需求，为重大教育项目实施提供监管和支撑。

（二）进一步促进师生信息素养的提升

1. 推动完善城乡学校教育信息化领导机制

学校教育信息化领导机构的设立和相关制度的制定是信息化各项工作顺利开展的重要保障。

第一，要严格落实市、县区、校三级教师发展中心设置工作，明确学校教育信息化推进工作是学校教师发展中心的重要职能之一，制定和完善学校教育信息化工作相关制度，要求至少有一名副校级领导分管此项工作，以保障教育信息化各项工作顺利推进。

第二，根据城乡差异，建立健全教师信息技术应用能力培训、实践和考评体系，将教师信息技术应用能力作为教师资格认定、资格定期注册、职务

（职称）评聘和考核奖励等的必要条件。

第三，将教育信息化工作作为学校管理水平、教研水平、教学质量等考评体系的重要考核依据，并列入中小学办学水平星级创建评估和校长考评的指标体系中，切实提高教育信息化在学业水平测试、招生管理、学籍管理、学生综合素质评价、教学质量评价等方面的应有作用。

2. 提升城乡教师队伍信息技术应用能力

以教学、教研、管理需求为驱动，整体提高城乡学校教师和管理人员的教育信息化理论素养以及信息技术应用能力，打造业务精湛、结构合理的教育信息化师资和管理队伍。

第一，要将教育信息技术应用能力作为教师的基础业务能力，有计划、有步骤地促进城乡教师信息技术应用能力提升，通过建立开放式、多层次的教师信息技术能力培训体系，依托国家、省相关培训计划和要求部署市、县、校三级教师信息技术能力培训工作，可采取集中培训、线上教学、竞赛活动等方式灵活安排研修和按需学习，激发教师学习兴趣，着力提升教师信息技术应用能力。

第二，要加强对教育行政部门领导、中小学校长等负责教育信息化工作的教育管理者的信息化领导能力和决策能力培训，同时要建设专业化的教育信息化技术支撑队伍，培养教育信息技术专业人才，从领导机制和技术服务两方面保障教育信息化有效推进，构建安全的运行环境，提高洛阳市教育信息化建设效益。

第三，建立城乡教师信息技术应用能力提升的长效保障机制，推进教师在教育教学活动中将信息技术与学科教学深度融合，深化信息技术在教学设计、教学过程以及教学评价中的应用，鼓励教师通过信息化手段改革教学过程、学习方式、评价方式，加强教育信息化课题研究及成果推广，发挥教育信息化在推进教育教学改革中的重要作用。

3. 提升学生信息素养

培养和提升学生良好的信息素养，推动学生计算思维的形成和发展，促进学生系统地学习信息技术基础知识与基本技能，帮助学生逐步适应数字化

学习和终身学习。

第一，加强城乡学校信息技术教师的培训，加强农村学校信息技术专业教师的配备，完善组织学生参加创客、机器人、人工智能、编程、网络知识、网页制作等竞赛活动的考核奖励制度，建立健全信息技术竞赛活动保障机制。

第二，推进计算机教室、创客空间、智慧教室等功能室的配备，保障信息技术课程课时量，加大教学科研实践力度，探索科学合理的教学模式，完善信息技术学科教学资源建设，加强中小学校信息技术教学考核评价，缩小城乡信息技术教育差距。

（三）加大教育信息化的资金投入力度

1. 大力改善城乡教育信息化网络体系和加强基础设施建设

加强洛阳市教育信息化基础建设，建成覆盖城乡的教育信息化网络体系和基础设施，逐步普及以计算机为核心的信息化终端，减小城乡差异，实现洛阳教育信息化水平全面提高。

第一，全面升级洛阳教育信息化基础设施，逐步提升县区教育城域网和城乡学校校园网的接入能力，依托物联网、云计算等先进技术，推进学校计算机教室、多媒体教室的更新，结合学校实际开展智慧教室、智慧图书馆、创客实验室、机器人实验室、3D打印室、虚拟实验室、VR（虚拟现实）教室、AR（增强现实）教室等智能学习空间的普及和建设，不断提升学校学习环境建设水平。

第二，加强城乡教师、学生信息化终端的配备，争取生机比达到6∶1以上，师机比达到1∶1以上，城乡多媒体教室配备率要达到100%，进一步提升云端一体化教室建设。

第三，城乡学校要全部实现"宽带网络校校通""优质资源班班通""学习空间人人通"，要结合自身实际合理建立和应用教育资源公共服务平台、教育管理服务平台，要扎实推进农村教学点点播课堂、城乡同步课堂、名师网络课堂、名校开放课堂、信息技术融合课堂的应用，鼓励教师积极开展信息技术与教育教学深度融合的实践探索。

2. 加大经费投入，缩小城乡学校教育信息化差异

城乡学校教育经费差异是导致城乡学校教育信息化发展差异的重要原因之一，学校的信息化设备和资源决定着学校的教育信息化进程，要加大资金投入，满足城乡学校教育信息化建设、配置、应用、维护和更新的需求。

第一，从学校角度来看，农村学校的教育经费少于城镇学校，农村学校的教育信息化资金投入低于城镇学校；从家庭角度来看，城镇家庭的教育投入高于农村家庭，农村学生接受的信息化教育明显少于城镇学生。要加强资金监管、加大教育信息化的资金投入力度，尤其要加强对农村地区教育信息化基础设施建设的支持力度。

第二，要充分整合现有经费筹措渠道，优化专项资金结构比例，保障教育信息化建设和运行维护所需经费，探索和制定教育信息化建设专项经费的金融支持政策，多渠道筹措教育信息化经费，调动企事业单位、社会团体等社会力量参与教育信息化建设和运行维护。

第三，要发挥教育信息化投资的最大效能，合理调整投入资金的用途和分配，除保障硬件建设、资源库的购置与开发、教师培训等，还要预留一定的经费用于硬件、网络和资源的维护以及技术支持服务等，要保障农村学校不仅购置得起设备，而且要保障农村学校用得上、用得起，避免发生不敢用、不能用的现象。

（四）推动优质数字教育资源共建共享

1. 建立优质数字教育资源共建共享机制

共建共享优质数字教育资源是教育信息化成功的核心和关键，建设优质数字教育资源需要建立多层次的资源共建共享机制。

第一，构建国家和省级课程教学资源库，包括教学课件、视频资料、教学素材和其他所需要的各种资源，农村学校一般不具备足够的资金采购丰富系统的优质数字教育资源，也不具备全面制作高水平高质量数字教育教学资源的条件，上级教育主管部门科学统筹、统一采购优质数字教育资源，可以避免重复采购，也可通过网络传输下载、与兄弟单位共享交换，虽投入较

大，但使用范围广、教育回报率较大。

第二，构建具有本地区特色的教育资源体系，收集市、县区、学校等具有当地特点和优势的教学资源，包括中小学、社会教育和职业教育等的教学资源，建立共享机制，为农村学校教育提供优质数字教育资源。

第三，建成能满足课堂教学及个性化学习的信息化资源库和城乡学校共享平台，不断汇聚不同类型、不同学科的数字化教育资源，提高农村边远地区的教育质量，拓展数字化资源在教师教学教研过程中的应用深度和广度，为各级各类学习者提供广泛的学习资源，最终形成结构合理、覆盖面广的公共优质数字教育资源服务体系。

2. 开展网络教研，缩小城乡差距

第一，组织城乡学校教师分学科、分学段、分区域开展网络教研，提升教师信息技术应用能力和水平，鼓励教师开发和使用优质数字教育资源，实现信息技术与学科教学的深度融合，推动和探索优质数字教育资源在教育教学活动中的广泛应用。

第二，借助教育资源公共服务平台，探索城乡学校教师联合开发和应用资源新机制，充分发挥教育专家、教学骨干、优秀教师的作用，在利用现有教学资源的同时，鼓励开发本土化校本资源，推进基础性资源和个性化资源的开发应用。

第三，加快推动城乡学校师生网络空间建设，实现人员管理信息化，为学校建立网络教育管理空间，为家长建立家校互通空间，为教师、学生建立个人空间，支持教师利用网络教学空间开展协同备课和网络研修，形成校际备课、教学研究、资源共享，支持学生使用网络学习空间完成网络作业、网上自测、拓展阅读、网络选修等自主学习活动，实现名师网上学习指导、伙伴网上学习探究、家长网上学习监护，帮助学生养成自我管理、自主学习、合作探究的良好习惯。

洛阳市以推动教育信息化来实现教育现代化，要构建覆盖全市城乡学校的优质教育资源公共服务平台，实现与国家级、省级教育资源公共服务平台的互联互通，充分发挥城乡学校和学科教师个性化资源建设的主体作用，大力支持优质校本资源的广泛共享，进一步丰富在线开放课程资源内容与形式，使各级教育行政部门、学校、师生、公众均可方便快捷地汇聚和享用各种优质的、个性化的数字教育教学资源。建成基于网络的终身学习服务体系和覆盖城乡的数字化学习中心，为促进教师专业成长和学生全面发展提供服务，为公众提供公共教育信息、公共学习资源和公共教育服务，建立优质教育资源的共建共享机制，实现城乡同步发展，切实提高农村边远地区教育质量，有效促进教育公平。

参考文献

［1］熊才平、楼广赤：《多角度审视基础教育信息化区域性失衡问题》，《教育研究》2004 年第 7 期。

［2］熊才平：《中小学教育信息化进程中的城乡差距调查报告》，《中小学电教》2006 年第 2 期。

［3］康超：《河南省城乡基础教育信息化比较研究》，西北师范大学硕士学位论文，2011。

［4］祁玉娟、毛丽萍：《教育信息化中的城乡差异分析》，《当代教育理论与实践》2013 年第 7 期。

［5］罗莉捷：《基础教育信息化发展水平城乡差异对比研究》，华中师范大学硕士学位论文，2016。

B.16
洛阳职业技能培训发展现状
及问题调查研究

常书香 梁 方*

摘 要： 开展大规模职业技能培训是提升劳动者就业创业能力、缓解结构性就业矛盾、促进扩大就业的重要举措，是推动高质量发展的重要支撑。洛阳市高度重视职业技能培训工作，将其作为一项重要的民生工程重点推进，开展职业技能培训对于推进洛阳市学习型社会建设意义重大，能够为建强中原城市群副中心城市、形成增长极、重振洛阳辉煌提供产业人才支撑。当前洛阳市不断丰富培训评价机构数量，坚持实施精准培训，但也存在培训评价资源分配不均衡、技能人才在三产中分布不均衡等问题，需要优化配置培训评价资源，聚焦产业发展和劳动者需求开展培训。

关键词： 职业技能培训 终身教育 培训评价

党的二十大报告提出："健全终身职业技能培训制度，推动解决结构性就业矛盾。"河南省"人人持证、技能河南"建设工作领导小组办公室印发的《2022 年高质量推进"人人持证、技能河南"建设工作方案》将"大规模开展职业技能提升培训"作为重点列入 2022 年的工作部署中。洛阳市人民政府在《洛阳市高质量推进"人人持证、技能洛阳"建设工作实施方案》

---

* 常书香，洛阳职业技术学院党委宣传统战部副部长，主要研究方向为教育、新闻传播；梁方，洛阳职业技术学院继续教育学院综合办主任，主要研究方向为思想政治教育、创新创业教育。

中对职业技能培训做出了重点安排，可见，职业技能培训已经成为洛阳市提升就业质量工作的重要举措，受到特别关注。

一　开展职业技能培训对洛阳市经济社会发展的意义

（一）职业技能培训的概念范畴

1.职业技能培训的概念

所谓职业技能培训就是依照国家职业分类和职业技能标准进行的规范性培训。随着当前职业领域的新变化，人力资源和社会保障部对 2015 年版职业大典进行了修订，根据《中华人民共和国职业分类大典》（2022 年版），现有职业数达到 1639 个。[①] 作为职业分类的成果形式和载体，该职业分类大典展示了当前我国社会领域各行各业的发展状况，为了确保各行业的规范运行，在职业分类的基础上，根据职业活动内容，国家设置了职业技能标准，对从业人员的理论知识和技能要求进行了综合性的规定，这也为有效开展职业培训、人才评价提供了基本遵循。开展大规模职业技能培训是提升劳动者就业创业能力、缓解结构性就业矛盾、促进扩大就业的重要举措，是推动经济高质量发展的重要支撑，只有不断加强职业技能培训，提升职工的技术技能水平，打造出不断学习、不断进步的技能人才队伍，才能够跟上行业更新、升级的步伐，促进人力资源的优化配置。

2.职业技能培训的内容

职业技能培训涵盖的范围比较广，主要包括为推动产业升级和发展而进行的各种行业培训，为提供市场所需紧缺职业人员开展的技能培训，为推动创新创业实施开展的提高创业意识、创业能力等的培训以及针对特种作业人

---

① 《〈中华人民共和国职业分类大典〉正式发布》，http://news.sohu.com/a/591058103_121123804。

群的安全技能培训和为适应平台经济、共享经济发展而大力推行的云计算、数字技能等的新业态培训。

3. 职业技能培训的对象

职业技能培训的对象包括企业在职员工、高校毕业生、农村转移劳动力、返乡农民工、脱贫劳动力等有培训需求的各类人群，包括针对企业生产发展需要进行的岗前技能培训、在岗技能提升培训、转岗转业培训；针对高校和职业院校毕业生和其他各类青年群体需要进行的、适应就业岗位及适应基层工作能力的培训；针对农村转移劳动力、返乡农民工、脱贫劳动力、退役军人等重点群体和困难职工家庭、社会救助对象、残疾人等特殊群体，以及其他各类有培训需求的社会大众展开的各类培训。

4. 职业技能培训的时代发展

2021 年 12 月人力资源和社会保障部、国家发展改革委、财政部等部门印发《"十四五"职业技能培训规划》，明确提出要深入实施职业技能提升行动，大力开展职工岗位技能提升培训，强化重点群体就业技能培训，加强创业培训和新业态新模式从业人员技能培训。[①] 对2025 年应该实现的目标进行了专项安排，这也是指导洛阳开展职业技能培训的重要文件。2021 年底《中共河南省委办公厅、河南省人民政府办公厅关于印发〈高质量推进"人人持证、技能河南"建设工作方案〉的通知》发布后，洛阳市积极贯彻落实省委省政府关于培训取证工作的部署，结合洛阳实际出台《洛阳市高质量推进"人人持证、技能洛阳"建设工作实施方案》，并做好洛阳各县区任务的分解，要求各县区根据当地技能人才需求制订培训计划并坚决贯彻落实。"人人持证、技能河南""人人持证、技能洛阳"提出了职业技能人才培养的量化标准，合格取证、持证上岗不仅是对技能人才技能等级水平的认可，也是缓解就业结构性矛盾，充分落实创新驱动、人才战略的必然要求。

---

① 人力资源和社会保障部：《"十四五"时期，这样健全完善终身职业技能培训体系！》，https：//mp. weixin. qq. com/s/CiyGomkq0yQ8gCmv60MXvw。

（二）开展职业技能培训的重要意义

1.有利于提升劳动者就业创业能力，促进稳岗就业

加快技能人才发展是利国、利企、利民的大事、实事、好事，对于立足新发展阶段、贯彻新发展理念、构建新发展格局和全面建设社会主义现代化国家有着十分重要的意义。"十三五"时期，全国共组织开展补贴性职业技能培训近 1 亿人次，技术工人队伍已经成为支撑中国制造、中国创造的重要力量。根据国家统计局发布的《中华人民共和国 2022 年国民经济和社会发展统计公报》，2022 年全国就业人员达 73351 万人，技能人才总量超过 2 亿人，高技能人才总量超过 5000 万人，就业结构性矛盾仍然比较突出，因总量不足、结构不优，重点就业群体的就业创业能力与用人单位的需求仍然存在一定差距。而通过高质量的职业技能培训能够不断提升劳动者就业创业能力，促进劳动者素质提升，帮助劳动者及时了解、掌握不同行业和领域所需的最新知识和技能要求，通过知识的更新和深化，帮助就业人员达到行业技能标准，提升个人就业水平，促进稳岗就业。

2.推动终身教育体系的建设

党的二十大报告提出，要"推进教育数字化，建设全民终身学习的学习型社会、学习型大国"。坚持以人民为中心发展教育，就是要让每一个孩子都能获得公平的教育机会，让每一个个体获得适合自身发展的贯穿人一生的教育。随着社会的发展，人民群众对教育公平的需求正从量的满足转向质的追求，从一次性学历教育转向终身学习，从单一类型的教育转向丰富优质、灵活动态的教育，更多人把技能岗位上的培训作为自身充电和学习的重要途径。随着数字化、信息化时代的到来，"人人可培训、时时可培训、处处可培训"的大培训格局正在成为主流趋势，过去几年，受新冠疫情影响，"互联网+职业技能培训"被提升到更高的位置，"云会议""云课堂""云竞赛"等新形式为职业技能培训提供了可以跨越时空的便利条件，促进职业技能培训进企业、进高校、进社区、进农村，以更加便捷的方式吸引更多

人参与，助力"终身教育""终身学习"，推动终身教育体系的建设。

3.促进产业创新升级

党的二十大报告指出："教育、科技、人才是全面建设社会主义现代化国家的基础性、战略性支撑。"人才是第一资源，通过人才的职业技能培训，能够促进产业的创新升级，形成"产业推动人才进步，人才促进产业发展"的良性循环发展格局。在建强副中心城市、形成增长极、重振洛阳辉煌中急需各种产业技能人才。

4.促进形成弘扬工匠精神的良好氛围

为了有效推进职业技能培训，政府通过资金补贴、举办职业技能大赛等方式提高培训主体和培训对象的积极性，2022年11月，洛阳市发布《洛阳市职业技能竞赛管理办法（征求意见稿）》，意在通过征求广大人民群众关于职业技能竞赛的意见和方法，提高人民群众对职业技能培训的关注度，鼓励群众积极参与职业技能培训，通过职业技能竞赛实现群众对个人技能的自我认可，实现由"被动培训"到"主动培训"的转变。近几年，通过出台一系列鼓励参加技能培训的政策，社会上对技能人才的认知已经发生了根本性转变。党的二十大报告指出要"统筹职业教育、高等教育、继续教育协同创新"，职业教育和继续教育被提到了新的高度，居民对职业技能的认知已经发生了很大的转变，越来越多的人开始推崇和弘扬坚持不懈、务实肯干、精益求精的工匠精神，也有很多人在教育理念上发生了根本转变，鼓励自己的亲人和朋友主动进行职业教育和职业技能培训，职业技能培训的有效开展培养了一大批专业高技能人才、乡村工匠，弘扬工匠精神的良好氛围正在逐步形成。

二 洛阳市职业技能培训发展现状

近年来，为提升就业质量、推进产业结构升级、助力产业建设，洛阳市积极培训各级各类人才，促进产业发展、富民增收，初步形成了人人重视技能培训、多方主体主动参与技能培训的良好局面。

（一）2022年整体情况

洛阳市认真落实省委省政府决策部署，坚持把"人人持证、技能洛阳"建设与产业发展、乡村振兴有机结合，强化需求导向，完善政策体系，注重改革创新，精准开展培训，"人人持证、技能洛阳"建设取得了阶段性成果。

1. 技能人才群体扩大

2022年，洛阳市大力开展职业技能培训和评价取证工作，全年新设立民办职业培训机构32家；鼓励产教融合、校企合作，新建成实训基地、培养基地12家，全年校企合作培训2万人；支持各类企业、职业院校积极备案职业技能等级认定机构，建设企业自主评价机构280家、院校自评机构39家。2022年全市累计完成职业技能培训36.6万人次、新增技能人才26.72万人、新增高技能人才6.17万人，分别完成市定目标任务的122%、157%和123%。[①]

2. 办理创业担保贷款15.03亿元

2022年，洛阳市坚持以孵化引领创业、以创业带动就业、以就业促进创业，构建政策、培训、载体、服务、氛围"五位一体"的创业工作新格局。

创业担保贷款方面，自2022年5月18日起，对个人新办理的中央政策创业担保贷款实行财政全额贴息，全年共办理创业担保贷款15.03亿元；建成3家全国创业孵化示范基地，国家级认定数量全省第一，1000多家实体正在孵化，带动就业3万多人；积极举办"创响河洛"创业创新大赛，实施创业培训"马兰花"计划，培训1.6万人次。[②]

---

① 洛阳市人民政府：《2022年洛阳市以"人人持证、技能洛阳"建设提升就业质量——完成职业技能培训36.6万人次》，https：//www. henan. gov. cn/2023/02-01/2682248. html。
② 洛阳市人民政府：《2022年洛阳市以"人人持证、技能洛阳"建设提升就业质量——完成职业技能培训36.6万人次》，https：//www. henan. gov. cn/2023/02-01/2682248. html。

（二）主要工作做法

1.抓好顶层设计

一是加强组织领导，完善政策支持。洛阳市高度重视职业技能培训工作，根据河南省政府部署，2019年以来，针对河南省人口数量多与就业需求大的突出矛盾，河南省从提高人才竞争质量入手，打造技能型的产业人才，实施职业技能提升专项行动，为培养河南省专业建设与创新发展所需的人才提供专门支撑。在此背景下，洛阳市深入贯彻省委省政府相关要求，根据洛阳产业结构布局和人才需求，通过加强职业技能培训打造实用型创新人才。近几年，陆续出台《洛阳市职业技能提升行动方案（2019—2021年）》《2020年洛阳市重点民生实事工作方案》《2021年洛阳市全民技能振兴工程暨职业技能提升行动工作方案的通知》等文件，就职业技能培训做出专门安排，成立专项领导小组，构建终身职业技能培训制度，通过实实在在的举措全面落实职业技能培训工作，确保培训实效。2021年10月15日，河南省高质量推进"人人持证、技能河南"建设动员部署电视电话会议召开，深入贯彻习近平总书记关于职业教育和技能培训的重要论述，安排部署"人人持证、技能河南"建设工作，建立健全技能人才培养培训体系是其中重要举措和核心内容。为了充分贯彻省委省政府决策部署，洛阳市根据本市产业结构特点、产业人才培养需求、就业质量提升目标要求，出台了《洛阳市高质量推进"人人持证、技能洛阳"建设工作实施方案》《2022～2025年"人人持证、技能洛阳"建设目标任务指导计划》《"人人持证、技能洛阳"建设首批职业技能培训工作方案》《洛阳市乡村振兴技能人才提升工作方案》《洛阳市2022年"人人持证、技能洛阳"建设工作实施方案》等多个政策文件。根据工作需要专门成立了"人人持证、技能洛阳"建设工作领导小组，构建了市级统筹、人社部门牵头、相关部门协同、县区实施的工作格局，明确了"人人持证、技能洛阳"建设至2025年的任务书、时间表、路线图，职业技能培训工作的开展得到了切实保障。

二是有效推荐，保证落实。根据"人人持证、技能洛阳"建设总任务，将具体责任目标下发至各县区，各县区定时汇报职业技能培训开展情况，并就各自情况进行互动交流，通过"月月评"例会制度，每月对工作进展情况进行点评，持续追踪任务目标落实。组建了督查专班，定期开展实地督导和工作通报，压实工作责任。

2. 增加培训评价机构数量

培训评价机构直接承担职业技能提升的开展和实施评价工作，根据洛阳市"人人持证、技能洛阳"建设工作领导小组办公室《关于公布2022年第一批开展政府补贴性职业技能培训评价机构名单的通知》，目前，承担政府补贴性职业技能培训的职业培训机构主要有洛阳机车高级技工学校、中国石油天然气第一建设有限公司技工学校等（9家），洛阳职业技术学院、洛阳铁路信息工程学校等中高等职业院校（32家），河南泰邦源消防职业培训学校、洛阳易达职业技术培训学校等民办职业技能培训学校及安全培训机构（52家），伊川县伊电金源职业培训中心、中信重工大学企业培训中心等企业培训中心（8家），嵩县就业培训中心、新安县明珠计算机培训中心等劳动就业训练中心（10家）。职业技能等级认定和专项职业能力考核机构主要有中国空空导弹研究院、洛阳北方企业集团有限公司等企业职业技能等级认定机构（47家），洛阳机车高级技工学校、中国一拖集团有限公司高级技工学校等技工院校职业技能等级认定机构（面向本校学生）（8家），河南省洛阳经济学校、宜阳县高级技工学校等职业技能等级认定社会评价组织（12家），宜阳县培训中心、嵩县就业培训中心等专项职业能力考核机构（12家）。

3. 实施精准培训

坚持企业培训抓持证、院校培训抓就业、社会培训抓订单，突出中高级技能培训和先进制造业、现代服务业、现代农业等重点方向，扩大农民技能培训规模，切实提高培训的针对性、有效性。

一是精准确定培训对象。明确培训对象，推动技能培训与市场需求、产业发展、创业需要精准对接，围绕企业职工、大学毕业生、返乡农民工等重点群体，实现精准培训、应培尽培、愿培尽培。全面推广职业培训券，以培

训券冲抵培训费、换取培训补贴的形式，调动广大劳动者参加技能培训的积极性。根据洛阳市人社局相关部门提供资料，截至 2022 年 11 月，洛阳累计发放培训券 20155 张，开展培训 14406 人次。

二是遴选优质培训机构。坚持产教融合、校企合作，普惠性与专业化相结合，制定承担政府补贴性培训任务的机构目录清单，经逐级推荐和评选，2022 年有 109 家培训机构、98 家评价机构被纳入目录清单。鼓励职业院校和职业培训机构与企业建立产教融合、校企合作制度，互设实习实训基地和培训培养基地，新建成实训、培养基地 12 家，通过发挥企业培训"主力军"作用、院校培训"主阵地"作用、机构培训"补充"作用，实现了县区培训体系全覆盖，据洛阳市人社局相关部门数据统计，2022 年全年校企合作培训超 2 万人次。

三是科学设置培训内容。根据洛阳市十大产业发展需求，增设急需紧缺专业培训，合理设置课程，优化培训内容。大力支持培训主体建设，2022年新设立民办职业培训机构 16 家，开设工业机器人系统操作员、运维员、无人机装调检修工、互联网营销师等 50 多个市场热门专业培训班，指导洛阳职业技术学院增设 7 个康养照护类专业，河南省建筑安装技工学校增设新能源汽车检测与维修等 6 个专业。

四是探索创新培训模式。坚持线上线下结合，开展订单式培训，首批对中信重工、洛阳钼业、格力电器等企业开展了新型学徒制培养培训；伊川县、洛龙区搭建线下线上相结合的报名动员体系，支持劳动者通过便捷的手机报名程序，自主选择心仪的培训项目和培训机构，实现从"培训找人"到"人找培训"的转变；涧西区打造了就业"云超市"，形成了"线上智能匹配、线下精准对接、线上线下联动"的技能培训体系，实现了企业需求和就业人群的精准对接。

4. 科学推进评价取证

坚持科学评价、精准取证，完善职业技能评价机制，加快技能人才评价机构建设，鼓励支持广大企业、职业院校和职业培训机构积极申报职业技能等级评价认定资格。2022 年新增 175 家企业自评机构，对 18 家市属中职学校进行了自主评价机构认定，指导大张实业等企业开展人才技能等级自主认定工作。据洛阳市人社局相关部门数据统计，截至 2022 年 11 月，已认定技师 1183 人、中高级工 20611 人、初级工 11246 人。其中，大张实业的技能认定工作被省"人人持证、技能河南"工作领导小组总结为"大张模式"，给予高度评价，并拟在全省予以推广。在普通本科和中职、高职院校推行"学历证书+职业技能等级证书"制度，2022 年，有 2.3 万余名毕业生拿到了 1 个以上的职业技能证书，毕业生掌握一技之长，提高了自身的就业创业能力。

5. 创新培训方式

为了提供更好的培训服务，保证培训的及时性、便捷性，根据居民实际需求和现实情况，根据数字化建设和发展趋势，洛阳市不断加强培训平台建设，通过试运行、征集意见不断完善功能，由洛阳市人力资源和社会保障局授权开发的"技能洛阳"数字化综合管理平台于 2022 年 10 月正式上线运行，该平台致力于持续优化平台服务，促进更多劳动力通过平台学习技能，跨越时空障碍，为有培训需求的企业员工、社区居民、乡村振兴人才、高校青年等人群提供"随时随地"可进行的培训服务。当前，越来越多的培训主体加速推动"互联网+"进程，推出"云竞赛""云课堂"等新形式，积极开展在线职业技能培训。

6. 营造浓厚氛围

依托政府网站、手机客户端、互联网和公共服务平台，持续开展技能人才宣传，提高知晓度并扩大惠及面，营造"劳动光荣、技能宝贵、创造伟大"的良好社会风尚。2022 年上半年，先后在央视《朝闻天下》播发《河南洛阳：农技专家技术指导 促稳产丰收》、在《河南日报》刊发《手上有证 脚下有路——"人人持证、技能洛阳"建设正当时》、在大河网登载《政校企一体、产学研联动，洛阳市将打造产教融合高技能创新公共实训基地》等宣传稿件，对洛阳市"人人持证、技能洛阳"工作先进典型和成功经验展开辐射宣传，提升了外部影响力。引导支持行业部门、企业、学校开展各类职业技能竞赛、岗位练兵、技术比武，以竞赛提技能、以活动带培训，选拔和培养更多高技能人才。深入实施"河洛工匠计划"，大力弘扬劳模精神、工匠精神，2022 年

选树了39名"河洛大工匠"、261名"河洛工匠",他们已成为"技能洛阳"的形象代言人。全省首位入选"大国工匠"的杨金安,在中信重工扎根炼钢一线30多年;空导院数控加工专家鲁宏勋,带队蝉联三届世界技能大赛金牌。在2022年6月举办的全省第一届职业技能大赛上,洛阳机车高级技工学校的王一鸣、段旭久分别荣获银牌。同时,洛阳正积极争取承办各类高层次职能竞赛,全面发力,多个维度促进职业技能培训开枝散叶。

7.持续实施全民技能振兴工程项目

2022年,继续推进全民技能振兴工程,下发《洛阳市关于申报2022年全民技能振兴工程项目建设的通知》,根据河南省全民技能振兴领导小组办公室统计,2022年洛阳市获得2个省级高技能人才培养示范基地项目、4个省级技能大师工作室建设项目、1个省级世界技能大赛重点基地提升项目、1个省级人力资源品牌培训示范基地项目。"河洛工匠"工作室建设也取得一定成效。全民技能振兴工程的系统推进是职业技能培训的典型成果。

8.积极推动企业自主评价

2022年,洛阳市充分发挥企业技能自主评价工作。

一是鼓励支持企业、职业院校和职业培训机构积极申报职业技能等级评价认定资格,广泛开展取证评价工作,推动技能人才培养和评价取证无缝衔接,加快技能人才培养速度。据洛阳市人社局相关部门统计,2022年新增企业自主评价机构200家,累计评价发证5.87万人。

二是在本科、中高等职业院校推行"学历证书+职业技能等级证书"制度,本科院校应用型专业、中高职院校毕业生可直接参加职业技能等级评价工作,助力毕业生求职就业,助推青年技能人才成长。洛阳市人社局相关部门统计数据显示,2022年洛阳新增院校评价机构30家,6.79万余名应届毕业生取得了技能等级证书。

三是先后印发《2022年上半年"人人持证、技能洛阳"评价取证"回头看"专项行动方案》和《2022年上半年"人人持证、技能洛阳"评价取证"回头看"专项行动重点抽查的通知》,在全市范围组织开展评价取证

"回头看"专项行动，着力纠正评价对象审核把关不严、评价过程监管不到位、评价质量不高等问题，规范评价行为，切实提升证书的"含金量"和社会公信力。通过发挥自主评价主体作用，推进职业技能评价取得新成果。

9. 大力推进技能竞赛

坚持"以赛促训"，着力开展各种职业技能竞赛。主要成果有：推进高端技能人才培养平台建设，指导空空导弹研究院技工学校积极备战第 46 届世界技能大赛；组建洛阳代表团参加河南省第一届职业技能大赛，数控车、焊接两个项目在竞赛中获得银奖；联合市总工会印发《关于组织开展 2022 年洛阳市职工职业技能竞赛的通知》，安排部署全市 94 个工种的职业技能竞赛。

（三）典型经验

案例 1 "嵩县焊工"叫响南方市场

在"人人持证、技能河南"的工作部署下，嵩县根据本县特色，聚焦"三工六农九服务"进行培训，即电工、焊工、建筑工，林、牧、烟、药、菌、蚕农，以及餐饮、客房、电商、家政、保洁、月嫂、养老、保健等服务。在职业技能培训中，嵩县尤其注意创建培训特色，打造劳务品牌，"嵩县焊工"就是其中之一。"嵩县焊工"品牌历史深厚，从 20 世纪 80 年代起，不少嵩县外出打工者选择了焊工职业，经过长年累月的群体积累效应，逐渐形成了嵩县籍焊工群体，并在广东、武汉等地打造出较高的知名度，尤其在各船厂声誉较高，具有一定口碑。嵩县根据历史积累优势，加强焊工技能培训。据洛阳市人社局相关部门统计，嵩县近年来接受电焊专业培训的有4246 人，90% 以上的人集中在广州、武汉务工就业，平均月收入为 1.1 万 ~1.5 万元，在当地树立了洛阳劳务品牌形象，带动了本地群众就业和致富增收，"嵩县焊工"成为从劳务输出到技能输出转变的典型代表。

案例 2 "栾川旅游金管家"领跑旅游行业培训

2022 年 9 月 16 日，栾川县"百村千宿"全国招募计划发布会在郑州"只有河南·戏剧幻城"举行，以民宿经济"小切口"助力乡村振兴"大战略"。栾川旅游在河南旅游发展中一直处于领跑位置，与之相配套的民宿自然成了保证旅游体验的重要一环，栾川根据当地旅游资源丰富的特点，针对当地民宿主和民宿管家推出旅游金管家技能培训。据了解，旅游金管家技能培训课程内容非常丰富，包括服务礼仪、餐饮管理、短视频运营、插花等方方面面，是栾川在旅游行业高质量推进"人人持证，技能河南"建设的典型代表，对旅游行业从业人员职业技能提升意义重大，根据2022年7月统计数据，栾川县人社局、文广旅局围绕"旅游富县"战略部署，累计开展旅游金管家技能培训5万余人次，通过考核持证上岗率达97%以上。[1]"栾川旅游金管家"在河南省"凤归中原"返乡创业大赛人力资源品牌专项赛中获得二等奖；在2022年的全民技能振兴工程项目申报中，获批为省级人力资源品牌建设示范基地项目，是职业技能培训品牌建设的优秀代表。

三 洛阳市职业技术培训发展存在的问题

通过对技工院校、中高等职业院校、民办职业技能培训学校、劳动就业训练中心等培训主体进行走访座谈、实际调查和资料收集，发现洛阳市在职业技能培训中还存在不少问题。

（一）培训评价资源分配不均衡，培训评价质量有待提升

培训机构和评价机构在主城区的多、在各县区的少，培训能力和评价能力匹配性不强，承担政府补贴性培训的职业培训机构名单中，技工院校、中高等职业院校、民办职业技能培训学校及安全培训机构、企业培训中心的区域分布见图1。

---

[1] 栾川县融媒体中心：《"栾川旅游金管家"劳务品牌荣获省赛二等奖》，https://www.hntv.tv/yshn/article/1/1545367140407955457。

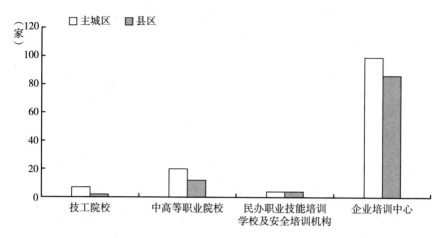

图1 洛阳市2022年承担补贴性培训的职业培训机构区域分布

资料来源：参见洛阳市"人人持证、技能洛阳"建设工作领导小组办公室《关于公布2022年第一批开展政府性职业技能培训评价机构名单的通知》。

职业技能等级认定和专项职业能力考核机构名单中，企业职业技能等级认定机构、技工院校职业技能等级认定机构、职业技能等级认定社会评价组织、专项职业能力考核机构的区域分布见图2。

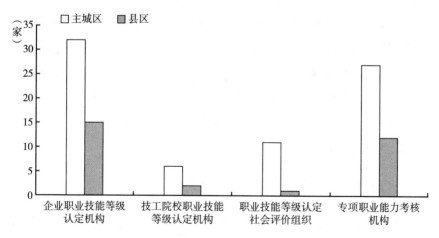

图2 洛阳市2022年职业技能等级认定和专项职业能力考核机构区域分布

资料来源：参见洛阳市"人人持证、技能洛阳"建设工作领导小组办公室《关于公布2022年第一批开展政府性职业技能培训评价机构名单的通知》。

从图1、图2中可以看出，主城区职业技能培训力量明显高于县区，直接体现出部分县区存在"想培训不能培训、能培训不能评价"问题，尤其是汝阳、洛宁、偃师、孟津等县区缺少社会评价机构。此外，对参与社会培训评价的群众进行随机采访，反映的问题主要是在接受社会评价前组织的统一技能培训时间太短，且培训内容主要针对评价发证，课程系统性明显不强，取得证书后也没有得到更好的指导和支持服务，体现出培训评价的精准度和后续跟踪服务不足的突出问题。职业技能培训的目的在于真正提升培训人员的技能水平，通过社会评价进行技能等级认定后，应该关注培训取证对个人就业、生活、工作等的积极影响，但目前并没有一个能够持续性收集后续数据的平台，对参加培训后人员的就业、收入情况掌握不全面、不到位，培训、就业和评价全链条管理还有差距。

（二）培训对象年龄结构失调

人才是第一资源，在各行各业中青年应该是推动行业建设和发展的中坚力量，然而，从洛阳市某培训机构随机抽样的1000名培训对象的年龄结构调查结果来看，20岁以下的人占比仅为0.2%，20~35岁的人占比为29.4%，36~44岁的人占比为31.6%，45~60岁的人占比为38.8%，从该调查结果可以看出，35岁及以下青年人的培训比例明显较低。对于青年人来讲，他们更需要有常规和频繁的职业技能培训，以促进他们不断提升职业技能水平，在自己的岗位上发挥更大价值和能量。尽管该培训数据仅以从某机构抽取的1000个社会人员为样本，存在很大的片面性，但也在一定程度上反映了职业技能培训中存在年龄结构失衡的问题。

（三）技能人才在三产中分布不均衡

洛阳是一座工业基础坚实、科研实力较强的现代化工业城市，在保持传统产业总量不断扩大的前提下，机器人及智能制造、特色新材料、电子信息、新能源、生物医药、节能环保等新兴产业快速发展，现已建立了较为齐备的产业体系，形成了包括39个行业大类在内的综合性工业体系，在航空航天、电子信息、国防科技工业等高科技领域居全国先进水平。但是根据洛阳市人社局相关部门调查显示，2022 年洛阳市新增技能人才 26.72 万人，第一产业、第二产业、第三产业新增证书比例大约为 10%、30%、60%，第一产业、第二产业发证占比明显偏低，第三产业发证比重过高，与洛阳市工业优势的状况不相符，存在明显的差距，尤其在新材料、新能源等方面新增技能人才比重较低，与洛阳市工业化布局和产业体系明显不符，人才队伍建设支撑度不够。

（四）部门力量整合不够

"人人持证、技能河南"建设是事关河南省技能提升的战略性部署，2022 年初洛阳市进行"人人持证、技能洛阳"建设安排部署，把主要要求下发至各县区，但并未向各市直部门下达具体的任务目标，也未就任务完成提出详细的要求，除教育、交通、应急、总工会、妇联等少数部门根据各自实际情况进行专项研究和摸索，深度参与技能人才培训，制定本系统的工作方案和具体目标任务，多数委局并未参与"人人持证、技能河南"建设或参与度较低，认为此项工作与自己关系不大，也未将此项工作作为部门专项工作进行部署，尚没有形成多部门共同谋划工作推进的合力，尽管已经建立了会议推进制度，但很多部门仍然不够重视。2022 年 5 月 9 日，洛阳市召开"人人持证、技能洛阳"建设工作推进视频会议，各县区分管领导、市"人人持证、技能洛阳"领导小组成员单位分管领导参加会议，相关负责人希望相互协调，有效合作，但多部门合力"扛旗"的意识不够，多部门齐心协作的工作局面尚未形成。

（五）缺乏高技能人才培养平台

为高质量推进"人人持证、技能河南"建设，中共河南省委办公厅、河南省人民政府办公厅印发《关于加强新时代高技能人才队伍建设的实施意见》，为加强全省高技能人才队伍建设提供了遵循，也对高技能人才队伍建设进行了重点部署。高技能人才队伍是贯彻落实人才强市、人才强省的重要力量，是推动洛阳市产业升级、产业创新发展的重要保障。目前，洛阳市

技工教育水平比较薄弱，全市仅有 3 所高级技工学校（公办的仅有 1 所），在校生仅 2 万余人，与洛阳市产业发展所需人才数量相差甚远。调查发现，全省 18 个地市中，仅洛阳、安阳没有开办技师学院，培养技师和高级技师等缺乏平台和载体。

（六）部分培训机构对培训过程管理不够

通过对洛阳市现有培训评价机构培训现场进行实地走访，并采访了部分参与培训的学员，发现部分培训机构存在应付培训的情况，整体培训过程敷衍了事，只是紧盯培训结果，关注培训数量的完成以及补贴性培训资金的申领，大部分培训机构以在培训学院取得证书为唯一标准，实操培训时间不足，理论培训枯燥无味，有些机构甚至并未按照教材讲解，不备课，不做课件，没有课堂设计，忽略了培训学员的培训体验，曲解了洛阳市"人人持证、技能洛阳"的建设目标，单纯地把发证作为培训的唯一目的，因此，培训效果不佳。

（七）部分培训机构师资水平不够，课程设置不足

通过随机采访几家培训机构，发现大部分私立培训机构选择的教师水平一般，大多数公立机构会选取专业水平较高的老师任课，但整体来看，具有硕士研究生学历、博士研究生学历的教师占比较低，具有本科学历的较多。此外，从来源结构看，一半以上的师资来自中、高等职业院校，也有一部分企业技术能手兼职进行培训，但名师不够多，能工巧匠和大国工匠数量更少。从课程设置来看，虽然一部分老师来自企业，但是培训学员直接到企业实操的机会较少，开设的实操课也存在应付的情况。从课程更新频率来看，很大一部分机构课程更新频率极低，不能做到根据培训对象的不同进行课程调整，培训课程的枯燥性直接影响了培训学员参与的积极性，甚至有一部分课程不能适应新时代经济社会发展对职业技能提出的新要求，职业技能培训未能起到应有的作用，很多机构并没有意识到良好的师资、高水平的课程对于职业技能培训的重要意义，通过采访发现，90% 以上的机构只是简单地按

照培训教师的课时数发放课时费，与培训效果、学员满意度不直接挂钩，难以保证职业技能培训的效果。

（八）培训对象存在被动参与情况

通过对部分培训机构培训对象进行实地走访调研，发现部分培训对象是被强制参与培训的情况，很多培训对象对即将参与的培训项目根本不了解，仅仅靠单位布置和安排，有些培训任务被强制性地安排到各个社区和单位，为了完成培训任务，有些培训机构在刚刚开班培训的时候人数较多，随着培训时间的拉长培训人数不断减少，一部分培训对象参与培训的态度非常消极，造成了培训资源的浪费。

（九）培训特色不明显

部分培训机构盲目开展培训，仅仅关注培训量的积累，为了确保能够申领培训补贴，大范围铺开培训课程，实际培训质量并不高；有些部门之间培训内容存在重叠，部分培训对象出现重复参与培训的情况。虽然 2022 年洛阳市涌现出几个特色培训品牌，但大部分培训机构未能打造自己的培训特色，开展的培训流于形式，培训质量不高。

四 洛阳市职业技术培训发展对策研究

为了深入落实省委省政府和市委市政府对技能培训工作的要求，洛阳市必须根据现有实际，进一步深化"五业联动"，构建"全劳动周期、全工种门类"的职业技能培训体系。

（一）优化配置培训资源

认真研究县区培训评价力量分布不均衡、不匹配等问题，通过线上线下相结合的方式谋划搭建对接平台，强化主城区和县区的培训对接，研究制定常规性的规范化培训对接体系，尝试建立"主城区+县区"联动的职业技能培

训和评价网格体系，指导县区培训机构、评价机构开展合作；依托洛阳市现有机构资源优势签订校地合作框架协议，开展定向培训、订单式培训和委托评价，解决部分县区专业培训资源不足的问题。据了解，2022年3月9日，洛阳职业技术学院分别与洛龙区、涧西区、伊滨区、嵩县签订战略合作框架协议，拟在人才培养、技能培训等方面深化合作，2022年6月17日，洛阳职业技术学院分别与洛阳理工学院、偃师区、新安县、栾川县及九家企业签订战略合作框架协议，协议签署后，学校相关负责同志加强了与县区有关机构的对接，在职业技能培训方面开展了有效合作。在优化配置培训和评价资源中，洛阳市可借鉴此思路，通过相互联动合作，充分发挥已有培训主体作用，巧妙解决部分县区培训和评价力量不足的现实问题。

（二）搭建更具吸引力的职业技能培训平台

青年是企业人才队伍的主力，具有较大的潜力和人力价值，很多青年人忙碌于日常业务工作，技能提升的自觉性不够，为了激发年轻人自我实现的热情，应该思考搭建更加全面、立体的职业技能培训平台，并通过各种途径加强动员和宣传，尤其要更多采取年轻人喜闻乐见的宣传和培训方式，可以通过拍摄小视频、线上技能比拼等方式营造符合年轻人喜好的赛道，激发年轻人主动参与职业技能培训的热情。

（三）聚焦产业发展和劳动者需求开展培训

围绕区域经济发展需求，立足洛阳市产业规划和布局，以"立足产业办培训，办好培训促产业"的思路谋划布局洛阳市职业技能培训，重点围绕市委市政府确定的新能源、电子化工材料、光电元器件等十大"风口"产业集群，协调行业主管部门，直接对接沟通行业需求和发展导向，共同发力，指导行业龙头企业、规模以上企业建立企业培训中心和企业自主培训评价机构，充分发挥培训主体作用，增强技能人才培养和评价能力。同时，积极推广"人人持证、技能洛阳"数字化综合管理平台，利用平台"机构服务"板块收集了解用工企业需求，掌握培训单位信息，了解评价单位人才评价基本情况；利用平台"个人服务"板块详细展示技能证书、资格证书、学历提升、公职考试等内容。立足人民搞培训，坚持人民至上，建立满足人民培训需求和期待的服务平台，动态掌握技能人才供需变化，在培训产业发展急需的技能人才上下功夫。在劳动者就业需求方面，对高校离校未就业毕业生、农村劳动力、城镇失业人员等群体实施专项培训计划，针对高校和职业院校毕业生和其他青年群体，以提升就业创业能力为核心，开展 SIYB 创业意识培训、创业能力培训、网络创业培训等，提升青年人才创业能力，同时，根据各类青年不同专业开展各类职业技能培训，不断增强青年群体适应岗位发展需求和产业发展方向的能力。以洛阳乡村振兴战略布局为支撑，面向农村转移劳动力、返乡农民工、脱贫劳动力等开展各种职业技能培训，充分发挥洛阳职业技术学院、洛阳文化旅游职业学院、洛阳科技职业院校等洛阳本土高等职业院校以及其他各类职业培训机构的作用，研究新时代农民职业技能培训需求，提升农民素质，强化先进实用技术技能培训，培养一批农村高技能人才和乡村工匠。针对城镇失业人员，通过建立网络，分小区排查城镇失业人员基本情况，通过统计造册彻底摸清底数，并通过调查问卷、实地走访等方式，摸准失业人员的需求，针对他们的需求系统开展职业技能提升行动，可开展急救、家政、母婴、编织、手工制作等专项技能培训和紧缺职业培训，有效提升重点群体的就业能力。

（四）建立完善市职业技能竞赛体系

职业技能大赛是衡量职业技能水平的重要标准之一，通过职业技能大赛能够使技能人才在竞赛中获得认可，是提升职业技能水平的重要推动力，必须充分发挥职业技能竞赛在促进人才发展中的作用，研究制定《洛阳市职业技能竞赛管理办法》，进一步加强对洛阳市各级各类职业技能竞赛的组织管理，充分发挥竞赛在技能人才选拔、培养、评价和激励方面的示范引领作用，为更多优秀技能人才脱颖而出搭建平台，营造劳动光荣、技能宝贵、创新伟大的良好社会氛围。

（五）筹建洛阳技师学院

针对市技工教育层次低、高技能人才培养缺乏有力载体，以及技术工人队伍建设与产业转型升级、城市提质发展不匹配，与先进制造业基地和副中心城市地位不相称的现状，组织专人赴南阳、信阳、平顶山等地技师学院开展实地考察调研，梳理技师学院申报工作流程及校区规划建设、运营模式、办学思路等，谋划建设洛阳技师学院，瞄准新技术、新技能加强职业技能培训，破解洛阳高技能人才培养难题。

（六）加强对培训机构的考核与随机抽检

各个培训机构开设的培训班要提前在市里进行备案，市相关机构要及时掌握各个培训班的培训地点、培训人员等培训基本情况，建立培训监督网络，设专人监管不同培训区域，对培训班情况进行随机巡查，发现问题及时指出，并通知整改期限和要求。建立定期巡查制度，每年分几次对各个培训机构进行检查，现场逐一查看培训机构各个培训班的培训档案，抓好动态退出机制，发现不合格的机构及时清理，对于培训班次不合格的停止培训资金发放。设专人定期对各个培训机构培训监控视频进行检查，建立惩戒制度，确保各个机构真正提升职业技能培训水平。

（七）政府主导，加强对培训师资的系统化管理

注重充分发挥政府的主导作用，统筹行业协会、培训机构、技工院校、职业院校等，从而形成紧密连接、互相协作的职业技能培训体系。通过政府主导，加强对各个培训机构师资的统一管理，落实职业技能培训教师分阶段的能力提升，以线上线下相结合的方式定期对各培训机构教师进行专项培训，并创造机会开展教研活动、课件交流、培训切磋等，提升职业技能培训教师业务水平。建立统一的职业技能培训师资库，动态了解各个机构培训师资情况。出台职业技能培训课程设置管理办法，对职业技能培训理论课程与

实践课程进行具体安排，对照标准在培训机构定期巡查中重点查看教学计划、教案等，提升职业技能培训效果。

（八）用好"互联网+"，营造良好的职业技能培训氛围

政府机关要利用互联网加强对职业技能培训效果的宣传，通过丰富形象的现实案例，让培训对象主观意识到职业技能培训能给自己带来良好的影响。培训主体要不断完善培训体系，真正精准摸排培训需求，根据不同培训对象的具体情况开设不同的培训课程；在培训完成后，要注意加强对培训对象的满意度调查，强化培训体验和服务，加强对培训的后续支持服务，实现培训项目的有效转化，真正使洛阳市大部分劳动者从劳务输出转变为以职业技能参与分配。要打造适合不同年龄阶段和不同学历层次的培训重点课程项目，充分利用好信息数字化平台，充分展现"互联网+培训"的便捷性，开设云课堂，打造人人可学、时时能学、处处皆学的培训生态，利用智能化平台收集真实有效的培训需求，更加关注社会中的特殊群体和弱势群体，增强培训育人的责任感和使命感，通过政府、培训机构主体、培训对象共同努力，打造人人渴望"一技在身、一证在手"的良好社会氛围。

（九）分类分主体确定培训重点，着力打造培训品牌

根据培训主体性质的不同区别培训重点。中高等职业院校侧重于大学生创业培训、青年职业适应培训和职业能力提升培训，根据学校专业特色面向社会和企业员工开展各类技能培训。支持各类企业主体开展技能大师建设，做好高技能人才职业技能培训。鼓励通过校企合作、产业融合开展新型学徒制培训，鼓励院校建立符合自己学校实际的职业技能等级学分转换制度，激励学生积极参与各种职业技能培训，提升个人职业技能等级。政府牵头实施面向农民工、残疾人、退役军人、高素质农民等特殊群体的职业技能培训。政府主管部门要形成工作台账，对建立特色品牌项目的培训主体予以奖励，开展经常性的培训交流活动，力争每一个培训主体至少形成一个具有自己特色的培训品牌。

B.17
洛阳市中小学学生安全教育问题研究

王 蕾 张三虎*

摘　要： 学校的教育教学工作是以保障学生基本安全为基础的。中小学校对学生进行安全教育不仅是培养学生的必修课，也是学校进行素质教育的重要组成部分。近年来，洛阳市教育局始终把平安校园建设放在首位，为全市广大师生的生命财产安全和教育事业的健康发展提供了有力保障。但受学生、家庭、学校社会等多方面因素影响，洛阳市中小学学生安全教育工作还存在一些问题，需要进一步加强。需要相关部门齐抓共管，从加强意识形态治理入手，进一步提升个人安全意识和能力、注重家庭安全教育、突出学校教育重点、创新预防体制机制，为推动洛阳市中小学学生安全教育实现更高质量发展做出应有贡献。

关键词： 中小学生　安全教育　洛阳

习近平总书记曾指出："少年儿童是祖国的未来，是中华民族的希望。"[1] 对中小学学生进行安全教育是学校教育教学工作的重要内容，有利于帮助学生树立完备的安全意识，从而引导学生及时识别生活中的潜在安全隐患并及时加以应对，对进一步促进学生群体健康与规避不良事件具有不可或缺的积极意义。

---

* 王蕾，中共洛阳市委党校党史党建教研部副教授，主要研究方向为法学理论、党内法规；张三虎，洛阳市教育局副总督学，主要研究方向为中小学校安全管理。

[1] 《习近平谈治国理政》，外文出版社，2014，第181页。

一 洛阳市中小学学生安全教育现状

中小学学生安全问题涵盖生活的方方面面，主要包括思想政治安全、交通安全、公共卫生安全、网络安全、信息安全、防溺水、防汛防火防灾、防校园欺凌等内容，主要涉及意识形态安全、人身及财产安全、心理健康与安全领域。近年来，洛阳市教育局为确保全市教育系统安全稳定，认真落实"三管三必须"的总要求，以"三零"创建为目标，高度重视校园安全工作，始终把平安校园建设放在首位，形成了校园安全工作与教育教学工作同谋划、同部署、同检查、同落实的良好局面。

（一）意识形态安全领域

"伪科学"、盲目追星、网络游戏等社会现象持续侵蚀未成年人的思想健康；"三股势力"（民族分裂势力、宗教极端势力、暴力恐怖势力）一直伺机向校园渗透；非法宗教组织企图在学生中发展成员，在公安机关查处的"葡萄园教会"非法活动中，就有河南科技大学、洛阳理工学院和洛阳师范学院的一些学生参与。

（二）人身及财产安全领域

人身及财产安全涉及交通安全、防溺水、消防安全、食品安全、网络安全、防范校园欺凌等诸多内容。具体来看，洛阳市相关部门在这方面做出了不懈努力。

1. 狠抓校车管理及交通安全

按照"全覆盖、零容忍、严执法、重实效"的总体要求，洛阳市中小学校通过对校车及交通安全严把"四关"（校车准入关、静态监督关、司机教育关和提醒关）有效防止了校车导致的交通安全事故。不容忽视的是校园周边仍存在一定的安全隐患。例如，城市区学校门口上下学高峰期堵车严重，对学生出行安全极为不利。

2.狠抓防溺水治理，努力实现暑期"零溺亡"目标

洛阳市未成年人溺亡事故呈逐年下降趋势，2020年学生溺亡4人，2021年溺亡2人，2022年至今未发生学生溺亡事故。洛阳市河流数量多、水域面积大、水情水势复杂，尤其是暑假期间，学校教育、家长监管、水域管理等任何一个环节有所疏漏，就有可能造成学生溺亡事故，因此防溺亡仍是防风险的重点。①

3.狠抓消防安全

洛阳始终把学校消防安全作为教育安全工作的重点，纳入年度工作目标管理，认真落实消防安全工作责任制，积极推进学校消防安全管理标准化。重点做好三方面工作。一是加强基础设施建设。2021年，全市教育系统共更换和维护灭火器15万余个，添置消防栓箱500多个，建设微型消防站6000多座。二是加大消防隐患排查力度。教育系统通过消防专项排查和消防夜查，2021年共排查学校2575所，校外培训机构1800余处，排查出安全隐患4986个，已全部进行整改。三是加强消防宣传教育和逃生演练。2021年，洛阳中小学校共制作消防宣传的横幅标语50000余条，宣传图板、板报6000余块，开展消防演练10000余次。②

4.狠抓学校食堂食品采购、加工和输出渠道，建立校领导和家长陪餐制度，确保学校食品安全

近几年，洛阳市虽未发生食物中毒致死事件，但轻微的食品安全问题仍时有发生。部分学校食堂建设标准不高、基础设施陈旧、设备不齐全、加工区域有限，个别学校安全管理人员存在麻痹大意思想，对饭菜质量检查不细、把关不严，存在一定安全隐患。同时，托管服务和延时服务政策实施以来，学校对餐饮承包方的需求量激增，也存在黑心承包方提供劣质甚至变质食品的潜在风险。

5.狠抓预防网络电信诈骗工作

根据网络电信诈骗形势变化情况，及时落实学校课堂专题教育，引导学

---

① 洛阳市教育局：《全市教育领域安全风险研判》（2022年5月）。
② 洛阳市教育局：《2021年度平安建设工作情况汇报》之二。

生树立防诈意识；重点加强周末和节假日对家长的宣传教育，提醒家长不要因贪图便宜而上当受骗。积极组织开展反诈进校园活动，全市共有 1000 余所学校参加，发放致家长防诈骗信 30 余万份，签订防诈骗承诺书 30 余万份，参与反诈知识问答 35 万人次，制作板报、宣传栏 2000 余个。要求学校所有教师、倡议学生家长安装国家反诈 App，实现教职工安装率 100%。[①]通过一系列宣传活动，培养广大师生和家长的防诈骗意识，提高了识骗防骗能力，维护了广大师生的切身利益。

6. 狠抓防范校园欺凌工作

坚持"教育为先，预防为主，保护为要，法治为基"原则，加强安全管理，并借助科技融合元素，强化校园安全工作。如，洛阳教育系统与四川长虹集团积极合作，引入电子学生证，既可以随时掌握学生的动态轨迹，遇有突发情况时还可以进行 SOS 求救，有效杜绝校园欺凌现象发生。

（三）心理健康与安全领域

衡量学生心理是否健康的标准主要看其对校内环境是否具有安全感，对外部环境是否能以积极的态度适应，遇到障碍和困难时心理是否会失调，能否以适当的行为予以克服。近年来，心理健康问题导致未成年人非正常死亡的现象时有发生。2020 年以来洛阳有 20 人自杀，其中，有 16 名初、高中学生，占比 80%，尤以城市区学生居多，基本为家庭矛盾引发。[②]

二 影响洛阳市中小学学生安全的主要原因

从整体来看，虽然洛阳市尚未发生过因学生安全问题引发的群体性事件，总体可控，但仍需要居安思危，通过深入分析教育领域影响学生安全的因素，防患于未然。造成学生安全事故发生的原因有很多方面，概括起来，主要包括以下几方面因素。

---

① 洛阳市教育局：《2021 年度平安建设工作情况汇报》之二。
② 洛阳市教育局：《全市教育领域安全风险研判》（2022 年 5 月）。

（一）学生个体差异

学生个体差异是由学生先天因素或者后天环境所造成的，在心理状态、安全意识、行为举止等方面表现出各种不同。比如某些学生会存在自尊心低、焦虑症、抑郁症等心理障碍；有些学生在人际交往中表现得较为"软弱"，缺乏表达和争取自己权益的能力，对于自己生命安全缺乏自我保护的意识和行动力；有些学生缺乏对安全隐患预判的能力，往往因疏忽大意或者轻信而导致过失；还有些学生因脾气性格问题而举止不当，或者沾染酗酒、吸毒等不良行为。这些因素有可能对学生的安全造成隐患。

（二）家庭教育不当

家庭是孩子的第一所学校，父母是孩子的第一任老师，家庭教育是影响学生安全的主要因素之一。当前，部分家庭教育理念和方式导致学生安全意识不够，主要表现在以下几方面。其一，过于注重孩子的成绩，忽视安全教育。在我国应试教育的背景下，很多家长只关注学生成绩，乐此不疲地给孩子补习课本知识，却忽视对孩子的安全教育。其二，存在过度保护，缺乏对孩子的正确引导。在"少子化"家庭背景下，一些家庭过度关注孩子的一举一动，可谓"含在嘴里怕化了，捧在手里怕碎了"，出现任何问题都主动挺身而出，不让孩子经历一点挫折，受一点委屈，久而久之，这些孩子的风险防范意识较低，缺乏抗压和受挫能力，对一些危险因素缺乏主动预判和自我规避的能力，在安全隐患出现时很容易不知所措。其三，疏于管理教育，放任孩子自流。如今生活节奏加快，生活压力增大，有些家庭特别是留守儿童家庭和空巢老人带孩子时，很难对孩子进行及时有效的安全教育和管理，导致孩子缺乏必要的安全防范意识和安全防护措施，再加之有些不良网络信息的误导，可能会出现"初生牛犊不怕虎"的情况，导致危险发生。其四，教育方式过激，引发叛逆敌对。青春期的学生特别敏感，如果家长与孩子的沟通方式不当，很容易激发孩子的负面情绪，导致自杀、自残、离家出走等恶性事件发生。

（三）学校管理不扎实

学校管理不扎实也是引发学生安全问题的因素之一。虽然目前各学校都采取了一系列措施加强对孩子的安全教育，但某些主观或客观原因仍造成学校安全管理存在一定隐患。其一，有些教育系统在防范应对各类风险方面还存在经验主义、侥幸心理和麻痹思想，居安思危意识欠缺，未雨绸缪能力不足。其二，城市区学校专职保安配备率虽然基本达到100%，但部分农村学校无专职保安，仍存在临时雇用村里的老年人看守学校大门的问题，不能及时发现和处理影响学生的安全事件。其三，目前，全市学校保安平均年龄54岁，最小的51岁，最大的65岁，年龄偏大问题突出，反恐防暴和应急处置能力明显不足。[①]

（四）社会环境影响

随着社会的转型发展，一些社会问题逐渐显现，使学生面临更加严峻的安全隐患。其一，随着经济社会的发展，车流量剧增，交通安全隐患不断增加，学生的出行安全受到影响。其二，网络信息泛滥导致学生在使用网络时很早就接触一些不良信息或广告，从而引发"黄赌毒"、网络诈骗等犯罪低龄化问题。其三，当今离婚率高居不下，单亲家庭不断增多，疏于管理或负面情绪影响导致孩子易出现心理问题或其他安全隐患问题。其四，社会治安环境的好坏在一定程度上也会对学生的安全产生影响。

三　进一步强化洛阳市中小学学生安全教育的重要举措

中小学学生的生命安全和健康成长关系到教育教学活动的顺利开展，关系到亿万家庭的幸福美满，关系到国家的未来和民族的兴旺。因此，保障中

[①] 洛阳市教育局：《全市教育领域安全风险研判》（2022年5月）。

小学学生的人身和财产安全，是家庭和教育工作的首要职责，也是全社会的共同责任。

（一）加强意识形态治理，确保政治方向正确

意识形态工作是教育领域中一项极端重要的工作，是为国家立心、为民族立魂的工作。对此，需要从以下几个方面努力。

1.持续加强和改进学校思想政治教育工作

洛阳市教育部门通过开展讲座、思政课教学等方式加强对中小学生关于宗教政策的宣传引导，自觉抵御宗教和各种极端思想对学校的渗透，防止它们与党争夺思想阵地、争夺青年、争夺人才。截至目前，洛阳教育局已率先开展大中小学思政课一体化建设工作，先后两次在河南省做典型发言，为后续更好地开展相关工作提供了经验借鉴。

2.组织丰富多彩的课余活动，培育践行社会主义核心价值观

各中小学校坚持每日升国旗、唱国歌，广泛开展开学第一课、十八岁成人仪式、"扣好人生第一粒扣子"、向国旗敬礼、传承红色基因、传承中华优秀传统文化、学雷锋志愿服务、网上祭英烈、经典诵读、"新时代好少年"先进事迹学习宣传等主题教育活动和优秀传统文化教育活动，把培育和践行社会主义核心价值观贯穿学校教育教学全过程，积极推进社会主义核心价值观"进教材""进课堂""进头脑"，引导广大未成年人树立正确的价值观。

3.加大宣传有关宗教问题的教育力度，厘清学生头脑中意识形态的模糊认识

为了加强我国宗教与教育相分离的政策宣传，洛阳市教育部门加强教育培训，努力提高中小学教师开展防范宗教传教工作的针对性，利用多种形式教育引导学生用马克思主义无神论科学认识和理性对待宗教、不参加宗教活动。例如，在广大中小学校印制并发放《洛阳市中小学校宗教政策法规明白卡》，严禁宣扬渗透宗教思想的教材、教辅、课外读物进校园，严禁师生在校园内传播宗教思想，营造纯净的学习氛围，立场坚定、态度明确地同各

种宗教极端思想和势力的渗透与侵蚀做斗争。

4. 严格把好关卡，主动防范排查

洛阳市各中小学及相关教育机构严格执行《洛阳市教育局报告会、研讨会、论坛、讲座审批报备制度》，严禁未经批准让境外人员作为报告会、研讨会、论坛、讲座的主讲人，确保活动组织严格遵守党的政治纪律和宣传纪律，坚持正确政治方向和舆论导向。同时，教育部门采取属地管理原则，以学校为主体、加强对信教家庭学生的排查教育，并安排教师进行家访，家庭与学校形成教育合力，有效抵制宗教思想渗透。此外，学校落实"四包四定"制度，由当地教育行政部门、学校领导等逐级与信教学生进行谈话、教育，讲清楚相关政策、法律法规等内容，确保实现逐个转化。

（二）相关部门齐抓共管，统筹配合依法履职

抓好安全教育不单是教育主管部门的职责，而是需要公安、检察院、法院、城管、交警等相关部门各司其职、各负其责、相互配合、形成合力。

例如，在防溺水治理中，洛阳市成立了由政法委和教育局双牵头，公安、水利、应急、城管、妇联、民政、住建、共青团、黄河河务局等 13 个单位共同参与的预防未成年人溺亡专项治理领导小组，在市教育局设立办公室，具体统筹安排与协调防溺亡工作。市民政局、团市委、市妇联、市公安局等部门分别做好对留守儿童、困难儿童、困境儿童和特殊儿童的关心、关爱工作；市水利部门近年来在相关水域附近设立警示标牌、标语合计 1 万余条块，增设防护栏杆 100 多公里，配置救生圈、救生衣、救生绳等救生器材；市交通运输局多次在小浪底水域组织应急演练，提升应急救援能力。[①]

又如，在防范校园欺凌中，教育部门通过课堂教学、专题讲座、班团队会、主题活动、发放《告家长书》、签订《预防校园暴力和校园欺凌承诺书》等方式，扎实开展预防校园欺凌专题教育。在此基础上，聘请公检法

---

① 洛阳市教育局：《2021 年度平安建设工作情况汇报》之二。

司等单位人员为学校法制副校长，从校园欺凌的定义、发生原因、预防措施及对人生的影响等进行讲解，教育学生不要成为校园欺凌的始作俑者，从而造成自己一生的被动。

（三）开展学生安全教育，提升个人安全意识和能力

不可否认，对于已经有一定安全意识的中小学生来讲，个人是自身安全的第一责任人。需要采取多种措施加强安全教育宣传工作，不断提升学生个人的安全意识和能力，有效预防意外事故的发生，保证学生人身和财产安全。

教育相关部门要充分利用课堂、网络、App 等多种载体对广大中小学学生加强安全宣传教育。例如，在防溺水安全教育中，通过安全教育平台"珍爱生命·谨防溺水"的专项主题，加强对学生防溺水安全教育；落实防溺水教育进课堂，坚持每周上好安全教育课，着重向学生强调"防溺水"的内容；组织防溺水等安全优质课及课题评比，使防溺水教育渗透学校日常管理和课堂教学中；组织防溺水专题考试，重点对防溺水"六不一会"知识、发现溺水事件后的应对办法和学校及家庭附近水域情况等进行考试；落实家访宣传活动，印发防溺水宣传页，走进靠近水域的家庭进行宣传教育，并与家长、学生签订防溺水承诺书；落实周末提醒，学校每到周末或放假前最后一节课，都要对所有学生进行防溺水教育，通过微信群、家长会等向家长宣传、提醒，要求家长加强对学生在家时的监管，防止出现管理真空；每周召开防溺水视频讲评会；中小学校积极开展义务宣传活动，特别是组织靠近水域的中小学校教师，利用周末节假日时间，手持扩音器、麦克风等，冒着炎炎烈日走上河堤、渠边、沟坑旁，对学生、家长进行宣传、劝导、提醒。

（四）注重家庭安全教育，倡导科学教育理念及方式

家庭安全教育的必要性和重要性毋庸置疑。一个安全的家庭环境对每个家庭成员的身心健康和幸福都至关重要，特别是对懵懂的中小学生而言，家庭安全教育能够为他们提供身体和精神上的保护，减少风险和伤害。广大家

庭要通过多种途径对孩子进行安全教育

1. 通过多种途径，增强孩子的自我保护意识，丰富其生活经验及安全知识

众所周知，在生活环境中处处存在威胁孩子安全的因素，例如，家庭的电源插座、热水瓶、刀、室内的摆设、家中存放的有害药物等，家长除了应极力消除这些容易导致孩子意外伤害的隐患，还应尽量丰富孩子的生活经验，教育他们认识所处的生活环境，了解哪些事情该做，哪些事情不能做，以及不能这样做的理由。

2. 采用孩子乐于接受的方式让他们初步掌握日常生活中常见的必备安全知识

孩子喜欢游戏活动，喜欢听故事。家长可以顺应孩子接受事物的特点，采用这种形式向他们进行简单的安全知识教育。比如，通过讲述故事《鲁鲁的鼻子》，使孩子懂得不能将异物放入口鼻，否则会有危险性；通过游戏"看谁找得对又快"，让孩子分辨哪些物品是危险的物品，这样就能让孩子在寓教于乐中不知不觉地记住安全常识；家长还应教会孩子识别一些常见的符号标志，如交通安全标志、毒物品的符号、安全通道的标志等，并且告诉孩子每个标志所包含的意思，从而提高孩子的自我保护意识。

3. 家长要学会尊重孩子，帮助孩子提高独立行动的能力

随着年龄增长，孩子的生理与心理不断成熟，会表现出强烈的独立行动愿望，但他们的安全知识和经验比较缺乏，独立行动的能力较差，这也是孩子容易遭遇意外伤害与不幸的重要原因之一。因此家长在日常生活中应特别注意对孩子独立行动能力的培养，教会他们掌握一些基本动作和自我保护的技能。如学会正确使用椅凳等工具来攀高，学会吃鱼时自己剔鱼刺，学会正确使用剪刀、小刀等常用工具。遇到一些事情，家长不要急于干预，而应让他们自己去思考解决问题的办法，提高独立解决问题的能力。

4. 家长要以身作则，引导孩子正确使用电子产品

从近年来发生学生自杀的原因来看，不管是直接原因还是间接原因，有许多是由电子产品引起的。要么是因孩子长时间玩手机，家长不懂得教育方法，强行制止引起家庭矛盾；要么是孩子沉迷于游戏而玩物丧志；要么是利

用手机登录不健康网站，受不良思想影响造成身心不健康，甚至出现政治意识偏差等。有专家分析，我国青少年接触互联网主要是为了满足伙伴交往需要、忘记烦恼并摆脱生活压力的需要、获得刺激兴奋情绪的娱乐需要、消磨时间的需要以及社会学习的需要等。因此，网络时代的家长应提高自身素质，转变教育观念和方式，将"家长制"变为"蹲下来和孩子交流"，变"家长"为"朋友"，这是广大家长迫切需要建立的家庭教育基本理念。同时，家长要注重加强对孩子网络行为的指导，关心孩子的精神世界，在孩子面前主动放下手机，发挥榜样示范作用，与孩子一起养成良好的网络行为习惯，共同营造良好的家庭网络文化氛围。

（五）突出学校教育重点，强化安全习惯的培育养成

学校是学生日常学习生活的主要场所之一，也是培养和教育学生养成安全习惯的重要责任主体。教育部门需要从消除学校安全隐患、提升教师和学生安全素养、强化安全习惯养成等方面着手，突出学校安全教育重点工作。

1. 消除学校安全隐患

及时彻底消除学校安全隐患是打造平安校园、保障学生安全的必要途径。除了日常对校园内防火、防灾、卫生等隐患进行排查清理，还要特别注意对校园周边环境进行定期排查，及时消除安全隐患。洛阳市相关部门采取了"双结合"，即学校自查与各级督导检查相结合、日常检查与文明创建相结合的方式进行安全隐患排查。

洛阳市教育局印发了《关于进一步加强校园及周边安全防范工作的通知》，要求学校坚持日常巡查，对校园周边影响师生安全和育人环境的消防、食品、书报杂志、交通设施、社会治安等问题进行全方位、全覆盖、全要素的排查，对发现的安全隐患进行归纳整理，建立台账，能自行处理的，学校细化措施，责任到人及时处理；学校不能处理的，如牵涉政法、文旅、市场管理、公安等部门的，及时上报并移交处理。2021年，各学校对校园周边巡查12800余次，37000余人次参与，查出学校门口乱停车、违规销售图书杂志等影响学校建设的隐患6类3万余个，除流动摊

贩、学校门口乱停车难治理，其他隐患均已整改完成。[①]

教育部门坚持日常检查与文明创建相结合，认真抓好校园周边治理工作。在全国文明城市复检过程中，各中小学校按要求对校园周边情况进行排查。洛阳市教育局领导和机关科室负责人分包学校进行检查，压实治理责任，明确整改时限，切实从源头上整治影响师生人身财产安全的隐患，有效防范遏制各类安全案（事）件的发生。此外，洛阳市公安局持续开展全市中小学"护校安园"专项行动，加快建立"护学岗"制度，组织治安、交警、巡特警不断优化上学、下学重点时段和校园周边重要路段"高峰勤务机制"，确保上学、下学重点时段"见警察、见警车、见警灯"，及时发现处置校园周边可能危害师生安全的苗头问题。

2. 提升教师和学生安全素养

广大教师对学生进行安全教育是提高学生安全意识和安全能力的重要途径之一。洛阳市教育部门采取多种措施督促教师先学一步、深学一步。例如，洛阳市共有 2152 所学校通过"洛阳市学校安全教育平台"开展了预防校园欺凌和暴力专题、预防毒品宣传专题、防溺水专题、防灾减灾专题、消防专题、交通专题、心理疏导专题等 12 项安全教育专题活动，共计 25859 人次教师开展了 246401 节安全教育教学课程，引导 976891 名学生完成了 9278182 人次在线安全知识学习。又如，洛阳市教育局组织相关教师编写、印制集故事和安全教育于一体的故事绘本图书 2 套，共计 5000 余册，通过读书阅览，广泛进行安全教育学习。此外，洛阳市已经有 1500 余所学校通过学校广播或在门口设置提醒小广播，对广大教师上下班和学生上下学进行安全提醒。[②] 通过一系列的宣传教育，让师生在潜移默化中树牢安全意识、掌握安全知识、提升安全能力。

3. 强化安全习惯养成

培养学生良好的安全行为习惯要通过教育部门多措并举、常抓常管。例

---

① 洛阳市教育局：《2021 年度平安建设工作情况汇报》之二。
② 洛阳市教育局：《2021 年度平安建设工作情况汇报》之二。

如，洛阳市教育部门在落实安全教育"三进四落实"（进教材、进课堂、进头脑，落实教材、落实时间、落实师资、落实经费）中确保学校安全教育课程每学年不少于 12 个课时；积极利用宣传栏、横幅、电子屏、微信、公众号等多渠道进行宣传教育，进一步激发广大师生参与热情。

为了防患于未然，教育部门还采取多种措施着力抓好学生心理健康安全工作。一是积极做好学生心理健康筛查工作，筛查出心理有阴影、家庭有矛盾纠纷的学生，及时造册建档，明确班主任、学校领导等责任人，制定暖心、舒心政策，做好心理疏导工作。二是积极做好温馨提示工作，针对重点学生群体，每逢重要节点及时发送风险提示，引领学校、教育家长做好思想工作，防止发生意外事件。三是建立健全防范机制，目前，全市所有学校都建有专门的心理咨询室，配备 3 名以上专兼职心理咨询师，涧西区教体局和所有学校都开设了心理咨询热线，随时为家长和学生提供心理健康咨询服务。四是加强对新政策新情况的调研，主要针对"双减政策"和学校"延时服务政策"给学校安全工作造成的影响，组织对师生心理健康安全讨论调研，全市共有约 5 万名教职工参与了讨论，既查出了新政策给师生身心安全带来的影响，也融洽了教师和学生、教师和家长、教师和领导之间的关系，有效地促进教育教学工作开展。五是加强《家庭教育促进法》的宣传教育，让家长明白教育孩子是家长义不容辞的责任，积极履行家庭教育法定监护人职责，加强对学生离校后的安全监管，避免或减少学生离校后发生意外的情况。

（六）创新预防体制机制，用高新技术提升防范水平

在智能化时代，用高科技赋能安全、用智慧化建设保障学生平安，加强双重预防，提升技防水平是当前各中小学校努力的方向。

近年来，洛阳市教育部门把落实市政法系统的"雪亮工程"和教育系统的双重预防体系（风险分级管控体系和隐患排查治理体系）建设结合起来抓，实现系统、双口对接，既节省了人力、物力和财力，又达到了提升技术的目的。洛阳市教育局根据市政法委关于"雪亮工程"中教育局的任务

分工，加班加点整理全市所有学校的信息数据，按时间节点提前完成报送。同时，市、县区两级教育行政部门积极争取筹措资金，全市学校在原有视频监管系统的基础上，结合教育系统双重预防体系建设要求，做好全市各级各类学校安全风险隐患双重预防体系建设。截至 2022 年 5 月，据不完全统计，全市教育系统自筹资金 600 余万元，315 个规模以上学校（学生人数在 1000 人以上）建成了线上线下齐全、设施功能完备的双重预防系统，近 30 所市区学校与市教育局指挥中心对接成功。[1] 通过双重预防体系建设和提升，切实把风险防控和隐患排查责任明确到人，形成齐抓共管、共保安全的良好氛围。

---

[1] 洛阳市教育局：《全市教育领域安全风险研判》（2022 年 5 月）。

B.18
洛阳教师发展体系现状及问题调查研究

洛阳市教师发展中心教师发展体系建设研究课题组[*]

摘　要： 教师教育是提升教育质量的动力源泉，高质量教师是高质量教育发展的中坚力量。面对教育高质量发展的要求，教师队伍建设中存在的区域发展不均衡、资源配置不足、教师发展培训困境等都成为制约教师发展的现实问题。建设高质量教师发展体系是我国"十四五"时期教师教育中的政策导向和重点要求，也是加强新时代教师队伍建设的关键之举。建设新时代教师发展体系、打造高素质专业化创新型教师队伍，是推动洛阳教育高质量发展、打造教育强市的关键因素。本文从洛阳教育及教师队伍的基本情况、洛阳教师队伍建设举措和成果方面，分析了目前重构中小学教师专业发展体系的进展情况，并针对各县区教师发展中心建设、各县区教师发展中心存在的问题提出关于洛阳教师发展体系建设的对策与建议，对教师发展体系建设方向、加强现代教育理念培训、加快构建"3+1"教师专业发展体系等问题进行了分析与研判。

关键词： 教育　教师发展体系　"教科研训"一体化

---

* 课题组组长：齐振富，洛阳市教师发展中心主任、中小学高级教师，主要研究方向为学校管理、教师发展。课题组成员：王英，洛阳市教师发展中心办公室主任、教研员，主要研究方向为基础教育教科研训一体化；刘晓利，洛阳市教师发展中心教研员、高级讲师，主要研究方向为基础教育教科研训一体化；陈靓，洛阳市教师发展中心教研员、中小学高级教师，主要研究方向为基础教育教科研训一体化。

强国必先强教，强教必先强师。教师是立教之本、兴教之源。建设新时代教师发展体系、打造高素质专业化创新型教师队伍，是推动洛阳教育高质量发展、打造教育强市的关键因素。近年来，洛阳市教师发展体系进一步完善，教师队伍规模、结构、质量和管理体制基本适应教育现代化要求，教师队伍结构性紧缺状况基本缓解，城乡、公民办学校教师差距不断缩小，教师培养培训体系逐步完备，教师的师德素质、教育教学能力和科研创新能力显著提升，适应信息化、人工智能等新技术变革能力有所增强，各学校紧紧围绕"构建教育高质量发展的支撑体系"，努力形成引领教育现代化发展的高素质专业化创新型教师队伍。

一　洛阳教育基本情况

洛阳全市共有各级各类学校（机构）2666 所（不含技工学校，下同），教育人口 1779563 人，其中，在校生 1655372 人，教职工 124191 人。教育人口占常住人口的 25.14%。

共有幼儿园 1391 所，其中普惠性幼儿园 1153 所，占总园数的 82.89%。2022 年在园（班）幼儿 267720 人，其中普惠性幼儿园在园幼儿 227229 人，普惠性幼儿园覆盖率 84.88%。幼儿园教职工 32246 人，其中，园长 1744 人，专任教师 17005 人，接受过专业教育的教师占总数的 89.02%。教授幼儿园的专任教师 17482 人，专任教师学历合格率 99.86%，其中，专科及以上学历专任教师占总数的 78.86%；生师比为 15.31：1。幼儿园占地面积 368.98 万平方米，校舍建筑面积 228.41 万平方米，图书 184.8 万册，固定资产中的玩教具资产值 47393.47 万元。①

共有义务教育阶段学校 1091 所，2022 年毕业生 195175 人，招生 201454 人，在校生 913787 人。共有班数 23123 个，其中，56~65 人的大班

---

① 本文数据除标注外均来至 2023 年 5 月 25 日《洛阳市教育局关于印发 2022 年洛阳市教育事业发展统计公报的通知》（洛教发〔2023〕71 号）。

355 个，占总班数的 1.54%；66 人及以上的超大班数 21 个。教职工 59755 人，其中专任教师 56300 人。

小学 768 所，另有教学点 785 个。2022 年毕业生 101676 人，招生 99844 人，在校生 619296 人（其中，教学点在校生 33842 人）。共有 16854 个班，其中，56~65 人的大班 181 个，占总班数的 1.07%；66 人及以上的超大班数 21 个。教职工 32647 人，其中专任教师 31102 人。教授小学的专任教师 35910 人，专任教师学历合格率 100%，专科及以上学历专任教师占总数的 98.77%；生师比为 17.25：1。另有小学校外教师 306 人。小学占地面积 1187.68 万平方米，校舍建筑面积 485.11 万平方米，图书 1304.75 万册，教学仪器设备资产值 66927.81 万元。

初中 323 所，其中九年一贯制学校 93 所。2022 年毕业生 93499 人，招生 101610 人，在校生 294491 人。共有 6269 个班，其中，56~65 人的大班 174 个，占总班数的 2.78%，无 66 人及以上的超大班。教职工 27108 人，其中专任教师 25198 人。教授初中的专任教师 22341 人，专任教师学历合格率 99.84%，本科及以上学历专任教师占总数的 89.82%。生师比为 13.18：1。另有普通中学校外教师 69 人。初中占地面积 931.53 万平方米，校舍建筑面积 452.72 万平方米，图书 994.15 万册，教学仪器设备资产值 54860.13 万元。

2022 年义务教育阶段学校寄宿生 309653 人，占义务教育阶段在校生总数的 33.91%。其中，小学寄宿生 117447 人，占小学在校生总数的 18.96%；初中寄宿生 192206 人，占初中在校生总数的 65.27%。

义务教育阶段随迁子女在校生 71999 人，占义务教育阶段在校生总数的 7.88%，其中，小学 53071 人，初中 18928 人。进城务工人员随迁子女 49023 人，占随迁子女总数的 68.09%，其中，小学 36141 人，初中 12882 人。

义务教育阶段农村留守儿童在校生 39137 人，占义务教育阶段在校生总数的 4.28%，其中，小学 28782 人，初中 10355 人。

高中阶段教育学校 125 所。2022 年毕业生 80984 人，招生 88166 人，在校生 253295 人。教职工 20214 人，其中专任教师 17708 人。

普通高中 86 所，其中，完全中学 6 所，十二年一贯制学校 16 所。2022 年毕业生 49001 人，招生 53496 人，在校生 155125 人。共有 3051 个班，其中，56~65 人的大班 426 个，占总班数的 13.96%，66 人及以上的超大班 101 个，占总班数的 3.31%。教职工 16046 人，其中专任教师 14151 人。教授普通高中的专任教师 11728 人，专任教师学历合格率 99.39%；研究生及以上学历专任教师占总数的 13.58%；生师比为 13.23：1。学校占地面积 587.38 万平方米，校舍建筑面积 347.09 万平方米，图书 377.41 万册，教学仪器设备资产值 29567.81 万元。2022 年洛阳市基础教育学校教师队伍基本情况见表 1。

中等职业学校 39 所。2022 年毕业生 31983 人，招生 34670 人，在校生 98170 人。中等职业教育招生数和在校生数分别占高中阶段教育的 39.32% 和 38.76%。教职工 4168 人，其中专任教师 3557 人。学校占地面积 249.9 万平方米，校舍建筑面积 157.36 万平方米，图书 122.73 万册，教学科研实习仪器设备资产值 36911.75 万元。

特殊教育学校 14 所，2022 年毕业生 275 人，招生 329 人，在校生 2056 人。教职工 353 人，其中专任教师 344 人，专任教师中接受过专业教育的 301 人，占专任教师总数的 87.5%。特殊教育学校占地面积 5.53 万平方米，校舍建筑面积 4.71 万平方米，图书 4.64 万册，固定资产中教学仪器设备资产值 1563.04 万元。

2022 年在普通学校就读的特殊学生共 2841 人。其中幼儿园 48 人，小学 1748 人，初中 746 人，高中 181 人，中职 118 人。

专门学校 1 所。2022 年毕业生 25 人，招生 24 人，在校生 97 人。教职工 29 人，其中专任教师 27 人。

共有高等教育学校 11 所。2022 年毕业生 59962 人，招生 72841 人，在校生 209135 人，教职工 11196 人，其中专任教师 9057 人。

普通、职业高等学校 8 所，其中普通本科院校 3 所，高等职业学校 5 所。2022 年毕业生 59327 人，其中研究生 1339 人，普通本科 24295 人，职业本专科 16718 人,成人本专科 16975 人;招生 72841 人,其中研究生 2313 人,普通本科 26651 人,职业本专科 24313 人,成人本专科 19564 人;在校生 209135 人,其中研究生 6277 人,普通本科 93972 人,职业本专科 65223 人,成人本专科 43663 人。教职工 11066 人,其中专任教师 8986 人。学校占地面积 856.75 万平方米,校舍建筑面积 429.03 万平方米,图书 1161.2 万册,固定资产中教学科研实习仪器设备资产值 22.26 万元。

成人高等学校 3 所。2022 年毕业生 635 人,其中职业本专科 624 人,成人本专科 11 人。教职工 130 人,其中专任教师 71 人。学校占地面积 9.96 万平方米,校舍建筑面积 5.60 万平方米,图书 34.61 万册,固定资产中教学科研实习仪器设备资产值 1852.83 万元。

职业技术培训、农村成人文化技术培训及其他培训机构 33 所;2022 年结业学生 9282 人次,注册学生 9282 人次;教职工 398 人,其中专任教师 252 人。培训机构占地面积 2.47 万平方米,教学行政用房建筑面积 1.21 万平方米,图书 1.14 万册,固定资产中的教学科研实习仪器设备资产值 462 万元。

各级各类民办学校 1205 所。2022 年在校生 349580 人。学前教育幼儿园 1060 所,在园幼儿 167584 人;义务教育学校 103 所,2022 年在校生 109466 人(政府购买入学学位 65516 个),其中小学 44 所,2022 年在校生 70120 人;初中 59 所,在校生 39346 人。高中阶段教育学校 41 所,2022 年在校生 46803 人,其中普通高中 30 所,在校生 19118 人;中等职业学校 11 所,在校生 27685 人。高等教育学校 1 所,普通、职业本专科在校生 25727 人。

表 1 2022 年洛阳市基础教育学校教师队伍基本情况

序号	学段	教职工数	专任教师人数	学历层次	师生比
1	幼儿园	32246 人	17005 人	教职工接受过专业教育占总数 89.02%;专任教师学历合格率 99.86%,其中,专科及以上学历专任教师数占总数的 78.86%	15.31∶1
2	小学	32647 人	31102 人	专任教师学历合格率 100%;专科及以上学历专任教师数占总数的 98.77%	17.25∶1

序号	学段	教职工数	专任教师人数	学历层次	师生比
3	初中	27108 人	25198 人	专任教师学历合格率 99.84%，本科及以上学历专任教师数占总数的 89.82%	13.18：1
4	普通高中	16046 人	14151 人	专任教师学历合格率 99.39%，研究生及以上学历专任教师数占总数的 13.58%	13.23：1

资料来源：根据 2022 年洛阳市教育事业发展统计公报整理。

二　洛阳教师队伍建设采取的举措

（一）持续加强新时代师德师风建设

近年来，洛阳市通过开展形式多样的宣传推介活动，强化师德榜样引领。一是开展师德师风系列活动，强化长效机制建设，以"当好引路人，一起向未来"为主题持续开展师德主题教育系列活动及师德标兵评选活动。

二是以"最美教师"评选为抓手，在全市开展"最美教师"学习宣传活动。

三是组织开展教师节系列庆祝活动，2022 年 9 月 8 日，隆重举行 2022 洛阳"最美教师"颁奖典礼暨洛阳市庆祝第 38 个教师节教师代表座谈会。市委书记等市领导为"最美教师"获得者颁奖，并与全市优秀教师代表座谈，充分体现了市委市政府对全市教育工作的高度重视，在全社会积极营造尊师重教的良好氛围。

（二）健全分级分层分类教师培训体系

一是围绕"构建教育高质量发展的支撑体系"，建设高素质专业化创新型教师队伍，出台了《关于重构中小学教师专业发展体系的实施方案》，构建和完善"3+1"教师专业发展体系，加强师德师风建设，以教师、班主

任、校长、教研员四支队伍为主线，在全市实施"四类三阶式"教师梯队培养，实现分级分层分类精准培训。

二是从优化组织架构着手，建立了市、县区、校三级教师发展中心和洛阳市基础教育研修院，推进教研训一体化。在全市首批遴选了10所教师发展示范基地学校和20所教师发展基地学校，定期开展以实训为载体的教师培训活动。

三是进一步完善五级教师培训机制，全面落实5年一周期360学时的继续教育培训制度，2022年根据省厅安排精准实施"国培计划""省培计划"，遴选12700余名教师参加2022年"国培计划""省培计划"相关项目培训；10个市本级培训项目累计培训7600余人次；组织26所高中4349名教师进行了信息技术应用能力提升工程2.0全员培训，增强教师适应未来改革发展、人工智能、线上教学等新技术发展的能力。

四是加强农村薄弱教师培训，小规模学校（农村教学点）依托片区优质学校（乡镇中心校）组成教师发展共同体，统一制定培训目标和措施，共同开展教学研讨、校本研修、实训跟岗等活动。

五是开展中小学名校长培育计划和名教师培养计划，2022年完成中小学（幼儿园）校（园）长任职资格培训543人，选送知名校（园）长50余人次参加国家和省级高级研修班培训；共培养省级名师59人、省级骨干教师405人、市级骨干教师708人，市级名师350人；遴选了43名普通高中省级骨干教师培育对象、23名中原名师工作室省级名师培育对象、400名市级骨干教师培养对象。

（三）持续加强教研员队伍建设

一是严格教研员准入制度，面向全市高标准遴选一线优秀教师担任专兼职教研员，完善教研员岗位聘任制，建立教研训融合工作机制，坚持工作重心下移，深入基层，探索实施"教研训"一体化培养模式。

二是推进沉浸式教研，强化研训一体化。2022年9月以来，市教研员共视导、蹲点9县35所高中，听课1000余节，深入学校教学课堂和教研现场,全程参与学校教育教学活动,通过课堂观察、系统调研、评价反馈等形式,准确把握各学校教师队伍状况与教师专业需求,在教研指导、教师培训等方面有针对性地开展活动,有效服务于高中学校教师专业水平和育人能力的提升。2023年先后组织了初高中课改现场观摩和小学课堂教学实训观摩活动,组织近2000名教师走进课改示范校实地学习课改经验。

三是突出学科专业培训。加强在"三新"背景下高中教师学科等专业培训。2023年4月组织高考命题趋势与高考评价体系实践高级研修班,聘请高考研究专家,对全市近400名高中校长和教学教研骨干进行考试评价解读和考试试题命制专项培训,围绕试题命制进行分学科线下封闭研修和线上试题命制指导与研磨,帮助教师准确把握高考综合改革的主旨、重点与高考新趋势,掌握高考新动向、命题趋势,聚焦高考重点题型、探讨解题教学策略,提高教师基于核心素养和关键能力的精准选题命题能力。2023年7~8月,组织开展高中九大学科专业培训,聘请全国知名高中一线专家,围绕新课程、新教材、新高考的落地实施,帮助一线教师将课标理念转化为教学实践,解决教师在贯彻课标过程中的重点和难点问题,提升教师个人专业素养,提高课堂教学质效。

(四)探索名师引领的区域教师发展体系

坚持教育优先发展战略,优先谋划教师工作,把建设高素质专业化创新型教师队伍作为关键工程,将推进名师队伍"培用结合"一体化建设落实落细,梯级攀升构建教师发展长链体系,坚持"培训教师、培养名师、培育名家"的研训理念。根据教师成长规律,按照"新教师—教学新秀—教学能手—名师—名师工作室主持人"五个阶段遴选优秀教师纳入培养范围,形成好中选优、优中选强的良性进阶机制。把教龄在3年以内的教师纳入新教师培养体系,把教龄在5年及以上、35周岁及以下的优秀教师纳入教学新秀培养体系,把教学业务特别突出的优秀教师纳入教学能手培养体系,把教学能手中特别突出的教师纳入名师培养体系,在各级名师、特级教师中选拔优秀者担任工作室主持人,以教育理念的转变和综合素养的提高为核心,培养一批师德高尚、理念前沿、风格突出、教学成果丰硕，并在省内外有一定影响力、引领力和辐射能力的卓越名师。根据"培用结合"的原则，将名师培养与新教师培训、区域全员培训等工作相结合，广泛开展名师送教、名师进校园、名师进新教师学习班传授经验等活动，让名师在发挥辐射引领作用的过程中得以锻炼和提高，形成了"学习—辐射—成长—学习"的成长闭环，逐步形成培训培养与锻炼使用相结合的双线成长模式。持续实施乡村青年教师培养奖励计划。举办"河洛名师大讲堂"活动，通过示范引领辐射带动全市乡村教师的专业发展。2022年，2名教师入选教育部乡村优秀青年教师培养奖励计划，6名教师入选河南省乡村优秀青年教师培养奖励计划，有力地带动了乡村教师队伍整体素质的提升。用好名师资源，完善名师管理制度。2022年共培养省、市级名师409人，省、市级骨干教师1113人，2人被认定为"中原名师"，在市内外产生广泛影响，各级各类名师的能力也在活动中得到了锻炼和提高。

（五）创新教师补充配置机制

一是完善乡村教师补充机制。通过实施特岗计划、地方公费师范生培养试点、"硕师计划"等，吸引高水平师资到农村任教。调动市县招聘教师的积极性，建立稳定有效的乡村教师补充机制。2022年招聘特岗教师513名，安置省、市培养地方公费师范生355名，招录地方公费师范生159名，缓解了偏远农村学校师资短缺问题。

二是完善教师编制机制。加强和规范教职工编制管理，坚持"严控总量、统筹调配、挖潜创新、服务发展"，统筹用好全市事业编制资源，加大内部挖潜和创新管理力度，按照国家标准及时核定中小学教职工编制，优先满足中小学教育需要。严格落实教师资格制度，严把教师入口关，确保持证上岗。坚持"以人为本"的观念，精心研究和实施优秀教师的开发、培养及使用规划。坚持业绩优先，不重资历重业绩，优秀教师的价值要通过教育实践形成的业绩来反映。建立健全教师激励机制，吸引优秀教育人才留在洛阳教书育人，做到"让最优秀的人培养更优秀的人"，从而形成良性循环，助力全市教育的蓬勃发展。

三是优化中小学教师配置制度。加大教师资源统筹力度，深入推进实施中小学教师"县管校聘"改革，在核定的教师编制和岗位总量内，由各级教育行政部门根据学校布局调整、办学规模变化、各学段的教育教学任务等实际情况，按照配齐配足、科学合理、动态调配的原则，优化均衡配置各级各类学校的教师资源。推动骨干教师和校长向农村学校、薄弱学校流动。加大扶持力度，助力乡村教育健康发展。加大教育投入，优先向农村地区和薄弱学校倾斜，并根据需要，安排相应资金用于办学条件保障。加强城乡协作，以城带乡，推行城区学校和乡村学校一体办学、协同发展、综合考评。提升乡村教师素质，关注教师流动情况，加大乡村教师补充力度，制订乡村教师培养计划，提升教师教学水平，同时全面落实乡镇工作补贴政策，并对艰苦偏远乡镇教师倾斜，积极鼓励优秀教师到乡村任教、支教。

四是建立健全跨区域帮扶支教机制。不断完善乡村、边远贫困地区教师队伍建设对口帮扶制度，充分发挥市区师资优势，强化市区和乡村教师交流合作，加快形成统筹有力、高效帮扶、协同推进、共建共享的教师队伍对口帮扶新机制，有力有效缩小区域、城乡师资水平差距，促进城乡教育优质均衡发展。

五是集团化办学扩大优质师资覆盖面。完善学区化、集团化办学体制机制，优化教师资源配置方式。建立健全支持学区、办学集团教师交流制度，通过跨校兼课、走教、支教、轮岗等方式，推动教师在学区、集团内学校之间流动，扩大优质教师资源覆盖面，实现教育教学经验的分享、推广和创造。

（六）完善教师考核评价制度

深入推进教师考核评价制度改革，建立健全与学校发展定位、学科特点相适应，符合教师岗位特点的考核评价指标体系。坚持立德树人，将师德表现作为教师考核评价的首要内容，把教书育人作为教育人才评价的核心内容，改进结果评价、强化过程评价、探索增值评价、健全综合评价。建立充分体现中小学教师岗位特点的评价标准，重点评价其教育教学能力、教书育

人工作业绩和一线实践经历，严禁简单用升学率和学生的考试成绩评价中小学教师。突出教育教学业绩评价，建立健全教学工作量评价标准，健全完善校长考核评价制度，完善优胜劣汰机制，提升校长办学治校能力。完善学校、教师、学生、社会等多方参与的评价机制。强化考核结果运用，发挥考核评价的导向作用，激发教师队伍活力。

三　洛阳重构中小学教师专业发展体系情况

教师是教育发展的第一资源，有高质量的教师才有高质量的教育，推动教师高质量发展是新时代教师队伍建设的重要命题。高质量的教育离不开高质量的教师专业发展，高质量的教师发展急需高质量的教师发展体系支撑。为全面加强洛阳市新时代教师队伍建设，洛阳市委市政府出台了《关于加快推进基础教育高质量发展的意见》《关于重构中小学教师专业发展体系的实施方案》，明确了以教师、班主任、校长、教研员四支队伍为主线，构建完善"3+1"教师专业发展体系，深入推进"教科研训"一体化，按照"市级抓骨干、县级抓全员、校级抓落实"的思路，实施分级分层分类精准培训的工作目标以及建好用好市、县区、校三级教师发展中心的工作部署。

为全面落实市委书记关于充分发挥市县区两级教师发展中心、基础教育研修院、学校教师发展中心三个平台作用，打造一支高素质专业化教师队伍的指示精神，洛阳市教育局及市教师发展中心的相关人员通过查看相关资料和实地走访的形式对全市15个县区教师发展中心建设情况进行了调研，摸清了各县区教师发展中心建设的基本情况和存在的问题，具体如下。

（一）各县区教师发展中心建设情况

在洛阳市教育局、洛阳市教师发展中心的指导督促下，从形式上看，全市7县8区（及属地学校）的教师发展中心均已挂牌成立，人员编制、职能配置、内部机构设置等工作基本完成。其中，单位规格为正科级的县区有嵩县、洛宁县、汝阳县、洛龙区；为副科级的有涧西区、瀍河区、偃师区、孟津区；为股级的有：西工区、老城区、伊滨区、宜阳县、伊川县、新安县、栾川县。但从实际运行看，与洛阳市委市政府以及洛阳市教育局相关要求相比还有一定差距。各县区教师发展中心建设基本情况见表2。

表2 各县区教师发展中心建设基本情况

县区	级别设置	人员编制	内设机构	整合单位
新安县	股级	75名，临时编17名	办公室、语言文字与学前教育研究室、义务教育教学研究室、高中教育教学研究室、信息技术研究室、教师专业发展研究指导室、学生成长研究指导室	教研室、电教馆、学前办、教师进修学校
宜阳县	股级	56名	高中部、初中部、小学部、师训部、办公室	教研室、电教馆教研业务、体卫站教研业务、教育科师训
伊川县	股级	65名	办公室、小学教育研究部、初中教育教学研究部、高中教育教学研究部、学生成长研究与指导部、教师专业发展指导与服务部、信息技术部、教学质量监测评价部	伊川县教师进修学校、县小学（幼儿园）教育教研中心、县基础教育教研室、县高中（职业）教育教研中心、县初中教育管理中心、县电教馆
汝阳县	正科级	55名，临时编1名	办公室、学历教育股、语言文字与社会教育股、教育教学研究股、学生成长研究与指导股、教师专业发展指导与服务股、信息技术股	汝阳县教师进修学校（汝阳县科技中等专业学校、汝阳县社区学院）、汝阳县工农教育教材教学研究室、汝阳县教育局教学研究室
嵩县	正科级	100名，临时编制12名	综合管理工作部、教育教师研训部、教育教学评价部、开放教育工作部、社区教育工作部、后勤服务工作部	嵩县进修学校、嵩县基础教育教学研究室、电化教学研究室、师训股培训业务、职成教研室业务部分、体艺业务部分
栾川县	股级	20名，临时编8名	义务教育教学研究部、高中教育教学研究部、学生成长研究与指导部、教师专业发展指导与服务部、信息技术部	县教体局所属栾川县电教仪器教研室、栾川县普通教研室、栾川县职业技术教研室、栾川县幼教中心
洛宁县	正科级	56名	办公室、教育教学研究室、教师发展指导与培训办公室、德育办公室、社区教育办公室、技能培训办公室、开放大学办公室	洛宁县教师进修学校、洛宁县教育体育局教学研究室、洛宁县德育中心

续表

县区	级别设置	人员编制	内设机构	整合单位
偃师区	副科级	65名	综合办公室、语言文字与学前教育研究部、义务教育教学研究部、高中教育教学研究部、学生成长研究与指导部、教师专业发展指导与服务部、信息技术部、教学质量监测评价部、职业教育（社区教育、开放大学）教学研究部	区中小学教研室（电化教育馆、体卫艺站、考试中心）、区教师进修学校、区青少年活动中心（幼儿教育中心）、学生资助中心（民办教育中心、职业成人教育中心）部分职能
孟津区	副科级	90名	教研一部、教研二部、学前教研部、电化教育部、培训部、社区教育部	区教师进修学校、区教学研究室整合教学研究室、电化教育股、幼教办
涧西区	副科级	48名	教师专业发展指导与服务室（加挂办公室）、义务教育教学研究室、信息技术室、教学质量监测评价室、家庭教育指导室、学生成长研究与指导室	区教体局的师训中心、电教馆、中学教研室、小学教研室、少总队、关工委
西工区	股级	42名	义务教育部、学前教育部、学生成长部、教师发展部、信息技术部、教育科研部、社区教育部	区电教馆、体卫站、教研室
老城区	股级	20名	办公室、教师专业发展指导与服务部、义务教育教学研究部、学生成长研究与指导部、信息技术部	区电化教育馆、老城区教育体育局教研室
瀍河区	副科级	29名	教育教学办公室、学生成长办公室、教师发展办公室	区教学研究室、教师教育发展中心全部职能，整合电化教育馆中信息技术教学、整合体育卫生工作站中体育、健康、艺术教育教学职能
洛龙区	正科级	52名	办公室、义务教育教学研究股、学生成长研究指导股、教师发展指导股、信息技术股、教学质量监测评价股和校外活动教育股	区教学研究室、区成人教育中心学校、区青少年校外活动中心、区教育委员会电教仪器工作站、区体育卫生保健站
伊滨区	股级	5名	协调服务部、教师研训与质量监测评价部、集团化发展协调服务部、学生成长研究与指导	教研、师训、电教、体卫艺

资料来源：笔者根据各县区教育部门上报资料整理。

（二）县和区教师发展中心总体状况及存在问题

通过调研发现，县和区教师发展中心建设呈现不同特点。区教师发展中心大多在办公场地上受到制约，基础条件有待提升，但区教师发展中心在部门职能设置、功能发挥、推进实施"教研训一体化"工作理念等方面能够较好地对标落实市委市政府相关精神和局党组工作要求。如瀍河区教师发展中心注重部门及学段学科融合发展，注重发挥教研员的研训功能，在跨学科阅读、大单元教学方面进行了积极探索。涧西区教师发展中心以健全"2+1"教师专业发展体系、促进师资合理配置为着力点，结合"强校工程"和"三领工程"构建教师专业发展体系，推进"四养"项目的实施，实现以点带面、分层培养，以梯队化成长造就高素质教师队伍。洛龙区教师发展中心制定了《洛龙区教师发展中心五年规划和年度实施计划》，就打造专业性、实践性、系统性、可持续发展的教师队伍进行统筹指导，并对每一所学校的特色发展提出具体要求。偃师区教师发展中心挂牌以来，扎实开展大阅读活动，组织校长赛课、中小学教师业务大练兵以及全区中小学教师集中磨课等教研改革活动，同时着力打造专业培训团队、培育区教师发展基地、创设高效的校本研修模式、健全选育用评教师培训工作机制，为教师成长、教育发展提供教科研训一体化专业服务。县教师发展中心基本都有独立的场地（多数设置在原教师进修学校），但是普遍存在人员、职能整合不到位问题，多数仅仅是形式上的挂牌，与教研训一体化的工作要求还有一定差距。地域、校际教育资源分布不均衡也影响了各县区教师发展中心的均衡发展。部分县区教师发展中心刚成立不久，对工作开展的设计规划不够，需要加强和提升推进教研训一体化的统筹规划能力和业务指导能力。

1. 基础条件方面

部分教师发展中心办公场所目前尚不符合洛阳市关于教师发展中心的设置要求。瀍河、西工、伊滨区等的教师发展中心还没有独立的办公场所；一些教师发展中心虽有相对独立的空间，但面积不足，教学区、运动区、生活

区划分不明显，各专业教室建设不到位；洛宁、宜阳、伊川、嵩县等将教师发展中心设置在原教师进修学校，有空间，但设施陈旧、老化严重。

2. 人员配备方面

教师发展中心大多存在机构人员多、编制少、老龄化严重、专兼职教研员人数严重不足的问题。西工、老城、偃师、伊滨、洛宁、栾川等县区缺少劳动教育、生涯教育等小学科专职教研员，心理健康教育等学科教研员配备不足；偃师、孟津、宜阳等县区教师发展中心高中教研员配备不足，伊滨区因涉及整合的科室人员少，目前人员未能整合到位，事业编尚未满员。同时，县区教师发展中心已有的教研员业务水平均有待提高，教师研训一体模式尚缺乏特色，教研训一体化职能发挥及教研培训体系建设需要进一步提升和完善。

3. 机构定位方面

根据洛阳市县区级教师发展中心建设标准，教师发展中心应切实整合县区级教师进修学校、教研室、电教馆等单位的职能和资源，具有独立法人资格。但调研发现，多个县区教师发展中心的定位还限制在教师培训方面。比如孟津区教师发展中心和区教研室目前均为独立法人单位，没有真正实现机构融合。又如汝阳县目前人员还不到位，教师发展中心和进修学校、开放大学合在一起，职能定位不清晰。再比如洛宁的教师发展中心内设办公室、教育教学研究室、教师发展指导与培训办公室、德育办公室、社区教育办公室、技能培训办公室、开放大学办公室等7个办公室，其"三定方案"与洛阳市教师发展中心内设部门不完全匹配，工作中既有重叠交叉又有空缺断档，在一定程度上不利于整体工作开展。伊川县、栾川县初期单位规格设置较低，目前为股级，不利于工作深入开展。伊川县教师发展中心因办公场所小且分散，目前还未实现实质性融合；汝阳教师发展中心目前还没有主任，由该县教体局局长兼任，不利于今后工作开展。

4. 功能发挥方面

一是多个县区的培训工作仍存在培训模式单一，缺乏个性化、针对性，不能满足不同教师的需求等问题。培训内容主要集中在教学技能的提升上，缺乏对教师教育理念、综合素质和专业发展的全面培养。缺乏有效的评估机制，缺乏科学、客观的评估机制，无法准确评估教师培训的效果和影响。

二是指导学校开展教研能力不足，整体教育教学质量水平虽有一定提高，但与达到群众满意还有差距。劳动、综合实践活动、生涯教育等小学科没有专职教师和教研人员，相关培训处于活动引领阶段，缺乏对区域任课教师的整体培训。

三是由于各县区教师发展中心都是多个部门合并而成，对工作开展的顶层设计规划不够，教研、电教、培训职能融合时间短，研训功能有待进一步提高，人员融合方面需要进一步加强，工作关系方面需要进一步理顺。

四是有待形成完善而科学的教师培训运作机制。部分县区在培训需求调研、培训项目申报、培训课程研发、培训资源利用、培训过程管理、培训绩效评估等方面存在不同程度的盲区或短板，制约着教师培训规范化、专业化、科学化的进程。

四 洛阳教师发展体系建设的对策与建议

教师发展中心是中小学教师专业发展的重要平台，能够推动区域教育优质均衡可持续发展，促进区域内教育资源合理配置，开展教学研究和各类教师培训，构建教师学习共同体，助推教师专业成长。目前，洛阳市各级教师发展中心建设还处于起步阶段，接下来要进一步加快构建"3+1"教师专业发展体系，充分发挥市、县区两级教师发展中心、基础教育研修院、学校教师发展中心三个平台的作用。市教师发展中心要加大对县区及学校教师发展中心建设的服务与引领力度，针对教师发展所需，推动教研训各项工作走深走实，助推洛阳市基础教育高质量发展。

（一）进一步明确洛阳教师发展体系建设方向

坚持以习近平新时代中国特色社会主义思想为指导，全面贯彻党的教育方针，落实立德树人根本任务，强化师德师风建设，全面落实师德师风教育

常态化和制度化建设，引导广大教师坚定理想信念、厚植爱国情怀、涵养高尚师德。坚持把教师队伍建设作为基础工作，遵循教育规律和教师成长发展规律，以提升教师师德素质和教育教学能力为重点，以健全教师教育体系、促进师资合理配置、深化教师管理制度改革、提高教师地位待遇为着力点，深入实施"强师工程"，构建教师发展体系，促进教师队伍数量、结构、素质的协调发展，坚持为党育人、为国育才，以教师、班主任、校长、教研员四支队伍为主线，构建完善"3+1"教师专业发展体系，按照"市级抓骨干、县区级抓全员、校级抓落实"的思路，实施分级分层分类精准培训。健全省、市、县区中小学教师人才培养体系，实施中小学"百千万人才培养工程"，培养造就一批业内认可、具有社会影响力的名教师、名校长、名班主任。加大名教师、名校长、名班主任、培训专家工作室的建设力度，充分发挥基础教育领域高层次人才在教书育人、教学科研等方面的示范引领作用。

（二）加强现代教育理念培训

紧紧围绕洛阳教育现代化建设和教育高质量发展的实际需要，加大对教师队伍现代教育理念、现代教育技术手段的培训力度，以培养高素质、专业化教师队伍为目标，以提升教师教育教学能力为核心，以加强教师职业道德建设为基础，统筹教育教学研究和教师培养培训工作，使全市教师队伍进一步明了国家新一轮基础教育课程改革精神，熟悉基础教育新课程标准的内容及其对教师素质提出的新要求。积极探索构建服务与引领教师发展的教育新模式，在教师入职培养、职后专业发展、教师教育公共服务、共建共享研究与管理平台下功夫，着力解决教师培训中存在的教与研脱节、培与教脱节等问题，把教研、教学的改革融入教师发展中心，以实现教师素质的持续提升，营造教师人人研修、终身研修的氛围。

（三）加快构建"3+1"教师专业发展体系

一是高质量建设市教师发展中心。实施教研训一体化改革，改革常规教研活动，广泛开展教学实训活动，深入推进"教科研训"一体化。加强集体教学视导和教学实训活动，建立教研员驻校教研、蹲点教研制度，深入教师发展基地学校开展教学研究，指导市县区和学校开展课题研究，实现教科研训相融互通。实施"四类三阶式"教师梯队培养。针对教师、班主任、校长、教研员四类群体，制定完善《洛阳市"四类三阶式"中小学教师梯队培养体系》。按照新秀教师、骨干教师、名师三个梯次在全市组织实施教师梯队攀升培育工程；按照新秀班主任、骨干班主任、名班主任三个梯次在全市组织实施班主任梯队攀升培育工程；按照筑基校长、骨干校长、领航校长三个梯次，组织遴选有培养潜质的校长，实施校长梯队培育提升工程；按照新秀教研员、骨干教研员、市教研名家三个梯次在全市组织实施教研员梯队攀升培育工程。建设教师发展联动培育基地。依托"中原名师"、省市级名师组建名师工作室，遴选建设教师发展基地学校和示范基地学校，实行"1+10+N"联合培育模式（1个名师团队培育10个骨干教师，1个骨干教师团队培育N个新入职教师），为开展驻点培训、驻校培训做好基础保障。开展各类示范性专题教师培训。根据每年教育教学发展需要，开展各类专题培训。重点加强师德师风、课堂能力提升、高考新课程新课标、信息技术应用、心理健康教育、管理能力提升等专题培训，同时加强班主任、思政课教师、乡村教师、紧缺薄弱学科教师等的示范性培训。建设教师研修信息化平台。依托国家和省级中小学智慧教育平台建设市级平台，推动优质教育教学资源共建共享。不断丰富培训课程资源，增强本土培训资源开放供给力度，指导县区教育行政部门、中小学校基础常规培训项目的自主选学。

二是加快建设县区级教师发展中心。创新培养方式，落实教研训一体化改革。在市教师发展中心指导下开展集体教学视导和教学实训活动。落实教研员驻校教研、蹲点教研制度，深入教师发展基地学校开展教学研究和指导。按要求组织推荐市级课题，指导学校开展课题研究，实现教科研训相融互通。高质量落实全员培训，科学系统地做好项目谋划，组织教师按需求参与国培、省培、市培、县培、校培五级培训项目，确保全体教师高质量完成培训。加强农村薄弱教师培训。积极开展乡村教师全员培训，制订送教下乡培训周期计划与年度计划，通过送教下乡培训、乡村教师网

络研修与校本研修、乡村教研共同体研修等方式，帮助乡村教师提升教育教学水平。

三是科学建设学校教师发展中心，完善校本研修制度。建立与学校整体发展、教师专业发展相统一的校本研修制度，立足学校实际，坚持问题导向，针对学生学习、教学方法、作业设计、教学问题、试题命制、家庭教育等方面的实际问题开展研究，注重对教研成果的运用，组织打通学科界限的跨学科教研活动。开展校内教师梯队攀升培养。对新教师，采取师徒结对形式进行以能力储备为目标的培养；对骨干教师，采取集体备课、校本研训、观摩学习、课题研究、专项培训等方式进行能力提升的培养；对名师，采取承担校级公开课、校级课题研究、带教青年教师的方式进行引领示范性培养。落实各级培训任务。制定合理的教师培训规划和激励考核措施，按照上级要求选派落实各级各类培训对象，保障教师参加培训的时间和经费；承担教师发展基地学校建设和实训跟岗考核管理任务；组建教师成长共同体，指导小规模学校（农村教学点）统一制定培训目标和措施，共同开展教学研讨、校本研修、实训跟岗等活动。

四是合作共建洛阳市基础教育研修院。深入推进洛阳市教师发展中心与洛阳师范学院合作共建基础教育研修院工作。以项目制方式委托研修院开展高水平教育人才的相关培训，广泛聘用洛阳师范学院教师教育领域专家教授、洛阳市中小学名师名家和高水平师范大学基础教育专家组成培训专家团队，制定培育标准并进行成果考核。充分发挥好基础教育研修院的引领职能，进一步做好市、县区两级研修院的框架设计，加强对全市基础教育研修工作的引领，构建市、县区、校乃至学科、年级等层级化的研修机制。优化研修工作的顶层设计，加强研修前期调研以及后期的跟踪指导工作，打造高质量师资队伍、课程体系、质量评价体系，使培训更加富有特色，更好促进教师专业化成长。通过举办现代化高中建设暨教育高质量发展校长论坛，深入开展大单元教学、拔尖创新人才师资队伍培养等项目化研究，推进学段衔接研究及成果转化等重点工作，选准"小切口"，解决"大问题"，加快推进洛阳基础教育质量提升。

（四）优化整合五级教师培训体系资源

依托"3+1"教师专业发展体系，建立以国培和省培为引领、市培抓重点、县培保全员、校培促落实的五级培训联动机制。

一是健全分层分类递进式中小学教师发展体系。健全完善中小学教师、校（园）长分层分类培训课程体系。创新教师培训内容方式，聚焦学生成长，突出育人主线，重点围绕学科育德、学科知识体系、课堂学习指导和有效教学、育人能力等方面设置培训课程。

二是将国培、省培与县区培训体系有机融合，借助国培、省培带动县区教师队伍建设，增强县区教师发展中心的主体责任意识，通过县区教师发展中心将参培教师的选、育、用、评一体化，推进国培、省培、市培的训后转化。

三是结合洛阳市教师队伍攀升体系建设的需求，重点设计培优补弱的个性化市级培训项目。

四是指导校级教师发展中心开展校本培训，一方面，通过校本培训，打通国培、省培、市培、县培"最后一公里"，促进学用转化；另一方面，指导校本培训实现学校育人目标，突出学校办学特色。

五是整合优化培训项目。市、县区两级教师发展中心要充分发挥教师培训主阵地作用，全面整合并优化配置现有各级教师培训项目资源，建立分层分类分岗的精准培训项目体系，提升教师培训供需匹配能力。科学谋划国培、省培、市培、县培、校培五级培训项目，根据岗位类别、发展层级和专业需求组织教师参训，提升培训效率、质量和效果，杜绝无效重复性培训。

六是加快构建课程体系。市、县区两级教师发展中心要落实教育部教师培训课程指导标准、义务教育和普通高中课程标准，按照《洛阳市中小学教师培训课程实施方案》优化培训课程设置，科学构建教师培训课程体系。加强培训课程资源平台建设，提供菜单式培训课程，动态调整培训课程模块，不断提升培训课程的针对性和实用性。

七是完善培训管理体系。借助信息化平台，实现项目、课程、人员、管

理、档案"五个系统化",对各县区教师专业成长情况进行动态管理和评估,适时督促调整培训规划;采用常规化评价和"研训赛"一体化评价相结合模式对参训学员进行考核和等次评定,优秀学员予以表扬,合格及以上等次学员认定学分,不合格等次不认定学分。

(五)创新教研训工作机制

一是加强教研队伍建设,严格教研员准入制度,面向全市高标准遴选一线优秀教师担任专兼职教研员。完善教研员岗位聘任制,加强聘期考核。

二是优化教研训融合工作机制,坚持工作重心下移、深入基层,探索实施"教研训"一体化培养模式。加大驻点培训、驻校培训项目的组织力度,延伸研训广度和深度,通过实践自主构建"内容适度、方式适宜、效果适应"的分岗、分科、分层研训体系,实现"教前有研、研中有训、训后有教",有效解决教研训三者脱节问题。各学校要设定统一教研日,按统一教研日安排集中备课、磨课、教研。全面推广"研训赛"一体教研模式,积极开展全市教师分学段和分学科集中研课、磨课、赛课活动。

三是积极推进落实《河南省教育厅关于加强基础教育学校校本研修工作的指导意见》,指导县区和各学校教师发展中心制定校本研修实施方案,完善学校校本研修制度,规范校本研修内容,创新校本研修模式,积极推进校本研修工作科学化、规范化、精准化、常态化,构建"学校有方案、教研组有计划、教师有任务"的常态化研修机制,以高质量校本研修推动基础教育高质量发展。与此同时,进一步细化完善课程体系建设、专家库建设、数字化赋能教育平台等工作,推动学科引领、政策研究、教研教改、培训研修等工作走深走实。

(六)切实推动教师教育数字化转型

一是要用好国家智慧教育平台,以平台为基础建立线上教师培养培训体系。结合党的二十大的新精神、新部署、新要求,结合教育教学热点难点问题和教师专业发展的拐点困点问题,进一步优化学习研修板块和内容,设置针对性课程，整合平台学习资源，优化完善假期大规模教师研修机制，让国家智慧教育平台成为教师的学习研训宝地。

二是要以数字化推进教师培养培训模式转型，创新线下教师教育体系，将硬件设备、数字技术、智能手段用于线下培养培训。推动教师学习方式变革，提高教师数字素养和数字化教学水平，为教育数字化做好准备。

三是要建立线上与线下衔接、互通、融合的教师教育体系。一方面，将线下优质培养培训资源整合成为优质的线上课程资源，供发展不均衡不充分的教师教育院校、机构和区域中小学教师共享使用，缓解区域优质资源配置不均衡问题；另一方面，实现线上线下培养培训内容方式衔接互补，为教师个体随时随地灵活开放学习提供最大便利。

四是要探索建设教师研修平台，打造教师移动学习终端，通过名师专题课堂、远程协同教研等方式，推送优质资源，推进教师、校长自主选学，以线上线下相结合的混合方式进行研修。

五是要提升中小学教师信息技术应用能力，推动信息技术与教育教学深度融合创新。推进省培项目绩效评价改革创新。

建设高质量教师发展体系是我国"十四五"时期教师教育中的政策导向和重点要求，也是洛阳市基础教育高质量发展的核心支撑。要加快建立完善的教师专业发展机制，从而构建适应洛阳教育现代化与教育强市建设要求的开放、协同、联动的高水平教师发展体系，为推动洛阳基础教育高质量发展提供人才支撑和智力支持。

附　录　2022年洛阳教育大事记

薛荣娟*

1月

1月6日　河南省第十三届人民代表大会第六次会议开幕。省长王凯作的省政府工作报告频现"洛阳元素"，为洛阳贡献点赞，为洛阳发展点题，对洛阳发展寄予厚望。省政府工作报告在部署加快民生事业发展时指出，推动7所高校11个学科创建国家"双一流"，调整优化高校结构布局、学科学院和专业设置；实施好高职学校"双高工程"，推进中职学校标准化建设。

1月14日　2021年度洛阳市科普教育基地新增孟津区科学技术馆等13家单位，洛阳市科普教育体系进一步发展壮大。

1月15日　洛阳市出台《汇聚创新人才集聚青年人才加快建设人才强市若干举措》，重点聚焦创新人才和青年人才，从六大方面着力谋划20条措施，强力推进人才强市建设。

1月20日　洛阳市人民政府办公室发布《幸福洛阳建设行动计划》，聚焦就业、教育、医疗、养老、社会保障五大民生领域，制定23项具体措施，描绘了幸福洛阳美丽画卷。

洛阳市县管校聘管理改革总结暨校长职级制改革启动大会召开。会上通

---

* 薛荣娟，中共洛阳市委党校管理教研部讲师，研究方向为法学。

报，截至 2021 年底，全市 800 多所中小学校、5 万余名教师完成县管校聘改革。

1 月 22 日 中共洛阳市委十二届二次全体（扩大）会议暨市委经济工作会议召开，会议指出，要突出抓好"一老一小一青壮"民生工程；以技能培训为抓手推进高质量就业，提升教育发展质量。

1 月 24 日 中共洛阳市委组织部、洛阳市财政局、洛阳市科学技术局联合制定并正式印发《洛阳市"百名科技人才入企计划"实施办法（暂行）》，通过科技人才到企业挂职开展科研活动，帮助中小企业解决高层次创新人才紧缺问题，建立更紧密的产学研合作关系和科技成果共享机制，加快科研成果在洛阳市产业化。

2月

2 月 8 日 教育部公布了 2021 年度全国青少年校园足球特色学校、全国足球特色幼儿园等名单，洛阳市多所学校和幼儿园榜上有名。

2 月 15 日 三六零集团与河南科技大学、洛阳高新区在洛举行项目合作签约仪式，三方将携手共建数字化转型与安全创新研究院、河南科技大学三六零产业学院，同时三六零集团与高新区还将合作打造三六零中部数字安全产业基地，助力洛阳打造全国重要的数字安全产学研融合发展高地。

洛龙区与河南科技大学正式签署战略合作框架协议，双方将以打造洛龙区"创新高地、首善之区"，助力河南科技大学争创"双一流"高校为目标，加速推动全区乃至全市产学研融合发展。

2 月 17 日 洛阳市中小学教师信息技术应用能力提升工程 2.0 工作推进会在洛阳市教师进修学校召开。

2 月 18 日 洛阳市人民政府办公室印发《洛阳市"十四五"全民科学素质行动规划纲要实施方案》，对"十四五"全市科学素质建设作出系统全面规划，将通过开展五大提升行动、实施五项重点工程，提高全民科学素质，服务高质量发展。

2月22日 2021年河南省研学实践教育精品课程名单公布，全省共9门研学课程入选，二里头夏都遗址博物馆的"研读夏都文化 走进第一王朝"榜上有名。

洛阳市教育局召开洛阳市职业教育高质量发展工作推进会。

2月23日 2022年度洛阳市教育工作会议召开，会议全面总结了2021年全市教育工作，分析了教育改革发展面临的新形势、新任务，并对2022年全市教育工作进行安排部署。

2月25日 洛阳市教育系统召开党史学习教育总结会议，会议深入学习贯彻习近平总书记关于党史学习教育的重要指示精神，认真贯彻落实省委、市委党史学习教育总结会议精神，全面回顾总结全市教育系统党史学习教育成效和做法，对巩固拓展党史学习教育成果作出部署，激励广大党员干部和教职员工锐意进取，奋勇争先，为"建强副中心，形成增长极"作出教育贡献。

3月

3月1日 国家艺术基金（一般项目）2022年度资助项目名单公示，洛阳科技职业学院的"玉雕技艺传承与创新应用人才培养"入选艺术人才培训项目。

3月2日 洛阳市"做红色传人"文明实践主题日活动在中共洛阳组纪念馆举行。同日，举行了河南省爱国主义教育示范基地揭牌仪式。

3月4日 由河南科技大学法学院、洛阳市司法局联合成立的洛阳市公共法律服务研究中心、洛阳市法律援助志愿服务基地揭牌。

3月10日 由洛龙区人民政府和洛阳职业技术学院共建的洛阳职业技术学院龙城教育培训学院正式揭牌，这是洛阳市首个社区教育培训学院。

3月18日 洛阳市教育局召开2022年全市教育系统全面从严治党暨"7.20"以案促改和推进能力作风建设年工作会议。

3月 第三届（2021）全国革命文物保护利用十佳案例宣传推介活动初

评结果揭晓，八路军驻洛办事处纪念馆红色资源沉浸式服务党史学习教育案例入围。

4月

4月2日 洛阳市教育局组织召开全市教育系统意识形态工作专题培训会议，会议特邀市委宣传部副部长李国强就意识形态工作开展专题培训。

4月10日 洛阳乌拉尔大学筹建方案专家论证会以线上线下相结合的方式举行，市长徐衣显在洛阳分会场出席会议并讲话。

4月11日 洛阳市教育局发布《洛阳市2022年上半年中小学教师资格认定公告》。

4月12日 河南省教育厅公布河南省第七批中小学名校长名单，洛阳市共有8名校长上榜。

4月15日 由河南省教育厅主办的主题为"推进有效科学衔接 构建良好教育生态"的河南省幼小科学衔接工作暨课程建设论坛召开，会议以线上视频形式举行。会上，洛阳市西工区作为四个先进县区之一进行了典型发言，得到了与会人员的一致好评。

4月25日 洛阳市召开贯彻全省关工委工作电视电话会议精神暨全市关心下一代宣传工作会议，部署2022年宣传工作任务，启动"老少共携手、喜迎二十大"主题教育活动。

4月27日 洛阳市教育局发布《洛阳市教育局2021年法治政府建设工作报告》。

4月28日 洛阳市教育局召开2022年职业与成人教育工作会议，深入贯彻习近平总书记关于职业教育的重要指示和全国、全省职业教育大会精神；总结全市职业与成人教育的主要成绩，分析改革发展的形势，对2022年全市职业与成人教育工作进行部署和安排。

4月 共青团中央对全国"两红两优"进行表彰，河南省洛阳市第一高级中学团委获全国五四红旗团委荣誉称号，洛阳师范学院团委书记曹嘉获全

国优秀共青团干部荣誉称号。

4月 河南省博士后管委会办公室印发了《关于表扬河南省博士后工作先进单位和优秀个人的通知》和《关于公布2021年度河南省博士后工作考核评估结果的通报》，洛阳市人社局获评全省"博士后工作先进单位"，河南科技大学材料科学与工程博士后科研流动站获评全省"优秀博士后科研流动站"，洛阳正骨医院博士后科研工作站获评全省"优秀博士后科研工作站"，市中心医院博士后创新实践基地获评全省"优秀博士后创新实践基地"；市人社局闫一平、中国一拖集团潘转朝、河南科技大学李璞、市中心医院刘俊晓荣获全省"博士后工作管理先进个人"称号。

4月 洛阳市推荐报送案例获得教育部第四批学校落实"双减"典型案例。

5月

5月3日 洛阳市教育团工委组织召开"喜迎二十大　永远跟党走　奋进新征程"——洛阳市中小学庆祝建团100周年团员青年思想引领座谈会。

5月9日 洛阳市召开"人人持证、技能洛阳"建设工作推进视频会议，通报全市"人人持证、技能洛阳"建设工作总体推进情况，分析当前存在问题，部署下一步工作。

5月13日 洛阳市教育局召开全市教育系统年轻干部座谈会。

5月18日 洛阳市中小学校长职级制改革工作推进会召开，公布了市直学校校长首次职级评审认定结果。来自30所学校的37名校长、书记分别被评为高级校长、中级校长、初级校长，实现了洛阳市校长职级制改革零的突破。

5月19日 洛阳市成立大学生就业指导师服务团，推动大学生更高质量就业。

5月20日 2022年河南省暨洛阳市职业教育活动周启动仪式在洛阳职业技术学院举行。省教育厅副厅长陈垠亭，市领导贺敏、朱美荣、赵健参加相关活动。

5月23日 洛阳市委书记江凌到河南科技大学调研，并围绕思政课教学改革创新与青年学生代表座谈交流。他强调，要把落实立德树人根本任务摆在首位，提高思想政治教育的针对性实效性。

5月25日 洛阳市人民政府发布《洛阳市"十四五"教育事业发展规划》，规划提出，"十四五"期间城市区分批完成20所普通高中迁建与改造计划，预计新增学位1.07万个；2023年9月前，7所首批新建高中具备招生条件。

5月26日 2022年洛阳最美科技工作者发布仪式举行，现场为河南科技大学园艺与植物保护学院副教授李秀珍等10名2022年洛阳最美科技工作者颁奖。

5月27日 "出彩河南人"第五届最美大学生20名候选人名单公布，洛阳师范学院刘晨、河南科技大学赵志明入围。

6月

6月6日 洛阳市科技局下发《关于做好稳增长稳市场主体保就业促创业和2022年高校毕业生等青年就业创业工作的通知》，将进一步发挥自创区、高新区在稳增长保就业促创业工作中的重要作用，从6个方面支持区内市场主体稳步发展。

6月7日 河南省教育厅公布78个河南省高校新型智库备案名单，河南科技大学的高等教育与科技创新研究中心、洛阳市军民融合产业发展研究院等8个高校智库在列。

6月8日 洛阳市启动"希望工程1+1——幻方助学计划"，栾川县、洛宁县、汝阳县、嵩县、宜阳县的875名农村小学一至三年级女生获资助。

6月14日 洛阳市教育局组织召开激励党员干部担当作为专项教育会议。

6月18日 河南科技大学与俄罗斯国立研究大学莫斯科动力学院合作设立的非独立法人中外合作办学机构——河南科技大学莫动理工学院在河南

科技大学开元校区正式揭牌。

6月21日 为贯彻落实习近平强军思想，进一步提升兵员征集质量，激励各类大学毕业生参军入伍，鼓励退役大学毕业生返洛就业创业，助力建设"青年友好型城市"，洛阳市出台《洛阳市激励大学毕业生入伍若干措施》，持续叫响洛阳"小老虎兵"品牌。

6月25日 河南省第一届职业技能大赛在郑州开幕，洛阳代表团选拔的非遗项目孟津剪纸和平乐牡丹画等展示项目非常抢眼，引来不少参观者驻足欣赏。

6月28日 科技部发布《科技部关于公布2021年度国家备案众创空间的通知》，河南科技大学鼎创众创空间、洛阳维度能源产业园众创空间两家众创空间跻身国家级众创空间。至此，洛阳市国家级众创空间已达9家，位居全省前列。

7月

7月1日 洛阳市教育局发布《2022年暑期减轻校外培训负担告知书》。

7月3日 洛阳市残联2022年"圆梦助学"活动启动，对洛阳市残疾人大学生和残疾人家庭子女大学生分别给予一次性补助3000元和2000元。

7月8日 洛阳市政府印发《洛阳市职业教育改革发展实施方案》。该方案明确规定洛阳市将深化产教融合，提升职业教育人才培养水平和社会服务能力，为洛阳加快建设副中心、打造增长极提供人才支撑。

2022年洛阳市科技活动周启动仪式在河南科技大学开元校区举行。

7月9日 河南省戏曲艺术职业教育集团在洛阳职业技术学院成立，首届河南省戏曲艺术高峰论坛同日举行。

7月13日 河南省教育厅发布公示，拟确定河南大学等7个相关学院与百度共建人工智能产业学院、河南中医药大学等10个相关专业与百度共建人工智能专业，洛阳师范学院入围共建人工智能产业学院名单。

由中国学生营养与健康促进会和中国关心下一代工作委员会负责评选的全国"中国学生营养与健康示范学校"名单公布，洛阳市西工区实验小学榜上有名。

7月15日 洛阳市教育局召开2022年全市教育宣传工作会议，总结交流全市教育宣传工作经验，部署下一阶段宣传教育工作。

7月21日 河南大学、陆浑湖国家湿地公园管理处合作共建河南大学研究生培养与实践教学基地签约仪式举行。

7月28日 时代楷模陈俊武陈列室全国科学家精神教育基地隆重揭牌。

洛阳市教育局发布《洛阳市2022年上半年中小学教师资格认定公告》。

7月 中华全国总工会办公厅日前下发《关于进一步做好工匠学院建设工作的通知》，洛阳市工匠学院入选全国工匠学院建设参考案例，是全国7类案例产教融合类唯一入选者。

7月 河南省教育厅公布了"河南省首届校园冰雪运动会"获奖名单，栾川县特殊教育学校、栾川县石庙镇中心小学、栾川县实验一小、栾川县优仕树人学校4所参赛学校、54名运动员共获得9项团体奖、60项个人单项奖，位居河南省县区集体和个人奖牌榜第一。

8月

8月3日 洛阳市公布2022年度河洛青年人才托举工程项目并签署项目合同书，最终评选出2022年度河洛青年人才托举工程项目（财政资金）20个、2022年度河洛青年人才托举工程入围项目（自筹资金）10个。

8月6日 2022年全国健康照护行业职业技能竞赛在洛阳职业技术学院开幕。

8月12日 洛阳市中小学校长职级制改革工作推进会召开。

8月17日 由河南普高教育主办、栾川一高承办的2022年河南省新高考报告研讨会在栾川一高举行，来自河南省各地110多所高中的400多名学校领导参加会议。

8 月 18 日　2022 年全国行业职业技能竞赛——全国文物行业职业技能大赛河南省选拔赛在洛阳职业技术学院举办。

8 月 18~21 日　2022 世界机器人大赛锦标赛机器人应用大赛"工业机器视觉编程与应用"赛项在北京隆重举行。西工区白马小学学生张柏霖、乔歆睿荣获青少年机器人设计大赛二等奖。

8 月 19~21 日　2022 年第十七届全国高校冶金院长暨冶金学科高层论坛在洛阳举行。市长徐衣显出席论坛并致辞。

8 月 22 日　洛阳市中心城区 7 所新建高中集中开工。

8 月 29 日　洛阳市召开全市未成年人思想道德建设工作会议，研究分析洛阳市当前未成年人思想道德建设工作面临的形势和存在的问题，部署下一步重点工作。

8 月 31 日　文化和旅游部科技教育司、全国艺术科学规划领导小组办公室公布了 2022 年度国家社科基金艺术学立项项目名单。由洛阳科技职业学院特聘教授徐志华领衔、艺术与设计学院院长金卓教授第一参与的团队项目——"当代景观陶艺文化设计研究"喜获立项。

洛阳市首届河洛青年创新创业人才项目申报工作启动，通过评审的项目最高可获得 30 万元财政资金扶持。

洛阳市 2022 年"金秋助学"活动圆满收官，3100 余名困难职工和困难农民工子女获资助，圆了大学梦。

9月

9 月 8 日　2022 洛阳"最美教师"颁奖典礼暨洛阳市庆祝第 38 个教师节教师代表座谈会举行，来自全市基层教育战线的 10 名教师获评 2022"洛阳最美教师"。

9 月 9 日　由中国载人航天办公室指导，中国科学院科学传播局、教育部基础教育司共同主办的"天地共播一粒种"——青少年与航天员一起种植物科普活动启动仪式在中科院空间应用工程与技术中心举行。洛阳市第二高级中学作为航天员陈冬的母校，组织 10 余名师生代表参加河南省科技馆分会场活动。

9 月 16 日　洛阳市委宣传部、市社科联在隋唐大运河文化博物馆举办 2022 年河南省社科普及周洛阳活动开幕式，宣读河南省社科联命名表彰文件，为新命名市级社科普及基地授牌。洛阳理工学院图书馆、隋唐大运河文化博物馆被命名为第九批河南省社会科学普及基地。

9 月 19 日　洛阳市教育局发布《洛阳市 2022 年下半年中小学教师资格认定公告》。

9 月 20 日　洛阳市教育局所属事业单位重塑性改革后新组建的 6 家事业单位揭牌。

9 月 22 日　共青团中央、人力资源社会保障部联合印发《关于命名表彰第 21 届全国青年岗位能手的决定》，命名表彰 900 名全国青年岗位能手及标兵。洛阳机车高级技工学校学生杨兴一等 3 人获评全国青年岗位能手，并获表彰。

9 月 24 日　第五届中国·河南招才引智创新发展大会主场活动——人才（项目）线上对接洽谈会开幕，洛阳市共组织 340 家招聘单位参会，发布岗位超过 800 个，人才需求总量超过 4000 人。

9 月 28 日　洛阳市委书记江凌主持召开专题会议，研究教育高质量发展、中心城区医疗机构优化布局等工作，着力提升教育、医疗基本公共服务供给水平，更好地满足人民群众新期待。

洛阳市退役军人事务局与洛阳理工学院联合打造的服务退役军人的全新平台——洛阳市退役军人学院在洛阳理工学院王城校区揭牌成立。

9 月 30 日　河南省教育厅公布第三批河南省一流本科课程认定结果，全省共认定 965 门一流本科课程，河南科技大学共有 24 门线上课程、25 门线上线下混合课程、2 门社会实践课程获一流本科课程认定，洛阳师范学院共有 12 门线上课程、13 门线上线下混合课程、1 门社会实践课程获一流本科课程认定，洛阳理工学院共有 6 门线上课程、8 门线上线下混合课程、1 门社会实践课程获一流本科课程认定。

洛阳市委人才工作会议暨第五届中国·河南招才引智创新发展大会洛阳

专场活动开幕。开幕式上，洛阳市向社会发布《第五届中国·河南招才引智创新发展大会洛阳专区人才需求指导目录》，全市中高端人才储备在省内优势突出，本科及以上学历人才占比达 71.48%。

9 月 河南科技大学莫动理工学院迎来首届 280 名新生。

9 月 河南省教育厅公布了"河南省中小学信息化教学改革实验区、实验校"名单。伊川县实验中学光荣上榜"河南省中小学信息化教学改革实验校"名单。

10月

10 月 11 日 首届河南省大学生"创新之星"遴选活动网络点赞环节开启，河南科技大学农学院 2020 级本科生赵鹏宇、洛阳师范学院物理与电子信息学院 2019 级本科生张鲜、洛阳理工学院智能制造学院 2019 级本科生贾松岩成为本科组候选人，河南推拿职业学院 2020 级专科生李靖雯成为专科组候选人。

10 月 18 日 河南省委教育工委、省教育厅正式公布河南省高校第二批辅导员工作室名单，全省共有 10 个高校相关工作室入选，洛阳理工学院丁晨辅导员工作室上榜。

河南省教育厅发布 2022 年河南省中等职业教育一年制和非全日制学历教育招生拟备案名单，全省共有 200 所学校进入公示阶段，洛阳市有 13 所学校在列。

10 月 27 日 教育部、中国教师发展基金会公布 2022 年乡村优秀青年教师培养奖励计划人选，洛阳市洛龙区第七实验学校的王俊毅、偃师区顾县镇第一初级中学的牛琳璐两名乡村教师入选。

10 月 28 日 教育部办公厅发布 2023 年退役大学生士兵专项硕士研究生招生计划通知，明确 2023 年全国"退役大学生士兵计划"由全国 513 所普通高等学校承担，共计招收 7261 人。其中，河南共 16 所高校计划招收219 人，驻洛高校河南科技大学在列，此次计划招收 30 人。

11月

11月1日　14个社区被命名为2022年洛阳市科普示范社区。全市有省级科普示范社区10个、市级科普示范社区21个。

11月2日　河南省教育厅公布首届河南省大学生"创新之星"名单，洛阳师范学院2019级物理学专业张鲜、河南科技大学2020级生物科学专业赵鹏宇、河南推拿职业学院2020级护理专业李靖雯入选，每人将获3万元支持经费。

11月10日　洛阳市启动2022年大中城市联合招聘高校毕业生秋季专场活动（洛阳站）暨"才聚河洛·阳帆启航"——"百校千岗"高校毕业生就业云聘活动。

11月12~13日　第六届中国青年志愿服务项目大赛全国赛终评在北京和济南成功举办，洛阳市"防烧禁烫 幸福一生""小康薯光"2个青年志愿服务项目荣获全国赛银奖。

11月17日　洛阳市2022年高素质农民培育工作座谈会在市农业技术推广服务中心召开。

11月　由洛阳市社会科学界联合会和河南科技大学人文学院联合主办的学术刊物《河洛学研究》成功创刊，该刊是洛阳范围内除在洛各高校的学报外第一份公开发行的学术刊物。

11月　科技部公布了国家重点研发计划政府间国际科技创新合作重点专项立项名单，河南科技大学动物科技学院马彦博教授团队参与的"改善鸡肠黏膜屏障功能的植物活性成分筛选及其调控作用机制研究"名列其中。

12月

12月1日　教育部办公厅印发通知，决定将天津市、辽宁沈阳、浙江杭州、浙江宁波、福建龙岩、江西抚州、山东济宁、河南洛阳、湖南长沙、

海南三亚、四川广元、宁夏银川 12 个市设立为第二批教育部基础教育综合改革实验区。洛阳市成为河南省唯一的教育部基础教育综合改革实验区。

12 月 7 日　河南省教育厅公布河南省特需急需特色骨干学科（群）拟培育建设名单，确定 13 个河南省特需急需特色骨干学科（群），河南科技大学医学生物学学科群（类器官芯片）上榜。

12 月 15 日　洛阳市委、市政府召开农村教育工作座谈会，听取一线教育工作者对做好农村教育工作的意见建议，着力以更加精准有力的举措推动农村教育高质量发展。

12 月 16～17 日　全国大中城市社科联第三十一次工作会议在海口召开，会上，洛阳市社科联、洛阳市企业家读书促进会获得"全国社科组织先进单位"称号；洛阳市社科联原党组成员、副主席李春光，河南科技大学经济学院教授、洛阳市社科联兼职副主席刘溢海获得"全国社科工作先进个人"称号。

12 月 22 日　洛阳市教育局发布《洛阳市教育局关于 2022 年下半年认定高中、中职、中职实习指导教师资格通过人员名单公告》。

12 月 26 日　洛阳市人民政府办公室印发《洛阳市建设职业教育创新发展高地实施方案的通知》。

12 月 29 日　洛阳市政府与洛阳师范学院签署市校合作框架协议，资源共享学科共建推动市校深层次合作，双向赋能深度融合助力现代化洛阳建设。

12 月 30 日　河南省教育厅发布首批河南省"五育"并举实验区和实验学校名单，涧西区是洛阳市唯一获此殊荣的县区。

Abstract

It is said in the report to the 20th National Congress of the Communist Party of China that "we will continue to follow a people-centered approach to developing education, move faster to build a high-quality educational system, advance students' well-rounded development, and promote fairness in education". 2022 is an extraordinary year for Luoyang's cultural and educational undertakings. Luoyang City Educational Work Conference was held on February 23, 2022. The conference comprehensively summarized the city's educational work in 2021, analyzed the new situation and new tasks in educational reform and development, and made arrangements for the city's educational work in 2022. Luoyang Municipal Party Committee and Municipal Government have issued "Opinions on Accelerating the High-Quality Development of Basic Education" and "Luoyang City's '14th Five-Year Plan' of Educational Development". Luoyang Municipal Party Committee and Municipal Government have attached great importance to education and promoted its development with unprecedented intensity. The atmosphere of focusing on educational work and pursing educational development has been unprecedentedly strong. Pragmatic and innovative measures have been implemented. Remarkable results and a strong development trend of education industry have been achieved. Luoyang City's performance was among the best in Henan province. The Party building initiatives has been further strengthened; the comprehensive reform of education has been steadily advanced; the basic task of fostering virtue through education has been fully implemented; better allocation of educational resources has been accelerated; the quality of basic education development has been steadily improved; epidemic prevention and control has been well planed to coordinate qualification examinations; a new teacher training

system has been continuously built; the development of vocational education and higher education has achieved new results. Although Luoyang's cultural and educational undertakings have achieved a series of achievements, there are still some problems and shortcomings, such as the urban-rural allocation is unbalanced; large schools and large classes are still common; the number of high-quality public-benefit preschools is small, yet the difficulties to run preschool are great; local and special education regulations are insufficient; the construction of the teaching team is not optimized; there is a certain gap between the government's investment and the cost of compulsory education; infrastructure needs to be further improved; high-quality higher education resources are scarce and the structure of vocational education is not reasonable enough. In order to keep promoting the construction of Luoyang's cultural and educational undertakings and boost Luoyang's high-quality development of education, it is recommended to make improvements in the following eight aspects: strengthen the studies of Party policies and theories related to the country's educational work; encourage all-around participation under the government's lead to realize sharing of responsibilities and costs; allocate resource scientifically to solve the problems of imbalance and inadequacy; improve the construction of teaching team at all stages and comprehensively improve the quality of education; strengthen evaluation and feedback to ensure sustainable development of education; promote education modernization through educational informatization; increase financial investment; and expand Luoyang's educational opening-up and cooperation.

Contents

Ⅰ General Report

Abstract: Education is not only a livelihood issue, but also a development issue. We must always give strategic priority to education and provide strong support for the construction of modernized Luoyang. Luoyang's rich traditional cultural resources and revolutionary traditions and heritage have become a unique advantage for the development of Luoyang's education. In recent years, especially in 2022, Luoyang Municipal Party Committee and Municipal Government have attached great importance to education and promoted its development with unprecedented intensity. The atmosphere of focusing on educational work and pursing educational development has been unprecedentedly strong. Pragmatic and innovative measures have been implemented. Remarkable results and a strong development trend of education industry were achieved. Luoyang City's performance was among the best in Henan province. The Party building initiatives has been further strengthened; the comprehensive reform of education has been steadily advanced; the basic task of fostering virtue through education has been fully implemented; better allocation of educational resources has been accelerated;

the quality of basic education development has been steadily improved; epidemic prevention and control has been well planed to coordinate qualification examinations; a new teacher training system has been continuously built; the development of vocational education and higher education has achieved new results. Although Luoyang's cultural and educational undertakings have achieved a series of achievements, there are still some problems and shortcomings, such as the urban-rural allocation is unbalanced; large schools and large classes are still common; the number of high-quality public-benefit preschools is small, yet the difficulties to run preschool are great; local and special education regulations are insufficient; the construction of the teaching team is not optimized; there is a certain gap between the government's investment and the cost of compulsory education; infrastructure needs to be further improved; high-quality higher education resources are scarce and the structure of vocational education is not reasonable enough. The basic direction of Luoyang's plan of using cultural construction to promote high-quality development of education is: highlight the cultural and educational heritage; explore cultural origin to lay the foundation for Luoyang's cultural construction; enhance the attraction of quality education through fashion innovation and immersive experience; and use literature and mobile communication as a medium to enhance cultural education in a timely and targeted manner. In order to keep promoting the construction of Luoyang's cultural and educational undertakings and boost Luoyang's high-quality development of education, it is recommended to make improvements in the following eight aspects: strengthen the studies of Party policies and theories related to the country's educational work; encourage all-around participation under the government's lead to realize sharing of responsibilities and costs; allocate resource scientifically to solve the problems of imbalance and inadequacy; improve the construction of teaching team at all stages and comprehensively improve the quality of education; strengthen evaluation and feedback to ensure sustainable development of education; promote education modernization through educational informatization; increase financial investment; and expand Luoyang's educational opening-up and cooperation.

II Reports on Preschool Education

Abstract: Preschool education is the first educational stage in people's life and an important aspect of the national education system. Therefore, it has been attracting more and more attention. This article is an in-depth analysis of the current status and existing problems of standardized development of preschool education in Luoyang City. The analysis is conducted from three perspectives: insufficient high-quality public-benefit preschool education resources, imperfect policywise support system and irregular practice of preschool teachers. It is concluded that preschool education is still in the weakest position of the education system in Luoyang City. We must pay great attention and carry out corresponding measures to solve these problems. Only in this way can we better ensure the standardized development of preschool education in Luoyang.

Keywords: Preschool Education; Kindergarten; Standardized Development

Abstract: Public-benefit is an important attribute of preschool education with Chinese characteristics. The universality of education receiver, the equalization of educational procedures, and the standardization of education quality are the most significant features and unique advantages of public-benefit preschool education and

distinguish it from general preschool education. Public-benefit preschool education comprises preschool education provided by public kindergartens and public-benefit private kindergartens. Good public-benefit preschool education is a major livelihood issue that is related to people's sense of happiness. Promoting the high-quality development of public-benefit preschool education in Luoyang is an important task to revive Luoyang's glory at this brand new historical point in time. At present, Luoyang's public-benefit preschool education is showing an overall good development trend. However, there are still some problems, such as limited access to public kindergartens, high cost for attending high-quality private kindergartens, unbalanced and insufficient development of public-benefit preschool education, a dilemma between the public-benefit and universality of preschool education, and uneven quality of care and education, etc. These problems still hinder the realization of high-quality development of public-benefit preschool education in Luoyang. Government leadership, diverse participation, scientific allocation of public-benefit education resource, better construction of kindergarten teaching team, and better evaluation and feedback are the realistic measures and guidelines for the high-quality development of public-benefit preschool education in Luoyang.

Keywords: Preschool Education; Public-benefit; Luoyang

Ⅲ Reports on Compulsory Education

B.4 Investigation and Research on the Development Status

of Compulsory Education in Luoyang   *Wei Qi, Yin Xiaona* / 061

Abstract: In this article, we use methods such as contacting relevant departments, reviewing files, and conducting surveys through questionnaires to investigate and study the development status of compulsory education in Luoyang. It is found that the development of compulsory education in Luoyang has achieved remarkable results in recent years: first, access to urban compulsory education continues to expand; second, the "county management and school recruitment" policy is carried out continuously; third, comprehensively promote the construction of the curriculum systems of sound moral grounding, intellectual ability, physical vigor, aesthetic sensibility, and work skills, take the lead in the province to promote the integrated construction of ideological and political courses in universities, secondary schools and primary schools, and continue to improve the curriculum system of labor education, physical education and aesthetic education relying on Luoyang's unique regional and cultural characteristics; fourth, weaknesses in rural education is shored up, the layout of primary and secondary schools is optimized, compulsory education boarding schools are built, schools in rural area are supplemented with special post teachers, and rural teachers' transitory dormitories are built; fifth, following public opinion, high-quality education work is carried out, after-school services are comprehensively promoted and "double reduction" policy has begun to show its effect. In addition, Xigong District, Xin'an County, and Luanchuan County were rated by Henan Province as the best examples in creating balanced high-quality compulsory education. However, the problems of unbalanced and insufficient development of compulsory education in Luoyang still exist, which are specifically reflected in the following aspects: First, the allocation of educational resources and urban development are unmatched, the access to urban compulsory education is not enough, rural compulsory education boarding schools cannot fully satisfy people's need and small-scale schools and teaching stations cannot guarantee the quality of teaching; second, the construction of the teaching team is not optimized enough, there is a shortage of teachers, and teacher's payment and welfare cannot be provided faithfully; third, there is still room for the government to invest in compulsory education; fourth, the infrastructure needs to be further improved.

Keywords: Luoyang; Compulsory Education; High Quality and Equality

B. 5   Investigation and Research on the Compulsory Education

Management in Luoyang after the Implementation

of "Double Reduction" Policy   *Xu Zhiping* / 084

Abstract: Education is the source of national rejuvenation and economic boom, as well as the facilitator of social and economic development. However, in recent years, students undergoing compulsory education have generally faced the prominent problem of over-heavy academic workload. This kind of practice violates the principle of gradual education and seriously affects the physical and mental health development of students. In order to implement the "double reduction" policy, Luoyang City has vigorously promoted education reform in various aspects and achieved outstanding results. However, some deep-seated problems have still not been fundamentally solved, such as insufficient and unbalanced allocation of high-quality educational resources, ineffective reforms in key areas, difficult and risky governance of off-campus training institutions, and low efficiency of collaborative governance. In order to greatly promote the "double reduction" policy, we need to focus on these seven aspects: high-quality in-class teaching, high-quality teaching team, comprehensive evaluation of teaching quality, school examination management, continuous after-class services, supervision of teaching and training institutions, and reform of the recruitment system.

Keywords: "Double Reduction" Policy; Compulsory Education Management; Seven Aspects

B. 6   Research on the Implementation Plan of Luoyang's

Work Skills Learning in Compulsory Education Stage

in the New Era   *Tu Hongyingzi* / 105

Abstract: Work skills learning is an important part of the socialist education system with Chinese characteristics. It's a new requirement by the Party for education in the new era and a clear provision of the law. It is an important part of "five educations" (namely moral grounding, intellectual ability, physical vigor, aesthetic sensibility, and work skills). The role of work skills learning is very important. Luoyang has fully implemented the spirit of the requirements of CCP Central Committee and the Ministry of Education, and constantly explored the implementation plan of work skills learning in compulsory education stage with consideration of its own situation. There are still problems such as insufficient time and space for work skills learning, relatively weak teaching team and so on. Therefore, Luoyang should innovate the implementation plan of work skills learning in compulsory education stage in the new era in five aspects.

Keywords: Luoyang; Work Skills Learning; Compulsory Education

B . 7 Research on the Path of Balanced Development of

High-quality Compulsory Education Resource

Allocation in Luoyang *Miao Chaopeng* / 123

Abstract: The core of the development of compulsory education is high-quality and balance. These two attributes are essential to improve national quality and achieve fairness in education. With the implementation of compulsory education for many years, the rational allocation of high-quality educational resources and the promotion of balanced development of compulsory education have become a widespread concern of the people. In recent years, under the guidance of Xi Jinping's Thought on Socialism with Chinese Characteristics for a New Era, Luoyang City has fully implemented the Party's education policy, and continued to promote the high-quality and balanced development of compulsory education. It has adopted a number of measures and achieved good results in the following aspects: narrowing gaps between different schools, improving educational environment, and promoting healthy development of education. However, there are still problems, such as unbalanced allocation of educational resources, imperfect teaching team, and insufficient

洛阳蓝皮书

educational funding. Factors such as unbalanced allocation of educational resources, imperfect systems and mechanisms, and insufficient investment in public education can affect the balanced development of high-quality compulsory education resource allocation. In order to accelerate the balanced development of high-quality compulsory education resource allocation in Luoyang City, it is essential to continuously strengthen the government's awareness of its responsibilities, ensure educational funding, establish and improve systems and mechanisms, and build a high-quality national compulsory education comprehensive reform experimental zone to provide strong support for the modernization of Luoyang City.

Keywords: Compulsory Education; Luoyang; High-quality Education Resource

Ⅳ Reports on Senior Secondary School Education

B . 8 Research on Path to Improve Teaching Quality

in Luoyang's Senior Secondary Schools *Gao Pingping* / 144

Abstract: Senior secondary school education is an important part of the national education system. It plays a key role in the transition period of talent cultivation and is an important part of the high-quality education system. Following the guidelines proposed by the "Implementation Plan for Accelerating the Modernization of Education in Luoyang (2019-2022)", we should vigorously wage a critical battle against problems in senior secondary school education, expand senior secondary school educational resources, promote the integrated and coordinated development of vocational schools and senior secondary schools, realize student transition between senior secondary schools and vocational schools, make education more available, and promote the development of diversified and distinctive senior secondary school education. At present, Luoyang's senior secondary school education development is facing some general problems, such as obscure school characteristics, unclear positioning, unclear goals, limited talent training model, poor performance in the training of top innovative talents, and poor performance in the localized training of "two exceptionals" (students with exceptional performance, students with exceptional talents). The next step should be to adhere to the development concept of "high-quality, diversity, and characteristics", carry out the basic task of fostering virtue, focus on college entrance examination reform, optimize the teaching team, promote innovation in school management, improve school management quality, actively create provincial models of diversified development in senior secondary schools, promote the high-quality and diversified development of senior secondary schools in Luoyang City, and nurture a new generation of capable young people with sound moral grounding, intellectual ability, physical vigor, aesthetic sensibility, and work skills who will fully develop socialism and carry forward the socialist cause.

Keywords: Luoyang; Senior Secondary School; Diversified Development

B.9 Research on the Current Situation, Main Problems and Development Path of High-quality Development of Secondary Vocational Education in Luoyang City

Yang Lan, Dong Yundi / 167

Abstract: In 2022, under the leadership of the Luoyang Municipal Party Committee and Municipal Government and with the care and guidance of the Provincial Department of Education, the Luoyang Municipal Education Bureau, guided by Xi Jinping's Thought on Socialism with Chinese Characteristics for a New Era, has thoroughly studied and implemented the spirit of all plenary sessions since the 19th National Congress of the Chinese Communist Party, and actively implemented the requirements proposed by "National Vocational Education Reform Implementation Plan", "Vocational Education Quality Improvement Action Plan (2020－2023)" and "Vocational Education Reform Implementation Plan of Henan Province". Based on the aim of fostering virtue through education,

following the guidelines of supporting high-quality development and promoting high-level employment, we strive to establish vocational education as a category in the educational system, actively promote integration between vocational education and general education, and deepen cooperation between enterprises and education. With the practice of normalized epidemic prevention and control, we must lay a solid foundation, strengthen guarantees, promote connotations, deepen reforms, stimulate activities, improve the quality of school management and the ability to serve economic and social development continuously, and cultivate more high-quality talents. These measures will provide strong human and talent resources for Luoyang to accelerate its construction as a sub-center city of the Central Plains City Cluster and a youth-friendly city. They are also good for highlighting the distinctive brands of Luoyang's secondary vocational schools.

Keywords: Secondary Vocational Education; Vocational School; Teaching Team

B.10　Research on the Development Dilemma in Luoyang's
　　　　 Private Senior Secondary School Education and

　　　　 Countermeasures　　　　　　　　　　　　　　*Li Yan* / 185

Abstract: The development of private senior secondary school education is constructive to improving the coverage level of general senior secondary school education in Luoyang and realizing the modernization of senior secondary school education. At present, the academic circles pay relatively little attention to private schools in Luoyang area. The strengthening of private school research is of great significance for accelerating the academic innovation in the field of private school in Luoyang area and enriching the academic field of private school. Based on the investigation of private schools in Luoyang area, it is found that the development of private senior secondary schools in Luoyang area is slow. Private senior secondary schools are only a weak supplement for senior secondary school education in

Luoyang area and are far from becoming an important part of senior secondary school education in Luoyang area. In terms of institutional guarantees, protection measures and multi-faceted coordinated development for private senior secondary school education need to be strengthened. In terms of teaching quality, the source of students and development of teachers are relatively weak. According to the current situation of the development of private senior secondary school education in Luoyang area, the main countermeasures for the development of private senior secondary schools in Luoyang are: to establish a clear philosophy of school management and emphasize on highlighting the characteristics of private senior secondary schools; establish mechanism coordination and pay attention to policy support and standardization of system; focus on the stability of measures and pay attention to the cultivation and sustainable development of teachers' all-round quality.

Keywords: Luoyang Area; Private Senior Secondary School; Educational Development; Optimized Path

V Reports on Higher Education

B . 11 Investigation and Research on the Development Status of

Higher Education in Luoyang　　　　　*Ren Chengyuan* / 196

Abstract: As an important base for the cultivation of high-level talents, colleges and universities provide high-level innovative talents and high-quality skilled talents needed for economic and social development, and are an important engine for promoting the economic and social development of Luoyang. At present, there are problems in the development of higher education in Luoyang, such as the small number of higher education institutions, the low level of talents training, the lack of strong disciplines, the lagging behind of vocational colleges, and the lack of obvious characteristics of vocational colleges. The next step should be to consolidate strong disciplines of universities, enhance the characteristics of schools, follow the connotative development path of universities, attract high-

quality higher education resources at home and abroad to open schools in Luoyang, and build high-level vocational colleges. Luoyang City should further optimize the environment for talents development and vigorously attract high-level talents who are in short supply to provide intellectual support for Luoyang's economic development and participate in Luoyang's high-quality development.

Keywords: Luoyang; Higher Education; Talents Cultivation

B.12 Research on the Development Level of Higher Education and the Competitiveness of Luoyang City

Liu Fanjin, Zhou Ying / 212

Abstract: The development level of higher education and the improvement of urban competitiveness are closely related. The development of higher education helps to improve the competitiveness of cities and is one of the important indicators of modern urban development planning; in turn, the development of cities can promote the development of higher education and is an important foundation for the healthy development of higher education. Therefore, in-depth research on the development level of Luoyang's higher education and the improvement of Luoyang's urban competitiveness can be useful to the improvement of the development level of Luoyang's higher education and the improvement of Luoyang's urban competitiveness. At present, with the gradual improvement of the comprehensive strength of Luoyang City, Luoyang's higher education has achieved many gratifying achievements. However, compared with developed cities in the east, Luoyang is still lagging far behind. The lack of high-quality higher education resources is especially serious and cannot meet the needs of the overall development of Luoyang. Therefore, in order to help Luoyang, the ancient capital city, to regain its glory in the new journey of modernization, we must vigorously improve the development level of higher education in Luoyang and stimulate the innovative vitality of universities in Luoyang. Only in this way can the advantages of universities in terms of serving the society be better utilized and help Luoyang's economic and social development.

Keywords: Higher Education; Urban Competitiveness; Interactive Mechanism; Innovation Initiatives

Ⅵ Reports on Subjects

B. 13 Investigation and Research on the Current Status and Problems of Standardized Development of Community Education in Luoyang *Bai Xuelin, Duan Jiwei* / 234

Abstract: The development of community education in Luoyang has gone through two stages: exploratory experimentation and comprehensive promotion. In the process of development, Luoyang's community education has achieved certain results in terms of policy guarantee, system construction, information support, demonstration model construction, publicity and display, etc. But there are still problems in other aspects, such as planning initiatives, system guarantee, team building, resource allocation, and service abilities, distinctive brands, and funding guarantees. The development of community education in Luoyang should be aimed at serving the high-quality development of lifelong education and the construction of Luoyang as a city of learning, meeting the people's growing lifelong learning needs and pursuit of a better life in the new era, and assisting the high-quality development of Luoyang's economy and society. Under the guidance of "Opinions on Accelerating the Advancement of Community Education Work", we must adopt a problem-oriented approach, provide good planning and guidance, strengthen institutional guarantees, strengthen resource allocation, comprehensively improve service abilities, and promote the rapid and high-quality development of Luoyang's community education.

Keywords: Community Education; Demonstration Models; Distinctive Brands

B.14　Investigation and Research on the Current Status and

Problems of the Development of Special Needs

Education in Luoyang　　*Wang Junjie*，*Wang Xiaofei* / 248

Abstract：Special needs education is developed for children with special needs and uses general or special educational methods to meet the learning needs of children with special needs. In recent years, Luoyang City has made some achievements in special needs education. The special needs education service system has been further improved, the level of schools which can provide special needs education has been further improved, the connotation of special needs education has been further enriched, and the quality of special needs education has been further improved. At the same time, special needs education in Luoyang City is also facing new trends toward integration and promoting personalized development, new challenges of further improvement of school conditions, and new tasks of vigorously strengthening preschool education and senior secondary school and above education for students with special needs. To further optimized and improve Louyang's special needs education, it is necessary to promote school standardization, school extension services, integrated education and the quality of special needs education.

Keywords：Luoyang；Special Needs Education；Investigation and Research

B.15　Investigation and Research on the Differences in the

Development of Education Informatization between

Urban and Rural Areas in Luoyang

Zhang Leitao，*Zhang Xinke* / 269

Abstract：Promoting the education modernization through education informatization is an arduous and complex task. The education informatization can promote the fairness of education, and at the same time, it also causes new differences in education between urban and rural areas. This article is a result of counseling from experts, questionnaires, peer reviews, interviews and data statistics. By the investigation on the development status of education informatization in urban and rural areas in Luoyang City, it is found that in the process of education informatization, rational and effective use of informatization can reduce the original differences in education between urban and rural areas, but also cause new differences in education between urban and rural areas in terms of infrastructure construction, resources and applications, management informatization, and safeguard measures. This requires targeted and practical research to find reasonable measures, and then move to the phase of scientific demonstration, standardized implementation, promotion and application. Only in this way can we solve the problems caused by the difference in the development of education informatization between urban and rural areas.

Keywords: Education Informatization; Differences between Urban and Rural Areas; Application of Education Informatization Resources

B.16　Investigation and Research on the Development Status and Problems of Work Skills Training in Luoyang

Chang Shuxiang, Liang Fang / 300

Abstract: Carrying out large-scale work skills training is an important measure to improve workers' employ ability and entrepreneurial abilities, alleviate structural employment conflicts, and promote employment expansion. It is also an important support for promoting high-quality development. Luoyang City attaches great importance to work skills training and promotes it as an important livelihood issue. The development of work skills training is of great significance to promoting the construction of Luoyang as a society of learning. It can provide industrial talent support for the construction of Luoyang as a sub-center city of the Central Plains City Cluster, the formation of a growth pole and the revitalization of Luoyang's glory in a new era. Currently, Luoyang City continues to enlarge the number of

training evaluation institutions and insists on implementing precise training. However, there are also problems, such as unbalanced allocation of training evaluation resources and unbalanced distribution of skilled talents in the three industries. It is necessary to optimize the allocation of training evaluation resources and to conduct training suitable for industrial development and workers' need.

Keywords: Work Skills Training; Life-long Education; Training Evaluation

B.17　Research on Safety Education for Students in Primary and Secondary Schools in Luoyang City

Wang Lei, *Zhang Sanhu* / 322

Abstract: School education and teaching work is based on ensuring the basic safety of students. Safety education for students in primary and secondary schools is not only a required course for students, but also an important part of quality education in schools. In recent years, the Luoyang Municipal Education Bureau has always prioritized the construction of safe campuses, providing a strong guarantee for the safety of life and property of teachers and students in the city and the healthy development of education. However, due to the influence of factors from various sources, such as students, families, school, society, etc., safety education for primary and secondary school students in Luoyang needs to be further strengthened. Therefore, relevant departments need to work together to promote the realization of high-quality safety education for primary and secondary school students in Luoyang City, starting with strengthening ideological governance, improving personal safety awareness and abilities, focusing on family safety education, highlighting school education priorities, and innovating prevention systems and mechanisms.

Keywords: Students in Primary and Secondary Schools; Safety Education; Luoyang

B.18 Investigation and Research on the Current Situation and Problems of Teacher Development System in Luoyang

Teacher Development System Construction Research Group of

Luoyang Teacher Development Center / 336

Abstract: Teacher education is the source of motivation to improve the quality of education, and high-quality teachers are the backbone of the development of high-quality education. With the requirements for high-quality development of education, unbalanced regional development, insufficient resources, difficulties in teacher development and training, and other problems in the construction of the teaching team have become practical problems that restrict the development of teachers. Building a high-quality teacher development system is the policy and key requirement of teacher education in China's "14th Five-Year Plan". It is also a key move to strengthen the construction of the teaching team in the new era. Building a teacher development system in the new era and creating a high-quality team of professional and innovative teachers are key factors to promote Luoyang's high-quality development of education and construction of a city with good education system. This article analyzes the current progress in reconstructing the professional development system of primary and secondary school teachers in terms of the basic situation of Luoyang's education and teaching team, as well as Luoyang's teaching team construction measures and achievements. With consideration of existing problems in the construction of teacher development centers in each county and district, this article put forward countermeasures and suggestions for the construction of Luoyang's teacher development system, and analyzed issues such as the direction for construction of teacher development system, training of modern educational concepts and faster construction of "3+1" professional teacher development system.

Keywords: Education; Teacher Development System; Integration of "Teaching, Researching and Training"

社会科学文献出版社

皮 书

智库成果出版与传播平台

❖ 皮书定义 ❖

皮书是对中国与世界发展状况和热点问题进行年度监测，以专业的角度、专家的视野和实证研究方法，针对某一领域或区域现状与发展态势展开分析和预测，具备前沿性、原创性、实证性、连续性、时效性等特点的公开出版物，由一系列权威研究报告组成。

❖ 皮书作者 ❖

皮书系列报告作者以国内外一流研究机构、知名高校等重点智库的研究人员为主，多为相关领域一流专家学者，他们的观点代表了当下学界对中国与世界的现实和未来最高水平的解读与分析。

❖ 皮书荣誉 ❖

皮书作为中国社会科学院基础理论研究与应用对策研究融合发展的代表性成果，不仅是哲学社会科学工作者服务中国特色社会主义现代化建设的重要成果，更是助力中国特色新型智库建设、构建中国特色哲学社会科学"三大体系"的重要平台。皮书系列先后被列入"十二五""十三五""十四五"时期国家重点出版物出版专项规划项目；自2013年起，重点皮书被列入中国社会科学院国家哲学社会科学创新工程项目。

权威报告·连续出版·独家资源

皮书数据库
ANNUAL REPORT(YEARBOOK)
DATABASE

分析解读当下中国发展变迁的高端智库平台

所获荣誉

- 2022年，入选技术赋能"新闻+"推荐案例
- 2020年，入选全国新闻出版深度融合发展创新案例
- 2019年，入选国家新闻出版署数字出版精品遴选推荐计划
- 2016年，入选"十三五"国家重点电子出版物出版规划骨干工程
- 2013年，荣获"中国出版政府奖·网络出版物奖"提名奖

皮书数据库

"社科数托邦"
微信公众号

成为用户

　　登录网址www.pishu.com.cn访问皮书数据库网站或下载皮书数据库APP，通过手机号码验证或邮箱验证即可成为皮书数据库用户。

用户福利

- 已注册用户购书后可免费获赠100元皮书数据库充值卡。刮开充值卡涂层获取充值密码，登录并进入"会员中心"—"在线充值"—"充值卡充值"，充值成功即可购买和查看数据库内容。
- 用户福利最终解释权归社会科学文献出版社所有。

数据库服务热线：010-59367265
数据库服务QQ：2475522410
数据库服务邮箱：database@ssap.cn
图书销售热线：010-59367070/7028
图书服务QQ：1265056568
图书服务邮箱：duzhe@ssap.cn

S 基本子库
SUB DATABASE

中国社会发展数据库（下设 12 个专题子库）

紧扣人口、政治、外交、法律、教育、医疗卫生、资源环境等 12 个社会发展领域的前沿和热点，全面整合专业著作、智库报告、学术资讯、调研数据等类型资源，帮助用户追踪中国社会发展动态、研究社会发展战略与政策、了解社会热点问题、分析社会发展趋势。

中国经济发展数据库（下设 12 专题子库）

内容涵盖宏观经济、产业经济、工业经济、农业经济、财政金融、房地产经济、城市经济、商业贸易等 12 个重点经济领域，为把握经济运行态势、洞察经济发展规律、研判经济发展趋势、进行经济调控决策提供参考和依据。

中国行业发展数据库（下设 17 个专题子库）

以中国国民经济行业分类为依据，覆盖金融业、旅游业、交通运输业、能源矿产业、制造业等 100 多个行业，跟踪分析国民经济相关行业市场运行状况和政策导向，汇集行业发展前沿资讯，为投资、从业及各种经济决策提供理论支撑和实践指导。

中国区域发展数据库（下设 4 个专题子库）

对中国特定区域内的经济、社会、文化等领域现状与发展情况进行深度分析和预测，涉及省级行政区、城市群、城市、农村等不同维度，研究层级至县及县以下行政区，为学者研究地方经济社会宏观态势、经验模式、发展案例提供支撑，为地方政府决策提供参考。

中国文化传媒数据库（下设 18 个专题子库）

内容覆盖文化产业、新闻传播、电影娱乐、文学艺术、群众文化、图书情报等 18 个重点研究领域，聚焦文化传媒领域发展前沿、热点话题、行业实践，服务用户的教学科研、文化投资、企业规划等需要。

世界经济与国际关系数据库（下设 6 个专题子库）

整合世界经济、国际政治、世界文化与科技、全球性问题、国际组织与国际法、区域研究 6 大领域研究成果，对世界经济形势、国际形势进行连续性深度分析，对年度热点问题进行专题解读，为研判全球发展趋势提供事实和数据支持。

法律声明

"皮书系列"（含蓝皮书、绿皮书、黄皮书）之品牌由社会科学文献出版社最早使用并持续至今，现已被中国图书行业所熟知。"皮书系列"的相关商标已在国家商标管理部门商标局注册，包括但不限于LOGO（　）、皮书、Pishu、经济蓝皮书、社会蓝皮书等。"皮书系列"图书的注册商标专用权及封面设计、版式设计的著作权均为社会科学文献出版社所有。未经社会科学文献出版社书面授权许可，任何使用与"皮书系列"图书注册商标、封面设计、版式设计相同或者近似的文字、图形或其组合的行为均系侵权行为。

经作者授权，本书的专有出版权及信息网络传播权等为社会科学文献出版社享有。未经社会科学文献出版社书面授权许可，任何就本书内容的复制、发行或以数字形式进行网络传播的行为均系侵权行为。

社会科学文献出版社将通过法律途径追究上述侵权行为的法律责任，维护自身合法权益。

欢迎社会各界人士对侵犯社会科学文献出版社上述权利的侵权行为进行举报。电话：010-59367121，电子邮箱：fawubu@ssap.cn。

社会科学文献出版社